Soviel von Männern und von Frauen

ECON Sachbuch

Zum Buch

Immer mehr Paare heiraten, immer mehr Singles wollen sich nicht endgültig binden. Die Vorstellungen über ideale Beziehungen oder über die ideale Beziehung gehen weit auseinander. In Interviews wird eine Vielzahl von Fragen diskutiert, die um die verschiedenen Aspekte des Zusammenlebens und Zusammenseins kreisen. Frauen und Männer kommen zu Wort und berichten über ihre Erfahrungen und Meinungen, die mit denen anderer Interview-Partner zum gleichen Thema konfrontiert werden.

Die Autoren

Peter Roorda ist ein bekannter niederländischer Journalist, Chefredakteur der Zeitschrift »Groter Groeien«, der niederländischen Zeitschrift für junge Eltern. Kitty Verheul arbeitet als freie Journalistin.

Peter Roorda
Kitty Verheul

Soviel von Männern und von Frauen

Interviews mit Liebenden

Aus dem Niederländischen von
Claudia Noffer-Rettig

ECON Taschenbuch Verlag

Ökologisch handeln:
Dieses Buch ist gedruckt auf 100% Recyclingpapier, chlorfrei gebleicht.

Deutsche Erstausgabe

First published in the Netherlands
Titel des niederländischen Originals: *Voor Even Of Voor Het Leven*
Aus dem Niederländischen übersetzt von Claudia Noffer-Rettig
Umschlaggestaltung: Molesch/Niedertubbesing, Bielefeld
Titelabbildung: IFA Bilderteam, Düsseldorf
Lektorat: Marion Grunert
Gesetzt aus der Bembo
Satz: Formsatz GmbH, Diepholz
Druck und Bindearbeiten: Ebner Ulm
Printed in Germany
ISBN 3-612-26104-5

Inhaltsverzeichnis

Wir haben es aufgeschrieben, wie es uns erzählt wurde

Um gleich zu Beginn Ihre Neugier zu wecken: Menschen mit einer Beziehung schlafen durchschnittlich nur 67 Mal im Jahr miteinander. Sagen die Fachleute. Stimmt nicht, sagen die Betroffenen selbst. Wir? Viermal in der Woche. Bestimmt. Wenn nicht sogar öfter.

Da haben wir schon die Bescherung. Über Beziehungen wird man sich nicht einig, jeder widerspricht jedem, Fachleute lieben aufsehenerregende Zahlen, und Menschen, die zu ihrem Sexleben befragt werden, schmücken nur allzu gerne die Wahrheit aus. Wir wollten nun endlich einmal die Wahrheit auf den Tisch bringen.

Dieses Buch ist anders als alle anderen Bücher über Beziehungen und Sex. Es ist nicht bis zum Rand voller Statistiken. Und es beinhaltet auch keine gutgemeinten Ratschläge von studierten Fachleuten. Dieses Buch arbeitet anders. Denn, wer ist eigentlich ein Fachmann auf Beziehungsgebiet? Eigentlich doch jeder mit Beziehungserfahrung! Auch jemand, der eine schlechte Beziehung unterhält, hat doch etwas zu erzählen, wovon ein anderer profitieren kann. Und wie es jemand schafft, eine gute Beziehung zu unterhalten, ist doch auch interessant.

So entstand die Idee zu diesem Buch. Wir beschlossen, viele Frauen und Männer über ihre Beziehung und ihr Sexleben zu interviewen. Wir gingen davon aus, daß wir die Wahrheit hören wollten: Keine Aufschneiderei, kein Verschweigen von Unannehmlichkeiten, keine Verhüllung von Tatsachen. Als Journalisten haben wir beide, im Gegensatz zu vielen Beziehungsfachleuten, so viel Interviewerfahrung, daß wir glauben, die Menschen, die wir befragen, zu Ehrlichkeit und Offenheit bewegen zu können.

Nach einigen Aufrufen in Zeitungen und Zeitschriften hatten wir jede Menge Adressen von Männern und Frauen, die gerne über ihre Beziehung reden wollten.

Bevor wir uns auf den Weg machten, teilten wir auf: Kitty Verheul würde die Männer interviewen und Peter Roorda die Frauen. Wie sich später herausstellte, war diese Aufteilung intuitiv die richtige: Die Frauen redeten ganz offen mit dem männlichen Interviewer, die Männer legten ihre Seele vor dem weiblichen bloß.

Wir glauben auch zu wissen, warum diese Aufteilung so gut funktionierte: Wir waren beide vor allem neugierig auf die Erfahrungen des anderen Geschlechts, und außerdem können wir nicht leugnen, daß während der Gespräche eine leichte erotische Spannung in der Luft hing. Das passiert nun mal, wenn Beziehungen bis ins intimste Detail zerlegt werden.

Es sollte eine Art »Großer Beziehungsführer« werden, hatte der Verleger gesagt. Der Ausdruck schien uns zu vage. Wir hatten zu einem bestimmten Zeitpunkt fast hundert Themen, nur, es war keine logische Linie mehr da. Deshalb haben wir, bevor wir zu den Interviews gingen, Themen so lange gestrichen, bis wir genau die zusammen hatten, die ein optimales und klares Bild über Beziehungen von heute abgeben konnten. Darüber, wie Beziehungen belebt werden können, über Gleichberechtigung, Streit, Geschlechtsverkehr, Selbstbefriedigung, Fremdgehen, den Einfluß von Kindern auf eine Beziehung, usw.

Wir zogen los und kamen mit den unterschiedlichsten Erfahrungen zurück, die wir in diesem Buch zusammengefaßt haben. Einen Punkt fanden wir interessant genug, um ihn noch etwas mehr unter die Lupe zu nehmen: Die Rollenverteilung in der Partnerschaft. Deshalb starteten wir in *Groter Groeien*, einer Zeitschrift für Eltern, eine Meinungsumfrage mit insgesamt 50 Fragen. Das Resultat dieser Umfrage finden Sie in diesem Buch.

Was soll man nun mit diesem Buch? Das muß jeder selbst wissen. Sie können es als Ratgeber gebrauchen: Haben Sie ein Problem in Ihrer Beziehung, dann schauen Sie nach, was die Männer und Frauen in diesem Buch dazu sagen. Sie bekommen von ihnen zwar kein Rezept, aber jede Menge verschiedener Meinungen und Erfahrungen, von denen Sie profitieren könnten.

Sie können dieses Buch auch ganz einfach von Anfang bis Ende lesen. Oder von hinten nach vorne, oder heimlich erst die Kapitel über Sex, uns ist das egal. Jeder wird viel von sich selbst wiedererkennen, aber auch immer wieder erstaunt sein. Schließlich gleicht kein Mensch dem anderen, und deshalb ist auch keine Beziehung gleich. Daß Beziehungen jedoch so unterschiedlich sein können, darüber waren wir auch ganz erstaunt.

Wir dachten, daß wir ziemlich viel über Beziehungen und Sex wüßten. Das Gegenteil war aber der Fall: Wir haben uns während unserer Gespräche immer wieder gewundert, was zwei Menschen miteinander mitmachen, sich ausdenken und tun. Was wir in den unzähligen Wohnzimmern, bis in die abgelegensten Winkel des Landes, zu hören bekamen, war oft ungewöhnlich.

Wir haben es aufgeschrieben, wie es uns erzählt wurde. In einem alltäglichen, einfach lesbaren Sprachstil. Wir haben die Befragten gebeten, die Worte zu gebrauchen, die sie sonst auch gebrauchen, also kein Doktorlatein, da sie das im Bett ja auch nicht benutzen.

An diesem Buch zu arbeiten machte richtig süchtig. Wir konnten kaum aufhören und denken schon heimlich an eine Fortsetzung. Wir hoffen, daß es mit dem Lesen genauso ist.

Wir sind uns sicher, daß es heiter (und lehrreich!) sein wird, all die Erfahrungen der vielen verschiedenen Menschen zu lesen. Jener ganz normalen Menschen, die wir zu Hause besucht und befragt haben. Sie können es sozusagen selbst sein. Und wenn Sie wirklich in diesem Buch vorkommen: Nochmals vielen Dank für die Mitarbeit und Offenherzigkeit.

Alle Namen und bestimmte wiedererkennbare Situationen sind übrigens verändert. Das hatten wir den Befragten ausdrücklich versprochen.

Ermelo, Peter Roorda
Haarlem, Kitty Verheul

Wie die eigene Beziehung eingeschätzt wird

Jemand könnte Ihnen die Frage stellen: Umschreiben Sie einmal Ihre Beziehung. Und der Interviewer ist nicht mit einer Antwort wie »ganz gut« zufrieden. Sogar den Menschen, die regelmäßig über ihre Beziehung sprechen und viel darüber nachdenken, ist diese Frage unangenehm. Aber es ist eine gute Frage, fanden die meisten. Ihre Beziehung ist normal, Tag und Nacht, jahrein, jahraus. Nur Menschen mit einer schlechten Beziehung brauchen Sie nicht zu überreden, den Mund aufzumachen, sie können ihre Beziehung ganz klar beschreiben.

Es werden sehr viele Ehen geschieden, also klappt es wohl mit vielen Beziehungen nicht richtig. Jedoch wird immer wieder vergessen, daß der Großteil der Hochzeiten nicht in einer Scheidung endet. Die meisten Beziehungen halten viele Jahre. Man durchläuft viele Stadien, von der ersten Verliebtheit und der Gewöhnung aneinander, vom Kinderkriegen und deren Erziehung, von dem Wieder-zu-zweit-sein bis letztendlich dem Alleine-übrigbleiben. Jeder mit einer Beziehung weiß, daß in einem langen Leben einiges passiert. Es gibt Höhepunkte und Tiefpunkte, und wie mit den Ehescheidungen, fallen die ins Auge.

Die meisten Beziehungen jedoch verlaufen den überwiegenden Teil der Zeit ruhig. Sagen wir, normal. Oder nicht? Was ist normal? Möchten wir etwas ändern? Was halten wir von unserem Partner, und was hält er eigentlich von uns? Was wissen wir eigentlich darüber? Wie ist das bei den anderen?

Wir haben die Fragen gestellt. An ganz gewöhnliche Menschen, mit einer in der Regel ganz normalen Beziehung. Beschreiben Sie mal Ihre Beziehung, fragten wir. Darüber mußten alle erst einmal kurz nachdenken.

Unsere Freiheit ist uns beiden wichtig

Julia (27): »Unsere Beziehung ist in einem Wort gesagt: Gut. An erster Stelle steht, daß wir gut zusammen reden können. Redet man nicht, dann ist unserer Meinung nach das Ende nicht weit. Wir haben wohl eine besondere Beziehung: Er arbeitet abends und am Wochenende, also sehen wir uns nicht so häufig. Für unsere Beziehung ist das gut so. Wenn wir zum Beispiel Urlaub haben, dann sind wir beide froh, wenn der andere für eine Zeit mal etwas alleine unternimmt. So wichtig ist uns unsere Freiheit.«

Sie treibt es ein bißchen zu leicht mit anderen

Yvo (24) steht kurz davor, seine Beziehung zu beenden. Er wohnt wohl noch mit Patty (24) zusammen, aber er hat nach anderthalb Jahren das Gefühl, daß es Zeit ist zu gehen.

»Wir passen also echt total nicht zusammen. Ja, am Anfang war es natürlich total verrückt. Unsterblich verliebt, du kennst das doch. Ganze Tage mit Bumsen im Bett verbringen und solche Dinge. Wir überschlugen mit Leichtigkeit eine Vorlesung nach der anderen, denn wir fanden uns wichtiger als den Herrn Professor. Aber damit ist es ganz vorbei. Eigentlich schon seit einem halben Jahr. Patty treibt es mir ein bißchen zu leicht mit anderen. Sowohl mit Frauen als auch mit Männern. Muß sie doch wissen, könnte man vielleicht sagen... Aber ich seh' das nicht so. Mir tut es im nachhinein noch leid, daß ich damals mein Zimmer aufgegeben habe, um bei ihr einzuziehen. Es war billiger, und was soll man zwei Zimmer halten... Es war so schnell passiert. Wir waren verliebt, wollten zusammen sein, und in einem Zustand geistiger Umnachtung zog ich bei ihr ein. Jetzt bin ich auf der Suche nach einer eigenen Wohnung. Ich hasse Patty nicht, irgendwie ist sie ein tolles Mädchen. Nur wir zwei zusammen, das geht echt nicht. Alle naselang Streit und keifen und sich gegenseitig in den Haaren liegen...«

Für uns ist es vor allem wieder ein Schritt nach vorne

Harm (30) ist erst seit kurzem mit Olga verheiratet. Davor wohnten sie schon zehn Jahre zusammen. »Wir machten die gleiche Ausbildung, und da war eine Gruppe, der wir beide angehörten. Irgendwann suchte ich ein Zimmer. Im Haus, wo Olga wohnte, wurde eins frei. Eigentlich machten wir mit der Gruppe immer alles gemeinsam, und als dann während eines Kneipengesprächs zur Sprache kam, wen man am nettesten von der Gruppe findet, stellte sich heraus, daß wir schon eine Zeitlang mehr füreinander empfanden. Es war das erste Mal, daß ich mit einem Mädchen ein Verhältnis hatte, das auf Freundschaft basierte, naja, und mehr noch natürlich... Davor ging es mir, ehrlich gesagt, mehr um den körperlichen Aspekt...«

Ihr seid gerade verheiratet, was bedeutet das für dich?

»Mal abgesehen davon, daß so ein Tag natürlich schön ist, hat für mich der Entschluß zu heiraten auch viel damit zu tun, daß du dich für jemanden entschieden hast, und daß du das auch besiegeln und der Gesellschaft zeigen willst. Es hat viel weniger mit den Kindern zu tun, die du eventuell bekommst, was übrigens jeder denkt. Für uns ist es vor allem ein Schritt nach vorne in unserer Beziehung. Und es tut mir bis jetzt noch nicht leid.«

Ich habe eine eigene Meinung, und das ist erlaubt

Moniek (33): »Wir kennen uns zehn, elf Jahre. Was ich an ihm fand? Tja... er war anders als die anderen, er hatte so einen Galgenhumor, und da steh' ich drauf. Dennoch hatte er auch etwas Liebes an sich, das sah ich sofort, und das stellte sich auch später als richtig heraus. Sein Aussehen war nicht das erste, worauf ich achtgab, es kam wohl hinzu. Er hatte lange Haare, einen Bart und trug Jeans. Ich habe ihn durch Freunde kennengelernt, auf einer Geburtstagsfeier. Später trafen wir uns in dem Café. Da beschloß ich, ihn anzumachen. Ich hatte nämlich geträumt, daß eine andere mit ihm ging und ich schrecklich eifersüchtig war. Ich habe ihm davon erzählt, worauf er sehr gerührt, aber auch verlegen reagierte.«

Auf die zehn Jahre zurückblickend, findet sie ihre Beziehung noch besser, als sie jemals zu hoffen gewagt hatte. »Ich hatte schon so eine Vorstellung, wie es sein sollte. Ich hatte ein Idealbild: Daß du in einer Beziehung sagen kannst, was du willst. Daß jeder sein eigenes Leben lebt, aber man sich gleichzeitig nicht auseinanderlebt. Das Idealbild hat sich voll und ganz erfüllt. Ich habe eine eigene Meinung, und das ist auch erlaubt. Wir respektieren uns, und das ist für mich das Wichtigste in einer Beziehung.»

Ich könnte es nicht akzeptieren

Willem ist 34 und hat eine Beziehung mit zwei Männern hinter sich. »Ich habe momentan keine Beziehung mehr. Wohl gehabt. Die letzte Beziehung endete vor einem halben Jahr. Die war ziemlich kurz, aber dafür hat sie auch tief eingeschlagen. Es konnte aus bestimmten Gründen auch nicht gutgehen... Ein Freund war ich selbst im Quadrat. Der andere war ein gediegener, klassischer Mann... Natürlich war es schwierig, zwei Beziehungen zur gleichen Zeit zu haben, aber nicht unmöglich. Für meine zwei Partner war es viel schwieriger. In so einem Fall hängt es davon ab, wieviel Zugeständnisse beide Parteien machen wollen und können.

Gingst du denn von der Tür des einen direkt zum anderen?

»Ha, da mußten schon zwei Tage zwischen liegen.«

Fühltest du dich nicht schuldig?

»Ja, ich habe mich schon schuldig gefühlt. Den einen Freund hatte ich schon eine ganze Zeit, und über den anderen, den ›gediegenen Freund‹, nennen wir ihn der Einfachheit halber Dick, mußte ich lange nachdenken, ob ich mit ihm etwas anfangen sollte. Mit Dick führte ich ein normales Leben. Wir sahen uns am Wochenende, wir fuhren zusammen in Urlaub, zu seinen Eltern, zu meinen Eltern, eben alle normalen Dinge. Martijn ist sein Gegenpol. Keine Elternbesuche, keine gemütlichen Weihnachtsfeiern zusammen, keine Wochenenden… In der Beziehung mit Martijn war ich der Gediegene, und in der mit Dick der Künstler.«

Wurde dir nie vorgeworfen, daß du auf zwei Hochzeiten tanzt?

»Gegenüber Dick und Martijn schloß ich die Möglichkeit sofort aus, sie über die Existenz des anderen zu informieren und ihnen zu erzählen, wie die Beziehung für mich aussah. Martijn verschwieg diese Situation vor seiner Familie, und ich erzählte es meiner auch nicht. Weißt du, rationell kannst du jemanden zwar überzeugen, aber letztendlich hast du es doch immer getan.«

Wie würdest du das selbst finden?

»Ich könnte es nicht akzeptieren. Ich will keinen geteilten ersten Platz in einer Beziehung. Tief in meinem Inneren bin ich doch noch der kleine Junge von sechs Jahren, für den jedes Sprichwort Wahrheit ist. Wenn ich mich verliebe, habe ich doch jedesmal wieder das Gefühl: Das ist, bis der Tod uns scheidet. Aber das ist natürlich sehr schwer. Dann fühle ich mich wieder so zerrissen. Mein Sternzeichen ist Zwilling, mein Aszendent ist Zwilling, also zusammen bin ich mit mir alleine schon zu viert, und dann kommt da noch jemand hinzu. Das geht normal nicht. Ich bin nicht jemand, der schnell Schluß macht, ich betrachte erst alles von allen Seiten, suche nach Lösungen, bis die Gegenpartei dann abhakt, und dann bin ich der beleidigste Mensch auf der Welt. Und das Elend ist, daß das auf meine Arbeit großen Einfluß hat. Ich habe keinen Chef, ich muß mich auf meine eigene Geistesstärke und Inspiration verlassen. In so einem Zustand klappt nichts mehr, und ich hasse mich für das, was ich mir selbst wieder antue.«

Jetzt gibt es unheimlich Stunk

Maria (37) sagt es sofort: Sie hat eine schlechte Beziehung. Es hapert an allen Ecken und Enden: »Ich suche etwas, was er einfach nicht hat. Er ist jemand, der zum Beispiel nie sagt: Ich liebe dich. Er ist wohl irgendwo verrückt nach mir, aber findet es blödsinnig zu sagen: Ich liebe dich. In unserer Ehe ist nun schon sechzehn Jahre dicke Luft. Am Anfang war er Fahrer fürs Ausland und die ganze Woche über weg; das war schon gleich enttäuschend. Ich allein in diesem total ungemütlichen Haus. Zu einem bestimmten Zeitpunkt, als unser ältester Sohn drei Jahre alt war, sah er ein, daß er vieles nicht mitbekam, was zu Hause so alles passierte. Er suchte sich eine andere Arbeit, und schließlich hat er hier etwas gefunden. Aber da sind die Arbeitszeiten so unregelmäßig, außerdem lebt er für seine Arbeit, also verbringt er auch ganze Abende da. Nun ist echt Stunk, ich bin damit total nicht mehr einverstanden. Auch wenn er gerne hart arbeitet und nichts von einem Job von neun bis fünf hält. Zum Abendessen ist er selten zu Hause. Und er findet es albern, mir Aufmerksamkeit zu schenken oder mich mal zu drücken, während ich so danach verlange. Er kann das einfach nicht.«

In früheren Beziehungen nahmen die Streitereien kein Ende

Bob (25) hat seit einigen Monaten ein Verhältnis mit Kristien (27). Sie wohnen getrennt, und seit kurzem ist Kristien schwanger. »Wir brauchen beide von Zeit zu Zeit unseren Freiraum, um unsere eigenen Dinge zu tun. Wenn ich für mich selbst spreche: Ich will den Moment nicht davon abhängig machen, ob der andere zufällig den Tag oder Abend weg ist. Ich will dann auch nicht, daß irgendjemand in einem anderen Zimmer anwesend ist.«

Kannst du mir beschreiben, warum Kristien dein Typ ist?

»Sie ist genauso wie ich, einfach, frei, wenn ich einen Witz mache oder eine bestimmte Bemerkung, hat sie gleich den Durchblick. Man braucht nicht alles zu sagen, um einander dennoch zu verstehen. Das finde ich sehr wichtig, das zeigt, daß man sich auf einer Wellenlänge befindet. Kristien macht mich ruhiger. Ich kann ein fürchterlich jähzorniger Hitzkopf sein, und wenn dann der andere auch noch zurückschreit, wird alles nur noch schlimmer. In früheren Beziehungen nahmen die Streitereien kein Ende, bis ich dachte, daß das normal war. Kristien ist das Gegenteil von mir: Ich bin sehr impulsiv, sie rationell, sie kann sehr gut Raum lassen, wo sie ihn für nötig hält, und sie hat viel mehr Einfühlungsvermögen als ich. Ich finde, sie hat einen guten Einfluß auf mich.«

Und du auf sie?

»Ich denke, wenn es darum geht, etwas zu unternehmen und durchzusetzen, was man wirklich will. Ich mache das, was ich wirklich will, niemals halb; ich bin nicht jemand, der sein Wort nicht hält. Bei mir ist echt die Rede von einer totalen Hingabe. Zumindest, wenn ich es wirklich wichtig finde. Und ich mache nichts ein paar Monate und lasse es dann einfach wieder sein. Kristien hat die Neigung, viel zu viel auf einmal in Angriff zu nehmen und dann nichts wirklich zu Ende zu bringen. Ich glaube, daß sie diese Seite an mir schätzt, daß das inspirierend wirkt.«

Das ist dann ein »One-week-stand«, sagen wir mal so

Isabel (21): »Meine Beziehung dauert nun drei Monate. Wir gehen unsere eigenen Wege und sehen uns etwa viermal in der Woche. Er hat seine Sachen, ich meine. Unsere Beziehung ist noch sehr zart, wohl aber stark, und ich glaube nicht, daß das weniger wird. Mit meinem vorigen Freund bin ich nun ein halbes Jahr auseinander. Es ist also schnell gegangen.«

Welche Unterschiede gibt es zwischen diesen beiden Beziehungen?

»Mit meinem letzten Freund konnte ich nicht reden. Jedenfalls nicht über ernsthafte Dinge. Gibt es nun Schwierigkeiten, dann können wir uns darüber aussprechen. Mit meinem vorigen Freund waren nur die alltäglichen Dinge nett und schön. Ich finde es sehr wichtig, daß man ernst miteinander reden kann, und daß man ehrlich ist. In meiner letzten Beziehung hielt ich meinen Mund, um nur keinen Streit zu bekommen. Oder ich ging in die Luft. Aber nichts half. Ich habe es wohl versucht. Ich hatte ihn auch gerne, ganz bestimmt. Wir konnten gut zusammen lachen. Mit meinem neuen Freund kann ich reden, und das hat mich anfangs ganz überrascht. Er übernimmt mehr die Führung. Bei meinem vorigen Freund mußte ich alles regeln, alles organisieren. Ich mußte immer die Starke sein. Wir sind auch zu schnell zusammengezogen. Ab dem Zeitpunkt, wo wir alles teilen mußten, lief alles schief, hauptsächlich durch Kommunikationsschwierigkeiten. Ich habe versucht, ihm das deutlich zu machen, und dann klappte es eine Zeitlang, aber wir prallten immer wieder zusammen. Nach einem langen quälenden Prozeß war ich dann diejenige, die Schluß machte. Es war echt schwer, aber ich hatte doch schon ziemlich Abstand gewonnen.«

Wie lerntest du deinen neuen Freund kennen?

»Ich hatte ihn schon mal gesehen. In einem Café kamen wir ins Gespräch. Später sahen wir uns noch ein paarmal, und es machte gleich klick. Ich verliebte mich sofort in ihn. Und er sich in mich. Ich bin irgendwann zu ihm gegangen, wir kamen heftig ins Gespräch, und danach bin ich über Nacht geblieben. Seitdem ist es nur schön gewesen, und wir sind noch immer verliebt. Zurückblickend hätte es bei meinem vorigen Freund bei einer Woche bleiben sollen. Es gab zwar Sachen, die uns zusammenhielten, aber die reichten nicht aus. Wann ist jemand ein Freund? Wenn die Spannung, die einfach da sein muß, längere Zeit anhält. Manchmal hat man die Spannung, aber das ist dann ein ›One-week-stand‹ sozusagen. Meistens dauert es noch nicht mal eine Woche, höchstens ein Wochenende oder so. Mit meinem jetzigen Freund hält die Spannung schon drei Monate, also wird es wahrscheinlich so bleiben.«

Einige Dinge verlieren etwas an Spannung

Jurriaan ist 38 Jahre alt, seit zehn Jahren mit Liesbeth verheiratet und hat zwei Kinder. »Wir sind nun schon seit vierzehn Jahren zusammen. Fünf Jahre davon hatten wir viel Streit, zusammen, auseinander und letztendlich dann doch zusammen.«

Was ist das Wichtigste in eurer Beziehung?«

»Behaglichkeit. Früher machte ich so eine Art Test: Wenn ich mit einer Frau ins Bett ging, ging ich sofort danach nach Hause, oder ich blieb die Nacht und machte aber am folgenden Tag, daß ich schnell wegkam. Und nur ein einziges Mal blieb ich. So war es auch bei Liesbeth. Da bin ich gleich eine ganze Woche geblieben. In so einem Moment weißt du, daß es nicht nur um Sex geht, sondern daß du dich auch wohl bei jemand fühlst.«

Inwieweit verändert man sich, je länger man zusammen ist?

»Erst kommt die Phase der Verliebtheit, dann des Streits, etc., bis man alles durch hat. Man kennt sich immer länger, und wenn es prima läuft, ist das doch eine gute Basis. Bei manchen Dingen läßt mit der Zeit ein bißchen die Spannung nach, dafür hat man dann wohl eine Art Ruhe, man hat schon so viel zusammen durchgemacht, das braucht man nicht noch einmal zu tun.«

Ich würde niemals tauschen wollen

Judith (24): »Unsere Beziehung dauert zwar erst kurz, aber sie ist doch gut und stabil. Er ist immer da, und das finde ich wichtig. Ich würde niemals tauschen wollen. Wir machen echt alles zusammen, und das finde ich toll. Wir passen wirklich gut zusammen.«

Ich behaupte nicht, daß wir eine einfache Beziehung haben

Louis (34) wohnt seit dreieinhalb Jahren mit Düne (22) zusammen. Düne ist Türkin mit einem streng islamitischen Hintergrund. Seit dem Moment, als sie mit Louis zusammenzog, hat sie, außer zu einem ihrer Brüder, Omar, absolut keinen Kontakt mehr zu ihrer Familie. Sowohl Louis wie auch Düne wußten sehr gut, worauf sie sich einließen, als sie sich füreinander entschieden.

»Das war alles kein Kinderspiel. Die größte Hürde war natürlich ihre Familie, die überhaupt nicht einverstanden war, daß Düne eine Beziehung mit mir anfing. Ich kannte sie durch ihren Bruder, der bei mir im Kursus war. Ich ging einmal mit ihm nach Hause, und da traf ich Düne zum ersten Mal. Ich fand sie auf den ersten Blick so schrecklich lieb und schön, daß ich sofort wußte, daß ich dieses Mädchen haben mußte. Naja, du kannst in einer türkischen Familie nicht einfach so verkünden, daß du mit deren Tochter etwas anfangen willst. Außerdem hatte ich kaum Gelegenheit, mit ihr alleine zu sein. Das mußte ich über Omar regeln.

Die Eltern sind durch und durch islamitisch. Sie sprechen kein oder kaum Niederländisch, und sie halten streng an ihren Werten und Normen fest. Aber ihre Kinder sind ja hierhergekommen, als sie noch ganz klein waren. Die haben die Sprache und ein bißchen niederländische Kultur spielend übernommen. Düne also auch, und die wußte schon lange, wie das hier in den Niederlanden läuft. Hinterher stellte sich heraus, daß sie sich schon die ganze Zeit nach Freiheit hier in den Niederlanden sehnte. Nur die hatte sie nie. Schließlich hat Omar es einmal deichseln können, daß er seine Schwester mitnehmen konnte, als er zu mir kam, auch weil er wahrscheinlich merkte, daß ich es ernst meinte. Und Düne war mir gegenüber auch nicht abgeneigt, das merkte ich schon lange. Tja, dieser Blick in ihren Augen! Gott, dieses Mädchen hat solche fantastischen dunklen Augen. Die sprechen Bände... Omar hat einige dieser Treffen für Düne und mich organisiert, und dafür sind wir ihm noch immer sehr dankbar. Er brachte dann Düne zu mir, und zwei Stunden später holte er sie wieder ab.

Während all unserer kleinen Rendezvous war Düne nett und zurückhaltend, jedoch merkte man an ihrem ganzen Verhalten, daß sie in mich verliebt war. Ich wollte ihr gegenüber auch nicht überstürzt handeln, weil ich Angst hatte, daß sie sich dann von mir abwenden würde. Das kostete mich die größte Mühe... Sie war nämlich, ehrlich gesagt, nicht meine erste Freundin, und von den anderen Mädchen war ich es gewöhnt, daß sie noch früher aus den Kleidern waren als ich... Mit Düne war es ganz anders. Ich hatte unglaublich viel Respekt vor ihr. Den trotzte sie mir ab, und das macht sie jetzt noch immer. Irgendwann habe ich vor ihr auf den

Knien gelegen, um sie davon zu überzeugen, daß sie mir schrecklich viel bedeutete. Und dann waren die Schranken gefallen. Ich wußte, daß ich sie nicht mehr loslassen könnte, ich war so abscheulich fantastisch verliebt... Aber gleichzeitig wußte ich auch, daß wir eine Menge Schwierigkeiten bekommen würden, da ihre Eltern natürlich ganz andere Pläne mit ihr hatten. Sie sollte nämlich mit einem Sohn von Bekannten in der Türkei verheiratet werden; einem Kerl, den sie noch nie in ihrem Leben gesehen hatte. Düne war darüber sehr verärgert, weil sie mich doch wollte, aber sie konnte die Gesetze doch auch nicht so einfach übergehen. Da haben wir beschlossen, ihrem Vater alles zu erzählen, daß wir zusammen sein wollten, und daß er seinen auserwählten Schwiegersohn wohl vergessen konnte. Nun, du kannst dir vorstellen, daß so etwas nicht angenehm ist, in so einer Familie. Von Omar bekamen wir großartige Unterstützung, der verstand uns. Auf der anderen Seite verstand er auch seinen Vater und versuchte sich als Vermittler, das macht er bis heute noch. Übrigens ohne Erfolg. Die Folge unseres Beschlusses war, daß Düne aus dem Haus flüchten mußte, sonst wäre ihr Vater noch fähig gewesen, sie mitten in der Nacht ins Auto zu setzen, um sie in die Türkei zu bringen. So kam Düne zu mir. Innerhalb der nächsten drei Wochen beschlossen wir, in eine andere Stadt zu ziehen, weil die Bedrohung ihres Vaters zu groß wurde. Ich sage nicht, daß wir eine einfache Beziehung haben, dazu sind wir zu unterschiedlich, schon alleine durch unsere Herkunft. Aber ich liebe diese Dame aus tiefstem Herzen, also nehme ich alle Schwierigkeiten in Kauf.«

Ich kann einfach nicht ohne sie

Kees (38): »Manchmal denke ich, daß ich der glücklichste Mann auf der Welt bin. Ich bin schon mehr als 10 Jahre glücklich mit der gleichen Frau, und ich habe vor, das noch ganz lange zu bleiben. Sie ist mein Leben, mein alles, mein… naja, ich kann einfach nicht ohne sie. Vor dieser Beziehung hatte ich viele Freundinnen. Lieb, schön und toll, weißt du, nicht daß es das war, aber es waren alle nicht die richtigen. Ich liebe meine Freundin, weil sie ist, wie sie ist, und weil sie voll und ganz hinter mir steht. Weil sie mit mir mitdenkt, wenn ich wichtige Entscheidungen treffen muß, aber auch, weil sie andererseits immer mich um Rat fragt, wenn sie wichtige Entscheidungen treffen muß. Wir sind echt eins. Früher hätte ich so etwas spießig gefunden, aber jetzt weiß ich, daß es so etwas wirklich gibt, und daß es nicht spießig ist.«

Wir kennen uns durch und durch

Christien (41): »Vielleicht haben wir eine seltsame Beziehung, aber vermutlich eine gute. Wir sagen uns immer verrückte Sachen, und ich glaube, daß das ziemlich ungewöhnlich ist. Wenn er ins Zimmer kommt, sage ich: ›He, alter Karrengaul‹, oder was immer mir gerade einfällt. Oder er nennt mich ›zerknittertes Frauenzimmer‹, ich sag' jetzt nur mal so. Andere finden das wahrscheinlich idiotisch, aber es ist lieb gemeint. Wir lachen unglaublich viel zusammen, wir haben den gleichen Humor, einen etwas bitteren, harten und zynischen Humor. Ach, wir sind schon so lange zusammen, wir kennen uns durch und durch. Einer von uns braucht nur zwei Worte zu sagen, dann hat der andere schon wieder eine schlagfertige Antwort parat.«

Wir hängen an unserem eigenen Kram um uns herum

Das Gespräch mit Jouke findet in seiner Wohnung statt, seine »Hütte«, wie er sie nennt. Jouke ist siebzig Jahre alt, war verheiratet, hat drei Kinder und eine Freundin, Winnie (58), mit der er aber nicht zusammenlebt. Vom Alter her fällt Jouke in diesem Buch ein bißchen aus dem Rahmen, aber weil er viel Gescheites zu erzählen hat, steht er nun doch drin.

Warum habt ihr getrennte Wohnungen?

»Wir haben jeder für sich viele Beschäftigungen. Außerdem hängen wir an unserem eigenen Kram um uns herum, obwohl das bei Winnie stärker ist als bei mir. Mein Haus sehe ich mehr als ›pied à terre‹, von wo ich mich auf den Weg mache, um etwas zu unternehmen. In den ganzen Jahren haben wir schon versucht, für uns Zwei etwas zu finden, aber es ist nicht leicht, da wir beide genug Raum brauchen, um uns zurückziehen zu können. Wir haben nichts gefunden, aber wir hatten sowieso Zweifel über das Zusammenleben an sich.«

Inwiefern hat das etwas mit dem Alter zu tun?

»In unserem Alter hat man eine Geschichte hinter sich, die man in eine Beziehung mitbringt. Und wenn man, so wie ich, schon eine Zeitlang alleine ist, hat man seine eigenen Sachen und Gewohnheiten, die man nicht bereit ist, einfach so aufzugeben. Umgekehrt ist es auch nicht so einfach, einen Partner zu finden, der dich und deine ganzen Eigensinnigkeiten respektiert und mit dir teilen will. Das spielt sicher nicht nur bei mir eine Rolle, sondern auch ganz bestimmt bei Winnie.«

Wird man, wenn man älter wird, vorsichtiger, bevor man eine Beziehung anfängt?

»Ja sicher. Wenn man jung ist, ist man dabei etwas aufzubauen, man blüht auf, man macht voll und ganz bei diesem Mann-Frau-Spiel und der großen Verliebtheit mit. Die Welt liegt einem noch zu Füßen, also gibt man sich der Liebe viel leichter hin.

Auch was das Körperliche und Äußerliche angeht, ist das natürlich eine ganz andere Geschichte. Sieh mal, ich werde älter. Sie natürlich auch, aber ich werde steinalt. Dazu kommen einige Unannehmlichkeiten. Man empfindet das Älterwerden nämlich auch körperlich. Ich weiß nicht, was passieren wird, wenn ich einmal pflegebedürftig – um dieses Scheißwort mal zu gebrauchen – werde. Wenn ich merken würde, daß aus mir ein nörgelnder, alter seniler Sack wird, ja, was bleibt dann noch übrig? Winnie ist natürlich doch einige Jahre jünger als ich, und sie hat auch, als sie nicht mehr so ganz jung war, noch viel unternommen und ist auf Entdeckungen gegangen. Ich möchte für niemanden, auch nicht für mich selbst, eine ›unerträgliche‹ Last sein. Gleichzeitig will ich auch nicht gerade vereinsamen und im Altersheim landen. Aber obwohl ich mir darüber Gedanken mache und bis jetzt noch keine Antwort darauf habe, will ich den Dingen nicht vorauseilen. Im Moment bin ich noch ziemlich fit, und es klappt alles noch bestens.«

Papa arbeitet, und Mama ist zu Hause

Yolande (27): »Es klappt sehr gut mit uns, wir sind sehr glücklich miteinander. Es ist bei uns wie früher: Papa arbeitet, und Mama ist zu Hause. Das Besondere an unserer Beziehung ist, daß wir über alles reden können. Eigentlich sind wir völlig gegensätzlich, aber das ist gut so, denn so bereichern wir uns gegenseitig. Ich bin hektisch und setze mich überall voll ein, während er ruhiger ist und mich, falls es nötig ist, abbremst. Dann sagt er: ›Mach doch nicht immer alles auf einmal.‹ Auf der anderen Seite bin ich aber diejenige, die sagt: ›Komm, wir gehen aus‹. Wir können uns auch über kleine Dinge riesig freuen; wir sind garantiert nicht statusgebunden. Allein wenn meine Tochter herumspaziert, die Katzen schnurren, das macht einen glücklich. Wir brauchen nicht 3500 Kilometer in Urlaub zu fahren, der Garten reicht auch.«

Ich lief heulend vor Elend aus dem Sprechzimmer

Teun (40) ist homosexuell und hat keine feste Beziehung. Er zieht es vor, viele wechselnde, sexuelle Kontakte zu haben: »Um zu beginnen, ich habe keine feste Beziehung, und ich suche auch keine. Aber Beziehungen im allgemeinen sind sehr wichtig für mich. Meine Entscheidung für das Alleinsein kam nicht von ungefähr. Durch Fallen und Aufstehen habe ich gelernt, meine Freiheit zu entdecken. Jetzt finde ich es ausgezeichnet, nur meine eigenen Sachen aufzuräumen und nicht die eines anderen. Früher stürzte ich mich voll und ganz in Verliebtheiten und Beziehungen. Dann hatte ich das Gefühl, daß die Liebe ein ganzes Leben anhält. Aber das war nie der Fall. Manchmal ging es von mir aus, manchmal von ihm. Wenn jedoch dann so eine Beziehung wieder vorbei war, fühlte ich mich immer irgendwie als Opfer. Ich habe mich selbst eigentlich noch nie so gut verstanden, und ich illustrierte das dann immer mit meiner ›Zahnbürsten-Story‹. Wenn ich wirklich total verliebt in einen Freund war, dann wollte ich partout, daß er seine Zahnbürste hier neben meiner im Becher stehen ließ. Wenn er das dann jedoch wirklich machte, bekam ich Beklemmungen. Dann war es so gut wie aus. Das Feine, das Spannende war weg.

Im Moment darf ein Freund hier übernachten, aber morgens muß seine Zahnbürste verschwunden sein!«

Er wußte eigentlich schon immer, daß er homosexuell ist. »Aber ich rückte da als Kind natürlich nicht mit raus. Ich stamme aus einem kleinen Dorf in Groningen, und da hatte man einen ›Dorftrottel‹. Das war ein Homosexueller, dessen sexuelle Neigung ein offenes Geheimnis war. Ich war ungefähr vierzehn Jahre alt und auf der Hauptschule, und ich machte mit den anderen Jungen voll mit, um diesem Mann das Leben schwer zu machen. Er wohnte in einem Apartment am Dorfrand. Und wir hatten Spaß dabei, ihm alle möglichen Schimpfworte durch seine Sprechanlage zu brüllen. Bestimmt, das machte ich alles mit. Es war die Gruppennorm, und ich wollte doch so gerne dazugehören. Ich wußte jedoch schon damals, daß ich genauso war, wie dieser sogenannte Dorftrottel, aber das war auch gleichzeitig ein großer Schock für mich. Ich sprach mit niemandem darüber. Einige Jahre später wurden Homos bekannter. In Radio und Fernsehen gab es Interviews mit Homos. Das war so etwas wie der Beginn der sexuellen Revolution. Erst dann traute ich mich, mit meinem Bruder darüber zu reden. Er wollte mir helfen. Also zuerst einmal zum Hausarzt. Der sagte zu mir, daß das ungefähr das Furchtbarste wäre, was mir passieren könnte. Ich bin dann sozusagen an der Hand meines Bruders heulend vor Elend aus dem Sprechzimmer raus. Es war damals modern zu denken, Homosexualität könnte man mit Psychotherapie behandeln. Was, wie sich herausstellte, nicht der Fall ist. Das größte Problem für mich war, daß ich niemanden hatte, mit dem ich mich identifizieren konnte. Ja, Albert Mol hatte im Fernsehen erklärt, daß er Homo war, aber als ein Albert Mol fühlte ich mich auch wieder nicht. Ich begriff wohl, daß Psychotherapie nicht der richtige Weg war, und daß ich einfach selbst akzeptieren müßte, daß ich schwul war und das auch bleiben würde. Ab da sah ich immer wieder Menschen in den Medien, die ich nett fand und mit denen ich mich identifizieren konnte, die offen zugaben, daß sie homosexuell waren. 1969 zog ich von diesem kleinen Dorf in Groningen nach Arnheim, und da war von Anfang an bekannt, daß ich homosexuell war. Und ich hatte so etwas von ›take it or leave it‹.«

Kameradschaft gehört auch dazu

Merel (35): »Wir halten sehr viel voneinander. Liebe ist der wichtigste Aspekt in unserer Beziehung. Bei uns basiert alles auf Vertrauen; wir lassen uns gegenseitig viel Freiheit, dann ist so ein Vertrauen nötig. Auf der einen Seite sind wir eine Einheit, wir haben jedoch auch beide unsere eigenen Dinge. Manchmal sind wir richtig verliebt ineinander, aber Kameradschaft gehört auch dazu, und man muß Vertrauen zueinander haben. Man darf zwar andere ansehen, aber mehr nicht. Ich kann mir ein Leben ohne ihn nicht vorstellen. Er ist meine erste und einzige Liebe, und das wird auch so bleiben.«

Fast jeden Abend Streit

Linda (39): »Wir haben eine Beziehung zum Ausflippen. Eine Beziehung, die schon Jahre auf der Kippe steht. Wir verkünden immer, daß wir uns scheiden lassen werden, aber wenn es ernst wird, kommt es dann doch nicht dazu, weil es dann plötzlich wieder besser zwischen uns klappt. Das große Problem ist, daß er so viel trinkt. Fast jeder Abend endet mit Streit. Nun ja, er sagt, er trinkt so viel, weil ich ihn nicht verstehen würde. Darauf sage ich dann: ›Hör erst auf zu trinken, dann können wir da mal nüchtern drüber sprechen.‹ Manchmal gelingt es uns, und es geht wieder eine Zeitlang gut. Aber es ist immer nur für kurze Zeit, das weiß ich eigentlich schon vorher. Ich habe ihm schon gesagt, daß er mal zu den Anonymen Alkoholikern gehen soll. Er ist doch nicht der Typ, der zu sowas hingehen würde. Er geht auch nie zum Arzt oder Zahnarzt, deshalb würde er auch niemals zu den AA gehen. Nein, ich muß leider sagen, daß ich eine Scheißbeziehung habe.«

Wir hatten einen Tag Schluß und danach nie mehr

Bernard (39) und Marjan sind schon ungefähr sechzehn Jahre zusammen. Sie haben zwei Kinder. »Sieh' mal, es gibt zweieinhalb Milliarden Frauen auf der Welt, und ich komme immer wieder zu Marjan zurück. Das ist doch nicht von ungefähr. Unsere Beziehung dauert schon so lange. Ich habe nebenher einige Freundinnen gehabt, aber meine Beziehung zu ihr hat immer standgehalten. Wir sind Kameraden. Wir reden viel miteinander, jeden Tag. Wir erzählen uns, was wir so gemacht haben, und wir wollen auch wissen, was der andere gemacht hat. Man kann sagen, daß wir uns wirklich füreinander interessieren. Die Ehe sehen wir als eine Art Fundament. Es hat etwas mit Antennen zu tun, und die sind bei uns vorhanden.

Marjan und ich führen vielleicht eine etwas seltsame Ehe. Am Abend vor unserer Hochzeit sagt Marjan zu mir: ›Ich werde nicht immer monogam bleiben.‹ Weißt du, daß das eigentlich für mich eine große Erleichterung war. Denn ich bin, besonders in der Zeit kurz vor unserer Hochzeit, mit dem beklemmenden Gedanken herumgelaufen: Meine Zeit, jetzt hänge ich ein Leben lang an ihr fest, ob das wohl gut so ist? Marjan und ich hatten eine Menge Probleme, aber die haben wir alle überwunden. Sexuell lief es nicht so befriedigend, und damit habe ich schon eine Menge Probleme gehabt. Ich war immer auf der Suche nach Ersatz. Dennoch haben wir immer offen miteinander sprechen können. Unserem Kameradschaftsgefühl konnte das nie etwas anhaben. Früher endeten unsere Gespräche immer mit Monologen von mir. Ich sah zwar voraus, daß es passierte, aber es war unheimlich schwer, daran etwas zu ändern. Wir lieben uns, und ich bin stolz auf sie. Ich finde, daß ich Glück mit ihr habe. Ich kann nur dazu sagen: Jeder läßt sich scheiden. Wir jedoch nicht. Es läuft mit uns schon sechzehn Jahre gut! In der ganzen Zeit hatten wir einen Tag Schluß und danach nie mehr.«

Wir haben viel zusammen mitgemacht

Gerdina (31): »Bei uns ist es echte Kameradschaft, wir sind dicke Freunde. Unsere Freundschaft ist etwas Besonderes, uns verbindet enorm viel, und wir können über alles zusammen reden. Wir haben viel zusammen mitgemacht. Der Tod meines Vaters, mein Mann wurde viermal fristlos entlassen, womit er psychisch nicht gut fertig wurde, eine Fehlgeburt, Streit mit der Familie. Es gibt immer wieder schwierige Zeiten, wir sind jedoch beide so einfühlsam, daß wir alles durchgestanden haben. Es ist Liebe, vielmehr sind wir noch immer richtig verliebt ineinander, obwohl wir schon zwölf Jahre zusammen sind. Ja verliebt, das eine Mal vielleicht stärker als das andere Mal, aber ich bin immer froh, wenn er nach Hause kommt.«

Ich denke, wir geben uns Stabilität und Ruhe

Joost (39) war verheiratet, ist aber seit fast zehn Jahren geschieden. Aus seiner Ehe hat er eine elfjährige Tochter, und seit fast zwei Jahren hat er eine Beziehung mit Esther. Sie ist auch geschieden und hat drei Kinder. Sie wohnen jeder in ihrem eigenen Haus und sind beide berufstätig.

»Esther und ich haben eine sehr komplexe Form, miteinander umzugehen. Sie hat drei Kinder, ihr eigenes Haus und einen stressigen Beruf. Ich habe mein eigenes Haus, auch einen stressigen Beruf, und alle vierzehn Tage ist meine Tochter das ganze Wochenende bei mir. Die Beziehung zwischen Esther und mir befindet sich noch immer in der Aufbauphase. Sie mußte erst viele Dinge von mir begreifen und akzeptieren lernen, und ich von ihr. Wir hatten beide einen bis zum Rand gefüllten Rucksack auf, als wir uns kennenlernten. Wir sind keine achtzehn mehr, haben beide schon unsere Spuren im Leben zurückgelassen, und wir haben beide viel Verantwortung zu tragen. Wir müssen nicht erst versuchen, den anderen zu erziehen. Für mich ist die Beziehung zu Esther eine Basis, die mir Ruhe gibt. Wir sind zusammen und doch wir selbst. Wir respektieren einander und des anderen Tätigkeit und Liebhabereien. Wir haben viel Vertrauen zueinander, ich kann ihr alles anvertrauen, was immer ich mit ihr besprechen will. Das, was wir uns anvertrauen, bleibt unter uns. Ich denke, daß wir uns Stabilität und Ruhe geben. Wir sitzen sozusagen im gleichen Zug, wir haben den gleichen Biorhythmus. Es gibt Liebe, Wärme und Anziehungskraft zwischen uns, und unser Sex ist gut. Ich denke, daß es für eine Beziehung lebenswichtig ist, daß man für den anderen interessant ist und auch bleibt. Esther bedeutet mir sehr viel. Sie ist jemand; sie ist keine Nummer. Nummern gibt es schon so viele. Esther hat mir etwas zu erzählen, ich habe ihr etwas zu erzählen, und das finde ich sehr wichtig.«

Wir laufen wie auf Eiern, um Streit zu vermeiden

Sandra (43): »Wir haben beide schon eine Beziehung hinter uns. Wir sind beide geschieden. Unsere Beziehung ist gut, aber ich merke, daß wir beide ziemlich verkrampft sind. Ich meine: Wenn man eine lange Beziehung hinter sich hat, weiß man einfach nicht mehr, was eine gute Beziehung ist. Außerdem hat man Angst, daß es nochmal schiefgehen könnte. Vielleicht sind wir zu schnell zusammengezogen, vielleicht wäre es besser gewesen, wenn wir erst mal eine Zeit für uns alleine geblieben wären. Manchmal ist es so, als ob wir in einem zu engen Haus sitzen; manchmal macht einen der andere nervös, und dann laufen wir wie auf Eiern, um keinen Streit zu bekommen. Ich hoffe, daß wir das überwinden können, denn ich bin ganz verrückt nach ihm und er auch nach mir.«

Einen »One-night-stand« gibt es für mich nicht

Daan (43) hat vor ein paar Monaten seine Beziehung beendet. Diese Beziehung dauerte zwei Jahre. Davor hatte er einige längere feste Beziehungen. »Ich habe es nie geschafft, meine ideale Beziehung zu erreichen. Obwohl ich immer danach gestrebt habe. Ich habe erst begriffen, daß es die ideale Beziehung nicht gibt. Das war kein Schock für mich, als ich dahinter kam; ich kann mich jedoch auch nicht damit zufrieden geben, daß es so ist. Das finde ich ganz schön frustrierend. Was eine ideale Beziehung für mich beinhaltet?

Das ist etwas Paradiesisches. Am liebsten möchte ich ein Mädchen treffen, das nur für mich da ist und dem niemand zu nahe kommen darf. Eine emotionale Verbundenheit zwischen ihr und mir, die niemand erreichen kann. Nun ja, sie hat mit mehr Menschen zu tun, als nur mit mir alleine. Ich habe es immer als Bedrohung empfunden, wenn andere Männer meiner Freundinnen zu nahe kamen. Frauen können in dem Punkt nicht bedrohlich sein... Ich würde es auch nicht als Bedrohung empfinden, wenn ich meine Freundin mit einer anderen Frau im Bett erwischen würde... Aber jede Annäherung von Männern ist bedrohlich. Meine vornehmliche Charaktereigenschaft ist Mißtrauen... Eines der wesentlichen Dinge in einer Partnerschaft ist, zusammen die gleichen Gefühle zu erleben. Ein Blickaustausch; einander ohne Worte zu begreifen. Humor ist auch ein wichtiger Bestandteil. Der Funke muß da sein, er muß bleiben... Gute Beziehungen halten. Ich habe sie selbst gehabt...zweimal sieben Jahre lang, zweimal zwei Jahre... Nein, diese Beziehungen haben doch auch nicht gehalten. Ich beweise das Gegenteil... Aber jedesmal denke ich wieder: Diesmal ist es für ewig... Dieses Ewigkeitsgefühl ist schon ein Grund, um mit jemandem ins Bett zu gehen. Einen ›One-night-stand‹ gibt es für mich nicht.

Ich hänge jetzt unheimlich an ihm

Simone (30): »Unsere Beziehung ist gut, sehr gut sogar. Wir sind echte Kameraden, wir reden sehr viel miteinander. Ich hatte eine postnatale Depression, und das hat uns noch enger verbunden. Er hatte es sehr schwer mit mir, aber er hat unheimlich gut darauf reagiert, und davor habe ich Respekt. Er fand es schlimm, zur Arbeit gehen zu müssen und mich alleine zu Hause zurückzulassen. Ohne ihn hätte ich es nicht geschafft. Ich hänge jetzt unheimlich an ihm. Früher war ich selbständiger. Ich muß langsam wieder lernen, auf eigenen Füßen zu stehen.«

Wir haben uns geistig weiterentwickelt

»Wir haben eine herrliche Beziehung,« findet Andrea (32). »Wir gehen wie Freunde miteinander um. Es gelingt uns mühelos, nicht in den üblichen Trott zu verfallen, da sind wir sehr wachsam. Wir sind uns treu. Unsere Beziehung wird auch immer enger. Früher dachte ich schon immer: Es ist alles so fantastisch. Aber durch allerlei schwierige Dinge, die wir mitgemacht haben, haben wir uns geistig weiterentwickelt. Im Laufe der Jahre – wir sind jetzt dreizehn Jahre zusammen– macht man in der engsten Familie viel mit, alles Dinge, wo man durch muß. Es gab Krankheiten in der Familie, es sind schreckliche Dinge passiert. Es ist grandios, wie wir da wieder herausgekommen sind. Wir haben viel zusammen geredet, das ging von selbst, ohne daß wir uns darum bemühen mußten.«

Bei ihr kann ich alles loswerden

Manuel ist 21 und hat seit vier Monaten eine Beziehung mit Sandra (17). Manuel wohnt noch bei seinen Eltern. Sandra wohnt in einem möblierten Zimmer, 120 Kilometer von Manuel entfernt. »Meine Beziehung bedeutet mir unheimlich viel. Sandra ist jemand, mit dem ich über alles reden kann, auch über Dinge, über die ich mit niemand anderen sprechen kann. Ich habe echt das Gefühl, daß ich bei ihr alles loswerden kann.

Bei meinen früheren Freundinnen drehte sich eigentlich

alles nur um Sex, aber diesmal ist es viel mehr als das. Nicht mehr nur so zum Spaß. Ich finde es natürlich lästig, daß Sandra so weit weg wohnt und wir uns nicht oft sehen können. Auf der anderen Seite habe ich auch die Erfahrung mit einer Freundin gemacht, die ich viel zu viel sah, das kann mir also mit Sandra nicht passieren. Manchmal fahre ich am Wochende zu ihr, oder sie kommt zu mir. Meine Eltern verstehen sich gut mit ihr. Meine Mutter neigt eigentlich dazu, sich ziemlich distanziert zu geben. Aber mit Sandra hat sie das Problem überhaupt nicht... Ich würde am liebsten mit Sandra zusammen wohnen. Aber dann würde ich viel allein unternehmen, und sie müßte auch ihre Beschäftigung haben, sonst hängt man zu sehr aufeinander. Und das kann ich überhaupt nicht ab.«

Wir sind beste Freunde

Linda (37): » Ich habe im Moment eine gute Beziehung. Man hat natürlich schon mal Streit, aber das geht immer schnell vorbei. Wir sind jetzt sieben Jahre zusammen, doch, ich bin schon noch verliebt.«

Keine Probleme mit dem »verflixten siebten Jahr«?

»Nein, echt noch nicht. Es klappt wirklich gut. Hinzu kommt noch Kameradschaft, ich glaube, es ist eine Kombination aus Kameradschaft und Verliebtheit. Wir sind beste Freunde.«

Wir haben eigentlich eine ziemlich bizarre Beziehung

Reiner (44) hat schon seit 10 Jahren eine Beziehung mit Maria (34). Sie haben eine gemeinsame siebenjährige Tochter.

Davor war er mit Anja verheiratet, und aus dieser Ehe hat er schon drei Kinder. »Natürlich bin ich vollkommen verrückt nach ihr. Sie ist ein verdammt schwieriges Weib; temperamentvoll, apart und schwierig. Ich denke, ich brauch so jemanden wie sie. Ich könnte nicht mit jemandem Hand in Hand auf einer Bank sitzen. Ich bin ein ziemlicher Freibeuter, treffe recht leichtfertig Verabredungen außerhalb der Familie. Maria hat damit keine Probleme. Manchmal muß ich den Fuß etwas vom Gaspedal nehmen, sonst bin ich doch ein bißchen zu viel unterwegs. Von Maria weiß ich ganz bestimmt, daß sie da ist. Das finde ich angenehm. Ich bin jemand, der eine Frau braucht. Ich kann nicht mit Bestimmtheit sagen, daß Maria diese Rolle immer gut erfüllt. Ich kann wirklich nicht immer mein Herz bei ihr ausschütten. Wenn ich von irgendetwas sehr begeistert bin, beruht das noch lange nicht auf Gegenseitigkeit. Sie könnte schon ein bißchen enthusiastischer sein. Es fehlt ihr an Spontaneität, und sie ist echt nicht schlagfertig. Das ist auch der Grund, warum ich ihr einige Dinge einfach nicht erzähle. Wir haben eigentlich eine ziemlich bizarre Beziehung. Sie ist das typische Beispiel des Sternzeichens Fisch, und ich bin ein ausgesprochener Schütze. Man könnte wirklich sagen, daß wir nichts gemeinsam haben. Ich bin viel weitsichtiger als sie. Das kommt vielleicht auch daher, daß ich in meinem Leben viel mehr mitgemacht habe. Ich hätte gerne etwas mehr Romantik in unserer Beziehung; eigentlich kann ich gar nicht sagen, daß unsere Beziehung überhaupt irgendwie romantisch ist... Nein, wirklich nicht. So richtig glücklich bin ich in meiner Beziehung nicht. Es ist nicht das, was ich mir vorgestellt habe. Dennoch möchte ich sie um nichts in der Welt verlieren. Für mich könnte die Beziehung mir ihr noch hundert Jahre dauern...«

Ich relativiere alles etwas mehr

Leonie (36) hat keine Beziehung; sie ist seit ein paar Jahren geschieden. »Ich vermisse es schon, daß ich keine Beziehung habe, nur meinen Ex vermisse ich nicht. Trotzdem bin ich nicht eifrig auf der Suche nach einer neuen, festen Beziehung. Ich denke, daß es wahrscheinlich gut ist, mal eine Zeit alleine zu sein, um zu mir selbst zu kommen. Wenn man unbedingt eine neue Beziehung will, fürchte ich, verliert man sein kritisches Urteilsvermögen und bindet sich an den erstbesten Mann, in den man sich verliebt. Ich relativiere das alles lieber etwas mehr. Ich verliebe mich schon hin und wieder, das stehe ich mir gerne zu, aber ich versuche doch, Abstand zu halten. Ich bin 36, das ist vielleicht nicht mehr blutjung, aber ich bin davon überzeugt, daß ich mir keine Gedanken machen muß, daß Männer mich eventuell zu alt finden. Es kommt doch darauf an, wie man sich präsentiert.«

Vielleicht sogar ein bißchen langweilig
Peter (27) wohnt seit 5 Jahren mit Yvonne (26) zusammen: »Ich habe, man könnte es so beschreiben, eine Durchschnittsbeziehung. Das meine ich bestimmt nicht negativ, denn wir sind damit beide wirklich nicht zufrieden. Es plätschert so dahin, und große Veränderungen sind nicht zu erwarten.

Keine positiven und keine negativen. Ich finde das eigentlich wunderbar ruhig. Yvonne und ich wohnen seit fünf Jahren zusammen. Heiraten finden wir nicht nötig. Vielleicht, wenn sich mal ein Kind ankündigt, begeben wir uns dann in den Hafen der Ehe... Ich weiß genau, was ich an Yvonne habe, und sie weiß es umgekehrt auch. Von Natur aus sind wir beide sehr ruhig, freundlich und nicht allzu unternehmungslustig. Also kein spannendes Pärchen, vielleicht sogar ein bißchen langweilig ... Aber tief in meinem Innern bin ich davon überzeugt, daß wir doch die ideale Beziehung haben, weil wir sehr freundschaftlich miteinander umgehen. Ja, vielleicht kann ich das so am besten beschreiben: Yvonne und ich sind in erster Linie Freunde und nicht Geliebte. Nicht, das wir keinen Sex zusammen haben... Ich glaube nicht, daß ich jemals richtig in sie verliebt war und sie auch nicht in mich. Nein, die Basis unserer Beziehung ist wirklich Freundschaft und nicht Leidenschaft. Wir haben es schön miteinander. Gemütlich, schön häuslich. Wir kennen keine Tiefs und auch keine Höhepunkte ...«

Sie ist meine Stütze und mein Halt

Olle (29) wohnt seit sieben Jahren mit Nicole (28) zusammen.

Nicole arbeitet, und Olle hat sich bewußt dafür entschieden, zu Hause zu bleiben, um den dreijährigen Sohn und den Haushalt zu versorgen. »Ich glaube, ich habe eine tolle Beziehung... Ich bin nach sieben Jahren noch immer gleich verrückt nach Nicole, das sagt doch schon was. Sie ist meine Stütze und mein Halt, und ich hoffe, das für sie auch zu sein. Nicole ist die perfekte Ergänzung zu dem, was ich nicht habe oder nicht bin. Ich neige von Natur aus dazu, alles ein bißchen negativ zu sehen, dem setzt Nicole eine optimistische Lebensfreude entgegen. Sie ist bestimmt nicht undifferenziert, sie hat einfach nur einen heiteren und fröhlichen Charakter. So jemanden brauche ich unbedingt an meiner Seite. Von ihr geht eine unglaublich stimulierende Wirkung aus, die Dinge richtig anzupacken. Sonst würde ich nämlich total faul sein. Ich bin übrigens lieber faul als müde... Das steht mir nicht gut, natürlich, aber ich habe mir vorgenommen, die Dinge nicht schöner darzustellen, als sie in Wirklichkeit sind. Nicole ist ganz bestimmt nicht faul. Was die sich alles aufhalst und dann auch noch schafft, es gut zu Ende zu bringen... Davor habe ich echt einen ungeheuren Respekt.«

Hast du niemals Angst, daß Nicole finden könnte, daß du zuwenig beiträgst?

»Warum sollte ich Angst davor haben? Das ist nämlich ganz

und gar nicht so; ich leiste schon meinen Beitrag. Ich bin kein dummer Junge, ich bin studierter Psychologe. Nicht, daß das viel bedeutet, aber es sagt wohl aus, daß unsere jetzige Situation eine bewußte Entscheidung ist. Sowohl von Nicole als auch von mir. Wenn Nicole gewollt hätte, daß wir beide halbe Tage berufstätig sein sollten, hätte ich einen Halbtagsjob. Aber Nicole wollte lieber ganze Tage arbeiten, weil Haushalt und Erziehung ihr nicht so sehr liegen. Das gibt sie ganz offen zu. Und ich für meinen Teil finde, daß Haushalt und Erziehung wie für mich geschaffen sind. Viel besser, als am bezahlten Arbeitsmarkt teilzunehmen. Es paßt also alles fantastisch zusammen. Wir sind beide glücklich damit. Und unser Sohn erstmal.«

Zusammenleben mit ihm geht nicht

Adèle (35) ist geschieden und hat nun eine Beziehung, die sie selbst als entsetzlich kompliziert beschreibt. »Wir wohnen in veschiedenen Häusern, ich habe zwei Kinder, und er hat ein Kind. Wir haben beide einen stressigen Beruf. Und wir sind sehr unterschiedlich. Das führt nicht zu wirklichen Zusammenstößen, aber Einfluß auf unsere Beziehung hat das schon. Ich bin zum Beispiel unheimlich sozial, habe eine Art offenes Haus; ich möchte, daß jeder sich bei mir wohlfühlt. Ich habe auch fast immer Gäste. Das ist ihm echt zu viel. Er selbst ist fast wie ein Eremit. Meine Kinder dürfen nicht zu ihm rein, das will er nicht. Das war lange Zeit ein Streitpunkt, aber ich habe mich schließlich damit abgefunden. Alle vierzehn Tage hat er sein Kind bei sich zu Hause.

Ich hätte es schön gefunden, wenn meine Kinder dann auch kommen dürften, aber er hat Angst, daß sie dann alles abreißen. Er ist gerne alleine. Oder alleine mit mir. Das gibt ab und zu noch Ärger, aber ich habe das in eine Kiste gelegt, in der sich noch mehr Dinge von ihm befinden, die ich nicht angenehm finde. Trotzdem ist das die schönste Beziehung, die ich jemals hatte. Ich habe nicht gewußt, daß ich soweit gehen könnte.«

Wie meinst du das?

»Ich habe viele Prinzipien. Denen habe ich Gewalt angetan, nur damit meine Beziehung mit ihm gut läuft. Manchmal finde ich es schade, daß ich ihn nicht mit zwanzig getroffen habe. Ich habe schwer an meiner Vergangenheit zu knabbern und er auch an seiner. Vor allem am Anfang hatte ich das Gefühl, daß wir zwei getrennte Leben hatten. Die liefen zwar parallel, aber ergänzten sich nicht. Jetzt habe ich mit meinen Kindern wohl meinen Platz gefunden. Ich würde schon gerne mit ihm zusammenwohnen, nur ist es mit ihm nicht möglich. Ich wäre lieber nicht alleine, ich trage nicht gerne allein die ganze Verantwortung. Aber zusammenleben mit ihm geht nicht. Ich habe mich damit abgefunden, denn ich hatte keine Wahl, ich mußte. Wir würden sofort zusammenziehen, wenn die Kinder nicht wären. Vielleicht mal, wenn sie aus dem Haus sind. Nur, das dauert noch Jahre.«

Sie läßt sich nicht so leicht unter den Tisch quatschen

Martin (24) wohnt seit einem Jahr mit Bernadette (22) zusammen. In zwei Monaten begeben sie sich in den Hafen der Ehe. »Das soll ein ganz großes Fest werden, weil, wenn man heiratet, hat man doch echt was zu feiern. Ich hoffe, daß wir an dem Tag einigermaßen schönes Wetter haben, denn wir fahren mit Pferdekutschen zum Standesamt. Wäre doch schön, wenn die Sonne dann scheint... Warum wir heiraten? Weil ich finde, daß man auf diese Weise der Welt zeigen kann, daß man sich füreinander entschieden hat. Wir wohnen jetzt seit einem Jahr zusammen, also wissen wir ganz genau, was wir aneinander haben. Wenn es nach mir geht, glaube ich, werden wir ein Leben lang zusammenbleiben. Ich kenne Bernadette schon Jahre, sie hat immer bei mir in der Nachbarschaft gewohnt. Ihre Eltern haben eine Kneipe bei meinen Eltern um die Ecke. Als Bernadette ungefähr sechzehn war, stand sie schon regelmäßig im Geschäft, um zu helfen. Ich wollte sie haben, ich habe also Stunden da verbracht. Sie interessierte sich wohl auch für mich, denn es gab jede Menge Freibier für mich. Trotzdem dauerte es noch eine ganze Weile, bis es offiziell zwischen uns wurde, denn es gab noch jede Menge Konkurrenten. Tja, das passiert wohl öfter bei den Mädchen, die in einer Kneipe arbeiten. Die sind doch immer von Männern umringt. Aber Bernadette war dafür nicht so empfänglich. Sie machte normal ihre Arbeit, sie wurde natürlich auch von ihrem Vater beschützt. Der hielt die aufdringlicheren Kunden von ihr weg. Aber von mir erwartete sie mehr, denn irgendwann bekam ich eine Einladung zu ihrem Geburtstag. Den wollte sie im Café mit einer Gruppe Freunden und Freundinnen feiern. Naja, und an dem Abend, an dem sie also siebzehn wurde, kamen wir uns näher.

Ja, ich bin echt total verrückt nach ihr, sie ist einfach ein ganz tolles Mädchen. Sie ist geradeaus, hat manchmal ein großes Mundwerk, aber damit habe ich keine Schwierigkeiten. Sie steht ihren Mann, und das ist ab und zu auch erforderlich in so einer Kneipe. Ja, da arbeitet sie noch immer. Ich weiß ganz genau, daß wir prima zueinander passen, weil wir ungefähr aus dem gleichen Holz geschnitzt sind. Was unsere Ideen betrifft, und was wir gut und was wir nicht gut finden. Sie läßt sich nicht so leicht unter den Tisch quatschen, und das liebe ich.«

Ich bin offen und impulsiv, er ist verschlossen

Irene (28): »Wir sind beide völlig gleichberechtigt, jedoch sehr gegensätzlich. Wir haben wenig gemeinsam; wir ergänzen uns gegenseitig. Wir versuchen, des anderen Würde nicht zu verletzen. Das ist was, was wir bei unseren Eltern als Fehler ansehen: Da ist der Mann der Herr im Haus und die Frau diejenige, die bedient. Was unsere Charaktere angeht: Ich bin offen und impulsiv, er ist verschlossen. Er würde nie etwas sagen, ohne nicht vorher gründlich darüber nachgedacht zu haben. Ich platzte früher immer mit allem sofort heraus, aber ich habe von ihm gelernt, mich mehr zusammenzureißen. Er dagegen hat von mir gelernt, mit Freunden und Bekannten umzugehen. Er war ein Einzelgänger, hatte überhaupt keine Freunde. Er traut sich jetzt, mehr von sich preiszugeben. Früher konnte er das bei niemandem, auch nicht bei seinen Eltern.«

Es hat mir noch keine Sekunde leid getan

Thijs (39) ist ungefähr seit dreizehn Jahren mit Berthe (50) verheiratet, und sie haben zusammen eine achtjährige Tochter.

»Berthe ist für mich die ideale Frau. Ich bin echt noch jemand, der an das Märchen glaubt: Sie lebten noch lange und glücklich zusammen. Für mich spielte es nie eine Rolle, daß Berthe elf Jahre älter ist als ich. Ich habe sie auf dem Geburtstag eines Kollegen getroffen, und ich war sofort verloren. Glücklicherweise hatte sie auch keine Beziehung, denn sonst wäre ich, glaube ich, für ewig ihr unglücklicher Liebhaber geworden. Für Berthe war es anfangs schon ein Problem, daß sie ein ganzes Stück älter ist als ich. Ich glaube, sie fand es ein bißchen schade für mich. Aber weißt du, das Problem war schnell überwunden. Ich denke, das kam dadurch, daß sie, vor allem damals, unglaublich jung aussah, und ich sah, auch damals schon, etwas ältlich aus. Wir kannten uns zwei Wochen, dann habe ich um ihre Hand angehalten. Es hat mir noch keine Sekunde leid getan.«

Dann doch lieber eine Beziehung mit getrennten Wohnungen

Arnold (41), geschieden, wohnt mit seinem zwölfjährigen Sohn Jaspe alleine: »Ich bin zweimal verheiratet gewesen, und beide Male ist es schief gegangen. Ich bin nicht der geeignete Typ für eine gute Beziehung, glaube ich, und ich kenne auch keine guten Beziehungen. Ich habe natürlich schon so meine Träume drüber. Am liebsten hätte ich eine Frau, die mich fesselt und die immer interessant für mich bleibt. Keine Garten-, Haus- und Küchenfrau also. Ich muß sie auch nicht jeden Tag sehen, auf den Alltagstrott kann ich gerne verzichten. Obwohl ich auch gerne mit jemandem zusammenleben oder heiraten würde. Aber nur mit der idealen Frau. Bis ich der begegne, solange bleibe ich lieber Junggeselle. Denn ich könnte es echt nicht aufbringen, jeden Abend um Punkt halb sechs zum Essen nach Hause zu kommen. Dann doch lieber eine Beziehung mit getrennten Wohnungen, bis ich der Richtigen begegne. Und so eine Beziehung habe ich momentan. Verrückt daran ist, daß diese Frau, an die ich glaube und für die ich alles tun würde, mich nicht will. Zumindest will sie nicht mehr als diese lose Beziehung, die wir jetzt haben. Ich bin verrückt nach ihr, ich liebe sie, nur sie ist absolut ehrlich, so daß ich genau weiß, woran ich bin. Es ist schon schwer, aber ich mußte lernen, das zu akzeptieren.«

Umfrage: 3031 Frauen über die Emanzipation zu Hause

Kurz vor dem Erscheinen dieses Buches führte Peter Roorda in *Groter Groeien*, einer niederländischen Zeitschrift für Eltern, eine große landesweite Meinungsumfrage über die Rollenverteilung zu Hause durch.

Das Ergebnis dieser Umfrage wollen wir hier vorstellen.

Es wurden fünfzig sehr unterschiedliche Fragen gestellt. Die Antworten konnten auf einem Formular angekreuzt werden. Sie zeigen deutlich, wie die Situation heutzutage ist.

Es beteiligten sich insgesamt 3031 Frauen an der Meinungsumfrage. Das durchschnittliche Alter ihrer Männer liegt bei 34,7 Jahren, das der Frauen bei 31,9 Jahren. Die durchschnittliche Dauer ihrer Beziehung beträgt 10,1 Jahre. Das durchschnittliche Alter der ältesten Kinder ist 4,4 Jahre.

An der Umfrage nahmen nur Frauen mit Kindern teil. Im Hinblick auf die Zusammenstellung der Lesergruppe dieser Elternzeitschrift und der großen Menge ausgefüllter Formulare kann man das Ergebnis für die Gruppe »Menschen mit kleinen Kindern« als repräsentativ bezeichnen.

Repräsentativ für die ganze Bevölkerung ist das Ergebnis also nicht. Für die Ende Zwanzig-, Dreißig- und Anfang Vierzigjährigen mit einer Beziehung treffen die Zahlen wieder besser zu: Ein sehr großer Teil der Menschen dieser Altersgruppe, die eine Beziehung haben, haben auch Kinder.

Über die Rollenverteilung zu Hause hat man ein bestimmtes Bild. Das Ergebnis der Meinungsumfrage bestätigt das Bild oft, aber genauso weicht es von dieser Erwartung ab.

Ein paar Beispiele: Es sind oft die Frauen, die Streit anfangen. Männer tun zu Hause nicht mehr, als staubsaugen und spülen. Bügeln und Toilette saubermachen wird nahezu ausschließlich von den Frauen verrichtet. Finanziell stehen sich Männer und Frauen ungefähr gleich, aber fast alle Männer arbeiten ganze Tage, Frauen haben meistens einen Teilzeitjob. Einkaufen ist meistens noch Frauensache, aber dafür kocht der Mann, vornehmlich am Wochenende, regelmäßig. Männer machen mit Kindern zwar die schönen, aber weniger die nicht so angenehmen Dinge. Frauen übernehmen öfter die Initiative zum Schmusen und Männer zum Geschlechtsverkehr. Männer packen Nadel und Faden nicht an, Frauen aber Hammer, Kneifzange und Pinsel. Im Bereich Auto und Computer gibt es keinen Unterschied zwischen Mann und Frau.

Hier folgt nun das vollständige Ergebnis. Sehen Sie es sich an und vergleichen Sie.

Waschen, bügeln, spülen, staubsaugen: Es bleibt größtenteils Frauensache

Von den Frauen bedienen 100 % die Waschmaschine, aber nur 64% der Männer.

Größer wird der Unterschied beim Bügeln der Wäsche. Von den Frauen bügeln 96%, von den Männern nur 15%.

88% der Frauen und 54% der Männer nehmen die Wäsche von der Leine, wenn es regnet.

90% der Frauen und nur 32% der Männer putzen Fenster.

Ein Mann denkt schon, das ist ja bekannt, daß er viel im Haus hilft, wenn er regelmäßig spült. Spülen, um von anderen Kleinigkeiten verschont zu bleiben? Von den Frauen spülen 84%, von den Männern 70%, der Unterschied ist also nicht groß.

Staubsaugen ist auch so eine Arbeit, bei der sich viele Männer nicht so schwer tun. Von den Frauen staubsaugen 96%, von den Männern 64%.

Groß wird der Unterschied, wenn es um die Reinigung der Toilette geht: Die Frauen machen es zu 94%, die Männer nur zu 28%.

Schlußfolgerung: Nur beim Spülen und Staubsaugen sind Männer schon mal bereit, mehr zu helfen, der Rest bleibt Frauensache, finden sie.

Vollzeit- und Teilzeitarbeiten: Auch große Unterschiede

93% der Männer haben einen Vollzeitjob, aber nur 3% der Frauen.

Dem steht gegenüber, daß 46% der Frauen, aber nur 6% der Männer einen Teilzeitjob haben. In nahezu allen Fällen, in denen der Mann nur halbe Tage arbeitet, macht die Frau das auch.

Zählt man Vollzeit- und Teilzeitarbeiten zusammen, dann haben 99% der Männer und 49% der Frauen einen Job.

Das Haushaltsbuch und das Bankkonto: Mehr Gleichheit

Fast genauso viele Männer wie Frauen verfügen über ein Bankkonto: 97% der Männer und 95% der Frauen. Das Haushaltsgeld wird zu 51% von den Frauen verwaltet und zu 6% von den Männern. Bei 28% der Familien wird es zusammen gemacht; in 15% der Familien verwaltet niemand das Haushaltsgeld. Es sind also fast ausnahmslos Frauen, die mit dem Haushaltsgeld umgehen. Das kann hinkommen, wenn man sich ansieht, wer die Einkäufe erledigt.

Von den Frauen haben 93% eine Kreditkarte. Von den Männern etwas weniger: 88%.

Lohn- und Einkommensteuerformulare füllen 13% der Frauen und 42% der Männer alleine aus. Zusammen füllen es 17% aus, während 28% es von einem anderen erledigen lassen.

Frauen erledigen meistens die Einkäufe, Männer kochen vor allem am Wochenende

Einkaufen. Das wird durch die Bank fast ausschließlich von den Frauen gemacht: 67%, gefolgt von beiden zusammen: 28%. Nur 5% der Männer kaufen alleine ein. Wohlgemerkt, 67% aller Männer gehen nie einkaufen.

80% der Frauen und nur 3% der Männer kümmern sich alleine um die Lebensmittelvorräte. In 17% der Haushalte sorgen beide zusammen für die Vorräte.

Wer bestimmt, was gegessen wird? In 79% die Frau, in 20% überlegen Mann und Frau zusammen. Nur 1% der Männer bestimmt alleine, was gegessen wird.

Wie sieht es denn mit dem Kochen aus? Während der Woche kochen 93% der Frauen und 17% der Männer. Diese Prozentzahl der Männer war noch vor einer Generation undenkbar, der Unterschied bleibt jedoch groß.

Am Wochenende binden sich mehr Männer die Schürze um: Dann kochen 87% der Frauen und 46% der Männer oft. In 2% der Familien wird übrigens am Wochenende überhaupt nicht gekocht. Entweder man geht auswärts essen, oder es wird etwas geholt.

Ein bestimmter Einkauf wurde näher untersucht. Wer kauft die Slips und Unterhosen? Nur 1% der Männer und 79% der Frauen kaufen sie sich alleine, und 20% kaufen sie gemeinsam.

Frauen kümmern sich mehr um die Kinder als Männer

Windeln wechseln ist nicht die schönste Arbeit. Von den Männern schrecken 29% davor zurück, von den Frauen 2%. Das Kind baden ist viel schöner, das kann man auch an den Zahlen sehen: 68% der Männer und 96% der Frauen tun es.

Kinder neigen dazu, nachts zu schreien. Wer steht dann auf? 66% der Männer und 90% der Frauen. Doch noch ein ziemlich großer Unterschied.

Spielen mit den Kindern: 96% der Mütter und 97% der Väter sagen, daß sie es tun.

Beim Vorlesen ist es etwas weniger: Von den Vätern lesen 64% vor, von den Müttern 81%.

Arbeiten rund ums Haus

Wer kümmert sich um den Garten? 54% der Frauen und 63% der Männer.

Und wer mäht den Rasen? 25% der Frauen und 57% der Männer.

Arbeiten mit Werkzeugen wie Hammer und Kneifzange verrichten vor allem die Männer: 94%. Aber auch viele Frauen wissen damit umzugehen: 41%.

Beim Anstreichen und Tapezieren liegen die Zahlen noch dichter zusammen: 88% der Männer und 58% der Frauen machen das.

Wer ist für die Ausbesserung der Kleidung zuständig? Es gibt fast keinen einzigen Mann, der sich daran wagt: Nur 3%. Von den Frauen nehmen 86% Nadel und Faden in die Hand. In 14% der Haushalte wird nie etwas ausgebessert, es wird scheinbar weggeworfen, wenn es kaputt ist.

Wenn es darum geht, sich selbst etwas zu nähen, liegen die Zahlen ein ganzes Stück niedriger: Kein einziger Mann gibt sich damit ab, während 55 % der Frauen schon mal darangehen.

Das moderne Leben: Kaum Unterschiede

Ferngesehen wird zu 89% mit Hilfe der Fernbedienung. In 52% wird sie sowohl vom Mann wie auch von der Frau festgehalten. Von den Frauen haben 16% und von den Männern 21% immer die Fernbedienung in der Hand.

Wer bestimmt, welches Fernsehprogramm angeschaut wird? Ich, sagen 13% der Frauen. Ich, sagen 5% der Männer. Das bestimmen wir zusammen, sagen die übrigen 82%.

Von Männern weiß man, daß sie zu bequem sind, aufzustehen. Darum wurde untersucht, wer am Telefon abnimmt. Es ist ganz akzeptabel. Nur 12% der Männer stehen nie auf, wenn das Telefon klingelt. Nur, von den Frauen waren es 0%.

Die Zeitung: 83% der Männer und 76% der Frauen lesen sie. Da gibt es also beinahe keinen Unterschied mehr. Wer liest sie zuerst? 39% der Männer und 18% der Frauen, während für den Rest dies kein Diskussionspunkt ist.

Es ist sehr modern, mit Videorecorder und Computer umzugehen. Von den Männern können 77% und von den Frauen 75% das Videogerät bedienen. Also fast kein Unterschied mehr.

Doch ganz schön überraschend ist das Ergebnis, wer mit dem Computer umgehen kann: Das können 60% der Männer und 49% der Frauen, ein ziemlich kleiner Unterschied. In wohlgemerkt 75% der Haushalte kann mindestens einer mit dem Computer umgehen.

Das Auto ist schon lange keine Männersache mehr

Starken Gerüchten zufolge bestimmt der Mann beim Kauf eines Wagens das Modell, während die Frau die Farbe auswählt. Das wurde also auch untersucht. In Wirklichkeit bestimmen nur 14% der Männer alleine das Modell, gegenüber 1% der Frauen.

Und die Farbe? Diese bestimmt in 5% der Fälle der Mann

alleine, aber nur 2% der Frauen. Frauen und Männer bestimmen größtenteils gemeinsam Modell und Farbe des Autos. Das Gerücht stimmt also absolut nicht.

Von den Männern haben 95% einen Führerschein, von den Frauen 87%.

Wer fährt den Wagen? 78% der Männer und 64% der Frauen. 13% der Familien haben kein Auto.

Emotionale und andere Sachen

Wer fängt am meisten Streit an? Beide gleich oft, sagen 49%. Meistens ich, sagen nicht weniger als 39% der Frauen. Nein ich, sagen nur 1% der Männer. Sogar 11% schwören, niemals Streit zu haben. Auffällig, daß so viel mehr Frauen einen Streit beginnen.

Wer lädt den Besuch ein? Den laden 77% zusammen ein. Bei den restlichen 23% sind es zu 22% die Frauen und nur 1% der Männer, die den Besuch einladen.

Wer achtet auf die schlanke Linie? Von den Männern nur 12%, von den Frauen 61%.

Wer geht ab und zu alleine aus? 51% der Männer und 57% der Frauen. Das war auch schon mal anders. In 38% der Beziehungen geht niemand alleine aus.

Wer sieht sich manchmal einen erotischen Videofilm an? 34% der Männer und 17% der Frauen. In 66% der Familien sieht man sich nie einen erotischen Film an.

Schmusen und miteinander schlafen, wer übernimmt die Initiative?

Wenn es um schmusen geht, geht das zu 68% von den Männern und zu 75% von den Frauen aus. Frauen sind etwas schmusiger.

Aber wenn es um das Miteinanderschlafen geht, übernehmen die Männer zu 95%, die Frauen dagegen nur zu 42% die Initiative. Mehr als die Hälfte der Frauen übernehmen nie oder fast nie die Initiative zum Geschlechtsverkehr.

Früher durften Männer nicht weinen. Heute schon, aber tun sie es auch? Kaum. Von den Männern weinen 18% schon mal. Frauen weinen viel mehr: 90%.

Zum Abschluß: Wie zufrieden ist man mit der Rollenverteilung?

Es herrscht große Zufriedenheit über die Rollenverteilung. Aber es gibt einen Unterschied zwischen Männern und Frauen: Von den Männern sind wohlgemerkt 96% zufrieden, von den Frauen nur 83%. Die restlichen unzufriedenen Frauen haben ohne Ausnahme eine Beziehung mit einer altmodischen Rollenverteilung.

Noch einmal alle Schlußfolgerungen der Reihe nach:

- Männer wollen, wenn nötig, zwar abwaschen, die Wäsche in die Waschmaschine füllen und staubsaugen, aber bügeln, Fenster putzen und Toilette saubermachen? Fehlanzeige.
- Ziemlich alle Männer und fast die Hälfte der Frauen arbeiten außer Haus, Männer vor allem ganztags und Frauen vor allem halbtags.
- Im finanziellen Bereich gibt es viel Gleichheit. Frauen bemühen sich sogar mehr ums Geld als Männer.
- Einkaufen und alles, was damit zusammenhängt, wird noch immer zum größten Teil von den Frauen erledigt. Kochen ist während der Woche vor allem Frauensache, aber fast die Hälfte alle Männer kocht am Wochenende.
- Frauen beschäftigen sich mehr mit den Kindern als Männer, Männer spielen zwar mit den Kindern, aber sie wechseln nicht gerne die Windeln und stehen nachts seltener auf, wenn die Kinder weinen.
- Hammer und Kneifzange werden noch stets mehr von

Männern als von Frauen angewendet, jedoch trifft man den Farbpinsel schon öfter in Frauenhänden an. Dem Garten widmen Männer etwas mehr Zeit, dafür bessern sie so gut wie nie Kleidung aus oder nähen sich selbst etwas. Schlußfolgerung: Frauen machen immer öfter Männerarbeit, Männer jedoch kaum mehr Frauenarbeit.

- Es gibt kaum Unterschiede, wenn es um die Fernbedienung, Zeitung lesen, Umgang mit Videorecorder und Computer geht.
- Farbe und Modell des Autos werden fast immer in Übereinstimmung ausgesucht. Genauso viele Frauen wie Männer haben den Führerschein, und fast genauso viele besitzen ein Auto.
- Frauen fangen viel öfter Streit an als Männer, sie gehen öfter alleine aus, sie achten mehr auf ihre Linie, sie leihen weniger erotische Videos aus, sie übernehmen öfter die Initiative zum Schmusen, aber seltener die Initiative zum Geschlechtsverkehr.
- Männer weinen noch immer viel seltener als Frauen.

Noch ein paar interessante Zahlen

Aus den Zahlen von Alter und Beziehungsdauer kann man noch einige interessante (durchschnittliche) Faktoren herauskristallisieren. In einer Tabelle sieht das dann so aus:

	Mann	Frau
Alter bei Beziehungsbeginn	24,6	21,8
Anzahl der Jahre bis zur Geburt des ersten Kindes	5,7	5,7
Alter bei Geburt des 1. Kindes:	30,3	27,5
Heutiges Alter:	34,7	31,9

Dann haben wir noch eine Berechnung über den Altersunterschied zwischen erstem und zweitem Kind gemacht: Das älteste Kind war durchschnittlich 2,7 Jahre alt, als das zweite geboren wurde.

Und nun: Wie denken die Männer darüber

In der Umfrage sind es Frauen, die ihre Meinung über die Rollenverteilung kundtun, mit allem, was dazugehört. Aber wir lassen auch die Männer dazu zu Wort kommen: In den hier folgenden Interviewfragmenten.

Wenn ich ausgehen will, muß ich sie um Geld fragen

John (29): »Was den Haushalt betrifft, macht sie im Moment alles alleine. Das kommt auch dadurch, daß ich arbeite und sie sich nun mal gerne im Haus beschäftigt. Wenn sie jedoch arbeiten ginge und ich zu Hause bleiben würde, dann würden wir die Rollen einfach umdrehen. Kein Problem. Auch was die Versorgung unserer Tochter angeht, gilt das gleiche, wenn auch ein bißchen weniger. Ich bin derjenige, der am meisten weg ist, also sorgt sie dann für sie. Wenn ich aber zu Hause bin, kümmere ich mich um sie. Abends und an den Wochenenden. Demnächst geht Els einige Stunden in der Woche arbeiten, dann muß ich wohl leider meinen festen Ausgehabend aufgeben, aber ich kann dann noch immer an einem anderen Abend, oder spätabends, wenn sie zurück ist, gehen. Els kümmert sich auch um die Finanzen. Wenn ich ausgehen will, muß ich sie um Geld fragen. Eigentlich ist das nie ein Problem, nur, wenn wir knapp sind, dann sagt sie das. Ich habe damit keine Probleme.«

Bügeln finde ich vollkommen überflüssig

Joost (39): »Wir haben keine obligate Rollenverteilung. Das hat alles mit dem zu tun, was wir hinter uns gelassen haben.

Alles in unserer Beziehung läuft etwas durcheinander. Ich

bin der Meinung, daß ich grundsätzlich die ›Männerarbeit‹ in ihrem Haus erledigen muß. Alles, was getan werden muß, in ihrem Haus oder in meinem, darüber wird ganz einfach gesprochen. Wir haben keine Unklarheiten darüber, unter wessen Verantwortung was fällt. Die Verantwortung für ihre Kinder trage ich nicht. Die liegt nicht bei mir. Die tragen sie und ihr Ex-Mann. Wenn meine Tochter bei mir oder bei uns ist, dann trage ich die Verantwortung für sie. Zumindest letztendlich... Denn ich muß sagen, daß sie in diesem Punkt viel leichter eine bestimmte Rolle auf sich nimmt, als ich ihren Kindern gegenüber. Darin liegt sicher der Unterschied zwischen Mann und Frau. Für mich ist es am wichtigsten, daß ihre Kinder und ich Freunde sind. Ich finde es wichtig, daß die Kinder sich ganz ruhig an die neue Situation gewöhnen können, also auch an mich. Ich sehe das als Wachstumsprozeß, in dem ihre Kinder die Zeit haben müssen, zu begreifen, daß ich nicht eine aufgezwungene Anwesenheit bin. Wir sind schon ein ganz schönes Stück weitergekommen.«

Wer macht den Abwasch?

»Den Abwasch, tja, da habe ich ganz einfach einen schrecklichen Horror vor... Den mache ich also so wenig wie möglich. Nur wenn wirklich nichts mehr sauber ist... Damit hat sie nicht so viele Schwierigkeiten, also erledigt sie den Abwasch bei ihr zu Hause und auch regelmäßig bei mir zu Hause. Nur, das müßte sie von mir aus echt nicht machen. Übrigens, das wird in der letzten Zeit leider auch immer seltener. Bügeln ist für mich eine vollkommen überflüssige Tätigkeit, die Wäsche bügelt sich bei mir am Körper von selbst. Den Rest des Haushalts erledige ich ohne Probleme. Einkaufen, kochen und solche Sachen sind bei uns gleich verteilt. Sie ist oft schrecklich im Streß, und dann bin ich mir wirklich nicht zu schade, das einfach mal schnell zu übernehmen.«

Sie sagt immer, daß ich ein Sexist bin

Yvo (24): »Das ist also eins der Dinge, worüber wir zwei Streit bekommen. Sie beschimpft mich immer, ich sei ein Sexist, nur weil ich weniger abwasche als sie. Oder weil ich lieber meine Musik höre als ihre. Oder daß ich öfter Lust habe als sie... Meiner Meinung nach läuft das bei uns nicht nach dem üblichen Rollenverhalten ab, nach ihrer Meinung wohl. Ich bastel zum Beispiel gerne an meinem Auto herum. Viel lieber, als Wäsche aufzuhängen. Ist das denn so schlimm?

Sie fährt doch, verdammt noch mal, auch mit dem Auto? Aber sie käme nie auf die Idee, mal unter die Motorhaube zu gucken. Also, alles dummes Geschwätz...«

Ich brauche nur zu nicken, und es steht da

Louis (34): »Sie hat natürlich eine ganz andere Erziehung genossen als westliche Mädchen. Es ist für sie selbstverständlich, für mich zu sorgen. Das sieht sie als ihre Pflicht an. Vom Islam auferlegt. Sie hat sich zwar schon ein bißchen geändert, aber es bleibt doch mit ihrem Gefühl verknüpft. Ich brauche nur zu nicken, und es steht da, denn dieses Dienen hat sie immer als Vorbild gehabt. Sie findet es noch immer komisch, wenn ich ihr beim Spülen helfe oder Kartoffeln schäle. Eigentlich ist sie der Meinung, daß das ihre Aufgabe ist. Auf der anderen Seite ist sie auch schon sehr westlich, denn sie ist ja natürlich nicht auf den Kopf gefallen. Sie hat vor zwei Jahren mit einer Schwesternausbildung (halbtags) begonnen, und sie ist auch fest entschlossen, nach ihrer Ausbildung eine gute Anstellung zu finden.

Ich fand es schön, als ich entdeckte, daß sie doch richtige Ambitionen hat. Wäre sie bei ihrer Familie geblieben, wäre sie nie, aber auch niemals so weit gekommen. Die Schule durfte sie zwar mit der mittleren Reife abschließen, aber danach mußte sie den ganzen Tag für die Familie dasein. Eigentlich kann ich noch immer nicht begreifen, warum sie sich nie dagegen gewehrt hat. Nicht nur sie, sondern so viele islamische Mädchen.«

Wir verteilen die Aufgaben so, wie es auskommt

Frank (35): »Rollenverhalten ist etwas, woran ich mich erst gewöhnen mußte. Ich hatte so lange alles alleine gemacht.

Auch wenn ich zum Beispiel nicht oft für mich alleine gekocht habe. Aber es ist herrlich, nicht alles immer selbst zu organisieren. Ich freue mich noch immer wie ein Kind, wenn ich abends nach Hause komme und die Tür aufschließe und mir der Duft von Rosenkohl entgegenkommt. Wir verteilen die Aufgaben so, wie es auskommt. Wir arbeiten beide, und eigentlich geht alles wie von selbst. Wir haben zusammen ein neues Haus bezogen, und das macht viel aus. Der eine ist nicht bei dem anderen eingezogen, also kamen erst gar nicht Probleme der Art auf, daß sich einer an gewisse Gewohnheiten des anderen anpassen oder an bestimmte Plätze, wo etwas zu liegen hat, gewöhnen mußte.«

Also was macht sie? Richtig, sie spült dann selbst.

Reinier (44): »Ach, Rollenverhalten... Also bügeln werde ich ganz bestimmt nicht. Nicht, weil ich der Meinung bin, daß es ihre Aufgabe ist, denn meinetwegen kann sie all das Zeug zum Bügeln weggeben. Und den Abwasch... Das ist ein ewiger Streitpunkt. Ich würde den Abwasch ja übernehmen, aber eben nicht sofort nach dem Essen. Wenn ich sage, daß ich spülen werde, dann mach' ich das auch wirklich, und wenn es mitten in der Nacht ist. Nur nach dem Essen will ich erst ein bißchen entspannen. Das stört sie wiederum, denn sie findet das Durcheinander auf der Anrichte unappetitlich. Also, was macht sie? Richtig, sie spült dann selbst. Nur, von mir aus muß sie das nicht tun...«

Ich sehe den Staub echt nicht

Martin (24): »Den Haushalt macht sie, denn auf dem Gebiet bin ich schrecklich ungeschickt. Ich kann sozusagen keinen Staubsauber in die Hand nehmen, denn ich sehe wirklich nicht, wo es staubig ist. Sie sagt dann zum Beispiel: ›Meine Güte, was liegen da dicke Staubwolken unter der Bank.‹ Ich gehe dann nachsehen, aber ich sehe nichts. Wäsche waschen?

Ich würde nicht mal wissen, wie man die Waschmaschine bedient... Tja, ich bin vielleicht ein bißchen zurückgeblieben, aber es interessiert mich ganz einfach überhaupt nicht. Diese Dinge kann sie erledigen, davon versteht sie was. Genauso ist es mit der Einrichtung... Das sehe ich auch nicht. Was zu was paßt, und welche Farben die Gardinen haben müssen. Was weiß ich. Auf der anderen Seite kann sie noch nicht einmal ihr Fahrrad flicken. Letztens war das Fernsehen kaputt. Sie war dann total in Panik, dabei war nur ein kleiner Stecker lose. So was alles. Oder wenn sie eine Kassette umdrehen will, weiß sie noch nicht mal, wie sie die Klappe vom Kassettendeck aufmachen soll. ›Dummes Stück, dann drück' doch einfach auf eject‹ sage ich dann. Darauf guckt sie mich dann so dumm an und fragt: ›Eject, was ist das?‹ Naja, was das bedeutet, weiß ich eigentlich auch nicht. Aber ich weiß eben, wozu es da ist...«

Ich kann das einfach nicht

Bob (25) kratzt sich am Kopf, denkt nach, steckt sich eine Zigarette an: »Sie kocht meistens, ich kann das einfach nicht, und weiter... Ich fähre Fahrrad, sie sitzt hinten drauf...«

Der Mann arbeitet

Mario (45) über das unterschiedliche Rollenverhalten zwischen Niederländern und Italienern: »Obwohl sich natürlich, seit ich aus Italien weg bin, doch das eine oder andere verändert hat, denke ich, daß das Rollenverhalten dort traditioneller ist als hier. Nicht nur in den Dörfern, auch in den Städten. In Italien ist es für die Frau selbstverständlich, daß sie zu Hause ist und für den Haushalt und die Kinder sorgt. Der Mann arbeitet. Vor allem im Süden Italiens ist das noch so. Glaube bloß nicht, daß der durchschnittliche Italiener nach seiner Arbeit noch beim Spülen hilft.

Das ist gar kein Thema. Aber dieses Rollenverhalten habe ich erst gar nicht angenommen. Ich bin einfach anders, es kam mir überhaupt nicht in den Sinn, zu sagen: Jetzt verhältst du dich in Zukunft anders. Ich mußte nur noch eine Frau finden, die das auch so fühlte. Vielleicht ist es Zufall, daß es eine Niederländerin geworden ist... Aber du darfst nicht vergessen, daß der Unterschied zwischen Nord- und Süditalienern größer ist, als der zwischen Norditalienern und Holländern.«

Und über seine eigene Beziehung: »Wir haben uns nie abgesprochen, wer was tut. Wir arbeiten beide, und jeder macht seinen Teil im Haushalt, wie es gerade auskommt. Und ebenso kümmern wir uns gemeinsam um unser Kind.«

Ich liebe an einer Frau, wenn sie eine gute Gastgeberin ist

Jouke (70): »Ich lasse mich gerne mit Essen verwöhnen. Ich hasse es, selbst zu kochen, als Gegenleistung führe ich dafür meine Partnerin, wenn sie bei mir ist oder wenn wir unterwegs sind, zum Essen aus. Wenn wir bei ihr sind, kocht sie, ich darf dort eigentlich nichts im Haushalt tun. Ich bin mir nicht zu schade zum Spülen oder zum Wäschewaschen, und ich kümmere mich um all die technischen Dinge. Ich bin schon noch ein Mann von Schrot und Korn...

Ich finde es wichtig, einer Frau die Tür aufzuhalten, ihr in die Jacke zu helfen, eben solche Dinge. Auf der anderen Seite finde ich auch die typisch fraulichen Züge wichtig... Wie, sich ab und zu mal fein herausputzen, wenn man etwas Besonderes vorhat. Ich liebe an einer Frau, wenn sie eine gute Gastgeberin ist.«

Sie bekommt Haushaltsgeld von mir

Peter (27): »Wir halten ganz altmodisch an dem alten Rollenverhalten fest, worüber so viel Wind gemacht wird. Aber wir fühlen uns dabei nun einmal gut. Sie versorgt den Haushalt und arbeitet außerdem noch halbtags in einer Bibliothek.

Nicht, weil wir das Geld brauchen, sondern weil es ihr Spaß macht. Wenn wir irgendwann ein Kind haben, hört sie damit auf. Ja, das wissen wir jetzt schon. Gut, ich werde bestimmt mal beim Spülen helfen, das macht mir nichts aus. Aber Wäsche waschen und bügeln und diese Dinge sind ihre Aufgaben. Ich habe gerne ein aufgeräumtes, gemütliches Zuhause, und da sorgt sie für. Ich sorge für das Einkommen, das ist meine Aufgabe. Ich kümmere mich um die Finanzen, und sie bekommt von mir Haushaltsgeld. Sie hat sich darüber noch nie beklagt, also nehme ich an, daß es ihr so recht ist.«

Ich mache die ganze – wie sagt man so schön – Frauenarbeit

Olle (29): »Nun, ich kann dich beruhigen, bei uns sind alle geeichten Rollenverhalten dem Erdboden gleichgemacht. Ich mache, wie man so schön sagt, die ganze Frauenarbeit, und Nicole macht die ganze Männerarbeit. Stell dir vor, bis hin zum Reparieren der Stecker... Ich koche, ich spüle, ich wasche die Wäsche, ich fahre mit dem Fahrrad mit unserem Sohn zum Einkaufszentrum, ich bügel, ich gehe mit unserem Kind zum Arzt, ich putze die Fenster, nenn mir, was du willst. Sie ist den ganzen Tag weg, sie hat als Pharmareferentin einen sehr anstrengenden Beruf, sie ist wirklich müde, wenn sie nach Hause kommt. Dann legt sie sich erstmal auf die Couch, ihre Füße auf dem Tisch. Sie bekommt von mir einen leckeren Drink serviert, und dann braucht sie ein Weilchen ihre Ruhe... Das hat sie verdient.«

Es ist so schwer, davon loszukommen

Thijs (39): »Auch wenn wir es nicht bewußt tun, machen wir uns beide doch schuldig an diesem dummen, altmodischen Rollenverhalten. Es ist auch so schwer, davon loszukommen. Die typischen Frauendinge, wie das Haushalten, fallen ihr sowieso viel leichter als mir. Auf der anderen Seite: Wenn sie mit einer Autopanne am Straßenrand steht, steigt sie aus und hält mit unschuldiger Miene ein anderes Auto an. Ohne daß sie auch nur mal einen Blick unter die Motorhaube geworfen hat. Nun, ich brauche das erst gar nicht zu probieren, denn es würde doch niemand anhalten. Weil ich ein Mann bin.

Was die Erziehung und Versorgung unseres Kindes betrifft, so folgen wir da nicht echt einem bestimmten Rollenverhalten. Obwohl... Sie bemerkt es immer als erste, daß neue Schuhe oder Unterwäsche gekauft werden müssen. Ja, ich glaube, sie kümmert sich doch etwas mehr um unser Kind. Aber wir passen da schon auf.«

Gleichwertigkeit, wie sieht es damit aus?

Früher, übrigens ist es doch gar nicht so lange her, war es einfach: Vater war der Herr im Haus, und Mutter hatte als einziges Recht ihre Anrichte. Aus der Umfrage im vorigen Kapitel ist schon zu erkennen, daß sich vieles geändert hat, aber daß doch unübersehbar noch Reste des alten Rollenverhaltens übriggeblieben sind.
Die Frage liegt also auf der Hand: Sind die Männer von heute noch immer klammheimlich ein bißchen beherrschend? Gibt es noch Frauen, die für jede Kleinigkeit die Zustimmung ihres Mannes brauchen?

Es ist bekannt, daß es Familien gibt, in denen Männer ein wahres Terrorregime aufrechterhalten. Frauenhäuser gibt es nicht umsonst. Es gibt, das ist weniger bekannt, auch Frauen, die ihre Männer schlagen.

Aber um Gewalt geht es hier nicht. Hier geht es um die Frage, ob Menschen sich ihrem Partner gegenüber gleichwertig fühlen. Unter Gleichberechtigung versteht dann auch jeder etwas anderes. Für den einen muß es eine vollkommene, absolute Gleichheit sein. Einander ergänzen und helfen, wenn es nötig ist, das ist Gleichwertigkeit für den anderen.

Dann gibt es noch Menschen, die zwar wissen, daß es in ihrer Beziehung keine Gleichwertigkeit gibt, aber die das überhaupt nicht schlimm finden. Man kann zwar weh und ach rufen, wenn man heute Situationen sieht, die als altmodisch zu bezeichnen sind, aber vergessen Sie nicht, daß es Menschen gibt, die das ganze moderne Getue nicht unbedingt brauchen. Selbstverständlich kamen wir auch unzufriedenen Leuten auf die Spur. Es geht dabei manchmal um fast bizarre Situationen, bei denen man sich fragt, warum sich diese Beiden nicht trennen. Na ja, sich scheiden lassen ist auch so eine Sache, hörten wir ein paarmal. Kurzum, in diesem Kapitel geht es um Gleichwertigkeit.

Wir sind zwei gleiche Individuen

Moniek (33) findet es sehr wichtig, daß man sich in einer Beziehung respektiert. Auch Gleichwertigkeit ist sehr wichtig, findet sie. »Es ist nicht schlimm, wenn ich spüle und er einen Reifen flickt, aber es darf nicht zur Gewohnheit werden. Wir sind zwei Individuen, die absolut gleich sind. Ein anderes Mal macht er halt den Abwasch, und ich flicke den Reifen.«

Sie findet das abwertend

Yvo (24): »Ich dachte immer, daß wir gleichwertig sind. Aber darüber hat sie so ihre eigenen feministischen Vorstellungen. Bei ihr muß man immer auf seine Worte und auf alles, was man tut und macht, aufpassen. Ihrer Meinung nach sind Männer sowieso nur auf der Welt, um die Frauen zu unterdrücken und abzuwerten. Ich verstehe das wirklich, denn natürlich mußten die Frauen unwahrscheinlich kämpfen, um ihren Rückstand aufzuholen. Aber deshalb muß ich doch nicht persönlich ständig zur Ordnung gerufen werden. Einzig und alleine deshalb, weil ich zufällig ein Mann bin? Ich erkläre mich mit der Frauenbewegung sogar auch noch solidarisch! Aber wenn ich schon mal aus Versehen sage: ›Ja aber Liebling, jetzt hör mir mal zu…‹, wird sie schon wütend. Sie findet den Ton abwertend und will wissen, ob ich das auch so zu meinem

Freund sagen würde. Nur, mein Gott, sie ist doch verdammt nochmal nicht mein Freund; sie ist meine Freundin. Oder besser gesagt, sie war es.«

Er ist altmodisch streng

Maria (37) über Gleichwertigkeit: »Er sagt zwar, daß wir das beide sind, nur, der Meinung bin ich nicht. Ich regel hier wirklich alles. Das hat sich im Laufe der Jahre so entwickelt. Das einzige, was er macht, ist, daß er ab und zu mal spült, manchmal ein Kind zu Bett bringt. Er könnte nie für sich alleine sorgen, weil er nichts kann. Nicht kochen, nicht waschen, nichts. Ich probiere es manchmal, indem ich sage: Mach mal eben dies oder jenes. Er macht es dann zwar meistens auch, aber versucht auch oft, es auf ein Kind abzuschieben. Er ist ein ziemlich altmodischer Vater, die Kinder respektieren ihn mehr als mich. Er ist wirklich altmodisch streng.«

Ich versuche, das nie zu mißbrauchen

Louis (34): »Schwieriger Punkt, echt. Nicht für mich, jedoch für sie. Sie ist mit der Vorstellung groß geworden, daß Frauen den Männern untergeben sind. Das ist eine Tatsache.

Eine Frau muß einem Mann gehorchen, und das sitzt bei Düne noch tief drin. In vielen Situationen gibt sie sich so untergeordnet. Wir reden da sehr viel drüber, und theoretisch hat sie es auch verstanden, wie das hier in den Niederlanden funktioniert, aber in der Praxis sieht das dann doch wieder anders aus. Sie ist zum Beispiel oft sehr abwartend. Dann trifft sie keine Entscheidung über etwas, worüber sie bestimmt prima alleine entscheiden könnte. Sie stellt sich und ihre Interessen oft für mich einfach in den Hintergrund. Ich versuche, das nie zu mißbrauchen, ich ertappe mich jedoch dabei, daß ich es trotzdem mache.«

Eine bestimmte finanzielle Selbständigkeit setze ich wohl voraus

Jouke (70) muß kurz nachdenken: »Ich glaube, für mich ist es am wichtigsten, daß sich mein Partner in wichtigen Dingen mit mir auf einer Linie befindet. Daß man in dem Moment, wo es einem nicht so gut geht oder man die Kastanien aus dem Feuer holen muß, jemanden hat, der einen unterstützt. Das war ab einem bestimmten Moment zwischen meiner Frau und mir so gut wie verschwunden. Ich finde es sehr gut, wenn eine Frau ihren eigenen Interessen nachgeht, und in bestimmtem Maße setze ich auch eine finanzielle Selbständigkeit voraus. Ich spendiere dafür gerne, um mal ein Beispiel zu geben: Sie kocht regelmäßig für mich. Wenn ich dann an der Reihe bin, lade ich sie ein, und wir gehen aus essen. Mit meinem Einkommen habe ich da vielleicht mehr Spiel, aber Geld spielt eigentlich keine Rolle, solange ich nicht das Gefühl habe, daß der andere das ausnutzen will. Ich habe auch Frauen getroffen, die in einem nur den alten reichen Junggesellen sahen, sobald ich jedoch die Geldgier in ihren Augen aufblitzen sah, habe ich mich verabschiedet und schnell kehrt gemacht.

Bei uns gibt es die lustige Situation, daß sie, die ein eigenes Einkommen hat, mich unheimlich gerne einlädt, mir sogar Dinge bezahlt. Sie ist genau das Gegenteil von einer Frau, die nur auf dein Geld aus ist. Eine Frau bringt ein gewisses Etwas ins Haus, das ein Mann nie auf die Reihe kriegt. Man sieht einem Haus auch direkt an, ob da eine Frau anwesend ist oder nicht. Sie achtet ganz einfach mehr auf bestimmte Dinge. Ich kenne wenige Männer, insbesondere von meiner Generation, die in ihrem Haus so eine Gemütlichkeit schaffen können. Ich brauche die Zärtlichkeit einer Frau. Und sexuell ist bei mir, wie ich schon sagte, auch noch nicht die Quelle versiegt.«

Niemand beherrscht den anderen

Maartje (28): »Wir arbeiten beide halbtags, wir teilen uns die Aufgaben. Das läuft automatisch. Mein Mann macht viel mit den Kindern. Den Haushalt erledigen wir gemeinsam. Obwohl, er macht schon sehr viel. Ich putze die Fenster. Er paßt zwei Tage in der Woche auf die Kinder auf. Den Abwasch macht derjenige, der gerade Lust dazu hat. Meistens ist er das. Ich koche meistens, aber das kann er auch. Schreinern und diese Dinge macht er, wenn es allerdings sein muß, kann ich auch eine Lüsterklemme einsetzen. Ich bringe die Kleidung in Ordnung. So einige kleine Überbleibsel des alten Rollenverhaltens findet man auch bei uns. Daß ich nähe und er schreinert. Dafür bügelt er zum Beispiel auch, und das tun doch, meiner Meinung nach, die wenigsten Männer. Seine Mutter ist geschieden, und er kommt aus einer großen Familie, also war er schon gewöhnt, im Haushalt verschiedene Aufgaben zu übernehmen.«

Seid ihr gleich?

»Ja, wir sind beide gleich. Niemand beherrscht den anderen, niemand ist der Boss. Unsere Gehälter gehen in einen Topf. Auch wenn ich diejenige bin, die das Geld verwaltet.«

Schön, wenn ein anderer mal die Führung übernimmt

Isabel (21): »In meiner jetzigen Beziehung sind wir schon gleichwertig. Das eine Mal übernimmt er die Initiative, das andere Mal ich. Niemand ist vorherrschend. In meiner vorigen Beziehung war ich gezwungen, dominant zu sein. So empfand ich das. Vielleicht reagierte ich da falsch, und er ließ sich dadurch in die Ecke drängen. Ich finde es auch schön, wenn mal ein anderer die Führung übernimmt. Wir sind oft genug zusammen, um zu sehen, wie es funktioniert: Dinge wie spülen, Betten machen, diese ganzen Sachen tun wir beide. Wir machen beide alles.«

Was wohl auffällt, ist, daß sie oft emotionaler ist

Olle (29): »Wir sind vollkommen gleichwertig. Jeder leistet auf seinem Gebiet seinen Beitrag. Wir sind beide der Meinung, daß man nicht so darauf achten soll, ob ›Männer‹ oder ›Frauen‹, sondern die Betonung mehr auf ›Menschen‹ legen soll. Sie kann das eine gut, ich dafür weniger. Meine Stärke liegt mehr in etwas anderem, und das kann Nicole zufällig nicht so gut. Ich lege sehr großen Wert darauf, daß Nicole mir ihre Meinung zu einer bestimmten Sache sagt, und ich würde sie auch immer um Rat fragen, wenn ich mal nicht mehr weiter weiß. Wir lieben es, über Gott und die Welt zu diskutieren. Manchmal denke ich, daß es schon fast ein Sport von uns ist, um unseren Geist zu schärfen. Dann geht es um Politik, Kultur, Sex und Wissenschaft. Das sind so unsere liebsten Gesprächsthemen. In solchen Diskussionen ist keiner dem anderen unterlegen. Was mir wohl auffällt, ist, daß sie emotionaler reagiert als ich. Das könnte daran liegen, daß sie ein Frau ist, aber ich bin mir nicht sicher. Jedoch hat das in keinem Fall etwas mit Gleichwertigkeit oder nicht zu tun.«

So selbstverständlich

Thijs (39): »Gleichwertigkeit? Ich finde das so selbstverständlich, daß ich noch nicht einmal weiß, was ich darauf antworten soll. Wenn wir nicht beide völlig gleichwertig wären, dann könnten wir keine Beziehung zusammen haben.«

Ich bin eine miserable Hausfrau

Mariëtte (34): »Wir sind nicht gleich, wohl aber gleichwertig. Wir sind zwei unterschiedliche Persönlichkeiten. Er ist sehr sportlich, macht mit den Kindern wilde Spiele, und ich bin diejenige, die abends Geschichten vorliest. Ich mache die theoretischen, er die praktischen Dinge. Darin ergänzen wir uns. Ich habe mich bewußt dazu entschieden, für die Kinder zu sorgen, das schon, nur, wenn die Kinder größer sind, gehe ich wieder arbeiten. Ich war OP-Schwester. Ich bin jetzt zu Hause, aber ich bin nebenher auch noch ehrenamtlich tätig, einfach um mich vollwertiger zu fühlen. Sonst würde mir die Decke auf den Kopf fallen. Nach der Entbindung war es eine Zeitlang schön, mit dem Baby zu spielen, nur, danach wurde es richtig leer. Ich finde schon, daß mein Mann zu wenig im Haus macht. Ich bin allerdings selbst eine miserable Hausfrau. Mutter zu sein, finde ich wichtiger.«

Und Ehefrau zu sein?

»Das kann ich nicht beantworten. Das ist, als würde mich jemand fragen: Für wen würdest du dich entscheiden, für den Mann oder für die Kinder? Das geht doch nicht. Mutter sein ist wichtig, Ehefrau sein auch. Nur bin ich auch jemand, der für sich selbst aufkommt, ich sorge dafür, daß ich meine eigenen Sachen habe. Er hat seinen heiligen Sport, und ich habe meine Interessen. Ich gehe jeden Donnerstagabend zur Chorprobe. Will er zufällig auch am gleichen Abend weg, Pech für ihn, dann muß er sich um einen Babysitter bemühen.«

Vielleicht bedeuten Männer in der Gesellschaft etwas mehr

Martin (24): »Ob Männer und Frauen gleichwertig sind? Tja, ich weiß nicht. Männer sind Männer und Frauen sind Frauen. Das ist doch etwas ganz anderes. Trotzdem, sie sind doch gleichwertig, glaube ich.

Vielleicht bedeuten Männer in der Gesellschaft etwas mehr... Frauen bleiben doch meistens zu Hause, wenn sie Kinder haben. Und das gehört sich auch so, denn schließlich haben Kinder doch ihre Mütter nötig. Die Gesellschaft hat da nicht so viel von. Denn dann kosten sie ja Geld. In diesem Fall muß der Mann dafür aufkommen. Der hat zwar dann Steuervorteile oder so was. Wenn eine Frau geschieden ist und Kinder hat, ist sie unterhaltsbedürftig, und das kostet natürlich Riesenmengen Geld... Ja, das hat schon was mit Gleichwertigkeit zu tun, glaube ich, oder besser gesagt: Mit Ungleichwertigkeit. Ich kann mir gut vorstellen, daß Frauen davon die Nase gestrichen voll haben.«

Das war meine eigene Schuld

Adèle (35): »Wir haben bestimmt eine gleichwertige Beziehung. Es ist wahr, daß ich einige meiner Prinzipien aufgeben mußte, aber das war meine eigene Wahl. Das hat er nicht von mir verlangt. Früher hatte ich zum Beispiel Haustiere. Er haßt Tiere. Also sind die Katzen, die Hamster, die Vögel alle verschwunden. Ich vermisse sie noch immer. Und trotzdem sind wir gleichwertig, denn er hat mich nicht dazu gezwungen. Ich bin sehr weit gegangen, aber das war meine eigene Schuld.«

Eine Art Vertrauen in mich selbst

Teun (40): »Gleichwertigkeit ist in jeder Beziehung sehr wichtig. Ob das ein One-night-stand ist oder eine längere Beziehung. Das ist eine Frage des Respekts.

Sieh' mal, ich weiß seit fünf Jahren, daß ich seropositiv bin. Ein Freund von mir hat auch Aids, aber wir gehen ganz unterschiedlich damit um. Er läßt wirklich alle Untersuchungen machen, während ich mich bewußt aus dieser Patiententretmühle heraushalte. Ich gehe davon aus, daß ich mich jetzt und hier gesund fühle, und fertig. Das ist meine Sicherheit, eine Art Vertrauen in mich selbst. Mein Freund hat zur medizinischen Betreuung Vertrauen. Das ist nie ein Streitpunkt. Ihm hilft seine Sicht und mir meine. Gleichwertigkeit oder Respekt dem anderen gegenüber ist die absolute ›Numero uno‹.«

Mutter, mach' mal Kaffee

Irene (28): »Ich habe für mein Kind aufgehört zu arbeiten.

Er wollte nicht aufhören, denn er könnte nie zu Hause bleiben. Ich wohl, ich möchte diese Jahre nicht mehr missen. Ich finde schon, daß wir gleichwertig sind. Ich kümmere mich um die Finanzen, um alle Ausgaben, ums Sparen; das ist für ihn eine große Erleichterung. Ich organisiere die Wochenenden, die echt nur für uns sind, dann gehen wir fast immer weg, hauptsächlich zu Freunden. Ich versorge den Haushalt, denn ich würde das komisch finden, wenn er das nach seiner Arbeit noch tun müßte. Unser Kind ist abends seine Sache, voll und ganz, auch am Wochenende. Dazu gehört auch das Saubermachen und so. Was wir wohl abgesprochen haben, ist, daß wir uns am Wochenende abwechselnd ausschlafen dürfen. Da bin ich ganz streng: Am Wochenende ist unser Kind seine Sache. Den Abwasch machen wir gemeinsam. Das war bei uns zu Hause ganz anders: Mein Vater stand neben der Kaffeemaschine und rief: ›Mutter, mach' mal Kaffee‹!«

Jedesmal tauchte die Ungleichwertigkeit wieder auf

Daan (43): »Ich bin immer damit beschäftigt, in meiner Beziehung für Gleichwertigkeit zu sorgen, nur bin ich mir zur gleichen Zeit auch der Ungleichwertigkeit bewußt. Das hat unter anderem sicher damit zu tun, wie ich aufgewachsen bin. Mein Vater spielte bei uns zu Hause auch immer die dominante Rolle.

Mein Ausgangspunkt ist: Gleichwertigkeit müßte da sein, nur in meinen Beziehungen war es noch nie so. Jedesmal tauchte die Ungleichwertigkeit wieder auf. Daß es wieder soweit war, erreichte mich erst durch Proteste. Und dann mußte ich doch wieder zugeben, daß ich mit zweierlei Maß gemessen hatte. Ich erlaubte mir selbst Dinge, die ich meiner Freundin nicht zugestand. Nicht durch direktes Verbieten, aber irgendwie drehte ich es doch so, daß sie es nicht tat. Wenn ich zurückblicke, wäre es bestimmt wünschenswert gewesen, wenn der andere etwas mehr Gewicht in die Waagschale gelegt hätte.«

Ich bin zu unsicher

Simone (30), die sich gerade von Platzangst und einer postnatalen Depression erholt: »Wir sind schon gleichwertig, nur durch die Krankheit, die ich gehabt habe, sehe ich mich selbst als die Minderwertige. Ich bin zu unsicher. Er fühlt sich nicht als der Stärkere. Er merkt es meistens nicht, wenn ich unsicher bin, nur manchmal. Dann sagt er zu mir: ›Du mußt selbständiger werden.‹ Ich habe ihn gefragt, ob ich nicht zu einem Psychologen gehen sollte. Er findet das prima. Er ist schon interessiert, aber er weiß auch nicht so richtig, wie er mir helfen soll. Er fühlt sich da ein bißchen machtlos.

Aber ich traue mich jetzt schon ein bißchen mehr, und meine Welt wird immer größer.«

Mit der Rollenverteilung ist sie nicht so zufrieden.

»Ich kümmere mich hauptsächlich um die Kinder, und er macht die Arbeiten im Haus. Er ist furchtbar altmodisch, früher war er jedoch noch schlimmer. Er sagte gelassen: ›Du bist die Hausfrau.‹ Ich sage ständig: ›Wir haben die Kinder zusammen,‹ worauf er dann antwortet: ›Ich habe meine Arbeit, und du hast die Kinder.‹ Ich versuche, ihn langsam zu ändern. Ich bin zum Beispiel immer diejenige, die nachts aufstehen muß, wenn ein Kind schreit. Darüber haben wir oft Meinungsverschiedenheiten. Ich darf zwar sagen, wie ich darüber denke, aber er ist nicht meiner Meinung. Am Anfang war er noch viel schlimmer, das erste Kind traute er sich noch nicht mal festzuhalten. Er findet, daß ich das besser kann, also muß ich aufstehen. Nur vergißt er dabei, daß ich das auch erst lernen mußte.«

Und wenn du einfach liegenbleibst, wenn ein Kind schreit?

»Damit habe ich diese Woche zufällig angefangen. Ich tat so, als ob ich nichts hörte, und nach kurzer Zeit stand er doch auf. Ich dachte bei mir: Das soll dir eine Lehre sein. Er sagt nämlich immer, daß er sie nicht hört. Damit kann man sich leicht herausreden.«

Dann gebe ich mich vollkommen

Joost (39): »Frauen bringen andere Dinge ein als Männer. Anders, das ist jedoch nicht mehr oder weniger wert. Was unser Energiepaket betrifft, sind wir einander ebenbürtig. Wir haben beide einen gesunden Blick für das Leben, wir können relativieren. Ich spreche hier von Toleranz im Hinblick auf uns und unsere Umgebung. Die Basis dafür ist Respekt. Sieh' mal, wenn ich mit jemandem eine Beziehung anfange, dann gebe ich mich vollkommen und gehe dabei sehr weit... Das erwarte ich auch von dem anderen, bei Esther ist das so. Das funktioniert und gibt neue Energie.

Das Streben nach Gleichwertigkeit ist ein guter Ausgangspunkt.«

Daß beide halbtags arbeiten, war nicht möglich

Jolande (27): »Ich habe immer ganztags gearbeitet, also machten wir auch den Haushalt gemeinsam. Das ist jetzt auch noch so, wo ich nicht mehr arbeite. Wenn unsere Tochter krank ist und ich nichts geschafft kriege, hilft er mir.

Wir haben keine Rollenverteilung nach dem Motto: Er macht dies, ich das. Wir haben damals wohl überlegt, ob wir nicht beide halbtags arbeiten gehen sollen, aber es war nicht möglich. Dann habe ich gesagt, daß ich lieber aufhöre. Er hatte auch mehr Chancen weiterzukommen als ich. Einige Dinge haben sich auch einfach so entwickelt: Ich koche meistens, er badet nach dem Essen das Kind und zieht ihr den Schlafanzug an. Wenn er dann nach unten kommt, und ich bin noch mit dem Abwasch beschäftigt, dann hilft er mir. Es ist nicht so, daß er sich hinsetzt und meint, seine Arbeit ist getan. Er findet es übrigens schön, sich mit seiner Tochter so zu beschäftigen, er sieht sie ja auch den ganzen Tag nicht.«

Ach, was ist das eigentlich?

Reinier (44): »Intellektuell erreicht sie nicht mein Niveau, also zieht sie regelmäßig den kürzeren. Es gibt übrigens überhaupt wenige Menschen, mit denen ich gut reden kann. Ich hatte mal einen Freund, mit dem ich auf gleichem Niveau kommunizieren konnte, daran denke ich mit Wehmut zurück. Ich habe leider keinen Kontakt mehr zu ihm. Aber Gleichwertigkeit, ach, was ist das eigentlich? Sie hat durchaus ihre Stimme in bestimmten Dingen, ganz sicher auf sachlichem Gebiet. Das hat auch mit unserer Herkunft zu tun. Sie kommt aus einer Arbeiterfamilie, ich aus einer Kaufmannsfamilie. Sie will absolut keine Schulden machen, während ich gerne mehr Risikos eingehen würde und könnte. Darin hat sie gewonnen, vielleicht ist das ja auch das Vernünftigste.«

Er fand es schlimm, daß ich oft weg war

Merel (35): »Ich habe eine bessere Ausbildung als er, und als ich noch arbeitete, verdiente ich auch mehr als er. Er fand das schlimm, daß ich so oft weg war, und nicht, daß ich mehr verdiente. Er konnte nicht gut alleine sein. Inzwischen hat er sich gebessert. Ich war diese Woche drei Abende weg. Früher hätte ich nie geglaubt, daß er sich je damit abfindet. Ich werde wieder arbeiten, wenn die Kinder größer sind. Ich glaube, daß er dann weniger Schwierigkeiten damit haben wird.

Man muß sich spontan etwas anbieten können

Thea (25) über die Gleichwertigkeit in ihrer Beziehung: »Ich finde: Beide sind absolut gleich. Ich studiere noch, bekomme aber bald eine tolle Anstellung, ich werde viel Geld verdienen. Dann muß die Hausarbeit ehrlich aufgeteilt werden. Wenn von mir verlangt wird, daß der Kaffee pünktlich auf dem Tisch stehen muß, finde ich das nicht so schön. Ich will eine ehrliche Arbeitsaufteilung. Und man muß sich spontan etwas anbieten können. Wenn er zum Beispiel sagt, daß er heute kocht, dann erledige ich den Abwasch. Oder umgekehrt.«

Er verdient mehr: Sehr ärgerlich

Marjo (31): »Ich könnte unsere Beziehung nicht als gleichwertig bezeichnen. Wirklich nicht. Ich bin tagsüber zu Hause, also sind Kinder und Haushalt meine Sache. Ich arbeite nur abends, fünfmal in der Woche. Dann übernimmt er die Kinder. Nur, ich mache das meiste im Haushalt. Darüber hatten wir schon oft Krach. Wenn ich zum Beispiel spät von der Arbeit nach Hause kam, stand da noch das schmutzige Geschirr, und die Spielsachen der Kinder waren auch nicht aufgeräumt. Darüber kriegt man dann Streit, und danach läuft es wieder eine Zeitlang gut. Nur leider ist das nicht von langer Dauer. Wo wir auch nicht gleichwertig sind: Er verdient mehr. Das finde ich sehr ärgerlich.«

Diese feministischen Tanten

Peter (27): »Ich finde, die Sache mit der Gleichwertigkeit und so, das ist, ehrlich gesagt, alles Gelaber. Was beinhaltet das eigentlich überhaupt? Manchmal könnte ich echt die Pest kriegen über das, was diese feministischen Tanten so von sich geben. Was wollen die denn eigentlich?

Weißt du, ich kann es total verstehen, wenn ein Arbeitgeber lieber einen Mann als eine Frau einstellt. Eine Frau kann jederzeit schwanger werden, und dann sitzt so ein Mann da mit den ganzen Verpflichtungen der Arbeitnehmerin gegenüber, die dann einfach einige Monate nicht da ist... Das hängt doch alles logisch zusammen. Eine Frau ist eine Frau und ist kein Mann, also braucht sie auch nicht so tun, als ob sie ein Mann wäre, oder als ob sie dasselbe machen könnte wie ein Mann. Ich liebe die Frauen wegen ihrer Fraulichkeit. Ich kann diese Mannweiber nicht leiden, die unbedingt mit den Männern wetteifern müssen. Das hört sich vielleicht jetzt alles altmodisch an, aber so denke ich nun mal.«

Wir sind schon gleich, auch geistig

Sandra (43): »Wir arbeiten beide ganztags, wir haben keine Kinder, wir führen ein ruhiges Leben, die kleinen Arbeiten im Haus macht derjenige, der zufällig gerade da ist. Wir haben beide unser eigenes Konto. Feststehende Belastungen bezahlen wir je zur Hälfte, der Rest läuft eher so nebenher.

Ich würde sagen, wir sind gleich. Auch geistig. Wir haben beide eine schwere Zeit hinter uns, mit Scheidung und so, wir stehen also noch etwas wackelig im Leben. Wir versuchen uns beide im Gleichgewicht zu halten, glaube ich. Es ist nicht immer so, wie ich es erwartet habe, denn wir sind noch so vorsichtig wie die Igel zusammen, aber gleichwertig sind wir auf alle Fälle.«

Und wenn du mehr als er verdienen würdest?

»Das wäre für ihn kein Problem, nur würde ich das nicht schön finden. Wir müßten gleich viel verdienen. In jedem Fall mehr als jetzt, denn wir kommen so gerade über die Runden, obwohl wir zu zweit arbeiten. Ansonsten ist unsere Beziehung schon gleichwertig. Naja, was ich doch schade finde, ist, daß sein Verlangen nach Sex größer ist.«

Alles bleibt an mir hängen

Linda (39): »Von Gleichwertigkeit ist bei uns nicht die Rede. Er kommt von der Arbeit nach Hause, schenkt sich ein Bier ein, hievt sich eine Stunde später an den Tisch und läßt sich danach wieder mit dem nächsten Bier zurückfallen, und so weiter. Er hängt vor dem Fernseher herum, während ich noch alles tun muß. Wenn er mich so arbeiten sieht, würde er nie fragen, ob er mir mal eben helfen kann. Nie. Ich glaube, er hat noch nie etwas im Haus getan. Vielleicht ganz zu Anfang, aber später... Alles bleibt an mir hängen, auch das Finanzielle. Es ist vielleicht angenehm, daß ich, was das Geld betrifft, nicht von ihm abhängig bin. Ich wünschte mir, wir könnten mal zusammen über Geld reden. Das will er nicht.

Es interessiert ihn nicht. Also darf ich alles selber lösen, und das gefällt mir absolut nicht.«

Wir nehmen Rücksicht aufeinander

Manuel (21): »Bis jetzt haben wir eine gleichwertige Beziehung. Wenn wir irgendwo hingehen, teilen wir uns die Ausgaben und so. Wir nehmen Rücksicht aufeinander. Wenn ich am Wochenende irgendwo hin will, zu einer Hard-Rock-Band oder so, dann frage ich sie immer erst, ob sie auch Lust dazu hat.

Wenn sie keine Lust hat, dann gehe ich auch nicht. Umgekehrt macht sie das genauso. Wir verstehen uns echt sehr gut.«

Ich habe wohl eine Frauenseele

Willem (34): »Gleichwertigkeit? Ich will morgens neben jemandem aufwachen und denken: Was bin ich froh, daß gerade du neben mir liegst. Ich habe wohl eine Frauenseele. Ich möchte, daß mein Vertrauen nicht mißbraucht wird. Ich möchte, daß jemand hält, was er verspricht. Ich finde es unwichtig, ob mein Partner monogam ist. Ich wundere mich, ehrlich gesagt, bei den Heterosexuellen immer über die Frauen, die die wesentlichen Dinge nicht erkennen und über Nichtigkeiten straucheln, wie, ob der Mann auch oft genug abwäscht oder für die Kinder sorgt und solche Sachen.«

Also, er bügelt seine Oberhemden selbst

Andrea (32): »Wir sind absolut gleichwertig in unserer Beziehung. Ich habe eine Praxis direkt im Haus; ich bin Hebamme, und da steht er voll hinter. Das hat sich so entwickelt, und jetzt findet er es völlig normal, daß hier ständig Menschen aus und ein gehen. Als ich gerade anfing, arbeitete ich zusätzlich noch im Angestelltenverhältnis, und damals sagte er: ›Du kannst nicht nein sagen, aber eigentlich müßtest du dich entscheiden.‹ Er hatte Recht, denn die Praxis kostet mich schon meine ganze Freizeit. Ich habe mich also für mich entschieden. Schaffe ich irgendwas im Haus mal nicht, dann springt er ein. Darin sind wir vollkommen gleichwertig. Ich kann bügeln nicht ausstehen, also bügelt er jetzt seine Oberhemden selbst. Wir finden beide so manche Arbeit nicht schön, aber sie muß ja erledigt werden.«

Ist bei euch jemand dominant?

»Ich bin dominant, aber er auch; wir stehen uns, was das betrifft, in nichts nach. Kommt er müde nach Hause und ich hatte auch einen schweren Tag, dann sieht er das sofort und nimmt mir alles ab. Kochen und so, obwohl er eigentlich auch keine Puste mehr hat. Umgekehrt kommt das auch vor. Wir sind nicht des anderen Boss, aber auch nicht dessen Arbeitspferd. Wenn man verheiratet ist, geht man freundschaftlich miteinander um. Man zwingt sich nicht.

Man hat noch so viel Respekt voreinander, als ob man sich gerade erst kennengelernt hätte.«

Mir wär' es lieber gewesen, daß sie auch ein eigenes Leben lebt

Arnold (41): »Meine erste Ehe war nur von kurzer Dauer. Von Gleichwertigkeit war eigentlich überhaupt nicht die Rede. Ich arbeitete, und sie war zu Hause. Fertig, aus. In meiner zweiten Ehe, aus der mein Sohn Jasper stammt, eigentlich auch nicht. Ich arbeitete, und sie war zu Hause. Und ich fand das dann auch normal, daß sie zu Hause für den ganzen Krempel aufkam. Ich machte einfach, wozu ich Lust hatte. Nach meiner Arbeit mit den Jungs noch ein Bierchen trinken gehen und so. Ich arbeitete damals auch schon im Schichtdienst in der Bäckerei, es wurde also manchmal sehr spät. Und dann saß sie zu Hause und wartete, sie machte kein Auge zu, weil ich ja noch nicht da war. Sie wollte immer, daß ich nach der Arbeit direkt nach Hause kam. Nur, ich hatte dazu keine Lust. Mir wär' es lieber gewesen, daß sie auch ihr eigenes Leben lebte, aber sie tat es nicht. Ich bin froh, daß meine jetzige Freundin ihr eigenes Leben und ihre eigenen sozialen Kontakte hat. Es ist nicht schön, eine Frau zu Hause zu haben, die vollkommen von einem abhängig ist. Damit hat man nur Palaver.«

Ich nehme auch schon mal die Bohrmaschine zur Hand

Linda (37): »Ich passe schon auf, daß es bei uns Gleichwertigkeit gibt. Entscheidungen treffen wir gemeinsam. Bei uns gibt es auch keinen Wettbewerb, wer was macht und wer nicht oder wer das meiste verdient. Solche Probleme haben wir nie gehabt. Es gab eine Zeit, in der ich mehr verdiente als er, aber darüber wurde überhaupt nicht gesprochen. Jetzt verdient er mehr, weil ich nur noch halbtags arbeite. Er bezahlt die festen Ausgaben, ich die Kleidung, Schuhe und so was alles. Und wir haben beide unser eigenes Konto.«

Mit der Rollenverteilung ist sie zufrieden. »Soweit es möglich ist, ist sie ziemlich ausgeglichen. Ich arbeite abends und bin tagsüber zu Hause, so daß ich logischerweise die Kinder versorge. Nur wenn ich arbeite, kümmert er sich um die Kinder, badet sie und bringt sie ins Bett. Wenn es sich gerade so ergibt, übernimmt er den Abwasch. Am Wochenende macht er die eine oder andere Arbeit, aber ich nehme auch schon mal die Bohrmaschine zur Hand. Er bringt wohl immer den Müllbeutel nach draußen; das wäre Männerarbeit, sagt er. Nähen, mir ein Kleid machen, sticken, das mache nur ich. Abends wird gebügelt. Wenn ich keine Lust gehabt habe, machen wir das zusammen. Mit dieser Rollenverteilung bin ich eigentlich zufrieden, nur: Wenn die Kinder größer sind, will ich wieder mehr arbeiten. Er wollte seine Arbeit nicht aufgeben.«

Ist das nicht unehrlich?

»Naja, ich hatte zu der Zeit von meiner Arbeit die Nase gestrichen voll, es kam mir eigentlich sehr gelegen, daß die Kinder kamen.«

Gleichwertigkeit ist etwas anderes als Gleichheit

Bernard (39): »Gleichwertigkeit? Da brauchst du eigentlich mit mir überhaupt nicht drüber zu reden, denn das ist die absolute Voraussetzung in einer Beziehung. Wir sind beide gleich wichtig. Der eine hat nicht mehr Rechte als der andere. Gleichwertigkeit ist natürlich etwas völlig anderes als Gleichheit, denn daß es zwischen Männern und Frauen keine Gleichheit gibt, dem kann ich nur zujubeln. Ich kann zum Beispiel mit Frauen viel leichter reden als mit Männern, weil der Umgang mit Frauen doch eigentlich immer etwas Erotisches an sich hat. Das ist für mich eine angenehme Besonderheit. Viele Männer verstecken ihre Gefühle. Männer unter sich, das ist eine Art Streit zwischen Rammlern, die die Herde besitzen wollen. Ich selbst habe das sicher auch, aber nicht so stark. Die Suche nach dieser gewissen Spannung zwischen Männern und Frauen finde ich herrlich, das hat jedoch nichts mit Ungleichwertigkeit zu tun.«

Vor dem Abwasch drückt er sich auch nicht mehr
Christien (41): »Am Anfang machte er echt nichts, er schlug noch nicht einmal einen Nagel in die Wand. Das war er von zu Hause so gewöhnt, denn seine Mutter tat alles für ihn. Es hat Jahre gedauert, ihn zum Arbeiten zu kriegen. Diese ganzen kleinen Dinge wie: Sein Bett zu machen, wenn er aufsteht; die Schuhe nicht mitten im Eingang stehen zu lassen; Licht auszumachen, wenn wir schlafen wollen. Aber ich muß sagen: Er hat sich geändert. Sehr langsam und mit Mühe, aber er ist nun soweit, daß er schon mal die Wäsche wäscht oder mal staubsaugt. Und vor dem Abwasch drückt er sich auch nicht mehr. Nur zum Bügeln und Fußboden-Bohnern, dazu krieg' ich ihn einfach nicht. Ansonsten sind wir momentan enorm gleichwertig, auch auf anderem Gebiet.«

Was bedeutet Unterwürfigkeit in einer Ehe?
Eine der 3031 Beteiligten der Umfrage (siehe voriges Kapitel) schickte uns zur Belehrung ein Exemplar von *Der Wachtturm*, die Zeitung der Zeugen Jehovas. Darin stand ein Artikel mit der Überschrift: »Was bedeutet Unterwürfigkeit in der Ehe?«

Wir lassen nun einige Zitate folgen. Einerseits, weil sie für viele von uns ziemlich kurios sind, anderseits um aufzuzeigen, daß es auch Beziehungen gibt, in denen es normal ist, daß der Mann der Chef ist.

»Wenn eine christliche Frau heiratet, erfordert das von ihrer Seite viele Anpassungen. Die größte davon ist zweifelsohne die, die im Zusammenhang mit ihrer Freiheit steht. (...) Jetzt, wo sie einen Ehemann hat, ist sie verpflichtet, ihn in allen Fragen, die sie gewöhnt war, selbst zu entscheiden, zu Rate zu ziehen und um seine Zustimmung zu bitten.«

»Männer haben von Gott die Anweisung bekommen, die Aufsicht über die Gemeinde auszuüben. Rechtschaffende Frauen erkennen das gerne in aller Unterwürfigkeit an.«

»Wenn Mann und Frau beide so eine Geisteshaltung gedeihen lassen, wird die Unterwürfigkeit in der Ehe kein Problem werden. Stattdessen wird sie ein Brunnen der Freude, Sicherheit und bleibender Zufriedenheit sein.«

Muß man alles zusammen machen?

Es gibt Paare, die keinen Schritt ohne den anderen tun. Wird eingekauft, wird zusammen eingekauft. Geht man zum Geburtstag, geht man zusammen zum Geburtstag. Werden Klamotten gekauft, dann werden sie zusammen ausgesucht.

Nichts dagegen natürlich, das muß jeder selbst wissen. Aber es gibt auch Menschen, die nur schon bei dem Gedanken daran einen Brechreiz bekommen. Man muß heutzutage schon so viel zusammen machen. Bis hin zur Schwangerschaftsgymnastik und Geburt. Schwanger ist man nicht mehr alleine, nein, heutzutage ist der Vater genauso schwanger wie seine Partnerin. Es gibt jede Menge Väter, die sich nur widerwillig zur Schwangerschaftsgymnastik begeben oder die überhaupt nicht wild darauf sind, die Geburt gemeinsam zu erleben. Übrigens, es gibt auch werdende Mütter, die ihren Mann bei der Gymnastik lieber nicht dabei haben.

Immer mehr Menschen machen immer weniger zusammen, von der Geburt abgesehen. Früher gehörte es sich, alles zusammen zu tun, heutzutage machen nur noch wenige Menschen ein Problem daraus, wenn beide Partner ihren eigenen Ausgehabend haben. Mehr noch, Zusammen-Wohnen gehört oft schon nicht mehr dazu. Die Anzahl der Beziehungen mit getrennten Wohnungen wächst stetig.

Es könnte eine Folge der Individualisierung sein, die sich überall in der Gesellschaft breitmacht, des starken Dranges nach Unabhängigkeit, sein eigenes Leben leben zu wollen.

Die meisten Menschen, die wir interviewten, machen viele Dinge nicht gemeinsam und sind glücklich damit. Nicht, daß sie nichts zusammen machen, das auch wieder nicht, nur eben nicht alles.

Wir sprachen auch mit Menschen, die alles zusammen machen, und die wiederum auch sehr zufrieden damit sind.

Es waren aber auch Menschen dabei, die gerne mehr zusammen machen würden. Oder die eigentlich schon zusammen wohnen wollen, das aber aus irgendwelchen Gründen nicht können. In einer Beziehung kann man manchmal auch sehr einsam sein.

Ich will nicht, daß man sie als Freiwild ansieht

Peter (27): »Oh, ich finde es toll, wenn sie mal einen Abend mit ihrer Freundin ins Kino gehen will. Ich gehe auch schon mal mit einem Freund weg. Nur kann ich es nicht haben, wenn sie den ganzen Abend ohne mich in irgendeiner Kneipe verbringt. Warum nicht? Weil ich der Meinung bin, daß sie da ohne mich nichts zu suchen hat. Da gibt es immer wieder Männer in so einer Kneipe, die auf alleinstehende Frauen aus sind. Und ich will grundsätzlich nicht, daß man sie für Freiwild hält. Aber gut, das traf nicht ganz die Frage. Natürlich kann man nie alles zusammen tun, das ist auch nicht nötig.«

Mehr noch, ich habe einen Freund

»Nein ehrlich,« sagt Christien (41). »Man braucht nichts zusammen machen. Naja, nichts, natürlich macht man viel zusammen, wenn man eine Beziehung hat. Nur, wir machen auch unheimlich viel getrennt. Mehr noch, ich habe einen Freund.«

Platonisch?

»Nein, wir gehen zusammen ins Bett und alles. Mein Mann weiß das übrigens. Er hat auch manchmal eine Freundin. Was das angeht, haben wir eine offene Ehe. Nur: Wir erzählen uns wirklich alles. Aber, es gibt Dinge, die ich mit meinem Mann mache, und es gibt Dinge, die ich mit meinem Freund mache. Dann gibt es auch noch Sachen, die ich alleine mache, ich bin in der Beziehung ziemlich individualistisch.«

Sonst würde man sich ja ersticken

Daan (43): »Es gibt einen deutlichen Unterschied zwischen dem, was ich gerne möchte, und dem, was ich in die Tat umsetze.

Wenn ich zum Beispiel Freunde oder Bekannte besuchen will und meine Freundin dazu eigentlich keine Lust hat, will ich doch, daß sie mitgeht. Ich finde das nicht richtig von mir... Aber, das gilt wirklich nicht für alles. Es gibt auch Dinge, die ich ganz alleine für mich tun will. Baden zum Beispiel. Als meine Freundin mal zu einem Kursus war, da empfand ich es als Erleichterung, mal einen Abend für mich zu haben. Nur, das hing dann natürlich davon ab, wo sie war. Ja, es ist schon nötig, daß man ab und zu ein bißchen Raum für sich hat, das gilt sowohl für mich als auch für sie. Sonst würde man sich ja ersticken.«

Davor habe ich einen unglaublichen Horror

Isabel (21): »Man muß absolut nicht alles zusammen machen.

Davor habe ich einen unglaublichen Horror. Ich treffe viele Menschen, gehe oft allein auf Partys. Das macht Spaß. Und ich finde es gut, daß er auch seine eigenen Sachen hat. Wir machen schon einiges zusammen; ausgehen, allerlei schöne Sachen, zum Strand gehen, nach Amsterdam fahren, und so weiter. Ich würde es auch nicht schlimm finden, wenn er mal nicht mit zu meinen Verwandten käme, aber ich finde es auch prima, mit ihm zusammen seine Familie zu besuchen.«

Ohne daß man mir in den Ohren liegt

Bernhard (39): »Es ist nicht gut, wenn man aneinander klebt.

Ich finde, daß sie auf jeden Fall ihr Privatleben aufrechterhalten muß, und ich brauche das auch unbedingt. Ich habe eine rege Korrespondenz, und das ist meine Privatsache. Damit hat sie nichts zu tun. Ein paar Schubladen meines Schreibtischs sind privat, die sind absolut mir, und mein Notizbuch ist auch ganz privat. Nicht, weil da etwas Besonderes drinsteht, es gehört ganz einfach mir. Ansonsten habe ich einen Platz, an dem ich nicht gestört werden will und auch nicht gestört werde. Das ist mein Arbeitszimmer. Das gilt auch dann, wenn ich nicht arbeite, sondern nur einfach mal alleine sein möchte. Morgens, wenn ich aufstehe, will ich kurz ganz in Ruhe meinen Kaffee trinken, ohne daß man mir in den Ohren liegt. Das ist auch sowas. Ansonsten finde ich es angenehm, wenn wir nicht gerade miteinander schlafen wollen, in einem anderen Zimmer zu schlafen. Ich habe dann auch keine Lust zu erzählen, ich will dann meine Ruhe haben. Das kann ich auch der anderen Seite zugestehen.«

Wir machen beide viel getrennt voneinander

Thera (26): »Wir machen beide viel getrennt voneinander. Er ist ein Computerfreak und bastelt gerne mit Elektrizität.

Ich handarbeite gerne und bin ehrenamtlich tätig. Aber wenn wir irgendwo zusammen hingehen, dann bleiben wir auch zusammen, so empfinden wir das, auch wenn sich jeder in einer anderen Ecke des Zimmers aufhält. Richtig ausgehen tun wir nicht oft; wir sind noch nie solche Nachtschwärmer gewesen. Ich gehe wohl mal alleine Familie oder Freunde besuchen. Dann bitte ich morgens um das Auto und reiße aus. Er fährt dann mit dem Fahrrad zur Arbeit.«

In dieser Beziehung machen wir doch weniger zusammen

»Ich weiß eigentlich nicht, ob wir viel zusammen tun,« sagt Sandra (43). »In meiner vorigen Beziehung habe ich alles mit meinem Mann zusammen gemacht. Richtig altmodisch, alle Geburtstage, Ostern, Weihnachten und Silvester die Familie besuchen. In dieser Beziehung machen wir doch weniger zusammen. Nur sind es jetzt die schöneren Dinge, die wir zusammen unternehmen. Eine Ausstellung besuchen oder so. Wir haben jeder unseren eigenen Freundeskreis, und den bringt man nicht mal so eben zusammen. Viele unserer Freunde finden die neue Situation etwas ungewohnt, denn sie haben uns in einer früheren langanhaltenden Beziehung erlebt. Wenn ich also jetzt Freunde einlade, ist er oft weg, und anders herum auch. Oder wir gehen alleine zu Freunden. Wir gehen viel zusammen spazieren. Dann fahren wir mit dem Auto irgendwohin und wandern durch Wald und Wiesen. Das habe ich früher nie gemacht.

Jetzt unternehmen wir so ziemlich jeden Sonntag etwas Schönes.«

Ich glaube, daß wir uns damals einfach mißverstanden haben

Henk (55): »Man kann nicht alles zusammen tun. Da gibt es einige Tatsachen: es muß etwas zu essen auf den Tisch kommen, da sind Kinder, es gibt einen Haushalt, der versorgt werden muß, und wenn man sich den Luxus erlauben kann, gibt es auch individuelle oder gemeinschaftliche Interessen. Das verteilt sich je nach Situation. Und manchmal ist die Situation überholt, wenn herauskommt, daß einer von den beiden nicht mehr glücklich damit ist. Oder alle beide nicht. Am Anfang unserer Ehe besprachen wir alles zusammen, wir hatten Interesse an dem, was der andere tut und macht, kurzum, wir teilten unser Leben. Ab wann es nicht mehr lief... Ich weiß es nicht mehr genau. Sie hatte irgendwann eine Fehlgeburt, und ich bekam ungefähr zur gleichen Zeit einen neuen, unglaublich schwierigen Job. Ich glaube, wir haben uns damals einfach mißverstanden, und uns nie darüber ausgesprochen.

Und so entwickelte sich eine Situation, in der ich nichts mehr über meine Arbeit berichtete, sie mich auch nicht mehr danach fragte, ich mich höchstens mal nach dem Notenstand der Kinder erkundigte, und für den Rest war ich einfach viel unterwegs oder kam spätabends todmüde nach Hause. Für Hobbys war sowieso schon keine Zeit mehr; was sie so machte, darüber wußte ich kaum noch was. Die Urlaube waren auch ohne Erfolg: Müdigkeit, Streitereien, Krankheit, dem anderen ausweichen... Kurzum, eine Katastrophe.«

Dann wird es ihm zuviel

Adèle (35) würde gerne viel mehr mit ihrem Freund gemeinsam machen. »Aber nicht alles. Ich habe selbstverständlich meine eigenen Sachen. Zum Beispiel meinen Platz im Badmintonverein. Das würde sich unheimlich verändern, wenn er mitgehen würde. Ich teile auch nicht alle Freundschaften mit ihm. Ich würde aber im familiären Bereich gern mehr mit ihm zusammen unternehmen.

Einmal in soundsoviel Wochen sind wir eine vollständige Familie, mit meinen zwei Kindern und seinem Kind. Das gefällt ihm auch. Nur mehr kann er nicht vertragen, dann wird es ihm zuviel.«

Oder sie bleibt auf, um fernzusehen

Martin (24): »Naja, alles zusammen zu tun, scheint mir ein bißchen zuviel des Guten. Aber wichtige Dinge machen wir doch zusammen, meine ich. Familienbesuche und so, und wir verbringen unsere Freizeit zusammen. Bestimmt, denn weil wir beide arbeiten, sehen wir uns doch den größten Teil des Tages nicht. Aber es hängt natürlich auch davon ab. Wenn ich mir im Kino einen Film ansehen will, der sie nicht interessiert, gehe ich eben alleine. Nur würde ich es schöner finden, wenn sie mitgehen würde. Manchmal geht es einfach nicht. Ich muß zum Beispiel oft früh aufstehen, halb vier oder vier Uhr, dann gehe ich also am Abend vorher früh ins Bett. Dann möchte sie schon noch was unternehmen. Was weiß ich, eine Freundin besuchen zum Beispiel. Oder sie bleibt auf, um fernzusehen. Das finde ich überhaupt nicht schlimm, denn ich kann ja wohl schlecht von ihr verlangen, daß sie mit mir zusammen um neun Uhr schlafen geht, wenn sie am anderen Tag erst um elf Uhr im Café sein muß, wo sie arbeitet.

Nur, wenn es irgendwie möglich ist, machen wir doch viel gemeinsam.«

Aus diesen Gründen gehe ich doch nicht oft weg

Linda (39), deren Mann Alkoholiker ist, beklagt sich darüber, daß sie nie etwas zusammen machen: »Er ist abends nie ansprechbar, und am Wochenende schläft er bis in den Tag hinein und hat danach zu nichts mehr Lust. Er führt ein absolut trostloses Leben. All die schönen Dinge müssen von mir aus kommen. Ich gehe zwar abends mal weg, zu einer Freundin oder so, aber auf dem Nachhauseweg habe ich immer Angst, daß etwas passiert ist. Also gehe ich schon aus diesen Gründen nicht oft weg.«

Was könnte denn passiert sein?

»Was weiß ich. Er könnte sich totgesoffen haben. Oder aufgehängt. Oder das Haus... Es fallen einem die schlimmsten Dinge ein.«

Also macht ihr beide nichts gemeinsam?

»Naja, streiten, das machen wir noch so halb zusammen. Halb sage ich, denn manchmal bin ich diejenige, die anfängt zu streiten, und er sitzt dann nur uninteressiert dabei.«

Ich war einmal mit einem Freund in einer Homobar

Yolande (27): »Ich habe ein paarmal versucht, alleine auszugehen. Ich mache mir echt nichts daraus. Das letzte Mal bin ich mit einer Freundin abends in der Stadt gewesen. Es war viel zu viel los, alle Kneipen waren brechend voll, ich bekam echt Beklemmungen. Von dieser lauten House-music; man konnte sich einfach nicht mehr verständigen. Wir machten echt, daß wir wieder nach Hause kamen. Ich war wohl einmal mit einem Freund, einem Homosexuellen, in einer Homobar. Das war wirklich unheimlich nett, auch die Musik war viel ruhiger.«

Stell' dir vor, das ist ihr viel zu bürgerlich

Yvo (24): »Ich würde gerne viel mehr mit ihr zusammen machen. Aber stell dir vor, das ist ihr viel zu bürgerlich. Davor hat sie Angst. Ich darf es auch nicht selbstverständlich finden, daß sie kurz mit zum Geburtstag meiner Schwester geht. Das finde ich also wirklich lächerlich, denn ich bin der Meinung, wenn man eine Beziehung hat, dann macht man so was doch normalerweise zusammen. Bürgerlich oder nicht, das interessiert mich nicht im geringsten. Zu allem, wozu ich A sage, sagt sie irgendwie schon aus Prinzip B. Wenn ich ein Buch oder einen Film gut finde, kannst du darauf wetten, daß sie es für wertlos hält. Nein, von Zusammen-etwas-Unternehmen oder Zusammen-etwas-schön-Finden kann man bei uns wirklich nicht sprechen. Und das vermisse ich auch...«

Ich habe genug Respekt vor ihr, um sie loszulassen

Frank (35): »Für mich ist das Zusammenleben echt noch eine Entdeckung. Ich finde es absolut herrlich, mein Leben mit jemandem zu teilen. Was ich auch unheimlich schön finde, ist, daß unsere Interessen sich so überlappen, daß einer von uns beiden immer wieder etwas Neues vorschlägt, was dem anderen dann auch zu gefallen scheint. Meistens jedenfalls. Natürlich bin ich irgendwie eine Art Wüste, auf die seit Ewigkeiten der erste Regen fällt; ich muß doch aufpassen, daß ich sie nicht ganz für mich in Anspruch nehme. Nur, solange es gut geht... Ich bin auch tolerant genug und habe genug Respekt vor ihr, um sie loszulassen, damit sie andere Dinge tun kann.«

Ich bin eine Nörglerin, findet er

Maria (37): »Wir machen viel zu wenig zusammen. Wir gehen mal zusammen essen und fahren natürlich zusammen in Urlaub.

Wir gehen auch schon mal spazieren. Ich würde so gerne mal ein Wochenende mit ihm wegfahren, aber davon hält er nichts. Er will sich auch nicht mal einen Urlaubstag zwischendurch nehmen. Ich wünschte mir, daß wir auch im Haushalt mehr zusammen machen würden. Wir reden auch viel zu wenig miteinander, gute Gespräche gibt es bei uns nicht mehr. Ich erkundige mich zwar nach seiner Arbeit, nur, von selbst erzählt er mir nichts darüber. Gespräche über unsere Beziehung enden jedesmal im Streit. Er findet, daß ich eine Nörglerin bin.«

Ich habe dann kein Bedürfnis, dabeizusitzen

Francien (36): »Ich bin bestimmt nicht der Meinung, daß man alles zusammen machen soll. Wir machen natürlich schon was zusammen, wie zum Beispiel einmal in der Woche gemeinsam Großeinkauf. Und wir schlafen zusammen. Nur der Rest... Ich mache alleine Sport, er geht alleine auf Versammlungen. Arbeitet er in der Scheune, habe ich kein Bedürfnis, dabeizusitzen.«

Geht ihr alleine aus?

»Er hat seine Kneipenzeit gehabt, aber da hat es mich nie hingezogen. Wir machen wohl schon mal gemeinsame Besuche. Wir sind froh, wenn wir uns sehen, aber wir machen echt nicht viel zusammen.«

Sie läßt mich doch gehen

John (29): »Wir lieben verschiedene Dinge. Ich gehe gerne in die Kneipe, spiele gerne Dart, Karten und am Flipperautomaten. Sie hält davon überhaupt nichts. Sie geht auch fast nie mit. Ihre Welt und ihre Interessen sind zu Hause. In der Beziehung lassen wir uns unsere Freiheit. Ich denke, das muß vor allem von ihrer Seite kommen. Wenn ich weggehe, versucht sie, mich zuerst immer aufzuhalten, oder bittet mich, nicht zu spät nach Hause zu kommen. Aber sie gönnt es mir schon, denn sie läßt mich dann doch gehen. Sie macht viel im Haus. Dann komme ich zum Beispiel irgendwann mittags nach Hause, und sie hat eine Wand rosa gestrichen. Manchmal finde ich das überhaupt nicht gut, besonders zu Anfang nicht, aber sie hat wohl Geschmack, außerdem hat sie eben Spaß daran, so etwas zu tun. Hinterher finde ich es meistens doch schön. Was wir zusammen teilen ist – ja, wie soll man das nennen? Das normale Leben. Die täglichen Dinge, unser Kind.«

Dadurch fühlte ich mich eingeschränkt

Bas (29): »Nach der ersten Verliebtheit nahm bei mir das Gefühl ab, daß man alles zusammen tun und alles teilen muß.

Aber bei ihr blieb das Bedürfnis. Nach einiger Zeit fühlte

ich mich, als ob auf mich aufgepaßt würde, und als ob die Unterschiede, wie wir waren und was wir wollten, dadurch noch verstärkt würden. Dadurch fühlte ich mich eingeschränkt. Man bekommt dann eine Art Schuldgefühl aufgezwungen, und meine Reaktion darauf ist, daß ich mich jetzt noch sturer stelle.«

Ich verlange schon totale Hingabe

Bob (25): »Nicht, daß ich sie von ihren Freunden abhalte, aber ich verlange schon totale Hingabe. Ich möchte, auch wenn wir nicht zusammen sind, das Gefühl haben, daß sie an mich denkt. Das erzwinge ich mir.«

Wie?

»Dadurch, daß ich es andauernd teste und auslote. Vor allem am Anfang. Ich stelle bestimmte Fragen, und wenn ich darauf keine befriedigende Antwort bekomme, frage ich weiter. Zu Anfang provozierte ich auch bewußt – bewußt? Naja, doch schon – Streit. Nur um zu sehen, wie sie reagiert. Oder ob sie mich verläßt. Es dauert lange, bevor ich diese Unsicherheit los bin.«

Warum diese Unsicherheit?

»Ich möchte eine Frau, die wirklich bei mir bleibt, weil sie bei mir bleiben will, egal wie gut oder schlecht ich bin. Darin wurde ich in der Vergangenheit schon mal enttäuscht, Ausreden, um doch weiterzumachen, obwohl es eigentlich nicht gut lief.«

Bist du bei ihr über das Gefühl der Unsicherheit hinweg?

»Das Komische ist, daß ich das bei ihr von Anfang an kaum hatte. Das ist ja gerade so fantastisch.«

Testest du sie auch?

»Ja, auf ehrliche Weise, glaube ich. Sie fragt mich etwas, und wenn ihr die Antwort nicht gefällt, wird sie sauer. Ich habe mehr die Neigung dazu, ein Spiel daraus zu machen.«

Dann hat man was in Hinterhand

Willem (34): »Ich habe noch nie mit einem Freund zusammengewohnt. Natürlich habe ich schon daran gedacht, aber es nie in die Tat umgesetzt. Und mein eigenes Haus aufgeben – never; nie. Ich stelle um mich herum fest, daß das als Mißtrauensantrag gegen einen Partner gesehen wird: Man rechnet immer damit, daß es schiefgehen kann, und dann hat man was in Hinterhand.«

Aber ist das denn nicht auch so?

»Ja, natürlich. Aber wenn ich mich so umschaue und mir die Leute ansehe, die so vor sieben oder acht Jahren geheiratet, gemeinsam ein Haus gekauft, Anschaffungen gemacht und Kinder bekommen haben... Und jetzt gehen alle diese Ehen eine nach der anderen in die Brüche. Es gibt Streit um Omas Stuhl, ums Haus, um die Kinder, und dann soll es nicht normal sein, so mißtrauisch zu sein?

Mit Martijn habe ich darüber nachgedacht, aber mit ihm zusammenleben, das geht genau einen Tag gut. Dann wird es eine Katastrophe. Mit Dick habe ich lange gezweifelt, aber eigentlich aus anderen Gründen. Er war fest in einen ›Freundeskreis‹ integriert, der von einer Frau angeführt wurde, die unter der Maske, daß sie ›so viel von mir hielt‹, sich selbst das Recht zugestand, sich in mein Leben einzumischen. Ich fand das alles so beklemmend und stellte fest, wenn ich ihn aus dieser Situation herausholen will, muß ich den ersten Schritt tun. Also habe ich lange nach einer komfortablen Lösung gesucht, nur letztendlich ist er dort geblieben und ich hier. Ach weißt du, was das vielleicht auch ist... Ich langweile mich so schnell. Oder vielleicht klingt es charmanter, wenn ich sage, daß ich ein Einzelgänger bin. Angst vor dem Alltag. Vielleicht traue ich mich nicht, so viel Verantwortung auf mich zu nehmen. Andererseits, wenn meine Arbeit gut läuft, schaffe ich alles. Ist das aber mal nicht der Fall, dann bekomme ich etwas Destruktives. Ich habe große Angst, daß die Gegenpartei dann schreiend wegläuft, ich dann nur noch depressiver werde, et cetera.«

Dieses Boot ist sein Leben, sein Heiligtum

Carolien (33): »Wir sind echt nicht der Meinung, daß man alles zusammen machen muß. Er hat andere Hobbys als ich: seine Gitarre, seinen Computer, mit Freunden auszugehen. Ich spiele Geige. Manchmal gehen wir zusammen aus, mal ins Theater oder raus in die Natur, aber wir gehen auch getrennt weg.

Und er hat sein Boot, sein großes Ideal. Er fährt gerne damit alleine weg, oder mit einem Freund zusammen. An so einem Wochenende erholt er sich total, er kommt dann wirklich als ein anderer Mensch zurück, und das schlägt sich auch auf mich nieder. Dieses Boot ist sein Leben, sein Heiligtum. Es ist wichtig, daß man dem anderen die Freiheit gibt und sich nicht klammert.«

Er findet es prima, wenn sie alleine ausgeht, und umgekehrt auch. Carolien: »Ja, man kann dabei auf die Nase fallen, nur manchmal muß man das Risiko eben in Kauf nehmen. Du kannst dich doch jederzeit in jemand anderen verlieben, er auch, nur, wir sind uns beide sicher, daß das nicht passiert.«

Ich wußte dann, daß sie zu Hause saß und auf mich wartete

Louis (34): »Nein, man muß nicht alles zusammen machen, denn sonst erstickt man sich ja. Ich habe immer wieder versucht, sie zu ermuntern, etwas alleine zu unternehmen; inzwischen macht sie das auch. Sie geht zum Beispiel ab und zu mal mit einer Studienfreundin aus. Dann gehen sie ins Kino oder in irgendein Konzert. Früher fühlte ich mich echt schuldig, wenn ich mal mit ein paar Freunden ein Bierchen trinken ging, denn dann wußte ich, daß sie zu Hause saß und auf mich wartete.

Nicht, daß sie sich darüber irgendwann mal beschwert hat, das würde ihr nie in den Sinn kommen. Ich fühlte mich aus dem Grunde schuldig, weil sie nie etwas ohne mich unternahm. Jetzt überlegt sie schon, ob sie nicht einen Vormittag in der Woche beim ›Stützpunkt für ausländische Frauen‹ arbeiten gehen soll. Das finde ich unglaublich toll von ihr. Denn sie kann mit ihren Erfahrungen anderen Frauen und Mädchen, die mit der Kombination von zwei total verschiedenen Kulturen Probleme haben, eine unwahrscheinliche Hilfe sein.«

Er findet es einfach amüsanter mit mir

Judith (24): »Wir machen alles zusammen, echt alles. Wenn es hochkommt, gehe ich vielleicht dreimal im Jahr alleine weg, und dann noch nicht mal in die Kneipe, sondern zu einer Freundin. Von Anfang an haben wir einfach alles zusammen gemacht. Ich habe auch absolut keine Lust, alleine wegzugehen.

Ich habe in einer Kneipe gearbeitet und weiß, wie das da zugeht: Du hast andauernd Männer um dich herum, die dir nicht vom Leib bleiben können; dann finde ich es besser, wenn er mitgeht. Er geht auch nie alleine weg, er findet es einfach amüsanter mit mir.«

Ich frage zum Beispiel, ob ich ins Bad darf

Simone (30): »Er macht viel alleine, fast alles. Sport treiben, Entscheidungen treffen. Das kann ich nicht gut, ich kann mich schlecht entscheiden. Ich habe seinen Rat nötig.

Ich frage ihn zum Beispiel, ob ich ins Bad darf. Darauf antwortet er natürlich mit ja.«

Warum fragst du so etwas?

»Ich will es jedem recht machen. Ich kann nicht mehr für mich selbst sorgen. Seit meiner postnatalen Depression habe ich große Platzangstprobleme. Ich habe gerade einen Yogakursus begonnen, das ist das erste, was ich seit langer Zeit alleine mache. Platzangst ist furchtbar: Alles, was ich früher schön fand, konnte ich nicht mehr machen. Aus essen, ins Kino, zum Sport gehen. Es kommt langsam wieder. Manchmal gehen wir ins Restaurant, nur alleine traue ich mich noch nicht. Zum Yoga gehe ich jetzt alleine, das ist schon eine große Leistung. Dennoch geht mir alles zu langsam, ich möchte mehr können und mich mehr trauen. Ich bin es satt, ich will wieder genießen können.«

Ich habe etwas mehr erwartet

Jouke (70): »Ich muß ehrlich sagen, daß ich am Anfang etwas mehr erwartet habe... Vielleicht sie ja auch. Vielleicht gibt man sich, wenn man älter wird, immer noch als jemand anderer, als der man eigentlich ist. Oder man weiß noch nicht, wie sich alles entwickelt. Ich glaube, das ist auch einer der Gründe, warum wir uns so an unsere eigenen Beschäftigungen und Freunde klammern... Obwohl, ich bleibe dabei, daß ich nicht an mein Haus gebunden bin.«

Wir haben extra ein Buch dafür

»Wir machen sehr viel alleine,« sagt Marjo (33). So geht sie zum Turnen und zum Fußball. Und sie haben beide ihre Arbeit. »Ich gehe außerdem manchmal alleine weg, und er auch, mit ein paar Freunden. Ich will auch nicht, daß wir alles zusammen machen. Dann hat man sich ja nichts mehr zu erzählen. Bei mir ist es nicht so, daß ich die Freiheit brauche, sondern ich finde es einfach herrlich, mal alleine etwas zu unternehmen. Es gibt auch Dinge, die wir gemeinsam machen.

Wir gehen zusammen in die Stadt, aus essen, wir kümmern uns gemeinsam um die Kinder, den Haushalt, das Geld und um die Hunde. Wir schreiben auch zusammen.«

Schreiben?

»Wir haben dafür ein extra Buch, das ist oben im Schlafzimmer. Mein Mann ist sehr verschlossen. Bin ich der Meinung, daß er sich seltsam verhält, dann schreibe ich das in das Buch. Danach schreibt er zurück, auch in das Buch. Wenn es einmal aufgeschrieben ist, dann kann man auch darüber reden. Das klappt dann prima. Das Buch ist für beide immer erreichbar, wir können jederzeit etwas hineinschreiben, wenn wir möchten. Das machen wir schon neun Jahre so. Wir haben schon einige Bücher vollgeschrieben. Manchmal lese ich so ein altes Buch nochmal durch, und dann denke ich: Meine Zeit, wie hast du das damals gesehen, warum warst du so depressiv?«

Kein Diskussionspunkt

Mario (45): »Man muß nicht alles zusammen machen. Es ist schön, wenn man die gleichen Dinge gut findet und die dann auch gemeinsam macht. Aber nicht, wenn das zum Diskussionspunkt wird.«

Sie ist gerne bei ihrem Pferd in der Reitschule

Joost (39): »Nein, ich glaube ganz bestimmt nicht, daß man alles zusammen machen muß. Es ist wichtig, daß jeder die Dinge für sich macht, mit denen er auf ganz eigene Art und Weise beschäftigt ist. Ich finde es zum Beispiel schön, Möbel zu bauen oder absurde Geschichten zu schreiben, zu fotografieren und zu filmen. Ich könnte noch mehr aufzählen. Sie verbringt einen Teil ihrer wenigen Freizeit mit ihrem Pferd. Sie ist gerne in der Reitschule, in der sie ihr Pferd stehen hat. So haben wir beide unsere spezifischen Interessengebiete. Die Freude, die wir dabei erfahren, können wir zusammen teilen. Darüber können wir uns auch Abende lang unterhalten.

Aus praktischen Erwägungen gehe ich manchmal alleine aus. Sie hat fantastische Kinder, wir haben beide einen stressigen Job, also manchmal ist es nicht einfach, alles zu kombinieren. Das sind Tatsachen, mit denen wir leben müssen. An den Wochenenden, an denen die Kinder bei ihrem Vater sind, haben wir alle Zeit, um zusammen etwas zu unternehmen. Wir sind beide große Kunstliebhaber und streifen regelmäßig durch Galerien, Versteigerungen und über Flohmärkte. Wenn das Wetter wieder besser wird, genießen wir die vielen Dinge draußen; am Strand zu relaxen, irgendwo im Straßencafé zu sitzen oder einfach mal eine Nacht in einer gemütlichen Amsterdamer Kneipe durchzumachen. Letzteres machen wir übrigens ungeachtet der Saison.«

Redet ihr über die Arbeit miteinander?

»Ja, das ist auch für mich essentiell. Ich finde es schön, was sie so über Dinge, die sie tagsüber in ihrem turbolenten Job erlebt, erzählt. Vor allem, wie sie ihre tägliche Arbeit und alles, was mit den Kindern zu tun hat, unter einen Hut bringt; Schwimmbadbesuche, Geburtstagsparties, Freunde und Freundinnen, die über Nacht bleiben, das ergibt manchmal so viel Chaos, daß es schon mal zu urkomischen Situationen kommt.«

Es gibt natürlich schon Sachen, die wir zusammen machen

Julia (27): »Wir machen noch lange nicht alles zusammen. Er war kürzlich mit ein paar Freunden alleine in Urlaub.

Vor einigen Wochen war ich mit ein paar Freundinnen ein Wochenende weg. Er geht nach der Arbeit oft noch was trinken. Ich selbst gehe selten aus. Es gibt natürlich schon Sachen, die wir gemeinsam machen: Manchnal gehen wir aus essen oder in die Disco, ins Kino, fahren zusammen in Urlaub. Wir machen auch schon mal Urlaub ohne unser Kind. Es ist einfach schön, auch mal wieder nur zu zweit zu sein, dann kann man doch mehr unternehmen. Familienbesuche machen wir auch zusammen. Obwohl wir von Pflichtbesuchen, Weihnachten und so, überhaupt nichts halten. Wir bleiben lieber zu dritt zu Hause. Wir sind keine echten Nachtschwärmer, aber auch keine Stubenhocker.«

Sie ist eine richtige Stubenhockerin

John (29): »Unsere Interessen gehen total auseinander. Ich liebe es, wegzugehen, durch die Kneipen zu bummeln, dagegen ist sie eine richtige Stubenhockerin. Ich habe auch meinen eigenen Freundeskreis, während sie eigentlich hauptsächlich nur mit ihrer Schwester mal losging. Aber seitdem die arbeitet, ist das auch seltener geworden. Wir haben wohl gemeinsame Freunde, zu denen wir oft zum Essen gehen oder die zu uns kommen. Das ist etwas, was wir beide schön finden.«

Wenn sie absolut nicht mit will, dann eben nicht

Arnold (41): »Es hängt ein bißchen davon ab, was du meinst.

Ich bin schon der Meinung, daß man, wenn man eine gute Beziehung hat, seine Freizeit zusammen verbringt, zusammen zu Geburtstagsfeiern geht. Ja wirklich, ich fände es irgendwie komisch, wenn ich zum Geburtstag meiner Mutter alleine gehen würde. Ich finde, daß man zu so einem Anlaß zusammen geht. Natürlich, wenn sie absolut nicht will, dann eben nicht, nur, ich bin doch der Meinung, daß sich das so gehört. Ich habe nicht so das Bedürfnis, Dinge alleine zu tun. Ich möchte einfach alles teilen. Auch in der Kneipe ein Bierchen zu trinken, finde ich schöner, wenn sie mitgeht. Ich gehe natürlich auch mal alleine, wenn sie nicht da ist, aber von mir aus muß ich das nicht haben.«

Es ist gut, wenn jeder was für sich selber macht

Reinier (44): »Ich habe schon das Bedürfnis, das eine oder andere ohne sie zu unternehmen. Das gleiche gilt für sie übrigens auch. Ich liebe es, mal eben mit ein paar Kumpels ein Bierchen trinken zu gehen. Oft läuft das unter der Maske eines Arbeitstreffens, aber das ist Unsinn. Dann ist die Arbeit doch nur ein Deckmantel. Weiterhin gibt es da auch Dinge, die sie absolut nicht mag, ich aber wohl. Wie die Sauna zum Beispiel. Ich gehe gerne in die Sauna. Ich gehe regelmäßig mit einer Freundin dorthin, die das auch liebt.

Sie hat im Reitsport ihr Hobby gefunden, da geht sie regelmäßig hin. Ich glaube, es kann nur gut sein, wenn jeder etwas für sich selbst macht und das auch beibehält.«

Zusammen einkaufen zum Beispiel

Thijs (39): »Wir hängen ziemlich aneinander. Ich glaube, wir würden am liebsten so viel wie möglich zusammen tun. Wir machen als Familie auch sehr viel zusammen. Das finden wir schön. Zusammen einkaufen gehen, zum Beispiel, und zusammen am Wochenende durch die Kneipen bummeln. Nein, ich würde es überhaupt nicht gut finden, wenn sie zu erkennen geben würde, daß sie gerne mal für ein paar Tage mit einer Freundin verreisen will. Natürlich würde ich sie gehen lassen, nur würde ich sie schrecklich vermissen. Ich bin nicht gerne ohne sie. Ich werde auch nie vergessen, wie sie nach der Geburt unseres Kindes ungefähr eine Woche im Krankenhaus bleiben mußte. Unsere Tochter kam nämlich mit einem Kaiserschnitt zur Welt. Auf der einen Seite war ich der überglückliche Vater einer prächtigen Tochter, aber auf der anderen Seite ein todunglücklicher Ehemann, weil meine Frau nicht bei mir zu Hause war. In dieser Zeit ›wohnte‹ ich fast im Krankenhaus; ich konnte mich einfach nicht aufraffen, etwas anderes zu tun, ich wollte nur bei ihr bleiben. Hört sich schlimm an, oder? Nur, echt so ist es.«

Das würde unsere Beziehung kaputtmachen

Irene (28): »Wenn wir alles zusammen machen würden, ich glaube, dann ginge unsere Beziehung in die Brüche. Außer an den Wochenenden machen wir nichts zusammen. Ich habe Freundinnen, die ihm nicht so liegen, also gehe ich alleine dahin. Er hat solche Freunde nicht. Wir haben beide nicht so das Bedürfnis, ins Café oder in die Disco zu gehen. Wir gehen wohl schon mal mit einem anderen Ehepaar ins Kino. Wir gehen auch zusammen aus essen oder in die Sauna. Was die Sauna betrifft, sind viele Bekannte von uns prüder als wir, wir sind also dabei aufeinander angewiesen. Nur, würden wir uns andauernd zu dicht auf der Pelle sitzen, dann würden wir uns gegenseitig stören. Ich finde es eigentlich angenehm, alleine zu sein.«

Jeder braucht seine Freiheit

Manuel (21): »Wir lassen dem anderen die Freiheit, zu tun und zu lassen, was er will. In unserem Fall ist das natürlich ganz klar. Sie wohnt weit weg von mir, wir sehen uns also nicht jeden Tag. Ich würde es auch nicht gut finden, wenn wir uns gegenseitig auf der Pelle hocken würden, auch nicht, wenn wir irgendwann zusammen wohnen. Jeder braucht seine Freiheit.«

Wir sind zwei Individuen

Soll man alles zusammen tun? José (32) schüttelt resolut ihren Kopf. »Nein, unmöglich, schließlich sind wir zwei Individuen. Es ist zwar gut, wenn man wie wir gleiche Interessen hat. Wir gehen gerne ins Theater und spielen auch selbst. Ansonsten haben wir viele verschiedene Beschäftigungen. Wir arbeiten beide, ich bin Finanzbearbeiterin, und er ist Computerspezialist. Wir arbeiten beide vier Tage in der Woche. In unserer Freizeit sind wir wohl viel zusammen, aber er hat oben sein eigenes Zimmer. Er ist Pantomime. Er hat einen Raum mit vielen Spiegeln, und da übt er immer. Einen Teil vom Abend sitzen wir zusammen, besprechen alles, was so am Tag passiert ist. Ich habe selbst kein eigenes Zimmer, ich brauche auch keins. Ich finde es herrlich, auf dem Bett herumzugammeln; wir haben uns auch einen Fenseher ins Schlafzimmer gestellt. Wir machen also viel getrennt, aber treffen uns wohl jeden Abend unten, um auszuspannen, alles zu besprechen, alle Aktivitäten aus unseren Köpfen zu verbannen, so daß wir in Ruhe schlafen gehen können.

Und ausgehen? Macht ihr das zusammen?

»Seit wir ein Kind haben, gehen wir nicht mehr so oft aus. Vorher gingen wir ab und zu mal in die Kneipe oder so. Aber da gingen wir zusammen hin, denn wenn man schon so viel wie wir getrennt ist, ist es auch mal schön, zusammen ein Bierchen trinken zu gehen. Sich ein bißchen skandalös benehmen. Wenn er dabei ist, ja, aber ich meine damit nicht, irgendwelche Männer aufreißen, das reizt mich nicht. Einfach mal ordentlich einen trinken und mit den anderen Spaß haben.«

Dann müßte man siamesische Zwillinge werden

Olle (29): »Aus praktischen Gründen ist es schon nicht möglich, alles zusammen zu machen. Das ist auch gut so, denn sonst müßte man so eine Art siamesische Zwillinge werden. Ich finde es übrigens immer schön, zusammen etwas zu unternehmen, aber das könnte auch daran liegen, weil es nicht so oft vorkommt.«

Ich wünschte, wir würden mehr zusammen reden

Merel (35): »Nein, man braucht nicht alles zusammen zu machen. Man bildet als Ehepaar zwar eine Einheit, aber jeder für sich auch ein Individuum. Wir sind zwei verschiedene Menschen. Darum habe ich mich auch in ihn verliebt, und nicht, weil er genauso ist wie ich. Wir machen so ziemlich überhaupt nichts zusammen. Familienbesuche, das ja, aber ansonsten eigentlich wenig. Wir sind zusammen zu Hause. Wir unterhalten uns auch nicht so furchtbar viel miteinander, nur im Bett, vor dem Einschlafen. Ich wünschte, wir würden mehr zusammen reden. Aber inzwischen ist er auch schon gesprächiger geworden, wenn ich das mit früher vergleiche, als ich ihn kennenlernte.«

Man will auch mal was für sich behalten

Intimsphäre ist heutzutage ein viel umhegtes Wort. Wir regen uns unheimlich darüber auf, daß unser Name und unsere Daten überall in den Computern abgespeichert sind. Wir sind der Meinung, daß der Staat sich zuviel in unser Privatleben einmischt. Wir pflanzen eine hohe Hecke um unseren Garten, um uns gegen Einblicke zu schützen. Wir möchten nicht, daß jemand in der Bank oder Post unmittelbar hinter uns steht. Wir erzählen uns noch eher, wie oft wir miteinander schlafen, als wieviel wir verdienen.

Alles Intimsphäre. Aber wie sieht es damit in unserer Beziehung aus? Erzählen wir einander immer alles, ohne Umschweife? Haben wir kein einziges Geheimnis voreinander? Dürfen wir des anderen Tagebuch lesen, in das Notizbuch des anderen einsehen und in dessen Taschen wühlen?

Oder sind das kleine, wenn auch nicht klammheimliche Geheimnisse? Darüber scheint man ziemlich unterschiedlich zu denken. Dem einen ist das egal, wenn man in seiner Tasche wühlt, der andere hat zumindest eine Schublade, in der der Partner nichts zu suchen hat. Der eine macht selbst aus dem intimsten Tagebuchdetail kein Geheimnis, der andere hat wiederum ein eigenes Zimmer nötig, um sich die so dringend gewünschte Intimsphäre zu verschaffen. Das Bedürfnis nach Intimsphäre innerhalb einer Beziehung geht unglaublich auseinander.

Eine andere Frage ist: Muß man sich denn alles erzählen?

Gibt es Dinge, die man für sich behält oder mit denen man erst abwartet, bevor man sie erzählt? Steht es einem zu, kleine oder vielleicht auch große Geheimnisse voreinander zu haben?

Darüber waren sich die meisten einig: Eigentlich sollte man sich schon alles erzählen, meinen sie. Ehrlichkeit ist ein großes Gut, an dem man festhalten sollte. Aber, wie es bei jedem Thema der Fall war: Dieser Meinung war nicht jeder. Es gibt Menschen, die ganz einfach nicht alles erzählen. Aus welchen Gründen auch immer.

Ich will selbst bestimmen, wann ich nach Hause komme

Esther (27) möchte am liebsten ziemlich viel für sich behalten. »Ja, ich sage zu ihm, daß er seine Klappe halten oder die Zeitung nehmen soll, wenn ich für mich alleine etwas tun möchte. Ich möchte auch immer mein eigenes Zimmer behalten.

Ich möchte meine eigenen Freunde einladen können. Ich will auch alleine schlafen können. Ich will selbst bestimmen, wann ich nach Hause komme.«

Hast du irgendwo eine geheime Schublade? Oder ein Tagebuch oder ähnliches?

»Nein, das nicht, er darf schon alles sehen.«

Und wenn er ein geheimes Kästchen hätte?

»Dann würde ich früher oder später doch nachsehen. Ich würde so neugierig sein. Nur wenn er genau erklären könnte, warum ich das nicht sehen darf, dann würde ich das akzeptieren. Ich würde ausflippen, wenn es um Fotos einer Ex von ihm gehen würde. Oder wenn es um erotische Fotos von ihm ginge.«

Naja, ein Tagebuch von früher

Ineke (29): »Ich habe nichts zu verbergen. Naja, ein Tagebuch von früher; ich hätte nicht so gerne, wenn er das lesen würde. Ich habe kein eigenes Zimmer, aber wir ziehen demnächst in ein größeres Haus, und da möchte ich doch eine kleine Ecke auf dem Speicher für mich haben, zum Beispiel für die Nähmaschine, damit ich den ganzen Kram immer liegen lassen kann. Aber ich würde mich da nicht hinsetzen und lesen oder so. Ich habe nicht so das Bedürfnis, alleine zu sein.«

Und deine Handtasche? Ist die Privatsache?

»Meine Tasche? Nein, überhaupt nicht.«

Dann verstummte ihre Unterhaltung

Peter (27): »Ich glaube, daß jeder Mensch das Bedürfnis hat, eine Intimsphäre für sich zu haben. Ich spiele zum Beispiel gerne mit meinem Schachcomputer, und dann möchte ich sie wirklich nicht in meiner Nähe haben. Meistens sieht sie dann fern und stört mich nicht. Sie weiß, was der Computer für mich bedeutet. Auf der anderen Seite kann sie es aber auch überhaupt nicht leiden, wenn sie mit ihrer Freundin tratscht und ich dann mit meiner Nase dabeisitze. Es ist wohl schon mal vorgekommen, daß ich mich nichtsahnend mit meiner Zeitung dazugesetzt habe. Na, und plötzlich verstummte die Unterhaltung. Vielleicht waren sie ja gerade dabei, richtig schön über mich herzuziehen. Das kann natürlich sein, aber was soll's, das ist doch ihr Recht. Nicht so oft natürlich, haha, aber ab und zu kann das nicht schaden.«

Ich erzähle immer weniger über das, was hier passiert

Maria (37): »Früher hatte ich keine Intimsphäre nötig. Inzwischen wohl. Lauter Dinge oder kleine Unglücke, die hier zu Hause passieren, die erzähle ich ihm oft nicht mehr. Ich erzähle immer weniger über das, was hier passiert.«

Warum erzählst du immer weniger?

»Weil... Mich verletzt sein Desinteresse. Eine andere Art von Intimsphäre brauche ich nicht. Ich habe keine großen Geheimnisse; ich habe wohl schon mal aufgeschrieben, was mich alles so stört, und das kann er ruhig lesen. Aber das tut er nicht. Ansonsten ist er viel unterwegs, so daß ich eigentlich mehr als genug Intimsphäre habe.«

Ich bin nicht das Anhängsel meines Mannes

Merel (35): »Es gibt da schon Dinge, die ich für mich behalten möchte. Meinen Chor. Ich finde es herrlich, mal irgendwo alleine hinzugehen. Und seit kurzem mache ich Wandersport; dazu habe ich ihn auch nicht nötig. Zu Hause gibt es wohl Sachen, an die die Kinder nicht gehen dürfen, aber wir haben voreinander keine Heimlichkeiten. Ich habe aber wohl das Bedürfnis, ich selbst zu sein, ich bin nicht nur Frau Schepman, sondern auch Merel de Groot. Ich bin nicht das Anhängsel meines Mannes, man soll mich nehmen, wie ich bin.«

Ich hasse es, wenn er in meinen Schubladen kramt

Fanny (41): »Wir erzählen uns zwar immer alles, aber nicht immer sofort. Als ich eine Beziehung mit einem anderen anfing, wollte ich das erst für mich behalten. Ich wußte schon, wie er reagieren würde, denn es war nicht das erste Mal.«

Wie denn?

»Tja, wechselhaft. Natürlich eifersüchtig, aber auch erregt. Es erregt ihn zum Beispiel stark, wenn ich ihm erzähle, wie es mit meinem Freund im Bett war.«

Und du findest es nicht schlimm, ihm das zu erzählen?

»Naja, ich erzähle es nicht immer direkt. Ich will manche

Sachen erst selbst verarbeiten oder nacherleben. Wie damals, als ich dieses Verhältnis hatte. Ich habe es ihm zwar erzählt, aber erst eine Woche später. Wir haben irgendwann mal abgesprochen, daß wir uns alles erzählen würden, und das machen wir auch. Nur für mich gehört auch zur Intimsphäre, daß ich, bevor ich etwas erzähle, es erst noch eine Zeit für mich behalte. Ansonsten hasse ich es,wenn mein Mann meine Schubladen aufmacht. Ich habe ihn schon mehrmals erwischt, wie er dabei war, sie zu durchwühlen, obwohl er weiß, daß ich das nicht möchte.«

Befindet sich denn ein Geheimnis drin?

»Es sind ganz normale Schubladen mit meinen Socken und Schlüpfern, es ist nichts Besonderes drin, nur, es könnte etwas Besonders drin sein. Ich meine damit, daß ich einfach einen Platz haben möchte, wo ich etwas, was ihn nichts angeht, hintun kann. Ich bekam zum Beispiel im letzten Urlaub einen Brief von meinem Freund, der zu der Zeit im Ausland war. Mein Mann darf ruhig wissen, daß ich einen Brief bekommen habe, und auch von wem der ist. Aber er darf ihn nicht lesen. Auch das gehört zur Intimsphäre. Also, so einen Brief möchte ich in meine Schublade legen können, und ich möchte sicher sein, daß er das respektiert, daß er darin nichts zu suchen hat. Aber leider kann ich da nicht sicher sein. Also was mache ich? Ich verstecke solche Dinge. Und darüber habe ich dann auch Schuldgefühle.«

Nun halte ich diese Freude eben für mich

Yvo (24): »Ich spiele in einer Band, und das würde ich niemals für jemanden aufgeben. Wir spielen zweimal in der Woche zusammen, und das gibt mir so viel, daß es mir noch nie etwas ausmachte, daß das für sie wertlose Musik ist. Ich fand das zwar schade, weil ich aus diesem Grunde ja auch meinen Enthusiasmus nicht mit ihr teilen konnte. Ich hätte es unheimlich schön gefunden, wenn sie in der Beziehung ein bißchen mit mir gefühlt hätte, aber das war leider nicht so. Nun halte ich diese Freude eben für mich.«

Es bleibt meine Maschine

Mario (45): »Mein Motorrad ist meine Privatsache. Zum Glück findet sie es toll, hintendrauf zu sitzen. Wir gehen auch oft zusammen auf Tour, aber es bleibt meine Maschine. Das ist auch etwas, was ich nie aufgeben möchte.«

Früher hatte ich ein großes Geheimnis

Irene (28): »Ich erzähle ihm alles, außer den Dingen, die man mir im Vertrauen erzählt hat. Persönliche Dinge von Freundinnen behalte ich für mich. Ich habe keine Geheimnisse vor ihm, die mich betreffen. Früher hatte ich ein großes Geheimnis: Als ich vierzehn war, hat ein Freund meines Vater mir einen ersten Zungenkuß gegeben. Mir ist davon furchtbar schlecht geworden. Noch heute muß ich, als Folge dieses Zungenkusses, würgen wenn ich mir die Zähne putze. Wenn mich später ein Freund küßte, mußte ich mich übergeben. Dann lernte ich meinen Mann kennen, und der war so lieb, daß ich ihm mein Geheimnis erzählte. Er reagierte auch so lieb darauf und meinte, daß er auch noch nie einen Zungenkuß gehabt habe, und daß wir das einfach überschlagen sollten. Wir haben ein paar Monate lang zwar geschmust, aber uns nicht geküßt. Danach ging es von selbst vorbei. Ich küsse aber immer noch mit offenen Augen. Ich habe keine anderen Geheimnisse. Ich habe während meiner Schwangerschaft Tagebuch geführt. Das durfte er lesen, nur hat er davon kaum Gebrauch gemacht. Ansonsten öffnen wir nicht die Post des anderen. Nicht, weil da irgendetwas Geheimes darunter sein könnte, wir tun es einfach nicht. Und ich krame nicht in seiner Arbeitstasche, nicht weil die geheim ist, sondern einfach, weil sie nicht interessant ist.«

Es gibt nichts, was ich für mich behalten möchte

Frank (35): »Eigentlich fällt mir momentan nichts ein, das ich für mich behalten möchte. Ich bin viel zu glücklich, daß ich endlich mein Leben mit jemandem teile.«

Ich sitze da echt manchmal und berausche mich alleine

Sandra (43): »Wir haben sehr viel Platz und daher jeder ein eigenes Zimmer, das wir nach unserem Geschmack eingerichtet haben. Und das ist herrlich. Wir wohnen noch nicht so lange zusammen und haben damit manchmal noch ziemliche Schwierigkeiten. Sich mal eben zurückziehen zu können, ist dann doch wichtig. In meinem Zimmer habe ich zum Beispiel alle meine Bücher und alten LP samt Plattenspieler. So kann ich ganz in meiner eigenen Sphäre sein. Mein Zimmer ist auch ganz anders eingerichtet als der Rest des Hauses. Wir haben moderne Möbel, nur mein Zimmer sieht viel rustikaler aus. Es passiert schon mal, daß er sich irgendeine langweilige Sendung ansieht, nach meinem Geschmack jedenfalls, und ich dann in mein Zimmer gehe. Herrlich lesen und alte Platten dabei hören. Ich sitze da echt manchmal und berausche mich alleine.«

Auszugehen, ohne um Erlaubnis zu fragen

Leonie (36): »Ich weiß erst, was Intimsphäre ist, seitdem ich geschieden bin. Ich heiratete direkt von zu Hause weg und war total keine Selbständigkeit gewöhnt. Mein Mann übernahm die Aufgaben meiner Mutter. Er war der Chef. Seit ich alleine bin, merke ich erst, wie schön es sein kann, niemanden um sich herum zu haben. Morgens wach zu werden, ohne daß jemand auf deine Laune aufpaßt. Abends das Fernsehprogramm anzusehen, das man selbst ausgesucht hat. Es geht um die kleinen Freiheiten. Ich hatte früher immer das Gefühl, daß ich für alles eine Genehmigung brauchte, ich machte alles nach seinem Sinn. Ich rationalisierte mich selbst vollkommen weg. Und nun sind es gerade diese kleinen Dinge. Einfach so ein billiges Heftchen zu lesen, ohne das gleich ein Kommentar dazu abgegeben wird. Auszugehen, ohne um Erlaubnis zu fragen. Kleider zu tragen, die man selbst schön findet. Sich nicht gleich morgens zurechtmachen zu müssen. Erst jetzt merke ich, wie einengend meine Ehe all die Jahre gewesen ist, und wie wichtig so ein intimer privater Bereich für mich ist. Ich übertreibe es jetzt vielleicht ein bißchen, mein Bedürfnis an Intimsphäre ist etwas überzogen. Aber ich denke, daß das nur eine Periode ist. Ich bin auch noch nicht bereit für eine neue Beziehung. Ich muß erst wieder mein Gleichgewicht finden, und dann sehen wir weiter.«

Probleme behielt ich für mich

Henk (55): »Was ich hauptsächlich für mich behielt, und das im wörtlichen Sinne, waren Probleme oder Situationen, wo ich keinen Rat mehr wußte. Die Spannung auf der Arbeit oder zu Hause, die Entscheidung davon, ich fraß alles solange in mich hinein, bis ich überreizt war. Einerseits wollte ich der Familie und der Umwelt nicht zeigen, daß die Probleme mir über den Kopf wuchsen, andererseits lief ich ihnen davon.«

Das ist ganz allein meine Sache

Isabel (21): »Wenn ich zum Beispiel tagelang auf der Arbeit Streß hatte, wenn ich müde bin, dann habe ich das Bedürfnis, einen Abend ganz für mich alleine zu sein. Das sage ich dann auch. Ansonsten geht meinen Freund mein Tagebuch nichts an. Auch wenn ich nicht täglich, sondern nur ab und zu reinschreibe. Das ist ziemlich wichtig für mich. Ich glaube, es ist gut, die Gefühle aufzuschreiben, die man im Leben durchläuft. Es ist so ähnlich wie fotografieren. In dreißig Jahren ist es sicher schön, mal zurückblicken zu können. Ich habe damit angefangen, Tagebuch zu schreiben, als ich zehn war.

Ich finde es unheimlich schön, ab und zu nochmal drin zu lesen. Das schöne an einem Tagebuch ist, daß man nochmal nachlesen kann, warum man zu einem bestimmten Zeitpunkt so oder so dachte. Es ist schön, das nochmal zu lesen. Ansonsten habe ich keinen Bedarf nach etwas, was nur für mich ist; nur mein Tagebuch, das ist ganz allein meine Sache.

Ich verstecke den *Playboy*

Martin (24): »Es hört sich vielleicht bescheuert an, aber ich verstecke den *Playboy*. Davon hält sie überhaupt nichts, und irgendwann hat sie mir deutlich gemacht, daß diese Zeitschrift ihr nicht ins Haus kommt. In der Beziehung verstehe ich sie irgendwie nicht, denn so prüde ist sie überhaupt nicht. Vielleicht ist sie auf die nackten Frauen eifersüchtig, die da in voller Größe drin stehen... Das könnte sein. Nur, es ist natürlich auch mein Haus, und ich finde den *Playboy* gut. Und echt nicht nur wegen der Interviews... Ich habe nur keine Lust auf ein großes Trara, also verstecke ich sie lieber an einem Ort, wo sie sie nicht finden kann. Nein, sie weiß nicht mal, daß ich sie im Haus habe, also kann man das schon als Geheimnis bezeichnen.«

Und wenn sie sie irgendwann findet?

»Dann tanzen hier die Puppen, aber sie findet sie nicht. Ob sie auch Geheimnisse vor mir hat, das weiß ich eigentlich nicht. Ja, vielleicht doch. Sie redet mit Blumen, dabei habe ich sie mal erwischt. Ich finde es schon ein bißchen eigenartig, das habe ich ihr auch gesagt. Also macht sie es jetzt nicht mehr, wenn ich dabei bin. Aber ich bin mir sicher, daß sie es noch macht, wenn ich weg bin. Naja, das muß sie natürlich selbst wissen.«

Ansonsten besprechen wir eigentlich alles

Rita (29): »Ich habe schon das Bedürfnis nach Intimsphäre, nur diese Intimsphäre habe ich nicht. Er ist zum Beispiel dagegen, daß ich zu einem Magnetiseur gehe, er will, daß ich damit aufhöre. Nun gehe ich tagsüber hin, sorge für ein Kindermädchen, und das ist dann meine Intimsphäre. Ich erzähle es ihm nicht mehr. Gestern war ich mit einem der Kinder beim Magnetiseur, und davon habe ich meinem Mann auch nichts gesagt. Ansonsten besprechen wir eigentlich alles. An meiner Bettseite habe ich zwei Schubladen und im großen Kleiderschrank noch eine; da guckt er nicht rein, das akzeptiert er.

Ansonsten gehört alles uns beiden. Ich habe ein Tagebuch von früher, da darf er auch hineinsehen. Er weiß doch schon sowieso alles von mir und ich von ihm.«

Wir haben fast nichts gemein

»Bedürnis nach Intimsphäre... Bloß nicht, ich habe Intimsphäre im Überfluß,« sagt Linda (39). »Mein Mann interessiert sich nicht im geringsten für mich, wir haben fast nichts gemein, es kommt kaum ein sinnvolles Wort aus seinem Mund. Nur in den wenigen Perioden, in denen er nüchtern ist, reden wir. Und dann brauche ich das auch so dringend, daß ich nicht das geringste Bedürfnis nach Intimsphäre habe. Und Dinge nur für mich selbst... Der ganze Haushalt ist für mich, mir guckt wahrhaftig keiner auf die Finger.«

Ins Waschbecken pinkeln

Olle (29): »Es gibt viele Dinge, die ich nie machen würde, wenn sie dabei ist. Meine Nase im Kaffeefilterpapier zu schneuzen, zum Beispiel, weil ich zu faul bin, mir ein Taschentuch zu suchen. Ein anderes Beispiel ist, ins Waschbecken zu pinkeln, weil ich sonst erst nach unten gehen müßte. Sie weiß schon , daß ich das mache, aber sie kann das nicht ausstehen.

Dann mach ich es eben nicht, wenn sie dabei ist. Da gibt es noch immer solche Sachen. Lautstarkes Rülpsen oder mit Marcel um die Wette furzen. Es sind keine klammheimlichen, wichtigen Sachen, das nicht, es sind ganz einfach Dinge, die ich mache, wenn ich alleine bin, und womit ich mich nicht unwohl fühle. Richtige Geheimnisse habe ich nicht. Eigentlich verrückt, aber ich glaube wirklich, daß ich nicht das geringste Geheimnis vor ihr habe.«

Er sieht vielleicht fern, während ich nähe

Yolande (27): »Ich habe eine Schublade mit lauter Krimskram von mir, aber die ist nicht abgeschlossen. Wir haben keine Geheimnisse voreinander, wir reden über alles.«

Aber willst du nie mal für dich alleine sein?

»Nein, ich habe kein Bedürfnis danach. Wenn wir hier zusammen im Zimmer sitzen, dann sitzen wir uns wahrhaftig nicht auf der Pelle. Er sieht vielleicht fern, während ich nähe. Wir können jeder für sich mit etwas beschäftigt und doch zusammen sein. Das kommt wohl daher, daß wir anfangs in einem Raum zusammen gewohnt haben. Dann hat man überhaupt keine Intimsphäre, und damals haben wir wohl gelernt, in einem Zimmer nebeneinander und trotzdem für sich zu sein.«

Manchmal sind mir die Kinder wirklich zuviel

Joost (39): »Ich bin jemand, der ab und zu das Bedürfnis nach Ruhe um sich herum hat. Anfangs haben wir darüber nachgedacht, zusammenzuziehen, übrigens mit den Kindern. Das hat nicht geklappt, weil alle daraus entstehenden Problematiken für mich nicht akzeptabel waren. Manchmal sind mir die Kinder mit den täglich sich wiederholenden Sorgen und der Verantwortung einfach zuviel. Dann muß ich weg. Einen Strandspaziergang machen, oder zu mir nach Hause gehen, um meinen Hobbies zu frönen, was weiß ich. An zwei Wochenenden im Monat ist meine Tochter bei mir. Das ging anfangs fließend in Esthers Familie über. Irgendwann stellte ich fest, daß ich meine Tochter an so einem Wochenende kaum sah. Sie war konstant mit den Kindern von Esther unterwegs. Das war sehr schön für sie, aber ich fand es auch wichtig, daß meine Tochter und ich unseren eigenen Kontakt hatten. Jetzt ist also ein Teil des Wochenendes nur für uns zwei, wo wir uns ausquatschen und unsere eigenen Rituale haben, und dann erst gehen wir zu Esther und deren Kindern.«

Man muß doch nicht alles teilen

Mieke (31): »Intimsphäre? Die habe ich. Jeder hat seine eigenen Gedanken und Beschäftigungen. Man muß doch nicht alles teilen. Ich lese gerne, und das findet er schrecklich. Ich lese deshalb nur, wenn er weg ist, denn er kann das echt nicht vertragen. Wenn ich lese, sehe und höre ich nichts mehr. Ich lese vor allem Konsalik, da bin ich verrückt nach.
Nur, wenn ich lese, bekommt er keine Aufmerksamkeit, und das findet er nicht gut, also lese ich lieber nicht, wenn er da ist. Ansonsten habe ich keine Bedürfnisse nach Intimsphäre, es geht mir nur ums Lesen. Wenn ich ein Buch aufschlage, muß ich es auf einen Rutsch auslesen.«

Dann möchte ich nach oben gehen können

Carolien (33) hat ein ziemliches Bedürfnis nach Intimsphäre.

»Wenn ich mir ein Kleid nähen oder ein Buch lesen will, möchte ich nach oben gehen können. Wir schlafen jetzt auf dem Speicher und haben aus unserem alten Schlafzimmer einen Hobbyraum gemacht. Dahin zieht sich oft einer zurück. Aber das ist auch mein einziges Bedürfnis nach einem privaten Bereich: Mal alleine sein zu können. Ansonsten ist bei uns alles offen. Wir erzählen uns alles. Er wartet manchmal zwei Tage damit, ich platze direkt mit allem raus. Ich habe auch nicht so furchtbar viel Intimsphäre nötig, aber die Möglichkeit muß da sein.«

Ich darf nie etwas davon lesen

Louis (34), der mit Düne, einer Türkin, zusammen wohnt: »Ich habe keine Geheimnisse vor ihr, und die würde ich auch nicht haben wollen. Sie hat auch keine Geheimnisse vor mir. Sie hat wohl etwas, was sie ganz für sich behält, eine Art Tagebuch, vielmehr ein Briefbuch. Sie schreibt jeden Tag einen Brief an ihre Eltern. Nein, die schickt sie nicht ab, weil sie genau weiß, daß es keinen Sinn haben würde. Vielleicht wird sie sie ihnen später irgendwann mal schicken... Ich darf nie etwas davon lesen, außerdem würde ich das auch nicht können, denn sie schreibt in ihrer Muttersprache, und der bin ich überhaupt nicht mächtig.«

Hierhin dürfen die Kinder nicht kommen

Adèle (35): »Ich habe bestimmt das Bedürfnis nach einem privaten Bereich. Ich habe Dinge, die ihn nichts angehen. Ich schreibe mich viel mit Freunden, ich habe ein richtiges Netzwerk an Brieffreunden; auch eine Art, um mich abzureagieren. Es ist einfach schön, eine Art Plauderei. Es funktioniert wie ein Tagebuch. Ich habe viele Tagebücher geschrieben.«

Darf er die lesen?

»Aus meiner Schulzeit die ja, aber Dinge, mit denen ich immer noch nicht klar bin oder für die ich mich geniere, die lasse ich ihn nicht lesen. Ansonsten ist mein Arbeitszimmer zu Hause mein privater Bereich. Hier haben die Kinder nichts zu suchen. Mein Freund schon, aber er darf nicht anfangen, in meinen Schränken zu wühlen. Ich kann es auch nicht ausstehen, wenn Fremde in meinem Notizbuch blättern oder in meiner Tasche kramen. Es gibt so viele Dinge, die persönlich sind. Aber Geheimnisse habe ich nicht. Der Unterschied ist... Wenn ein Geheimnis ans Tageslicht kommt, würde das bestimmte Folgen haben. Und das ist bei meinen persönlichen Dingen nicht der Fall. Dann ist mir noch mein Computer heilig. Nicht nur, weil sich meine ganze Korrespondenz darin befindet, sondern auch, weil ich Angst habe, daß andere da etwas dran vermasseln.«

Adèle erzählt noch etwas sehr Persönliches über sich: Sie liest gerne Schundromane. »Er ärgert sich darüber, also lese ich sie lieber hier in meinem Zimmer. Er kann es nicht ausstehen, wenn ich lese und er nicht. Wenn ich etwas für mich tue, sitzt er da und wartet. Das finde ich dämlich. Aber er ist nicht oft da, also habe ich genug Gelegenheit zum Lesen. Umgekehrt geht es mir nicht so: Wenn ich bei ihm bin und er ist beschäftigt, dann mache ich einfach etwas anderes; ich setze mich nicht hin und warte auf ihn.«

Er sitzt oft am Computer; dann mache ich einfach etwas anderes

Francien (36): »Bei uns ist alles frei. Er hat zwar seinen Platz auf dem Speicher und ich im Schlafzimmer, aber die sind nicht geheim. Wir haben schon jeder unseren eigenen Kram. Was er oben im Schrank hat? Ich habe keine Ahnung. Das sind seine Sachen. Würde er meine Schubladen untersuchen, dann würde ich sagen: Prima, ich habe keine Geheimnisse. Und ansonsten habe ich die Freiheit. Wenn ich mal alleine einen Bummel machen will, dann nimmt er sich frei, um auf die Kinder aufzupassen, und ich fahre schön nach Amsterdam in die Stadt. Das brauche ich jede Woche mal kurz. Er hat diese Freiheit auch. Er sitzt oft vor seinem Computer; ich mache dann einfach etwas anderes. Ich kann mich zur Genüge zurückziehen. Tagsüber habe ich manchmal die Nase voll vom ewigen Alleinesein. Ich habe also genug Abgeschiedenheit und bin froh, wenn er nach Hause kommt.«

Da guckt sie absolut nicht hinein

Thijs (39): »Ich führe schon jahrelang Tagebuch, und die sind ausnahmslos nur für mich bestimmt. Da guckt sie absolut nicht hinein. Nicht, daß es so furchtbar geheim ist, was da geschrieben steht, es ist einfach mir. Genauso wie meine an mich gerichtete Post. Die ist mir auch heilig. Die geht keinen etwas an.«

Ich darf also kommen, wenn ich nirgendwo drangehe

Thera (26): »Ich habe einen Koffer voll mit Tagebüchern, die darf er ruhig lesen, nur, das macht er nicht. Er hat eigentlich schon seinen persönlichen Bereich: Er hat oben eine Computerecke, und die ist insofern heilig, als ich da nie aufräumen darf. Da herrscht ein totales Durcheinander, aber es ist ein organisiertes Durcheinander. Wenn ich aufräumen würde, könnte er nichts mehr finden. Ich darf also kommen, wenn ich nirgendwo drangehe.«

Streit!

Streit haben gehört dazu. Wir streiten uns alle. Dachten wir. Dennoch sprachen wir mit einigen Menschen, die behaupten, nie Streit zu haben. Das wird für andere nicht besonders glaubwürdig klingen: Überhaupt nie Streit? Aber wirklich: Es gibt Menschen, die nie Streit haben. Sie haben zwar Meinungsverschiedenheiten, aber besprechen diese ruhig und anständig, hören sich des anderen Meinung an, haben Respekt vor des anderen Meinung und gehen zur Tagesordnung über.

Das ist bei den meisten Menschen allerdings anders. Wir müssen an unserer Beziehung arbeiten. Für unsere Beziehung kämpfen, wird uns von vielen Zeitschriften vorgehalten. Letzteres nehmen viele Menschen zu wörtlich. Sie kämpfen nicht nur geistig, sondern auch körperlich miteinander.

Damit haben wir die zwei Ausnahmen zusammen: Sich nie streiten und auf in den Kampf!

Die meisten befinden sich in Situationen, die irgendwo dazwischen liegen. Bei dem einen fliegen Teller und Tassen, der andere hat ein großes Sortiment an Schimpfworten. Man kann sich aussuchen, ob man mit Türen knallt, sauer wegläuft, anfängt zu heulen oder eine Woche lang schweigt.

Alles kommt vor. Manchmal hören wir den Streit unserer Nachbarn, und dann steigt uns die Schamröte ins Gesicht: So hören sie uns manchmal auch. Hör' mal, was die für einen Radau machen.

Manchmal fühlt man sich elend nach einem Streit. Aber es erleichtert auch. Streit hat den Effekt eines Unwetters nach einer drückenden beklemmenden Periode. Streit wirkt erfrischend.

Aus der Meinungsumfrage, die wir in diesem Buch auch aufgeführt haben, kam etwas Bemerkenswertes heraus: Es sind vor allem die Frauen, die Streit anfangen. Wie kommt das? Darüber gibt es allerlei Philosophien. Es ist noch immer so, daß Frauen durchschnittlich mehr zu Hause sind als Männer, und daß sie zum größten Teil für den Haushalt und die Kinder da sind. Er geht zur Arbeit, macht dort lauter wichtige Dinge und denkt vielleicht noch nicht mal an zu Hause. Da sitzt sie und macht die Toilette sauber, verwaltet das Haushaltsgeld, beruhigt quengelnde Kinder und wartet ohne nennenswerten Kontakt zu anderen, bis er nach Hause kommt. Da ist er dann. Das will heißen: hinter der Zeitung und dem Bier. Sie weiß nicht, wohin mit ihrem Frust, ihren Sorgen und Erlebnissen.

Ihr fehlt der Ansprechpartner. Viele Frauen beklagen sich darüber, daß ihr Mann ihnen nicht zuhört oder nicht in der Lage ist, ein vernünftiges Gespräch mit ihnen zu führen. Es gibt sogar Männer, die den Hormonen die Schuld geben. Sie bekommt sicher ihre Regel? Und er taucht wieder ab in die Berichte über Schiffahrt.

Dann haben wir noch etwas festgestellt: Streit gibt es oft nur über kleine Dinge oder über nichts. Das wird vielen Menschen sicher bekannt vorkommen.

Wir werden meistens laut

Yolande (27): »Als wir damals noch zusammen in einem Zimmer gewohnt haben, hat einen der andere schon manchmal verrückt gemacht.

Dann saßen wir uns gegenüber und schmollten, bis wir

beide bald erstickten vor Lachen. Wir haben schon noch ab und zu mal Streit. Wer nicht? Vielleicht ist Streit nicht das richtige Wort, es sind mehr Meinungsverschiedenheiten, die man schon mal hat. Wir sind beide ziemlich eigensinnige Schätzchen und nicht bereit, sofort etwas zuzugeben.«

Wie sieht euer Streit aus?

»Wir werden meistens laut. Dann schreien wir uns an, daß der andere verschwinden soll, oder daß er zusehen soll, wo er bleibt, usw. Danach sprechen wir uns aus: ›Ja aber.‹ – ›Ich finde.‹ – ›Ja aber, du hast gesagt...‹ Wir können uns das immer eingestehen. Und dann umarmen wir uns. Was ich wichtig finde, ist, daß man sich wieder verträgt, bevor man weggeht. Stell' dir vor, es passiert was, und man ist so auseinander gegangen. Ich finde es wohl gut, daß er auf mich Rücksicht nimmt; ich bin nämlich morgens oft schlecht gelaunt, und das weiß er und nimmt Rücksicht darauf. Ich bin dann nicht zu genießen, gehe gleich an die Decke.«

Igittigitt... Schon wieder Grünkohl?

Olle (29): »Wir kriegen uns schnell in die Wolle; das werden die Nachbarn bestätigen können. Wir sind zwei unheimliche Streithähne. Obwohl wir es eigentlich gut miteinander aushalten können. Wir brauchen das wahrscheinlich. Es fliegen hier im Haus auch regelmäßig die Teller. Och, wir können uns über alles streiten. Oft geht es um unseren Sohn. Dann meint sie, daß ich ihn zu warm angezogen habe, und dann bin ich der Meinung, daß sie sich nicht darin einmischen soll... Oder sie findet mich zu nachsichtig, und dann bin ich der Meinung, daß das meine Sache ist, weil ich ja den ganzen Tag mit ihm zusammen bin. Aber auch über andere Dinge können wir uns in die Haare geraten. Über die Farbe der neuen Laken zum Beispiel, oder ob wir uns einen Hund anschaffen sollen oder nicht.

Was auch oft vorkommt, ist, daß wir uns über das Essen streiten, im Sinne von: ›Igittigitt... schon wieder Grünkohl?‹ Naja, meistens lohnt sich der ganze Aufwand nicht, aber nichtsdestotrotz streiten wir uns darüber.«

Wie streitet ihr?

»Meistens beginnt sie. Ehrlich ist ehrlich. Dann hat sie irgendwas zu beanstanden oder macht irgendwelche Bemerkungen, und das kann ich nicht ausstehen. Dann sage ich irgendwas Häßliches, was ihr wehtut. Wie: ›Du kriegst sicher deine Tage, oder?‹ Naja, dann tanzen hier die Puppen. Aber so richtig ernst sind unsere Streitereien nun auch wieder nicht. Meistens ist das eine kurze Entladung, und dann fallen wir uns wieder in die Arme.«

Ist euer Sohn Zeuge eurer Streitereien?

»Manchmal ja, manchmal nein. Wir verbergen es auf jeden Fall nicht vor ihm. Aber er ist auch dabei, wenn wir uns wieder vertragen.«

Dann schaffe ich es auch, eine ganze Woche zu schweigen

Maria (37): »Ich keife immer furchtbar, während er todernst bleibt. Und ab und zu knalle ich die Türen hinter mir zu, aber ich werfe nicht mit Gegenständen oder schmeiße was kaputt. Streitigkeiten gehen immer von mir aus. Er redet erst eine Zeitlang ernst weiter, nur wenn er es dann satt ist, hält er einfach seinen Mund. Dann schaffe ich es auch, eine Woche zu schweigen. Es hängt dann eine schreckliche Atmosphäre in der Luft. Ich gebe mir wohl Mühe, daß die Kinder nichts davon merken. Wenn er nach Hause kommt, sage ich ›hallo‹ und weiter nichts oder nur das Notwendigste.«

Wie schafft ihr es dann, so einen langen Streit zu beenden?

»Manchmal ist er es, der zu reden beginnt, manchmal ich. Wenn es echt seine Schuld war, lenkt er schneller ein. Aber er würde nie ›Entschuldigung‹ sagen. Ich wohl, ich kann das ausgezeichnet, auch den Kindern gegenüber. Und wenn ich Unrecht hatte, gebe ich das auch ehrlich zu.«

Also schließen wir ziemlich schnell einen Kompromiß

Sandra (43): »Wir haben nie ernsthaft Streit, und das finde ich schade. Wir sind erst kurz zusammen, und da wir beide eine Scheidung hinter uns haben, haben wir eine Heidenangst vor Streit. Also schließen wir ziemlich schnell einen Kompromiß. Ich ertappe mich wohl dabei, daß ich ihm recht gebe, obwohl er das nicht hat. Wir müssen wirklich noch lernen zu streiten, aber das kommt schon.«

Kämpfen und streiten sind animalisch, sich lieben auch

Daan (43): »Wieviel und wie oft ich Streit anfing, war von Beziehung zu Beziehung verschieden. In einigen Beziehungen gab es viel Streit, in anderen keinen oder fast keinen. Über welche Dinge ich streite? Freiheiten von ihr, die meiner Meinung nach zu weit gegangen sind. Vor allem ausgehen, zu spät nach Hause kommen und diese Dinge... Manchmal über den Haushalt, aber das im Grunde nur, wenn es eigentlich eine andere Ursache gab. Bei Streitereien geht es doch meistens nicht um Recht oder Unrecht, sondern um Unverständnis. Während eines Streits kann ich aggressiv werden, das variiert von lauten Diskussionen bis hin zum Türen-Eintreten. Aggression ist natürlich nie berechtigt, aber sie hat immer nur einen Grund, und das ist Mißverstehen. Und das muß wirklich nicht immer an dem anderen liegen. Wieviel Verständnis ich für den anderen habe? Ehrlich gesagt, wenig, ich bin zu sehr mit mir selbst beschäftigt. Ich weiß das von mir selbst, aber ich kann es nicht ändern. Das ist meine Art, mich emotional auszudrücken. Ja, ich gehe aufrecht gegen meinen eigenen Standpunkt an. Nur, was ist eine Beziehung ohne Emotionen? Wenn meine Freundin ihre Emotionen verbirgt, hat unsere Beziehung keine Chance. Streit ist notwendig. Ohne das eine gibt es das andere nicht. Die Intensität des Streits ist mit der Intensität des Liebens zu vergleichen. Kämpfen und streiten sind animalisch, sich lieben auch.

Sowohl miteinander zu schlafen wie auch zu streiten haben eine erleichternde Wirkung. Es gibt kein schöneres Gefühl, als sich nach einem Streit zu versöhnen. Es gibt auch Paare, die sich nie streiten, aber die auch schon jahrelang in einem Doppelbett schlafen... Beneidenswert? Vielleicht wegen der Ruhe, aber ich würde das nicht vorziehen.«

Streit ist eigentlich ein Machtspiel

Thea (25) fängt oft Streit an und findet sich dabei selbst sehr gemein und subtil. »Ich mache das wirklich, um ihm ein Scheißgefühl zu geben. Es ist tatsächlich eine Art, um Aufmerksamkeit zu bekommen. Ich warte so lange ab, bis er etwas Verkehrtes sagt. Dann reiße ich die Worte aus dem Zusammenhang, ich reagiere sehr jähzornig. Sagt er dann etwas Liebes, bin ich wieder froh. Streit ist eigentlich ein Machtspiel. Gerade wenn er denkt, daß er mich total besitzt, breche ich schnell einen Streit vom Zaun. So daß er mit einem Scheißgefühl dasitzt, herrlich finde ich das. Es muß nicht alles so süßlich oder anmutig sein. Aber Streit findet bei mir immer nur verbal statt. Ich spiele es, vor allem zu Anfang, aber wenn es der Streit erfordert, kann ich auch sehr sauer werden. Ich sage dann, daß er abhauen soll, und setze ihn notfalls vor die Tür. Sich wieder zu vertragen ist das Schönste. Wenn er sagt, wie sehr er mich liebt. Manchmal schlafen wir auch danach zusammen. Aber meistens nicht.«

Er sagt niemals: »Dumme Ziege.« So ist er nicht

Rita (29): »Wir streiten uns über alles. Meistens bin ich diejenige, die anfängt. Er ist so einer, der alles so in Ordnung findet. Fange ich Streit an, dann geht er auch darauf ein. Ich kann auch laut werden und keifen, nur er nicht.

Ich fange langsam an, mich daran zu gewöhnen, daß er nichts mehr antwortet, wenn ich tobe. Er sagt niemals: ›Dumme Ziege.‹ So ist er nicht. Unsere Streitereien dauern vielleicht zehn Minuten. Wir lassen das Thema dann einen Moment ruhen und lenken dann wieder ein. Ich übrigens öfter als er. Er hatte den ganzen Tag frei. Auf einmal, um fünf Uhr nachmittags, wollte er noch laufen. Ich sagte ihm, daß wir gleich essen und er nicht so lange wegbleiben soll, und meinte noch, ob er nicht schon eher hätte laufen können. Da war er beleidigt und ließ es sein. Später gab er dann schon zu, daß er Unrecht hatte.«

Dann geht sie beleidigt zu anderen und beschwert sich

Arnold (41): »Ich bin kein schwieriger Mensch, aber ab und zu kann sie es mir ganz schön schwer machen. Wenn wir Streit haben, hat sie meistens angefangen. Ich selbst bin eigentlich ziemlich einfach, nur wenn das Gejammer losgeht, dann rüttle ich sie schon mal gehörig durch. Dann geht sie beleidigt zu anderen und beschwert sich über das, was ich ihr angetan habe. Dann kriege ich auch noch von ihrer Mutter zu hören, daß ich meine Hände bei mir halten soll. Damit hat sie recht, der Meinung bin ich wirklich, aber ihre Tochter treibt es manchmal echt so bunt, daß ein Klaps das einzige ist, was sie wieder einigermaßen mit den Füßen auf die Erde bringt.«

Ich fresse alles nur in mich hinein

Linda (39): »Ich habe damit aufgehört, Streit anzufangen, denn das einzige, was ich damit erreiche, ist, daß er noch öfter zum Kühlschrank läuft, um sich ein Bier zu holen. Er hört mir doch nicht zu, es hat überhaupt keinen Sinn. Ich fresse alles nur in mich hinein.«

Trotzdem können schon mal die Türen knallen

Judith (24): »Wenn wir Streit haben, geht es laut zu. Wenn ich mit irgendwas nicht einverstanden bin, kann es echt krachen. Wir sind beide jähzornige Typen. Meistens geht es um kleine Dinge, aber trotzdem können schon mal die Türen knallen. Wir haben uns zwar ausgesprochen, bevor wir schlafen gehen, aber keiner gibt klein bei. Wir finden, daß jeder seine Meinung haben darf, und suchen dann nach einem Mittelweg. Den letzten Streit, den wir hatten... Er ist jemand, der gerne zu Hause ist. Irgendwann rief abends eine Freundin an, ob wir nicht mal vorbeikommen wollten. Ich sagte ihr, ich würde ihn fragen und dann zurückrufen. Aber er wollte nicht. Das gab Krach. Er ist zwar letztendlich doch mitgegangen, aber hat dann den ganzen Abend mit einem langen Gesicht dabeigesessen. Das ist dann nicht mein Problem, ich unterhalte mich so oder so an so einem Abend. Als wir nach Hause kamen, war der Streit vorbei, dann war von selbst alles wieder in Ordnung, und er gab zu, daß er sich eigentlich doch amüsiert hat. Aber wir streiten uns nicht oft.«

Sagst du nie etwas, was dir später leid tut?

»Ja sicher. Ich schreie schon mal, daß ich wünschte, ich wäre nicht mit ihm verheiratet, oder daß er tot umfallen soll. Das tut mir dann später schon leid. Er sagt solche Sachen übrigens nie, er kann sich, glaube ich, besser zusammenreißen. Ich fange vor allem an zu schreien, wenn ich sicher bin, daß ich recht habe, aber kein Recht bekomme.«

Ich steige da manchmal nicht ganz hinter

Jouke (70): »Das ewige Problem mit den Frauen ist, daß man als Mann nie weiß: Sagt sie jetzt, was sie meint, oder meint sie jetzt, was sie sagt... Ich steige da manchmal nicht ganz hinter. Und die Neigung, alles, woraus eine Diskussion entstehen könnte, zu beschönigen.«

Ich neige dazu, meinen eigenen Gang zu gehen

Harm (30) lacht ein bißchen: »Sie ist diejenige, die die Initiative in die Hand nimmt; das gilt sowohl für unsere Unternehmungen als auch für die täglich anfallenden Dinge. Besonders, was das Letzte angeht, bin ich oft viel zu lasch. Wenn das Essen dasteht, komme ich nicht so schnell auf den Gedanken, daß ich beim nächsten Mal an der Reihe bin. Ich neige dazu, meinen eigenen Gang zu gehen und aus dem Auge zu verlieren, daß sich die täglichen Dinge nicht von selbst erledigen.«

Wir begreifen jetzt besser, wie zerbrechlich eine Beziehung sein kann

Christien (41): »Jeder hat doch mal Streit, oder? Nur, wir haben uns schon verändert. Früher waren unsere Kräche manchmal fürchterlich laut. Wir hatten eine ziemlich schwierige Ehe.

Manchmal eine richtige Streitehe, im wahrsten Sinne des Wortes. In den letzten Jahren klappt es viel besser mit uns, wir sind beide in Bezug auf Streiten doch ängstlicher geworden. Früher waren wir wieder ruhig, sobald der Streit begraben war. Jetzt ist es so: Haben wir Streit gehabt, dann laufen wir noch mindestens eine Tag lang angespannt umher. Wir begreifen jetzt besser, glaube ich, wie zerbrechlich eine Beziehung sein kann. Ich weiß es nicht.«

Habt ihr nie über die Tatsache Streit, daß du einen Freund hast?

»Ja sicher. Er möchte schon, daß ich damit aufhöre. Nur darauf antworte ich dann: ›Du hast angefangen.‹ Das ist auch so, denn er hatte eher eine Freundin, als ich einen Freund. Ich dachte damals: Halt stop! Dann darf ich auch. Und das ist noch immer meine Meinung. Ich versuche natürlich schon, meinen Mann nicht zu verletzen. Ich sage niemals, daß mein Freund ein besserer Liebhaber ist oder so, das würde ich unheimlich gemein finden. Nur, wir haben im Laufe der Zeit eine offene Ehe entwickelt, und das hat Vor- und Nachteile. Die Vorteile sind klar. Die Nachteile sind vor allem, daß es manchmal kompliziert wird, und daß man dem anderen nicht wehtun möchte.«

Wir hören es oft von den Nachbarn: Türen werden geknallt, und es wird geschrien

Daß es so etwas gibt: Julia (27) und ihr Partner haben nie Streit. »Nein, wirklich nicht. Wenn ich der Meinung bin, daß er etwas Blödes macht, dann sage ich ihm das. Findet er, daß ich recht habe, dann sagt er das auch. Ist er nicht der Meinung, dann streiten wir uns nicht darüber. Wir hören es oft von den Nachbarn: Türen werden geknallt, und es wird geschrien. Nur, bei uns kommt so etwas nicht vor. Es liegt vielleicht auch daran, daß wir uns nicht so oft sehen, weil er abends und am Wochenende arbeitet.«

Aber es gibt doch sicher schon mal Verstimmungen?

»Naja, in den Ferien schon mal. Dem beugen wir vor, indem wir uns kurz trennen und jeder etwas anderes macht. Wir sind natürlich nicht immer einer Meinung. Ich rauche zum Beispiel, und das findet er schrecklich. Darüber werde ich wohl schon mal sauer, aber das dauert nicht lange, weil ich weiß, daß er recht hat. Wir diskutieren auch über Politik oder andere aktuelle Anlässe, aber das kann man nicht als Streit bezeichnen. Ansonsten weiß ich selber, daß ich mich zu sehr einmische, wie er mit den Kindern umgeht. Was mich wohl an ihm stört, ist zum Beispiel, daß er, wenn er abends um acht Uhr nach Hause kommt, sich erst einmal auf die Couch legt, um ein Nickerchen zu machen. Um sich kurz zu erholen. Wenn er dann wach wird, ist es für mich Zeit, ins Bett zu gehen, und das finde ich dann schade. Er ist auch nicht pflichtbewußt, er hat seine Oma zum Beispiel Neujahr nicht angerufen. In diesen Dingen bin ich sehr konsequent. Aber Streit darüber bekommen? Wirklich nicht. Niemals. Obwohl wir eigentlich einen schweren Start hatten: Ich war mit einem anderen befreundet, als wir uns kennenlernten. Er war der beste Freund meines ersten Freundes. Es wurde sehr problematisch, als ich mich in meinen Mann verliebte. Es dauerte lange, bis meine Familie das akzeptierte. Schwerer Start, aber glückliche Ehe.«

Sie ist wegen Kleinigkeiten schneller sauer als ich

Martin (24): »Wir sind beide keine Lämmer, es geht also ab und zu lautstark zu. Das kann über alles gehen. Wir sind beide leicht reizbar. Obwohl, sie ist wegen Kleinigkeiten schneller sauer als ich. Wenn ich zum Beispiel etwas umgeworfen habe und das nicht sofort wegräume, oder wenn ich vergesse einzukaufen, obwohl ich das versprochen habe. Naja, solche Dinge. Worüber ich Streit anfange? Wenn sie sich entsetzlich blöde Fernsehsendungen ansieht. Da ärgere ich mich manchmal schwarz drüber. Oder wenn sie mit ihrer Freundin telefoniert und mir kaum ›Guten Tag‹ sagt, wenn ich von der Arbeit nach Hause komme. Das kann ich auch nicht leiden.

Aber was soll's. Wirklich wichtig ist das nicht. Ja sicher, in so einem Moment scheint es zwar so, aber nachträglich gesehen ist es Larifari.«

Wir hassen es beide, Streit zu haben

Andrea (32): »Streit, das ist ein heikler Punkt. Meine Mutter ist der Meinung, daß wir nicht gesund sind, wir streiten uns ihrer Meinung nach zu wenig. Aber wir hassen es beide, Streit zu haben. Unsere längsten Kräche dauern zehn Minuten, eine Viertelstunde. Er ist sehr dickköpfig, ich sehe das mehr relativ. Ich sage zwar schon mal ›Scheißkerl‹ zu ihm und er ›Ziege‹ zu mir. Mehr aber nicht. Mit irgendwas werfen, das machen wir nicht. Sind wir uns über irgendwas nicht einig, dann sprechen wir darüber. Aber keine Stunden, wir kommen meistens schnell zu einem Kompromiß. Leute, die den ganzen Tag lang Streit haben können, das, finde ich, ist psychische Mißhandlung, das ist sehr schlimm.«

Sie meint, daß sie mit jedem ins Bett gehen kann

Yvo (24): »Was Streit angeht, da sind wir das ideale Paar.

Wir haben beinahe immer Krach. Wenn wir keinen Streit haben, sind wir krank oder so etwas. Nein, das ist Quatsch, so schlimm ist es ja nun auch wieder nicht. Aber wir haben schon viel Streit. Über alles und jedes. Auch über Sex, oder gerade über Sex. Sie geht mir darin viel zu weit. Sie meint, daß sie mit jedem ins Bett gehen kann, ohne daß das ihre Beziehung mit mir gefährdet. Das finde ich also echt Scheiße. Denn das ist überhaupt der Grund, warum wir uns trennen. Ich werde fuchsteufelswild, wenn sie wieder wie eine geile Hündin – entschuldige bitte, aber es ist so – hinter so einem bestimmten Typ herwackelt. Oder wenn sie auf einmal wieder so einen lesbischen Anfall bekommt. Dann sitzen wir zusammen in der Kneipe, und ich sehe ihre Blicke schweifen. Sie ist wirklich so eine, die denkt, ›alles darf sein‹. Das verstehe ich nicht, denn sie möchte gleichzeitig eine feste Beziehung haben. Naja, weiß der Kuckuck, was dieses ›fest‹ beinhaltet. Als ich ihr sagte, daß ich mir eine Wohnung suchen werde, war sie nur am Jammern; es ist nicht zu glauben. Sie würde mich lieben... Oh ja, was hat sie mich geliebt. Zum Teufel noch mal... Weißt du, was das Problem ist? Daß ich ihr auch noch glaube... Meiner Meinung nach liebt sie mich wohl wirklich, aber sie kann keine Bindung verkraften.«

Aber er war verschlossen wie eine Auster

Mariette (34): »Wir haben unsere schwierigen Zeiten hinter uns. Als wir zwei Jahre verheiratet waren, stand unsere Ehe auf der Kippe. Wir sind damals zur Eheberatung gegangen, danach waren wir stärker. Wenn ich Streit anfing, war ich es so gewöhnt, daß man eben Dampf abläßt und sich fünf Minuten später wieder küßt. Aber er war verschlossen wie eine Auster, konnte stundenlang schweigen, und dann konnte ich raten, was er hatte. Anfangs keifte ich ihn an, aber das half nicht, und zu guter Letzt machte ich auch dicht. Eine schneidende Stille. Es war keine einfache Zeit. Aber wir hielten viel voneinander und wollten unsere Ehe retten.

Meine Familie ist wie eine unheimlich feste Clique; wir waren irgendwann mal zusammen und sie waren wieder auf meiner Seite, sie wußten schon, daß es zwischen uns nicht gut stand. Dann kam es zum Wendepunkt. Während des Familientreffens sah auch er ein, daß es so nicht weitergehen konnte. Ich dachte mittlerweile ernsthaft darüber nach, mich scheiden zu lassen. Das war zwar gegen meinen Glauben, aber in der Bibel stehen auch Scheidungsgesetze. Man verspricht sich zwar Treue, aber das bedeutet nicht, daß man sich und die Kinder in die Zerstörung treiben soll. Man hat schon die Pflicht, die Beziehung in Ordnung zu halten, aber hat man das probiert und es ist einem nicht gelungen, dann darf man sich auch scheiden lassen. Dazu ist man manchmal sich selbst und den Kindern gegenüber verpflichtet. Bei uns ist es zum Glück nicht soweit gekommen. Es folgten sehr subtile Veränderungen, ständig mehr. Ich sage schon mal: ›Ich war damals mit einem Jungen verheiratet, jetzt bin ich mit einem Mann verheiratet.‹ Es waren nur Kleinigkeiten, aber alles zusammengerechnet war es eine ganze Menge.«

Ich denke, daß ich etwas einfacher zu handhaben bin

Mario (45): »Wir sind unterschiedlicher Meinung darüber, wie wir unsere Zeit verplanen. Ich finde es furchtbar, schon lange im voraus zu planen, was wir wann tun werden. Sie meint, das muß sein. Das hat wohl auch was mit ihrer Arbeit zu tun, aber darüber geraten wir dann aneinander. Ich möchte eigentlich etwas spontan entscheiden oder einfach etwas auf mich zukommen lassen, und in so einem Moment treffe ich dann schon die nötigen Maßnahmen. Oder auch nicht.«

Wer von euch gibt dann am leichtesten etwas zu?

»Wir können uns gegenseitig schwer überzeugen, aber ich glaube, daß ich etwas einfacher zu handhaben bin. Wir geraten dann zwar aneinander, aber ich möchte daraus auch nicht ein allzu wichtiges Problem machen.«

Wenn wir uns sehen, ist die Zeit kostbar

Adèle (35) ist eine der Ausnahmen, die nie Streit anfängt.

Sie sagt: »Ich weiß, was Streit ist, denn ich habe mit meinem Ex schreckliche Streitereien gehabt. Wir haben schon oft entgegengesetzte Vorstellungen, da wird dann drüber geredet, aber es ist nicht nötig, daß wir dann laut werden oder mit den Türen knallen. Wir respektieren uns gegenseitig. Ich sage dann zum Beispiel, daß ich es ärgerlich finde, wenn er dies oder jenes macht. Dann reden wir darüber. Er hört mir zu. Es ist auch nicht so, daß wir Angst haben, uns zu streiten, weil wir beide eine schlechte Beziehung hinter uns haben. Wir sehen uns nicht oft. Und wenn wir uns sehen, ist die

Zeit kostbar. Wenn wir zusammen wohnen würden, glaube ich, wäre es schon nötig, sich zu streiten. Dann muß man die Interessen des anderen wahren, und die können entgegengesetzt sein. Jetzt hat er nicht so viel mit meinem Leben zu tun und ich auch nicht mit seinem. Wir leben beide unser eigenes Leben.«

Wenn wir uns streiten, ist es auch angebracht

Merel (35): »Früher war er viel schweigsamer. Wenn er jetzt sauer ist, redet er schon darüber. Ich kann bei ihm auch mehr als früher loswerden, obwohl ich gerne noch mehr reden möchte. Er ist einfach nicht der große Redner, er wird wohl nie ein Schwätzer werden. Wir haben nicht oft Streit, aber wenn wir uns streiten, ist es auch angebracht. Sich mal kurz richtig anschreien. Dann zieht er sich für einen Moment zurück, und kurze Zeit später folgt ein Kuß, um es wieder gutzumachen. Das Schöne an einem Streit ist das Vertragen hinterher. Ich fände es auch langweilig, wenn wir nie Streit hätten. Meine Eltern hatten ein Geschäft, und da kam öfter eine Kundin, eine Frau, die schon dreißig Jahre verheiratet war.

Die sagte immer, daß sie sich noch nie gestritten hätten. Weißt du, was meine Mutter darauf geantwortet hat? ›Meine gute Frau, was haben Sie viel verpaßt.‹ Genauso denke ich auch darüber.«

Ich sage dann die schrecklichsten Sachen

Bernard (39): »Früher war ich schon mal eifersüchtig, das konnte dann der Anlaß zu einem heftigen Streit sein. Heutzutage haben wir auch schon mal Streit, über die Kinder zum Beispiel, nur das sind Kräche, die die Luft reinigen. Sie gefährden unsere Beziehung nicht. Streit könnte man vielleicht am besten mit Sichlieben vergleichen. Man braucht sich gegenseitig. Man sollte sich niemals immer wieder vorwerfen, daß man sich verletzt hat, denn man sucht nun mal nach verletzenden Worten, wenn man sich streitet. Man hat dann keine Bremse, die in dem Moment die negativen Gefühle zurückhält. Ich sage dann die schrecklichsten Dinge und bekomme auch von ihr die abscheulichsten Dinge an den Kopf geknallt. Scheinbar müssen sie einfach heraus.«

Sie ist nachgiebiger als ich

Bob (25): »Der eine will ausgehen, der andere ist müde und findet es aber nicht schön, wenn der eine dann doch weggeht... Naja, du kennst das ja.«

Wer zieht bei euch den kürzeren bei diesen Streitereien?

»Meistens sie. Sie ist nachgiebiger als ich. Obwohl ich aus solchen Sachen nicht so schnell ein Problem mache. Ich glaube auch, daß sie mir nicht traut, wenn ich weggehe.«

Hat sie Grund dazu?

Nach kurzer Pause. »Ja. Ja und nein. Ich bin Frauen gegenüber nicht unempfänglich. Auf der anderen Seite hat sie weniger Gründe, sich Sorgen zu machen, als sie denkt. Ich gehe gerne auf Jagd, aber wenn ich dann gewonnen habe, gehe ich lachend nach Hause zurück. Ohne daß etwas passiert ist. Ich finde dieses Spiel einfach schön.«

Und wenn ihr zusammen ausgeht?

»Wir gehören nicht zu den Leuten, die den ganzen Abend wie die Kletten aneinanderhängen. Wir erzählen uns auch, wenn wir jemand Nettes sehen oder getroffen haben.«

Vertraust du ihr?

»Ja und nein. Also, ich weiß, daß sie viel um mich gibt, und ich weiß, daß sie auch dazu steht. Ich vertraue ihr, glaube ich, mehr als mir selbst.«

Alles wird mit ihrer Mutter besprochen

Frank (35): »Richtig gestritten haben wir uns noch nie. Dafür ist alles noch zu frisch, glaube ich. Ich habe mich wohl ein einziges Mal über die Tatsache geärgert, daß sie manchmal so unsicher über ihre Arbeit sein kann. Obwohl das überhaupt nicht nötig ist. Und dann hat sie die Neigung, in der falschen Ecke nach Bestätigung zu suchen. Sie sollte meiner Meinung nach ruhig noch etwas stärker für sich eintreten.

Worüber ich mich zu Beginn auch geärgert habe, war, daß alles, was zwischen uns passierte, auch mit ihrer Mutter besprochen wurde. Irgendwann hatte ich das Gefühl, als ob sie zu unserer Beziehung dazugehörte. Ich habe das dann auch gesagt, und im Laufe der Zeit ist es auch immer weniger geworden.«

Dann bin ich vor lauter Sorge sauer

Louis (34): »Sie ist keine, mit der man streiten kann. Sie ist immer so verständnisvoll und anständig, daß es nie zu irgendwelchen Ausbrüchen kommt. Sie zieht mich nie zur Verantwortung, weil sie der Meinung ist, daß sie nicht das Recht dazu hat. Umgekehrt habe ich nicht immer so ein Verständnis für sie. Mich stört es zum Beispiel, daß sie mir erst hinterher erzählt, daß sie beim Arzt war, weil sie schon die ganze Woche Bauchschmerzen hatte. Dann bin ich verärgert, weil sie mir nichts davon erzählt hat. Aus Sorge.

Dann sagt sie, daß sie mir nicht damit zur Last fallen wollte. Naja, solche Sachen eben. Ich habe sie noch nie mit lauter Stimme reden hören. Nicht nur mir gegenüber nicht, sondern auch nicht anderen gegenüber.«

Dazu kommt noch, daß er seine Hände nicht immer bei sich halten konnte

Leonie (36) ist geschieden und weiß, was Streit ist. »Man kann auf der einen Seite sagen: Streit muß sein. Auf der anderen

Seite kann Streit auch sehr schmerzhaft sein. Mein Ex-Mann und ich hatten die letzten Jahre nur noch Streit. Das war für nichts gut; wir waren nur noch damit beschäftigt, uns gegenseitig kaputtzumachen, richtig auszusaugen. Dazu kommt noch, daß er seine Hände nicht immer bei sich halten konnte.«

Wurdest du mißhandelt?

»Ich weiß nicht, ob man das echt so bezeichnen soll. Wir kämpften. Ich auch. Nur war er immer derjenige, der anfing. Aber ich ließ mir das nicht gefallen und wehrte mich. Ich habe ihn auch wohl schon mal mit meinem Knie eins in die Eier gegeben. Dann machte er nichts mehr. Eine prima Medizin, die ich jeder Frau, die angegriffen wird, nur empfehlen kann. Nur ein ganz kurzer Stoß. Es tut einem nicht weh, ihm aber umso mehr.«

Du hast jetzt keine Beziehung. Also auch keinen Streit?

»Ich habe keine feste Beziehung, nur heißt das nicht, daß ich nichts mit Männern zu tun habe. Ich gehe regelmäßig aus, und dann treffe ich schon mal einen Mann, bei dem es funkt. Dann kommt es auch mal vor, daß man eine Nacht zusammen verbringt. Selbst dann kommt es schon mal vor, daß man sich streitet.«

Wieso? Worüber?

»Was ich nicht ausstehen kann... Wenn er am nächsten Morgen gleich sachlich wird. Wenn er aufsteht, sich anzieht und ohne pardon das Feld räumt. Das ist mir ein paarmal passiert. Das verstehe ich nicht, dann fühle ich mich mißbraucht. ›Ja, aber, ich muß zur Arbeit.‹, sagen sie dann. Keine Zeit, schnell, schnell. Dann versuche ich so einen Mann kurz aufzuhalten. So daß er echt in Panik gerät. Ich mache ihm dann schon deutlich, daß ich keine Nähmaschine bin. Wenn es den Abend davor ganz romantisch war, wenn er so viel Verständnis für dich hatte, wenn er fand, daß wir uns auf dem gleichen Level bewegten, und was weiß ich noch alles, und wenn er dann am nächsten Morgen noch nicht mal mehr ein Küßchen ab kann, dann hat er mich abends ganz einfach aufs Kreuz gelegt. Mich ins Bett hineingeredet. Ich will wirklich nicht sofort eine tiefgehende Beziehung haben, und ich stelle auch echt keine Ansprüche. Aber sie brauchen mich auch nicht zu mißbrauchen, das ist das andere Extrem. Wenn du also Streit meinst, dann geht es um solche Situationen. Oder auch anders herum: Wenn ein Mann gleich anfängt, Ansprüche zu stellen. Dagegen wehre ich mich. Ich möchte gute Freunde haben und mit einigen von ihnen, wenn es sich so ergibt, auch schon mal ins Bett gehen, nur will ich vorläufig keine feste Beziehung haben. Dafür ist die Scheidung noch zu frisch, und außerdem, ich genieße meine Freiheit. Darf ich ja wohl, oder?«

Es gab eine Zeit, in der ich viel Geld verspielte

John (29): »Wir haben nicht oft Streit, und wenn, dann nicht lange oder heftig. Worüber wir wohl aneinander geraten, ist über das Kind. Ich bin ziemlich besorgt und achte unheimlich darauf, daß sie keine gefährlichen Dinge anpackt oder so.

Sie ist in der Beziehung sehr lakonisch, sie sieht es oft nicht mal. Dann sage ich ihr das, und dann ist es gut. Über Geld streiten wir uns auch manchmal. Stritten, eigentlich. Ich gebe einfach mehr aus, und es gab auch mal eine Zeit, in der ich viel Geld verspielte. Erst aus Langeweile, später war es schon fast eine Sucht. Darüber sind wir schon aneinander geraten. Aber irgendwann verändert sich die Situation, ich hatte irgendwann nicht mehr so das Verlangen danach, und so löste sich das Problem von alleine.«

Ohne laut zu werden oder mit Mobiliar zu werfen

Joost (39): »Während meiner Ehe gab es furchtbar viel Streit, und wir hatten viele Meinungsverschiedenheiten. Über alles.

Wir hatten ständig Kommunikationsstörungen und befanden uns auf einer total anderen Wellenläge. Wir stritten uns echt über alles.«

Wie habt ihr es miteinander ausgehalten?

»Bei mir hing das damit zusammen, daß der Schritt in die Ehe gemacht war, und dann muß man doch sehen, was daraus zu machen. Ich habe mich auch oft gefragt: Verdammt, warum klappt das nicht? Aber letztendlich steckt man ganz einfach nicht drin. Ich bin keiner, der schnell aufgibt. Es muß mir schon ganz klar bewiesen sein, daß es nicht geht, und nach meinem Gefühl habe ich wirklich alles versucht.«

Ihr habt aber zusammen ein Kind bekommen.

»Ja, ungefähr zwei Jahre, bevor wir uns trennten. Das war nicht ein Versuch, um zu retten, was noch zu retten war, wir wollten nur beide gerne ein Kind haben. Und irgendwann haben wir es in die Tat umgesetzt. Wie es weitergeht, das wird sich zeigen. Und im Nachhinein tut es mir auch nicht leid, denn ich bin sehr glücklich über unsere Tochter. Ich glaube, daß sie die Situation, so wie sie ist, auch gut verkraftet. Sie liebt ihre Mutter, bei der sie auch lebt, und sie liebt auch mich. Mit meiner Freundin streite ich mich nicht oft. Wir haben wohl ein gesundes Maß an Meinungsverschiedenheiten über bestimmte Dinge, aber darüber können wir ganz normal reden. Ohne laut zu werden oder mit Mobiliar zu werfen. Das im Gegensatz zu früher, da flog schon mal ein Topf Spinat, gefolgt von einer Flasche Ketchup hinter mir her. Meine Freundin und ich sprechen die gleiche Sprache, wenn man es mal so nennen darf. Wir müssen nicht über alles einer Meinung sein, um uns gut zu verstehen. Natürlich herrscht bei uns auch schon mal eine gereizte Stimmung, aber das kommt dann durch Müdigkeit oder Unausgeschlafenheit. Streit kann man das dann wirklich nicht nennen.«

Dann geht es meistens um die Kinder

Linda (37): »Wir haben nicht oft Streit. Und wenn wir Streit haben, dann geht es meistens um die Kinder. Oder über etwas, was er vergessen hat. Kleinigkeiten meistens. Einfach etwas, was mich, nachdem sich die Kleinigkeiten angehäuft haben, stört. Dann könnte ich plötzlich aus der Haut fahren, und das versteht er dann überhaupt nicht. Es hat sich einfach eine Zeitlang alles mögliche angesammelt. Die Ursache ist oft belanglos, aber das ist dann genau der Tropfen, der das Faß zum Überlaufen bringt. So ein Streit kann manchmal eine Weile dauern, aber wenn wir ins Bett gehen, haben wir uns wieder vertragen. Wir gehen nie im Streit zu Bett. Dann könnte ich übrigens auch nicht schlafen.«

Man muß sich trauen, seine Fehler zuzugeben

Jurriaan (38): »Man muß sich ab und zu echt mal aussprechen.

Das geht manchmal nicht so einfach; sie arbeitet, kommt nach Hause und ist müde, oder ich bin müde. Man ist irritiert, tagsüber sind die Kinder immer dabei, also kommt man gar nicht zum Reden. Nur, irgendwann muß man sich die Zeit einfach nehmen, um sich mal wieder so richtig auszusprechen. Meistens geht die Initiative dann von mir aus. Ich bin nun mal derjenige, dem das Reden am leichtesten fällt. Ich lege den Streit auch schnellsten bei. Man muß sich trauen, seine Fehler zuzugeben. In den ersten Jahren war das ein großer Streitpunkt. Das ist nun vorbei, wir haben uns beide weiterentwickelt und verändert.«

Von der Stille, die zum Durchschneiden war

Henk (55): »Weil wir uns in unserer, sagen wir mal, schlechten Periode ausgewichen sind, haben wir kaum Streit gehabt.

Es gab wohl diese Stille, die zum Durchschneiden war. Mit

den Kindern gab es schon Streit... wenn ich sie sah. Die Kinder sind dein Spiegelbild und auch viel direkter. Sie setzen sich für ihre Mutter ein und für sich selbst, vollkommen zu Recht. Das hat mir schon zu denken gegeben.«

Da zerbrach etwas in mir

Bas (32): »Unsere Vorstellungen prallten aufeinander, einerseits wegen bestimmter Erfahrungen, die sie gemacht hatte, und andererseits wegen bestimmter Dinge, die ich nicht verstand oder die mich nicht ansprachen. Um ein Beispiel zu geben: Ich kiffe ziemlich regelmäßig, und sie hatte da mit einem früheren Partner sehr seltsame Sachen erlebt.

Also fand sie es nicht gut, wenn ich es tat. Jedenfalls hatte ich das Gefühl, daß das vor allem der Grund war, weshalb sie damit Schwierigkeiten hatte. Also fing ich an, es heimlich zu tun. Sie kam dahinter, nun ja, das war Scheiße, also einfach ärgerlich. Sie beschäftigte sich ihrerseits immer mehr mit spirituellen und mystischen Dingen, in die ich mich nicht hineinversetzen konnte. Und so wurde der Abstand immer größer. Es gab sogar einen Moment, in dem ich – für mich – einen sehr definitiven Bruch fühlte.«

Aus welchem Anlaß?

»Sie kam aus dem Urlaub zurück und erzählte mir ihre Erlebnisse, insbesondere eine Begebenheit, bei der sie, wie sie beschwor, eine Art Gotteserfahrung gehabt habe. Erst dachte ich, sie macht einen Scherz, aber sie war ganz ernst. Da zerbrach etwas in mir... Das war etwas so Unwahrscheinliches, etwas, mit dem ich einfach nichts anfangen konnte, daß ich das Gefühl hatte, daß in diesem Moment bei mir – oder zwischen uns – etwas aufhörte. Ich war darüber ganz schön sauer.«

Wer von euch gab meistens nach bei Meinungsverschiedenheiten?

»Eh...sie. Sie gab schneller klein bei als ich.«

Meine Schwägerin hatte nie Streit, jetzt ist sie geschieden

Marjo (33): »Ich weiß, es gibt Menschen, die streiten sich nie, aber da glaube ich nicht dran. Meine Schwägerin war auch so eine, die nie Streit hatte, und jetzt ist sie geschieden. Ich meine nur. Streit räumt doch immer etwas auf.

Nur sagt man manchmal etwas zuviel. Wir haben wirklich nicht oft Streit, eher so kleine Zankereien. Wenn wir doch mal richtigen Streit haben, kann er mich echt eine Woche lang nicht beachten. Dann ist er nicht zu erreichen, und man bekommt keine Antwort von ihm. Wir haben oben ein Buch liegen, in dem wir alles aufschreiben können. Genau das mache ich dann auch. Während eines Streits reagiert er meistens darauf etwas träge. Ich finde es schrecklich, wenn er seinen Mund nicht aufmacht. Obwohl es oft um Kleinigkeiten geht. Zum Beispiel vor zwei Wochen, ich hatte unsere Tochter mittags schlafen gelegt, aber da ich krank war, hatte ich unsere Betten noch nicht gemacht. Er kam nach Hause und sagte: ›Leg dich ruhig hin.‹ Er kann es nicht vertragen, wenn ich krank bin. Dann, als er sich auch hinlegen wollte, sah er, daß seine Bettdecke am Fußende unserer Tochter lag. Da dachte er, daß ich ihm damit zeigen wollte, daß ich nicht neben ihm schlafen wollte. Obwohl ich das doch nur vergessen hatte, weil ich eben krank war. Er ist dann nach unten gegangen und hat sich auf einem Feldbett schlafen gelegt, und wir hatten noch drei Tage lang Streit.«

Wie schafft ihr es denn, so einen Streit zu beenden?

»Einer von uns beiden versucht es immer wieder. Also meistens bin ich das. Ich höre nicht auf zu reden, aber ab einem bestimmten Punkt werde ich auch bockig. Letztendlich gibt er es zu. Und meistens gibt er mir auch recht. Es sind oft Kleinigkeiten. Haben beide vielleicht einen Scheißtag gehabt, dann reagiert man sich eben bei demjenigen ab, mit dem man zusammen ist. So ist das eben. Ich sage machmal, wenn er nach Hause kommt: ›Wenn wir heute Streit kriegen, ist es meine Schuld.‹ Ich muß manchmal meine Aggressionen loswerden. Dann provoziere ich es sozusagen. Ach, und manchmal gehe ich einfach ein Stück mit den Hunden spazieren, das hilft auch.«

Meiner Meinung nach hat Streit eine Funktion

Teun (40): »Ich fange schon mal Streit an. Das ist wichtig für mich, um meine Stellung in der Partnerschaft einschätzen zu können. Meiner Meinung nach hat Streit eine Funktion. Er gehört dazu. Früher, so vor zehn Jahren, fing ich oft Streit an, weil ich unsicher war. Ich wollte durch den Streit testen, ob der andere mich auch noch genug liebte.

Ich lockte regelmäßig einen Streit hervor, um Selbstachtung zu bekommen, und wenn ich am längeren Hebel saß, gab mir das Genugtuung. Ich habe ein ganz normales, menschliches Bedürfnis, verstanden und akzeptiert zu werden, und dafür ist Streit manchmal gut. Heutzutage fange ich keinen Streit mehr an, um recht zu bekommen. Ich kann es durchaus akzeptieren, daß mehrere recht haben können.«

Das haben wir im Laufe der Zeit gelernt

Streit hat Elly (31) nicht über fundamentale Dinge, sondern immer nur über Kleinigkeiten. »Über fundamentale Dinge sind wir uns auch schon mal nicht einig, aber da reden wir dann ruhig drüber, und dann läuft alles wieder bestens. Das haben wir im Laufe der Zeit gelernt. In den ersten Jahren war es ganz anders. Die ersten sechs Jahre, die waren bestimmt nicht harmonisch. Wir gingen viel aus und nahmen uns keine Zeit, unsere Gedanken auszutauschen. Es war zwar lustig, aber es gab auch viel Unverständnis. Wir hatten vollkommen falsche Erwartungen voneinander. Das Schlimmste war, daß er im Gegensatz zu mir ein Stubenhocker ist. Er kann Stunden dasitzen und lesen, während ich fast jeden Abend unterwegs war. Ich verstand ihn nicht, ich fand ihn eigentlich ein bißchen langweilig. Nach ein paar Jahren dachte ich: Habe ich mich so vertan? Wir hatten wohl mal Streit darüber, aber vor allem anfangs konnten wir unsere Gefühle nicht in Worte packen. Das mußten wir erst lernen. Inzwischen ist es anders, wir haben uns aufeinander zu entwickelt. Ich habe gelernt, wie schön es ist, zu Hause zu sein, und er hat gelernt, auch andere Dinge zu tun.«

Waren das keine Konzessionen an den anderen?

»Nein, bestimmt nicht. Es ist toll, daß wir das so gelernt haben.«

Streit haben sie jetzt nur über, wie sie es nennt, »alberne Dinge«. Zum Beispiel: »Er macht die Türen nie hinter sich zu. Das ärgert mich maßlos. Ich sage dann: ›Mach die Tür zu.‹ Sagt er dann ›Ja‹, macht es aber doch nicht, fühle ich mich nicht ernstgenommen. Er nimmt mich schon ernst, nur meine Meinung über Türen teilt er nicht. Ich ärgere ihn auch manchmal. Das weiß ich. Ich fahre ihm immer den Tank total leer, genau dann, wenn er das Auto braucht. Da kann er sehr sauer drüber sein. Aber wir vertragen uns immer wieder. Oft sind wir total sauer, sehr einsam, dann lassen wir das Thema einen Tag ruhen. Wir schweigen auch schon mal einen halben Tag lang. Mit Türen zu knallen und mit irgendwelchen Dingen zu werfen, habe ich mir abgewöhnt. Ich mache das so: Ich schreibe einen Satz auf, zum Beispiel ›Mit Türen zu knallen hat keinen Sinn‹, und diesen Satz sage ich mir dann immer wieder auf. Es ist ein Mittel, um sich selbst zu verändern. Früher, wenn ich etwas kaputtwarf, bekam ich davon Schuldgefühle, obwohl ich eigentlich recht hatte. Wenn wir uns jetzt streiten, versuchen wir nicht zu keifen, auch wenn das nicht immer gelingt. Was wir nicht mehr machen, ist, uns

Dinge zu sagen, die uns später leid tun könnten. Früher geschah es regelmäßig. Wir haben hart dran gearbeitet, um uns das abzugewöhnen. Denn wenn man so etwas sagt, dann bleibt es doch lange hängen, und dann denkt der andere, daß da zumindest ein Quäntchen Wahrheit drinsteckt. Wenn mir jetzt etwas quer sitzt, dann bringe ich das nicht während eines Streits auf den Tisch, sondern warte einen ruhigen Moment ab.«

Es gibt schon mal Verstimmungen

Manuel (21): »Wir haben noch nie Streit gehabt. Dafür sind wir erst zu kurz zusammen. Es gibt wohl schon mal Verstimmungen. Zum Beispiel, wenn sie beim Friseur war, und mir gefällt ihre neue Frisur überhaupt nicht. Dann sage ich das.«

Gerade während eines Streits kann ich viel klarer denken

Reinier (44): »Oh je, sie kann wegen nichts den schrecklichsten Streit vom Zaun brechen. Wenn ich zum Beispiel um halb sieben statt um sechs Uhr nach Hause komme. Dann denke ich:
Was macht das schon aus? Aber sie ist dann ganz von der Rolle. Nun, so etwas kann dann in einer wahnsinnigen Rauferei enden. Ich glaube, daß sie gerne mehr Einfluß auf mein Leben hätte. Sie hat schon zig Versuche unternommen, um mich klein zu kriegen. Aber gerade während eines Streits kann ich viel klarer denken, und ich habe ein wahnsinnig gutes Gedächtnis. Manchmal manipuliere ich die Wahrheit ein bißchen.

Sie versucht dann zuzuschlagen, wenn ich was getrunken habe, aber das schafft sie nie. Ich habe wohl schon mal gedacht: Ich mache sie klein wie eine Rosine. Aber das finde ich von mir aus ziemlich ungerecht, denn ich bin körperlich und geistig viel, viel stärker als sie.«

In so einem Moment liebe ich ihn noch am meisten

Bei Irene (28) gehen Streitigkeiten meistens über finanzielle Dinge: »Ich bin etwas lockerer im Geld ausgeben als er. Er will sparen. Wenn wir Streit haben, dann redet er eher leise als laut. Das kann ich nicht gut leiden. Bei uns zu Hause wurde immer geschrien, es gab viele Zusammenstöße. Mein Mann und ich haben eigentlich selten Streit, es sind mehr Meinungsverschiedenheiten. Ich schreie nicht und werfe nichts durch die Gegend, aber meine Stimme wird lauter. Früher bin ich ein paarmal sauer aus dem Haus gerannt, um vor meinem eigenen Wutanfall zu flüchten. Dann setzte ich mich meistens in den Zug nach Amsterdam oder so. Da rief ich ihn dann an, ob er mich abholen könnte. Dann kam er sofort. Im Zug hatte ich schon aufgeschrieben, was mir quer saß, das ließ ich ihn dann im Auto lesen. Danach redeten wir darüber, und es war wieder gut. Früher heulte ich schnell, aber seit ich verheiratet bin, weniger. Vielleicht bin ich auch erwachsener geworden und habe besser gelernt zu relativieren. Er kann auch weinen, obwohl ich das noch nicht oft erlebt habe. In diesen Momenten liebe ich ihn am meisten. Ich bekomme dann so etwas Beschützendes: In so einem Moment würde ich alles für ihn tun.«

Worüber ging euer letzter großer Streit?

»Oh, das ist Jahre her. Wir hatten beide unheimlich Streß auf der Arbeit, mußten viele Überstunden machen, wir sahen uns kaum noch. Im Haushalt wurde nichts getan, und darüber war er total sauer. Die Lösung war, daß wir uns eine Putzfrau nahmen. Ideal. Richtigen Streit haben wir nicht mehr, höchstens Meinungsverschiedenheiten, die durch Geldsorgen hervorgerufen werden.«

Das kommt nie bis zum Siedepunkt

Peter (27): »Wir haben selten oder nie Streit. Aber das habe ich ja schon gesagt; wir sind Freunde. Wir haben wohl schon mal eine Meinungsverschiedenheit, aber das kommt nie bis zum Siedepunkt. Ein Beispiel für eine Meinungsverschiedenheit... Naja, zum Beispiel, ob man den Unterschied zwischen koffeinfreiem und normalem Kaffee schmecken kann... Ist also nicht der Rede wert.«

Wenn man heiratet, muß man sich aneinander gewöhnen

Thera (26): »Ich finde es manchmal durchaus gut, wenn man sich streitet. Sonst würde sich der eine vom anderen unterdrücken lassen. Es knallt schon mal, und dann hat man Streit.

Man kann veschiedener Meinung sein, und das muß man akzeptieren. Wenn man heiratet, muß man sich aneinander gewöhnen. Er arbeitet gerne in einem organisierten Durcheinander, und ich mag lieber alles aufgeräumt. Ich kam schon mal von der Arbeit nach Hause, und er war schon da. Nun, es herrschte eine totale Unordnung. Seine Jacke lag auf der Couch, überall lag Krempel von ihm. Ich sagte, ob er das nicht vielleicht kurz mal aufräumen könnte; und das gibt Streit. Jetzt habe ich zu ihm gesagt: ›Du hast oben dein Zimmer, da kannst du so viel durcheinandermachen, wie du willst, nur der Rest vom Haus muß dafür ordentlich bleiben.‹ Es gelingt ihm noch nicht ganz; und darüber gibt es immer noch Ärger.«

Als ob ich alles falsch machen würde

Thijs (39): »Wenn wir Streit haben, dann geht das sehr tief.

Es kommt glücklicherweise selten vor. So wie wir uns streiten, darf das auch nicht öfter vorkommen, denn das würde uns auseinandertreiben. Wir sind beide sehr sensibel, und wenn wir uns angegriffen fühlen, kann das einschneidende Folgen haben. Ich bin einmal schrecklich beleidigt gewesen, als sie sich während einer Diskussion auf die Seite eines Freundes schlug, statt auf meine. Die Diskussion ging darüber, ob Väter genauso gut wie Mütter für ihre Kinder sorgen können, oder nicht. Der Freund vertrat ganz klar die Meinung, daß Mütter das besser könnten. Und sie teilte seine Meinung. Das fand ich abscheulich, weil ich das Gefühl hatte, daß sie mich regelrecht damit angriff. Als ob ich mit unserer Tochter alles falsch machen würde. Es hat eine Woche gedauert, bevor ich wieder normal mit ihr reden konnte. Die ganze Zeit konnte ich kein freundliches Wort über meine Lippen kriegen.«

Es war für einen Augenblick ein Scheißgefühl

Isabel (21): »Ich kann Streit nicht leiden. Ich habe da im Grunde genommen keine Angst vor, aber es gibt einem so ein Scheißgefühl. Dennoch gehe ich dem nicht aus dem Weg, denn es kommt danach auch alles wieder in Ordnung. Mit meinem vorigen Freund konnte ich mich nicht streiten. Wenn Streit nötig war, blieb es nur bei purer Verärgerung. Tat ich meinen Mund auf, schwieg er. Das machte mich so wütend. Besser wäre gewesen, wenn wir uns fünf Minuten angeschrien hätten. Streit gehört dazu und ist ganz natürlich. Mit meinem neuen Freund hatte ich zweimal einen Wortwechsel. Wir konnten ganz normal darüber reden. Es war trotzdem kurz ein Scheißgefühl. Von Anfang an war es mit meinem neuen Freund anders, weil wir gut zusammen reden können. Es gibt zum Beispiel Ärger, wenn er versucht, mich zu kommandieren. Das kann ich nicht leiden. Vorige Woche ist er in die Luft gegangen und hat jemanden ins Gesicht geschlagen. Das kann ich nicht ab. Darüber fing ich einen wahnsinnigen Streit an, und jetzt gibt er mir zu neunzig Prozent recht. Er sieht wohl ein, daß er unrecht hatte, aber er ist ein ziemlicher Hitzkopf.«

Wer mischt sich wo ein?

Fast jeder mit einer Beziehung kennt die Erscheinung. Lästiges Einmischen von außen. Nicht akzeptierte Schwiegersöhne und Schwiegertöchter. Freunde, die die Partnerwahl nicht anerkennen. Lästig, lästig.

Es kann soweit gehen, daß es anderen tatsächlich gelingt, einen Keil in die Beziehung zu treiben. Eltern, die zum Beispiel ihren Schwiegersohn nicht akzeptieren, sind dazu sehr wohl in der Lage. Mit dem Ergebnis, daß ihre Tochter ständig zwischen zwei Stühlen sitzt. Auf der einen Seite der Partner, der sieht, wie ihre Eltern versuchen, ihre Tochter zu beeinflussen und sie am liebsten von ihm wegholen würden, auf der anderen Seite die Eltern, die immer das Beste für ihr Kind wollten und nun zusehen müssen, wie sie diesem Kerl ausgeliefert ist. Das gibt garantiert Krach. Partner böse, Eltern böse. Und viele Zweifel. Denn natürlich haben die Eltern immer ein bißchen recht, wenn man genau hinsieht. Und natürlich hat der Partner auch recht. Und auch wiederum ein bißchen nicht. Kompliziert. So etwas kann jahrelang für einen unangenehmen Zustand sorgen. Manchmal läßt es langsam nach, und Eltern und Schwiegersohn kommen sich doch näher. Eine Beziehung kann daran aber auch in die Brüche gehen.

Es ist auffallend, wie viele Menschen, die wir interviewt haben, sich über den Einfluß von Eltern und/oder Schwiegereltern beklagten. Wird Einfluß auf die Beziehung ausgeübt, dann geht es in sehr vielen Fällen um diese Art von Konflikten. Überbleibsel des Generationsunterschieds? Auffallend ist auch, daß es vor allem die von alther – und vor allem durch Witze – berüchtigte Schwiegermutter ist, die sich in innerhäusliche Angelegenheiten mischt. Gibt es sie denn wirklich? Und tatsächlich so häufig?

Natürlich gibt es auch noch andere, die sich einmischen. Vornehmlich Freunde, die aus diesen Gründen nicht mehr länger Freunde sind. Durch die Wahl ihres Partners können Sie plötzlich ohne Freunde dasitzen. Partnerwahl ist nicht ohne Risiko. Ein fester Freundeskreis nimmt dem Newcomer gegenüber oft eine zumindest abwartende Haltung an: Ein bekanntes Phänomen. Und es ist wahr, man muß sich immer wieder erst daran gewöhnen, wenn jemand, den man schon Jahre kennt, auf einmal mit einem neuen Lebenspartner ankommt, der auf den ersten Blick nicht so ganz der Typ ist, den man erwartet hat.

Darf man sich nie in die Beziehung anderer einmischen? Es wird schwer, sich abseits zu halten, wenn man sieht, wie ein guter Bekannter in einer Beziehung kaputtzugehen droht. Aber wie bringt man das? Wie sagt man vorsichtig, daß eine Scheidung vielleicht die bessere Alternative wäre?

Vielleicht ist es schon mal eine Stütze, wenn ein anderer über Ihre Beziehung reden will. Aber im allgemeinen gilt: Mischen Sie sich nicht ein. Das zeigt sich ganz klar aus dem, was wir hörten.

Sie haben ihn nur sehr langsam akzeptiert

Yolande (27): »Meine Eltern haben –vielleicht unbewußt – versucht, unsere Beziehung zu beenden. Mein Mann war damals noch freiberuflicher Zeichner. Meine Eltern sind sehr altmodisch. Wir lebten in wilder Ehe zusammen, also das war ja auch schon mal das Letzte. Er hatte keine feste Anstellung, er konnte mir also keine Zukunft bieten, meinten sie. Es gab jedesmal Streit. Dann habe ich irgendwann gesagt: ›Ihr sagt jetzt nichts mehr, sonst komme ich nicht mehr.‹ Schließlich bekam mein Mann dann eine feste Anstellung, aber er war noch immer kein Ingenieur oder Arzt. Sie haben ihn nur sehr langsam akzeptiert. Aber es gibt noch stets befremdliche Situationen.

Seine Mutter ist entsetzlich dominant, sie mischt sich in alles ein. Nur, während meiner Schwangerschaft hat sie mich nie angerufen. Die Kinder haben angerufen. Sie kommt auch nie mal von sich aus hierhin, wir haben zu ihr zu kommen. Sie muß immer etwas zu meckern haben. Sie konnte es nicht akzeptieren, daß wir unser eigenes Leben hatten, und sie fand, daß wir später so wie sie leben sollten. So eine Schwiegermutter kann doch Druck auf deine Beziehung ausüben.«

Ihre Mutter mischte sich überall ein

Peter (27): »Ich kann mich schrecklich über Menschen ärgern, die sich in unsere Beziehung einmischen. Ihre Mutter hatte zu Anfang ein ziemliches Talent dafür. Sie mischte sich echt überall ein. Das fing an mit dem, was wir essen sollten und ging bis hin zur Farbe des Autos. Sie ließ sich davon unheimlich beeinflussen, obwohl es sie gleichzeitig auch störte. Wir haben dann zusammen zu meiner Schwiegermutter gesagt, daß wir keinen Wert auf ihre Einmischungen legen. Darüber war sie übrigens ein bißchen beleidigt, aber es ist jetzt etwas besser geworden. Ich bin der Meinung, daß unsere Beziehung unsere Sache ist, die keinen etwas angeht. Wie wir unsere Zeit einteilen, unser Haus einrichten und was weiß ich. Das ist alleine unsere Sache. Ich halte überhaupt nichts davon, mit Dritten über meine Beziehung zu sprechen. Du kannst dieses Interview dann auch als eine absolute Ausnahme betrachten.«

Nur nehme ich ihn nicht mehr mit zu meinen Eltern

Ob ihre Beziehung von außen, durch andere beeinflußt wird, weiß Thea (25) im ersten Moment nicht. Aber als sie kurz überlegt, sagt sie: »Ja, durch meine Eltern. Ich bin im Moment richtig verliebt, ich habe eine tolle Beziehung. Er hat eine gute Anstellung, und das finden meine Eltern perfekt. Aber ich nehme ihn nicht mehr mit zu meinen Eltern. Sie betonen immer so übermäßig, daß sie ihn in Ordnung finden. Das nervt mich entsetzlich. Damit erreichen sie genau das Gegenteil. Meine Freunde dürfen ihn perfekt finden, gerne sogar, aber meine Eltern nicht. Ich hätte wirklich aus diesem Grund fast Schluß gemacht.«

Ich richte nicht mein Leben danach

Teun (40): »Ich habe ein paar Freunde, die sehr wichtig für mich sind, und deren Urteil bedeutet mir durchaus etwas.

Wenn ich mal einen Freund habe, der von einem guten Freund oder einer guten Freundin kritisiert wird, dann hat das sicher seine Auswirkung. Ja, ich lasse mich schon mal durch meine direkte Umgebung beeinflussen, aber ich richte nicht mein Leben danach.«

Laß dich doch scheiden, sagen sie alle

»Was glaubst du,« sagt Linda (39), »jeder mischt sich bei uns ein. Jeder sagt, daß ich mich scheiden lassen soll.

Vielleicht sollte ich es ja. Ich weiß es nicht. Wir bekommen auch keinen Besuch mehr, keiner will ihn mehr sehen, so betrunken wie er ist. Selbst auf meinem Geburtstag kommt niemand. Ich gehe dann zu meiner Mutter und feier' da. Laß dich doch scheiden, sagen sie alle. Aber so einfach ist das nicht.«

Die Homosexualität ist nur ein Teil davon

Willem (34): »Ach, die meisten Probleme habe ich noch immer mit mir selbst, die Homosexualität ist nur ein Teil davon.

Vermutlich die bekannten Probleme mit den Vätern, die keinen Stammhalter bekommen, oder wie die Griechen sagten: Jeder Sohn ermordet seinen Vater. Im übertragenen Sinne habe ich das sicher getan. Ich bin immer auf der Hut. Ich wußte schon unglaublich früh, daß ich anders war als andere. Deshalb habe ich ungefähr von meinem sechzehnten Lebensjahr an immer Milieus aufgesucht, in denen die Toleranz größer war, kulturelle, intellektuelle Milieus, kurz und gut, wo Menschen von Welt verkehren, und wo man sich sicher fühlte. Es ist nicht schön, wenn du während einer Versammlung von zweihundert Mann vom Korps von Groningen von einer großen Gruppe Mitglieder – gerade von denjenigen, bei denen die gleichen Gefühle schlummern – laut schimpfend ›Schwuler‹ an den Kopf geknallt bekommst. Es erfordert ganz bestimmt das Äußerste deiner Selbstbeherrschung, so zu tun, als ob du nichts hörst, und ganz ruhig an die Bar zu gehen, ein Bier zu bestellen, noch ein Bier zu bestellen, mit dem Gedanken: Ihr kriegt mich niemals unter! Das hinterließ enormen Respekt, hörte ich viel später. Mach dich selbst nie zum Opfer, denn dann wirst du gevierteilt und aufgehängt. Das gilt auch übrigens sehr stark für Beziehungen.«

Ich glaube nicht, daß dem jemand entkommt

Kees (39): »Was heißt Beeinflussung? Ich glaube nicht, daß dem jemand entkommt, daß von außen Kritik auf deine Beziehung ausgeübt wird. Meistens geschieht das nicht öffentlich, aber es wird sicher eine ganze Menge über uns geklatscht.

Ich weiß zum Beispiel, daß die Schwester meiner Freundin sie für verrückt erklärt, weil ich so ein Macho sein soll. In den Augen der Schwester meiner Freundin also, denn ich selbst finde, daß es halb so schlimm ist. Meine Freundin gibt übrigens überhaupt nichts darum, denn sie hat sich aus freiem Willen für mich entschieden. Außerdem hat sie es bei mir genauso schön, wie ich bei ihr.«

Unsere Freunde waren einer Meinung mit ihm

Maria (37): »Wir hatten Freunde, sehr gute Freunde, aber die sahen wir seit unserem Streit nicht mehr. Es ist von heute auf morgen aus gewesen. Wir waren schon Jahre mit denen befreundet, kamen ein paarmal in der Woche zusammen und fuhren auch immer zusammen in Urlaub. Wir hatten keine Geheimnisse voreinander, und deshalb konnten wir auch über unsere Streitereien mit ihnen sprechen. Nur, das Ärgerliche war, daß sie meinem Mann immer recht gaben. Sie hielten immer zu ihm. Kurz nach meiner Entbindung hatte mein Mann auf einmal Lust, Schlittschuhlaufen zu gehen. Das fand ich nicht schön – ich hatte schließlich gerade eine Entbindung hinter mir – und sagte das dann auch. Aber unsere Freunde waren seiner Meinung, sie fanden das egoistisch von mir. Dann konnten sie mich mal.«

Sie erzählt, daß ihre Schwiegermutter und ihr Mann sich vom Charakter her sehr gleichen. »Aber sie hat keinen Einfluß auf unsere Beziehung, die beeinflußt ihn nicht. Sie hat sogar Verständis für mich.«

So etwas sollten Eltern nicht sagen

Es sind vor allem die beiden Elternpaare, die versuchen, die Beziehung von Andrea (32) zu beeinflussen. »Ich habe sie wirklich gerne, und ich verstehe sie auch ein bißchen, vor allem, seitdem ich selber Mutter bin. Man möchte, daß es den Kindern gut geht. Man will sie vor Fehlern beschützen. Ich werde schon versuchen, mir das später vor Augen zu halten. Aber ich bin der Meinung: Fehler muß man selber machen, dann lernt man auch daraus.«

Um welche Sachen geht es denn?

»Meine Mutter findet uns zum Beispiel zu materialistisch. Ich finde das nicht. Ich bin einfach glücklich mit all den Dingen; sie machen einem das Leben angenehmer und schöner. Sie fing immer wieder damit an, bis ich eines Tages die Nase voll hatte und ihr mal meine Meinung gesagt habe. Seitdem ist sie vorsichtiger. Jetzt ist genau das Gegenteil eingetreten, sie sagen überhaupt nichts mehr, und das versuche ich wieder ein bißchen zurückzudrängen. Ich sage dann: ›Sagt nur, was ihr meint.‹ Denn von älteren Menschen kann man doch etwas lernen. Was ich nicht ausstehen kann, ist, wenn sie sagen: ›Warte nur ab, bis du so alt bist wie wir, dann begreifst du es wohl.‹ So etwas sollten Eltern nicht sagen.«

Meine Eltern zum Beispiel

Louis (34): »Wir scheinen eine Beziehung zu haben, bei der die Außenwelt meint, sie dürfte sich einmischen... Meine Eltern haben ihre Vorstellungen nicht für sich behalten. Sie fanden es schlichtweg dumm von mir, daß ich mit ihr zusammenleben wollte. Obwohl ich wohlgemerkt nichts anderes wollte oder will. Meine Mutter versuchte, mich zu überzeugen, daß ich das nicht tun sollte. Ich wüßte nicht was ich mir aufladen würde und was für Schwierigkeiten mich erwarten würden mich mit einem ausländischen Mädchen einzulassen.

Oh nein, sie hatte natürlich nichts gegen Türken, aber sie sind eben doch anders. Ja, Ja. Nein, ich habe mich nicht von ihr beeinflussen lassen, aber es störte mich doch, daß sie sie nicht ernsthaft als ihre Schwiegertochter anerkannten. Das Verhältnis hat sich zwar etwas normalisiert, aber ich merke doch deutlich einen Unterschied in der Art, wie über die Freundinnen meiner Brüder gesprochen wird. Ein weiterer Punkt ist, daß Freunde und Bekannte regelmäßig Fragen über intime Dinge stellen wie: Ist es nicht schwierig, eine Beziehung mit einer Türkin zu haben? Seltsam. Sie vermißt oft ihre Eltern und ihre Brüder. Omar ist der einzige, mit dem wir ziemlich viel Kontakt haben. Er ist ein Pfundskerl. Sie erhält viel Unterstützung von ihm, denn er ist der einzige aus ihrer Familie, der sie begreift und hinter ihr steht. Die Tatsache, daß sie, sagen wir ruhig, von ihrer Familie verstoßen wurde, hat natürlich Einfluß auf unsere Beziehung. Weil sie doch sehr darunter leidet. Am liebsten möchte sie ihre Eltern ganz normal besuchen gehen, weil sie die Menschen liebt. Vielleicht ist es irgendwann in der Zukunft möglich, aber dafür ist es jetzt noch zu früh. Vielleicht klappt es aber auch nie.«

Sie stellen noch stets zu hohe Erwartungen an ihn

Linda (37): »Unsere Beziehung wird sicher schon mal von anderen beeinflußt. Ganz bestimmt. Es gibt doch immer Menschen, die eine Meinung über dich haben. Meine Eltern sind zum Beispiel sehr kritisch, was die Männerwahl meiner Schwester und mir betrifft. Mein Mann gefiel ihnen anfangs überhaupt nicht. Seit wir Kinder haben, haben sie sich seltsamerweise verändert und sehen ihn ganz anders. Ich glaube, es ist seine Spontaneität, die sie überzeugt hat. Aber sie stellen noch stets zu hohe Erwartungen an ihn. Unser erstes Kind war ihr erstes Enkelkind, und das war doch eine große Freude für sie.«

Auch Freunde haben sich viel in ihre Beziehung eingemischt: »Vor allem am Anfang, als wir uns gerade kannten, war es echt ein Spießrutenlaufen bei unseren jeweiligen Bekannten. Die waren alle dran wie: Wen hat sie denn da wieder aufgegabelt? Wir hätten am besten einige Menschen links liegen gelassen. Es legte sich jedoch von selbst. Das war auch gut so, denn die Meinung einiger Menschen ist mir doch wichtig.«

Die gemeinsamen Freunde sprangen ab

Henk (55): »Die Zeit, in der unsere Ehe so schlecht lief, hat ungefähr, glaube ich, acht oder neun Jahre gedauert. Gute Freunde von mir erkannten schon früher als ich, daß es schiefging. Ich habe sehr lange ihren Rat in den Wind geschlagen, aber als sie mir irgendwann ein Ultimatum stellte und ging, fühlte ich mich doch von einigen guten Freunden unterstützt. Die gemeinsamen Freunde allerdings sprangen ab. Zu ihren Gunsten.«

Dann konnte jeder erleichtert aufatmen

Frank (35): »In der Zeit, bevor ich sie kennenlernte, kam es regelmäßig vor, daß Freunde, die es mit mir gut meinten – meistens Paare –, mich zum Essen einluden, wozu sie dann außer mir noch eine alleinstehende Frau eingeladen hatten. Schrecklich.

Auch wenn die Frau noch so schön gewesen wäre. Ich fühlte mich dann so vorgeführt. Einerseits weißt du, daß deine Freunde es gut mit dir meinen, auf der anderen Seite ist das aber sehr erniedrigend. Dabei ist auch nie etwas herausgekommen. Als ich sie kennenlernte, konnte jeder endlich erleichtert aufatmen. Nein, das ist geschmacklos, so etwas zu sagen. Ich konnte wohl merken, daß die Menschen um mich herum, denen ich echt etwas bedeute, es sehr schön für mich fanden. Und auch ohne Vorbehalt die Essen mit uns beiden fortsetzten.«

Ich begann eine Diskussion mit ihnen, und das war nicht erlaubt

Irene (28): »Seine Eltern sind sehr gläubig, niederländisch reformiert, ich bin nichts. Ich bin katholisch getauft worden, bin aber aus der Kirche wieder ausgetreten, weil ich nie daran geglaubt habe. Ich habe die Geschichten wohl immer gerne gelesen, denn sie sind sehr schön, nur die Kirche ist für mich ein Greuel, denn die verzerrt das Denken der Menschen. Die Pille ist nicht erlaubt, das Kondom ist nicht erlaubt, man darf vor der Hochzeit nicht zusammen schlafen.

Mit seinen Eltern gab es viele Probleme, denn ich begann mit ihnen zu diskutieren. Und das war nicht erlaubt. Seit er mich kennt, tut mein Mann auch nur noch wenig für seinen Glauben: Als wir uns drei Wochen kannten, ging er nicht mehr in die Kirche. Das fanden sie fürchterlich. Sie haben es uns sehr schwer gemacht. Aber ich wollte darüber reden. Eine Zeitlang haben wir seine Eltern nicht gesehen, ein paar Monate nicht. Ich hatte das Gefühl, als ob sie auf mich herabsehen. Dann sind wir einmal zu ihnen gegangen. Sein Vater stand echt erst da und brüllte; mein Freund stand da und zitterte, und das passiert ihm nicht so oft; ich fand es schrecklich für ihn. Aber ich blieb cool und sagte: ›Meinst du, daß schreien etwas bringt?‹ Da verließ sein Vater das Haus. Später herrschte eine Art Waffenstillstand. Als unser Kind drei Monate alt war, bekamen wir wieder Streit mit seinen Eltern. Wir hatten erst neun Monate später wieder Kontakt; sie hatten ihren Enkel also die ganze Zeit nicht gesehen. Sie riefen an und fragten, ob wir zusammen reden könnten. Wir haben dann unserem Kind zuliebe Zugeständnisse gemacht. Wir haben ihnen wohl klargemacht, daß wir keine An- oder Bemerkungen über unseren Lebensstil haben wollen. Wir sind jetzt sehr vorsichtig miteinander, aber es läuft jetzt gut. Und sie sind total verrückt nach ihrem Enkel.«

Sie begreifen dann nicht, wie ich bin

Joost (39): »Ich lasse mein Denken und Handeln nicht durch andere bestimmen. Ich bin zum Beispiel nicht der Meinung, daß ich so eine Art Vater für ihre Kinder sein muß, weil das von mir so erwartet wird. Auch zu meiner eigenen Tochter habe ich eine Beziehung, die einige Menschen nicht begreifen können. Die begreifen einfach nicht, wie ich bin. Ich denke über Dinge nach, und danach treffe ich eine Entscheidung. Genauso läuft das ab. Und wenn jemand das anders sieht. Von mir aus.«

Was ein anderer macht, muß er selbst wissen

Martin (24): »Ich kriege die Krätze, wenn andere sich in meine Beziehung einmischen. Verdammt nochmal, das geht nur sie und mich was an. Ich bitte nicht um Ratschläge, wie ich dies oder jenes in Bezug auf sie machen soll. Also braucht man sie mir auch nicht zu geben. Was ein anderer macht, muß er selbst wissen, was ich mache, muß ich wissen.«

Ich wollte das einfach gerne

John (29): »Ein paar Freunde von mir begreifen nicht, daß ich mich für Kinder entschieden habe. Nur, ich wollte das einfach gerne, und ich finde es auch unwahrscheinlich schön.

Ich mache mir nicht viel daraus. Oft merke ich auch, wenn sie dann zu mir nach Hause kommen, daß sie es doch schön finden so, ein Kind.«

Und ob mein Mann es nicht schlimm findet

»Es gibt nur wenige Menschen, die wissen, wie wir leben,« sagt Christien (41). »Manchmal erzähle ich es jemandem, und dann sehe ich erschreckte Gesichter. Es mit zwei Männern zu treiben ist unmöglich, finden die meisten. Das ist skandalös, von zwei Tellern zu essen. Und ob mein Mann es nicht schlimm findet. ›Er macht es doch selbst auch‹, sage ich dann. Dann schauen sie mich noch gestörter an. Ich sage also meistens nichts darüber, denn es gibt doch nur Tratsch. Ich finde es jedoch schade, denn ich schäme mich nicht dafür und würde gerne mit anderen darüber reden können.«

Besser oder reicher, was weiß ich

Arnold (41): »Ich bin mir ganz sicher, daß unsere Beziehung von außen beeinflußt wird. Familie und Freunde meiner Freundin sind der Meinung, daß wir überhaupt nicht zusammenpassen, und das sagen sie ihr auch. Sie kommt aus einem ganz anderen Milieu als ich, besser oder reicher, was weiß ich, für mich hat das keine Bedeutung. Sie hat dann da so ihre Freunde, die dazu wohl was zu sagen haben, und das nimmt sie sich auch zu Herzen. Ich bin ein einfacher Typ, der schon von seinem vierzehnten Lebensjahr an in der Bäckerei arbeitet. Aber sie hat selbst nie etwas zu Ende gemacht, sie arbeitet schon Jahre in einer Kneipe. Und in dieser Kneipe mischt sich jeder in ihr Leben ein, auch mit wem sie sich abgibt. Oh ja, das wird sicher seine Auswirkung haben.«

Seit ein paar Jahren sieht mein Mann auch, wie sie ist.

Früher wurde ihre Beziehung schon von außen beeinflußt, aber jetzt nicht mehr. Mieke (31): »Meine Schwiegermutter versetzte mir immer wieder Seitenhiebe. Sie sagt zwar immer, daß sie mich nett findet, aber von Anfang an ist sie sehr eifersüchtig. Als ob ich ihn ihr weggenommen hätte. Jetzt lasse ich mich davon nicht mehr beeinflussen, aber früher schon. Schrecklich. Hatte ich einen Minirock an, dann beschwerte sie sich darüber, und ich zog mir etwas anderes an.

Jetzt kann sie mir den Buckel herunterrutschen. Seit ein paar Jahren sieht mein Mann auch, wie sie ist. Davor hatten wir oft Streit darüber. Das Problem Schwiegermutter ist noch da, aber jetzt steht er hinter mir. Früher hätte er gesagt: ›Das hast du sicher falsch aufgefaßt.‹«

Ich denke, daß es nicht so viel schadet

Reinier (44): »Von außen sieht alles anders aus. Es gibt Leute, die sind eifersüchtig auf die Beziehung, die ich mit ihr habe. Die lassen sich schön ihre Freiheiten, wird dann gedacht. Ich denke manchmal auch von einem Paar: Mann, was ein tolles Paar, das ist beneidenswert. Ich denke, daß wir alle leicht von außen beeinflußt werden, und ich denke, daß es auch nicht so viel schadet. Ich weiß noch gut, daß es ihr irgendwann ein bißchen zuviel wurde, als die Kinder aus meiner ersten Ehe regelmäßig bei uns waren. Dann rannte sie schon mal heulend zu ihren Eltern. Ihr Vater sagte dann zu ihr: ›Zieh' Leine, du wußtest vorher, daß er Kinder hat, also was meckerst du eigentlich.‹ Das ist auch eine Art Beeinflussung.«

Um diese Kritik schere ich mich einen Dreck

Bas (32): »Ich weiß, daß einige Menschen in meiner Umgebung sich fragen, wieso ich was mit Karin angefangen habe. Sie ist so anders als Johanna, und sie ist jünger. Genau wie man sich sicher darüber aufgeregt hat, daß wir auseinander gegangen sind, obwohl das Kind noch so klein ist. Um diese Kritik schere ich mich einen Dreck.

Früher machte es mir mehr aus, was andere von mir dachten, jetzt macht mich das nicht mehr so unsicher.«

Von allen Seiten bekam ich irgendwelche Kommentare

Isabel (21): »Es gibt Menschen, die sagen, daß sie meinen Freund nicht mögen, das hat jedoch keinen echten Einfluß auf unsere Beziehung. Ich kann auch schon mal mit jemandem nicht gut auskommen. Es ist schade, aber ich lasse mich dadurch nicht beeinflussen. Und es sitzt mir auch nicht quer.

In meiner vorigen Beziehung habe ich mich schon durch andere beeinflussen lassen. Von allen Seiten bekam ich irgendwelche Kommentare, und unwillkürlich hörte ich doch darauf. Sie sagten zum Beispiel, daß ich nicht so dominant sein sollte. Dann dachte ich: Vielleicht haben sie ja recht. Aber man muß doch selbst eine Lösung finden. Es können einem zwar Ratschläge gegeben werden, aber zu neunundneunzig Prozent mußt du doch für dich selbst entscheiden.«

Meine Eltern finden es unmöglich, daß ich Hausmann bin

Olle (29): »Ich sollte besser meinen Mund halten. Ich glaube, daß fast die ganze Welt sich in unsere Beziehung eingemischt hat. Naja, die ganze Welt ist natürlich etwas übertrieben, aber trotzdem... Unsere Beziehung ist ein packender Gesprächsstoff für viele Menschen in unserer Familie und Umgebung. Ich habe sogar manchmal das Gefühl, daß die Beziehung zwischen uns beiden eine Art öffentlicher Besitz ist.

Jeder tratscht und urteilt. Mir macht das übrigens nicht besonders viel aus. Und ihr auch nicht. Wir haben es gleichsam herausgefordert, als wir die Rollen tauschten. Meine Eltern halten zum Beispiel nichts davon, daß ich Hausmann bin. Sie sind der Meinung, es ist eine Sünde gegen mein Studium und meine Talente. Ich würde mein Leben wegwerfen, und es würde mir später leid tun. Mein Vater hat mich tatsächlich mal gefragt, ob ich vielleicht homosexuell bin. Denn er konnte es einfach nicht begreifen, daß ein Mann, und ausgerechnet noch sein Sohn, sich dafür entscheiden kann, sein Kind zu versorgen und den Haushalt zu führen. Er hat sich noch immer nicht daran gewöhnt, aber er hält jetzt seinen Mund darüber. Er hofft im geheimen, daß ich eines schönen Tages zur Vernunft komme. Dagegen finden ihre Eltern es prima, wie wir das machen. Sie übertreiben darin zwar etwas, so in der Art ›wie gut, daß ihr das so macht,‹ und ›wenn das zu unserer Zeit möglich gewesen wäre, hätten wir es genauso getan‹. Aber das ist angenehmer als die Haltung meiner Eltern. In unserem Freundeskreis gibt es auch nicht immer gleich viel Verständnis, und es gab schon einige gemütliche Abende, an denen unsere Beziehung das Hauptthema war. Nun muß ich der Vollständigkeit halber wohl sagen, daß wir auch besonders gerne über unsere ungewohnte Beziehung sprechen, weil wir scheinbar selbst auch noch nicht alles auf der Reihe haben.«

Jeder hat immer eine Meinung über alles

Die noch frische Beziehung von Sandra (43) wird stark von außen beeinflußt. Ihre Freunde und die ihres Mannes haben es kommen sehen: Den Zusammenbruch ihrer vorigen Beziehung, die Scheidungen.

»Man verliert dadurch echt Freunde, denn jeder neigt dazu, Partei zu ergreifen. Das war schon zur Zeit meiner Scheidung so. Und als ich mit meinem jetzigen Partner ankam, fing es wieder von vorne an. Jeder hat immer eine Meinung über alles, und das habe ich manchmal einfach satt. Es ist doch mein Leben, oder? Ich finde es echt schlimm, daß ich Freunde verloren habe, weil ich bestimmte Entscheidungen getroffen habe.«

Dadurch fingen wir an, auch selbst daran zu zweifeln

Julias (27) Beziehung hatte einen schweren Start. Sie verliebte sich in den besten Freund ihres damaligen Freundes.

»Das fanden meine Eltern nicht gut, denn sie fanden meinen Mann überhaupt nicht so nett wie meinen ersten Freund. Meine Mutter mischte sich ein, wo sie konnte, und meinte:

›Das wird nichts.‹ Dieser Einfluß, auch der meiner Schwestern, war sehr stark. Dadurch fingen wir an, auch selbst daran zu zweifeln. Außerdem ließ ich den anderen noch nicht los.

Wieso?

»Ich hatte Schluß gemacht, und dann fing es sofort mit meinem Mann an. Ich hätte besser erst zur Ruhe kommen und alles erst in Ordnung bringen müssen. Ich konnte den anderen noch nicht ganz loslassen. Es war furchtbar kompliziert. Ich überlegte manchmal, daß ich mit dem anderen ein völlig anderes Leben gehabt hätte. Ich sehe ihn auch noch ab und zu, aber es bleibt schwierig. Er ist jetzt mit einer meiner Schwestern befreundet, und dadurch sehen wir uns oft an Geburtstagen. Ich empfinde durchaus noch etwas für ihn, es bleibt etwas Spezielles. Es dauerte bestimmt ein Jahr, bevor mein Mann von meiner Familie akzeptiert wurde. Und ich durch seine Mutter. Zuerst traute ich mich bei seiner Mutter nichts zu sagen. Sie ist sehr dominant, sie will immer alles bestimmen. Aber wir ziehen uns davon langsam aber sicher zurück. Wir gehen auch Weihnachten nicht unbedingt zu ihr. Sie begreift nur langsam, daß wir unser Leben selber bestimmen wollen.«

Damit haben wir nichts zu tun

Thijs (39): »Wir leben eigentlich so ziemlich unser eigenes Leben. Wir wohnen weit von unseren Familien entfernt, also sehen wir uns nicht so oft. Wirklich viele Freunde haben wir nicht, und danach haben wir auch kein Bedürfnis, es sei denn, es sind wirklich sehr gute Freunde. Wir haben wohl einige oberflächliche Bekannte. Nein, ich glaube, wir haben keine Probleme mit irgendwelchen Beeinflussungen durch Personen von außen. Natürlich werden wir schon beeinflußt, zum Beispiel durch Kriegsbedrohungen oder Umweltkatastrophen. Dagegen versuchen wir dann zusammen auf unsere Art etwas zu tun, weil wir der Meinung sind, daß es unsere Pflicht der Gesellschaft gegenüber ist. Aber das ist eine andere Art der Beeinflussung, als die du meinst.«

Wie wichtig ist das Äußerliche?

Es gibt eine hübsche Liste über das, von dem Männer glauben, daß Frauen es anziehend finden, und das, was Frauen wirklich anziehend finden.

Was Männer glauben, was Frauen anziehend finden:

1. Kraftvoller Brustkorb: 21%
2. Muskulöse Arme: 18%
3. Großer Penis: 15%
4. Größe: 13%
5. Schlanke Figur: 7%
6. Augen: 4%
7. Oberschenkel: 4%

Was Frauen in Wirklichkeit schön finden:

1. Oberschenkel: 39%
2. Schlanke Figur: 15%
3. Augen: 11%
4. Größe: 5%
5. Penis: 2%
6. Kraftvoller Brustkorb: 1%
7. Muskulöse Arme: 0%

Die Unterschiede sind verblüffend. Muskelpakete machen auf Frauen wenig Eindruck. Die Länge des Penis tut nichts zur Sache (obwohl noch immer ein Großteil der Männer denkt, daß die Qualität des Geschlechtsakts von der Länge des Penis abhängt; dem ist nicht so, aber viele Männer können es einfach nicht glauben).

Nun müssen wir aber sagen, daß es sich hier um eine amerikanische Liste handelt. Wir haben während unserer Interviews nicht viel davon gemerkt, daß Oberschenkel in den Augen der Frauen so wichtig sind. Auf die Frage, worauf Frauen als erstes achten und was anziehend wirkt, wurden uns Augen, Hände und Haare genannt. Weiter gaben Frauen an, daß es ihnen am liebsten ist, wenn der Mann ein Stück größer ist als sie, und daß er schlank sein muß. Wie sieht nun der ideale Mann aus? Groß, schlank, mit schmalen Oberschenkeln, schönen Augen und nicht zu vielen Muskeln. Über die Behaarung gehen die Meinungen auseinander, während Form oder Länge des Penis nichts zur Sache tut.

Nicht schön für all diese Männer, die schon Jahre trainieren, um ihren Körper mit beeindruckenden Muskeln zu versehen, und stolz auf ihr mächtiges Geschlechtsteil sind.

Unsere Gesellschaft ist voll von Idealen. Und die meisten Menschen versuchen andauernd ihr Bestes, um in die Nähe eines solchen Idealbildes zu kommen und dadurch bei den anderen Anklang zu finden. Es wird ein bißchen getrimmt und Fahrrad gefahren und abgenommen. Leider, leider, es gelingt nur den Wenigsten, an ihr Idealbild heranzukommen. Das läßt nicht jeder auf sich beruhen. Also wird noch mehr getrimmt, noch mehr Fahrrad gefahren und wieder mal eine neue Diät ausprobiert. Bis zum Ermüden.

Dennoch gibt es auch Menschen, die durchaus zufrieden mit sich sind. Auch wenn sie ganz genau wissen, daß sie nicht perfekt sind. Und die meisten Menschen sind durchaus zufrieden mit ihrem Partner, auch wenn vielleicht nicht alle Teile und Fortsätze etwas taugen.

Ist das Äußerliche nun wichtig oder nicht? Für die meisten

schon, mehr oder weniger. Nur eine Frau sagte folgendes: »Das, was einen Menschen ausmacht, kommt von innen. Du kannst wunderschön sein, aber wenn keine inneren Werte da sind...« Schön gesagt, obwohl das von einer Frau gesagt wurde, die sich über ihr Äußeres wirklich keine Sorgen machen mußte.

Ich bin verrückt nach seiner Brustbehaarung

Ineke (29) findet ihr Äußeres nicht sehr wichtig: »Ich schminke mich zum Beispiel nicht oft. Obwohl ich mich für die Arbeit wohl zurechtmache. Ich finde es wichtig, daß ich mich in meinem Körper wohlfühle. Ich muß keine Diät machen, das ist ganz angenehm. Mit meinen Haaren bin ich nicht zufrieden, sie könnten dicker sein. Ansonsten finde ich mich ein bißchen gewöhnlich. Über meine Figur bin ich froh. Ich habe früher Sport gemacht, und das sieht man noch.«

Über das Aussehen ihres Partners: »Er ist ein gutaussehender Mann. Er hat wunderschöne Haare und ist sehr charmant. Wir sind etwas gegensätzlich: Er steht auf tolle Kleidung, und darin bin ich viel legerer. Seine ganze Erscheinung ist schön. Und wo ich total verrückt bin, ist nach seiner Brustbehaarung. Seine Nase ist nicht so schön, die ist viel zu groß. Und er hat schlechte Zähne, das ist schade.«

Wippende Titten unter einem engen T-Shirt

Olle (29): »Wie wichtig ist das Äußerliche... da fragst du mich was. Ich schaue mir gerne eine schöne sexy Frau an, und ich bekomme echt einen Steifen, wenn ich auf der Straße ein Mädchen mit wippenden Titten unter einem engen T-Shirt gehen sehe. Dann denke ich sofort: Meine Güte, so was würde ich auch gerne mal in meinem Bett finden... Ja, ich gucke zuerst auf die Brüste, vielleicht auch, weil ich es so unendlich schön finde, sie zu berühren...

Aber es ist Blödsinn, dem Äußerlichen eine so hohe Priorität zu geben. Nicole ist zufällig eine schöne Frau, zumindest finde ich das. Nicht so sehr ein sexy Typ, wo jeder Mann verrückt nach ist. Aber sie hat einen verdammt tollen Körper, und das weiß sie auch. Ich finde es immer eine Sünde, wenn ich eine Frau mit einer Frisur sehe, wodurch sie aussieht wie ein Mann. Wenn sie dann auch noch so eine schrecklich formlose Bollerhose anhat, braucht sie mir schon nicht mehr ankommen. Ich bin vielleicht ein sehr alternativer Hausmann, aber im Betrachten von weiblicher Schönheit bin ich altmodisch. Ich gucke gerne.«

Ich ziehe mich schon mal sexy an, um ihn zu verführen

»Ja, das Äußerliche finde ich schon wichtig«, sagt José (32). »Denn dein Aussehen ist das Spiegelbild von dem, wie es drinnen bei dir aussieht. Man muß sich selbst so ernst nehmen, daß es einem die Mühe wert ist, sich schön zu machen. Was ich an ihm schön finde… Seine Muskeln, er hat wirklich schöne Muskeln. Seine Bewegungen sind schön. Er kleidet sich anständig. Er widmet meiner Kleidung allerdings mehr Aufmerksamkeit als seiner. Er sollte doch etwas mehr auf sich selbst achten. Er zieht sich nur bewußt an, wenn er irgendwo hingeht, während ich denke: An einem Freitagnachmittag darfst du auch mal gut aussehen.«

Gibt es noch mehr, was du an ihm anziehend findest?

»Seine Hände. Er hat sehr lange Finger. Und seine Fingernägel. Er hat viel Energie in seinen Händen. Sieh' mal, wenn ich das Feuerzeug nehme, ist das nicht interessant für dich.«

Sie nimmt das Feuerzeug und reicht es mir ohne Schnörkel. »Aber bei ihm sieht es interessant aus. Er achtet auf alle seine Bewegungen.«

Sie reicht mir jetzt das Feuerzeug, wie er das macht. Fast tigerartig, schwül, mit einer schleichenden Bewegung.

»Früher bewegte er sich ein bißchen wie ein Schwarzer, schwingend, aber das macht er jetzt nicht mehr. Eigentlich sieht er normal aus. Unauffällig. Normale Größe, nicht sehr feingliedrig gebaut, aber auch nicht grob. Nur sollte er seine Haare sorgfältiger pflegen. Morgens fährt er ein paarmal mit seinen Händen durch, dann sitzt es super, aber den Rest vom Tag tut er nichts mehr dran, und dann sieht es immer weniger schön aus.«

Bist du zufrieden mit deinem eigenen Äußeren?

»Ja, echt. Mit meiner Figur bin ich zufrieden, und was meine Kleidung betrifft, ich trage verschiedene Richtungen, von superchic bis Männerkleidung. Aber auch Jeans und T-Shirt. Es hängt von der Stimmung ab und davon, wo man hingeht. Ich möchte immer gut aussehen. Es liegt mir nicht, das lässig zu sehen. Ich ziehe mich auch schon mal extra sexy an, um ihn zu verführen. Diese Sachen kaufen wir auch zusammen ein. Einen Body zum Beispiel, oder ein Torselette, so ein enges Ding mit Strapsen und Strümpfen. Das machen wir aber im Schlafzimmer, damit setze ich mich nicht ins Wohnzimmer.«

Er sagt: Du bist innerlich schön

Thera (26): »Ich kann ganz verschieden aussehen. Ich laufe in einem Mantel herum, in dem ich schon Jahre herumlaufe; ich kann auch den ganzen Tag in Jogginghose und Pulli und verwuselten Haaren rumlaufen. Nur wenn ich ausgehe, dann ziehe ich mich schön an. Meine Figur ist wohl ein Problem.

Ich hatte immer schreckliche Minderwertigkeitskomplexe, weil ich zu dick war. Jetzt bin ich soweit, daß ich zwar ab und zu einen Rückfall habe und mich selbst dick und fett finde, aber ich kann das immer mehr akzeptieren. Dabei hat er mir viel geholfen. Er hat mich ganz sachlich auf meine guten Seiten hingewiesen. Er sagt: ›Du bist innerlich schön.‹ Was ich wohl an mir mag, sind meine Haare. Ich habe auch nirgendwo häßliche Fettquaddeln, es ist alles schön fest, auch wenn ich zu dick bin. Und meine Augen sind schön.«

Und wie ist es mit seinem Äußerlichen?

»Er ist schön, hübsch, sehr dunkel und schlank. Er hat regelmäßige Gesichtszüge. Seine Augen sind sehr schön und seine Augenbrauen auch. Er ist nicht einer, bei dem man sagen würde: Oh, was ein schrecklich schöner Kerl. Aber er ist schon sehr schön. Er hat nur entsetzlich lange Arme, und das ist lästig, wenn man Hemden kauft. Seine Zähne sind nicht so toll, aber das läßt er jetzt in Ordnung bringen. Er hat nach Jahren seine Angst vorm Zahnarzt überwunden.«

Bei einem hübschen Mädchen hat man mehr Chancen

Reinier (44): »Das Äußerliche ist sehr wichtig. Für mich muß eine Frau schlank sein, am liebsten mager. Große Brüste darf sie haben, die können eigentlich nicht groß genug sein...

Ich würde übrigens nie eine Beziehung mit einer häßlichen Frau anfangen. Denn so eine Vogelscheuche muß man mindestens sechs Wochen lang von der Tatsache überzeugen, daß man sie liebt. Das Äußerliche sitzt nämlich auch innendrin. Wußtest du übrigens, daß sehr schöne Frauen es echt nicht leicht haben? Jeder denkt, daß so eine Schönheit an jedem Finger zehn Männer hat, aber das Gegenteil ist der Fall. Männer lassen so eine tolle Frau aus Angst, eine Absage zu bekommen, lieber links liegen. Also Männer, merkt es euch, bei einer schönen Frau hat man mehr Chancen!«

Mich für einen Mann schön machen, das wollte ich nicht

Adèle (35) findet bei Männern das Äußerliche sehr wichtig.

Trotzdem: Es hängt davon ab, was sie von jemandem will. »Das Äußerliche des Milchmannes ist nicht wichtig, das von meinem Partner aber wohl. Für mich muß ein Mann jungenhaft aussehen. Für meinen Sohn gibt es Jungen und Männer, und das hat nichts mit dem Alter zu tun. Ansonsten existieren bei mir diese schrecklichen Klischees: Er muß größer sein als ich, und stärker. Ich muß zu ihm aufsehen können, im wörtlichen und im übertragenen Sinne. Er darf nicht dick sein. Aber auch nicht superschlank. Muskulös muß er auch nicht sein. Ich finde seinen Kopf wichtiger. Seine Augen. Und seine Hände. Ich mag ganz sicher keine kurzgeschnittenen Haare. Man muß mit den Händen durchfahren können. Was ich auch schön finde, ist, wenn sie unrasiert sind, wenn sie sich ein paar Tage nicht rasiert haben. Brustbehaarung muß nicht sein, das mag ich nicht, das finde ich nicht anziehend. Aber Arme und Beine dürfen wohl behaart sein. Ach, es ist relativ. Wenn mich jemand total umhaut, dann kümmert mich seine Brustbehaarung auch nicht. Ich habe auch lieber einen Typ in Jeans und T-Shirt als einen im Anzug. Gib' mir mal den unkonventionellen Typ. Ich hatte noch nie einen Freund mit einem Job von neun bis fünf. Eigentlich verrückt.«

Ihr eigenes Äußeres beurteilt sie immer wieder anders, sagt sie. »Ich bin manchmal sehr zufrieden mit mir selbst. Es hängt von meiner Stimmung ab. Nach meiner Scheidung fand ich mein Äußeres entsetzlich unwichtig. Ich habe in dieser Zeit viel getrunken, wenig gegessen, nur das Verrückte war, daß ich damals oft zu hören bekam, wie gut ich aussah. Ich selbst fand das überhaupt nicht. Seitdem ich wieder einen Freund habe, finde ich es wichtiger, gut auszusehen. Früher fand ich das sexistisch.«

Wieso?

»Nun, es ging damals um die inneren Werte. Mich für einen Mann schön machen, das wollte ich nicht. Jetzt schon. Und es macht mir auch Spaß. Schön an mir finde ich meine Augen, meine Brüste und meine Beine. Ich habe nicht die schönsten Schenkel der Welt, aber ich bin durchaus zufrieden. Ich bin wohl schon mal zu dick, aber das ist schnell wieder runter. Ich habe einen schrecklichen Horror vor Diäten. Ich trinke und nasche dann einfach etwas weniger.«

Ich finde eine wahnsinnig schöne Frau nicht anziehend

Daan (43): »Ich finde, das Äußere ist von essentieller Wichtigkeit, ohne dabei den Unterschied zwischen schön oder häßlich zu machen. Jemand hat es oder hat es nicht. Die Unterschiede, warum es einer hat und der andere nicht, können weit auseinander liegen. Im allgemeinen finde ich eine wahnsinnig schöne Frau nicht anziehend, aber eine sehr häßliche Frau auch nicht. Unheimlich schön oder unheimlich häßlich sind zwei Extreme, die in einer Beziehung zu Problemen führen können. Menschen werden nämlich auch innerlich durch ihr Äußeres geformt; Ausnahmen natürlich ausgenommen. Sinnlichkeit finde ich bei meinem Partner sehr wichtig. Ihre Motorik muß viel Sinnlichkeit haben. Darunter verstehe ich, daß sie durch ihr Äußerliches und durch ihre Bewegungen eine gewisse Erregung in mir wachruft. Das ist die Anziehungskraft.«

Ich stehe auch nicht da und bewundere mich

Sandra (43): »So wichtig ist das Äußerliche doch nicht, oder? Ich finde die inneren Werte wichtiger. Wir sehen beide gut aus, und wir pflegen uns gut, aber richtig schön ist keiner von uns beiden. Was soll's? Wir fühlen uns wohl in unserer Haut und sind glücklich zusammen, und darum geht's. Was ich an ihm nicht mag, ist, wenn er seine Brille absetzt. Dann hat er solche Abdrücke an beiden Seiten seiner Nase. Ansonsten finde ich, daß er gut aussieht. Vielleicht ein bißchen zu zusammengefallen und etwas zu dünne Oberarme. Ich finde an mir wenig wirklich schön, aber auch nicht unbedingt häßlich.

Wenn ich nackt vor dem Spiegel stehe, dann bekomme ich keinen Schreck, aber ich stehe auch nicht da und bewundere mich. Ich schäme mich nicht für mich, ich gehe auch seit einiger Zeit in die Sauna und manchmal auch zum Nacktbadestrand.«

Seine Oberschenkel sind im Vergleich zum Rest zu dünn

Judith (24): »Ich finde das Äußerliche nicht so wichtig. Ich halte wohl viel von schöner Kleidung, und ich mache mich auch immer zurecht, und am Wochenende ziehe ich mich auch schöner an als während der Woche, aber ich mache kein Showmodell aus mir. An ihm finde ich schön, daß er einen Bart trägt: Er hat ein Muttermal auf seiner Oberlippe, und das sieht man so nicht mehr. Ach, das Äußerliche. Ich habe lieber jemanden, der ehrlich ist und nicht so schön, als jemanden, der gut aussieht und dem man nicht vertrauen kann. Ich bin froh, daß er größer ist als ich. Er hat eine männliche Figur. Von diesen mageren, kleinen Jüngelchen halte ich nichts. Er hat herrlich breite Schultern. Nur seine Oberschenkel sind nicht so ganz toll, sie sind im Vergleich zum Rest zu dünn.«

Was findest du an dir selbst schön?

»Meine Größe. Den Rest nicht so. Bei mir sieht man noch die Spuren der Schwangerschaft, mein Bauch hängt bis auf meine Knie, und ich habe Schwangerschaftsstreifen. Am liebsten würde ich an mir etwas verändern. Ich würde obenrum gerne mehr haben und schönere, längere Haare. Naja, das geht wohl nicht, oder? Aber er findet mich okay so, sagt er oft. Tja.«

Ein Mann muß spannend für mich sein

Teun (40): »Ich hasse Schnurrbärte. Ich habe irgendwann mal gesagt, wenn ich über die Welt zu bestimmen hätte, würde ich alle Schnurrbärte verbieten. Tja, wie wichtig ist das Äußerliche? Für mich muß ein Mann nicht perfekt aussehen. Von schönen *Viva*- oder *Avenue*-Männern halte ich nichts.

Die interessieren mich echt überhaupt nicht. Von diesen aufgeblasenen Sportcentertypen gerate ich auch nicht in Aufruhr. Wenn ich zwischen Gerard Joling und Jack Spijkerman wählen müßte, ich würde Jack Spijkerman wählen. Wenn ich zwischen Van de Broek und Lubbers wählen müßte, dann gib' mir mal den Lubbers. Tja, mein Gott, welche Männer finde ich anziehend? Ich finde kahlgeschorene Köpfe, Tätowierungen, Jeans, Lederjacken und einen Riß in der Hose schon aufregend. Für mich ist es auch aufreizend, wenn ein Mann sich so kleidet, daß ein Teil theoretisch nicht zum Rest paßt, bei ihm das aber das besondere Etwas ausmacht. Das können zum Beispiel zwei verschieden farbige Socken sein oder sogar veschiedene Schuhe. Ein Mann muß für mich spannend sein. Wenn ich auf einen Mann aus bin, habe ich meistens schon ein Bild im Kopf. Ach was soll's, das, was man sucht, gibt's nicht immer auf Vorrat.

Ich finde es nicht schlimm, daß ich nicht schön bin

Gerdina (32) urteilt nicht besonders nach dem Äußeren, sagt sie. »Ich achte wohl auf die Augen. Nicht auf die Augenfarbe, sondern wie jemand guckt: Ich habe gerne Augenkontakt mit Menschen.«

Darüber, wie ihr Partner aussieht: »Ich finde wohl, daß er gut aussieht, nur wichtig finde ich das nicht. Schön sind vor allem seine Augen und sein Körperbau. Wo ich zu Beginn voll drauf stand, waren seine Augen und seine unheimlich großen Hände. Überhaupt schaue ich mir gerne Hände an. An ihnen kann man zum Beispiel sehen, was für eine Arbeit jemand macht. Er hat schöne breite Schultern und ein breites Kreuz, hinter dem man sich verstecken kann.«

Was sie von sich selbst hält: »Ich bin nicht schön. Ich könnte noch nicht mal behaupten, ich hätte schöne Augen, ich finde wirklich nichts an mir schön. Ich sehe zwar jetzt besser aus als früher; ich habe keine Zahnspange, kein strähniges Haar mehr und auch nicht mehr solche Storchenbeine. Und ich bin selbstsicherer geworden, das macht auch was aus. Aber ich finde es auch nicht schlimm, daß ich nicht hübsch bin. Ich weiß, daß er mich schön findet, und das allein zählt. Er findet alles schön an mir. Manchmal habe ich schon daran gezweifelt. Ich muß es immer wieder hören, das brauche ich. Ich muß mich selbst nicht schön finden, Hauptsache, er findet es.«

Er hat eine Glatze, das gibt ihm etwas Besonderes

Maria (27) findet das Äußerliche nicht so furchtbar wichtig.

»Wir möchten wohl beide gepflegt aussehen, aber wir brauchen keinen schrecklich schönen Partner. Ich möchte einen lieben Mann haben, das ist wichtiger. Er ist ziemlich behaart, und das finde ich echt männlich. Er hat eine Glatze, das gibt ihm etwas Besonderes. Was er an mir schön findet? Keine Ahnung; dazu äußert er sich nicht, und ich frage auch nicht danach, denn ich bekomme doch keine Antwort. Für ihn bin ich wohl eine tolle Frau, glaube ich, denn so redet er.«

Daß ich mir da sexuell etwas bei vorstellen kann

Bob (25): »Blond, lange Beine, strammer Hintern, große Titten. Nein, das ist so ein bißchen das klischeehafte Ideal jeden Mannes. Was das Äußere betrifft, stehe ich vor allem auf Frauen mit Sexappeal.«

Was verstehst du darunter?

»Wenn eine Frau in meinen Augen Sexappeal hat, heißt das, daß ich mir da sexuell etwas bei vorstellen kann, wenn ich sie zum ersten Mal sehe. Ohne Anstrengung.«

Darf sie größer sein als du?

»Lieber nicht. Es ist wohl sehr machohaft, wenn man eine kleinere Frau haben möchte... Es hat wohl etwas damit zu tun, daß man als Mann für eine Frau halt irgendwie sorgen möchte.«

Ich kann keine Stehaufmännchen ausstehen

Jurriaan (38): »Wie eine Frau aussieht, finde ich sehr wichtig. Auf häßliche Frauen fahre ich nicht ab. Ich liebe Frauen, die schlank sind, am liebsten etwas kleiner als ich, so ein Macho bin ich schon. Sie muß gute Proportionen haben, ich kann keine Stehaufmännchen ausstehen: Unten dick, oben dünn. Umgekehrt übrigens auch nicht.«

Wenn du deine Partnerin heute noch mal neu treffen würdest, würde sie dir dann wieder ins Auge fallen?

»Ja, das glaube ich schon. Es gibt immer noch Momente, wenn sie auf mich zukommt, daß ich dann denke: Mann, was für eine Frau. Schon toll, wenn es sich dann um deine eigene Frau handelt.«

Ich denke manchmal: Um Himmels willen, ich bin viel zu dick

Linda (37) hat festgestellt, daß das Äußerliche einen Menschen auch täuschen kann. Als sie und ihr Mann sich zum ersten Mal sahen, schätzte er sie viel zu jung ein und traute sich nicht, sie zu fragen, ob sie mit ihm ausginge. Der vermeintliche Altersunterschied war ihm zu groß.

Linda: »Aber als er dann hörte, daß wir ungefähr gleichalt waren, bat er mich sofort, mit ihm auszugehen.»

Über sein und ihr Äußerliches: »Er könnte ein bißchen größer sein. Er ist grad mal einen Zentimeter größer als ich. Er findet, daß ich ein bißchen mehr auf meine Figur achten müßte. Aber ich bin im Moment schwanger, also mal abwarten. Ich denke nur manchmal: Um Himmels willen, ich bin viel zu dick, aber in zwei Monaten entbinde ich, also... Ansonsten sind wir zufrieden mit uns, und ich bin auch zufrieden mit mir selbst. Ich finde ihn anziehend. Nach einem Fest bin ich immer wieder froh, daß ich wieder mit ihm nach Hause gehen kann. Er ist liebenswürdig, dunkel und zärtlich. So bin ich nicht immer. Er möchte schon, daß ich reizend und sanft bin, aber naja, ich habe meine eigene Meinung, und die sage ich auch immer. Er möchte immer, daß ich Röcke trage. Er findet das fraulich. Auch wieder dieses Reizende und Zärtliche.«

Erst in zweiter Instanz achte ich auf das Äußerliche

Leonie (36): »Tja, wo treffe ich Männer? In der Kneipe. Dann gehe ich meistens vom ersten Eindruck aus. Damit meine ich nicht, wie ein Mann gebaut ist oder so, darauf achte ich nicht so besonders, es geht mehr um die Ausstrahlung. Wenn ein Mann eine besondere Ausstrahlung hat, braucht er nicht unbedingt gut auszusehen, um meine Aufmerksamkeit zu erregen. Erst in zweiter Instanz achte ich auf das Äußerliche. Ich liebe Männer mit dunkelbraunen Augen und dunklen Haaren. Aber auch nicht immer: Mein Ex war zum Beispiel blond und hatte blaue Augen.

Ich mag es auch, wenn er lange Finger hat. Nicht diese

Wurstfinger. Und Männer müssen groß und schlank sein; wenn ich etwas ekelhaft finde, dann sind es dicke Männer. Am besten haben sie auch einen flachen Bauch und einen jungenhaften Hintern. Bodybuildertypen kann ich überhaupt nicht leiden. Das finde ich idiotisch. Lächerlich zum Ansehen. Ich finde es auch herrlich, wenn Männer ordentlich behaart sind, aber dann sollten sie auch ein bißchen braun sein, sonst finde ich es nicht überall so schön. Viele Haare auf blassen Oberschenkeln zum Beispiel, daß ist nicht gerade der Gipfel an Ästhetik.«

Was hältst du von deinem eigenen Aussehen?

»Vor allem bin ich froh, daß ich viel jünger aussehe, als ich bin. Darauf bin ich wirklich stolz. Es ist nicht so, daß ich dafür etwas tue, es ist eben so. Ich bin nicht jemand, der wahllos mit den verschiedensten Cremes herumhantiert, das ist nichts für mich. Ich pflege mich mit Sorgfalt, das schon. Wenn ich ausgehe, will ich ziemlich flott aussehen. Ich bin auch nicht mit allem zufrieden. Ich finde, meine Nase ist etwas zu groß. Außerdem habe ich zu kleine Brüste, obwohl die Männer oft sagen, daß sie überhaupt nicht so klein sind. Manchmal muß ich auch abnehmen, um mein Bäuchlein wegzukriegen, aber das kostet mich nicht so viel Mühe. Worüber ich mir wirklich Sorgen mache, ist, daß ich später, wenn ich mal über vierzig bin, eine Brille brauche. Ich trage jetzt noch Kontaktlinsen, aber meine Augen sind so schlecht, daß ich bestimmt nicht mehr lange ohne Brille auskommen werde. Darüber habe ich jetzt schon Alpträume. Ich bin weitsichtig, und dann hat man nämlich furchtbar große Augen hinter den Gläsern.«

Ein paar Jahre älter finde ich auch nicht schlimm

Bernhard (39): »Ich kann eigentlich nicht genau sagen, wie wichtig das Äußerliche ist. Wohl, daß es wichtig ist. Sie wird natürlich auch älter, aber sie sieht einfach noch immer fantastisch aus. Da habe ich echtes Glück mit. Ich kann mir wohl schon vorstellen, wie sie mal aussehen wird, wenn sie siebzig ist. So ungefähr zwischen Mary Dresselhuys und Katherine Hepburn. Ich hoffe, daß dann nicht alles schlaff herunterhängt, das fände ich nicht so schön. Auf junge Mädchen stehe ich bestimmt nicht mehr. Sie müssen mindestens doch schon fünfundzwanzig sein. Sonst sind sie mir zu jung, zu dumm, zu uninteressant und haben zu wenig Lebenserfahrung. Für mich sind die Frauen am interessantesten, wenn sie um die fünfundreißig sind. Ein paar Jahre älter finde ich auch nicht schlimm. Obwohl, das kann man natürlich nie mit Sicherheit sagen. Wie auch immer, ich kann nur mit jemandem schlafen, den ich nicht nur anziehend, sondern auch wirklich nett und reizend finde. Nicht nur Sex, um des Sex willens. Ich verstehe auch nicht die Männer, die zu Nutten gehen.

Was ich wohl oft mache, ist die Straße langzugehen und zu ›shoppen‹. Ich beobachte Frauen und versuche einzuschätzen, ›wie sie es machen‹ und ›wie oft sie es machen‹. Das ist einfach ein nettes Spielchen. Nur, wie wichtig das Äußerliche ist... Nein, dazu kann ich nichts Allgemeines sagen.«

Ich finde es furchtbar, daß er kahl wird

Rita (29): »Mein oder sein Äußeres interessieren ihn überhaupt nicht. Er sagt immer, daß er mich liebt, so wie ich bin. Nur wenn ich etwas Neues anhabe oder mich anders zurechtmache, sagt er manchmal: ›Hey, was siehst du hübsch aus.‹

Für mich ist das Äußerliche sehr wichtig. Ich finde es furchtbar, daß er kahl wird. Er macht da keine Affäre von, aber ich denke: Verdammt nochmal. Schön finde ich seine Figur. Er ist nicht zu muskulös, aber sieht trotzdem stark aus. Und seine Augen... Er strahlt etwas aus. Nicht so schön finde ich die Narbe an seinem Kinn. Er ist während eines Radrennens mal gestürzt. An mir selbst finde ich meine Augen schön. Wenn ich in den Spiegel schaue, gucke ich immer nach meinen Augen, ob sie etwas ausstrahlen, ob da Leben drin ist. Meine Figur finde ich auch in Ordnung, ich bin schön schlank. Nur meine Brüste, das sind nach zwei Schwangerschaften nur noch Hautlappen. Das finde ich ziemlich schlimm; ich war früher echt stolz darauf, und jetzt überhaupt nicht mehr. Und mein Bauchnabel: Ich hatte früher einen Nabelbruch, und das kann man noch gut sehen. Deshalb trage ich oft einen Badeanzug und keinen Bikini.«

Es gibt Männer, die große Titten geradezu großartig finden

Arnold (41): »Ich gucke immer zuerst auf das Gesicht. Wenn mir das nicht gefällt, ist der Rest auch uninteressant. Ich liebe kleine, feingeschnittene Gesichter, einfach, daß sie ein hübsches Köpfchen hat. Danach kommen Beine und Busen.

Ich bin sicher kein Liebhaber von großen Brüsten. Große Brüste sagen mir nichts. Ich hatte wohl mal eine Freundin mit solchen Titten, und im Sommer sieht man dann, wie sie darunter schwitzt. Nein, daran finde ich nichts fraulisches. Es gibt Männer, die große Titten geradezu großartig finden, also ich nicht. Von mir aus dürfen sie klein sein. Beine sind nicht so wichtig, aber wenn sie schön sind, um so besser. Was das angeht, hat meine Freundin alles, was sie haben muß.«

Einen String-Tanga finde ich auch sehr aufregend

Joost (39): »Der Typ Frau, den ich toll finde, ist fröhlich, temperamentvoll und aufgeschlossen. Ein bißchen ein Donnerkeil. Einen Kopf kleiner als ich. Ich liebe schöne, lange Beine. Sie darf auch ruhig ein bißchen deftig sein, aber nicht dick.

Ein bißchen pralle Oberschenkel, nicht zu prall, aber schön runde stramme Titten, die nicht allzu groß sind.

Ich sehe es gerne, wenn ihre Brüste sich ein bißchen wiegen, wenn sie geht. Ihre Oberschenkel dürfen nicht zu mager, aber auch nicht zu dick sein. Wenn sie ihre Oberschenkel zusammenhält, möchte ich einen dünnen Streifen Licht durchscheinen sehen. Sie hat ein paar gutgeformte, kräftige Waden. Ich liebe es, einer Frau tief in die Augen zu sehen und dort einen sinnlichen Blick zu finden. Sozusagen eine permanente Form von Geilheit, die natürlich nur mir gilt. Ich finde ein Lachen oder ein Lächeln in ihrem Gesicht herrlich entwaffnend. Im allgemeinen stehe ich mehr auf Frauen mit dunklen, lockigen Haaren, als auf Blonde. Obwohl ich auch blond nicht verachte; meine Freundin ist blond. Sie sollte schöne Kleider tragen. Während der Woche hat sie eine tolle verschlissene Jeans an, in der ihre Oberschenkel gut zur Geltung kommen, und ein enges T-Shirt. Keinen BH darunter. Das ist für mich einfache Kleidung, womit man überall hingehen kann. Außerdem bin ich verrückt nach hauchdünnen Sommerkleidern, worunter sie nichts anderes trägt als nur ihren Slip. Was ich auch sehr hübsch finde, ist ein kurzes Röckchen, wodurch ihre Beine gut zur Geltung kommen. Strumpfhosen bitte ohne Naht, denn ich kann es zum Tode nicht ausstehen, wenn ich ihre Beine streichele und fühle dann so eine Naht. Lieber auch keine Strapse, denn die erinnern mich an schluderige Bremsseile an einem Fahrrad mit Handbremsen. Ich kann natürlich nicht verlangen, daß sie immer ohne Slip unter ihrem Rock herumläuft, aber einen String-Tanga finde ich auch sehr aufregend, vorausgesetzt natürlich, daß er nur für mich bestimmt ist. Nur, sobald sie mit meinen Privilegien andere Männer herausfordert, werde ich eifersüchtig. In diesem Fall hat das ganze Spielchen, was es ja eigentlich ist, keinen Wert mehr. Sie ist sehr subtil aufgemacht, mit einem

Hauch Seifenduft, aber ganz bestimmt nicht gehüllt in eine schwere Parfumwolke, und Nagellack braucht sie meinetwegen auch keinen. Ich liebe schlanke, nicht zu große Hände. Ansonsten ist es für mich ganz bestimmt wichtig, daß sie weiß, wer der Ministerpräsident unseres Landes ist, also sollte sie nicht nur *Cosmopolitan* und *Donald Duck* lesen. Ich finde es angenehm, wenn sie auch mal ein Bierchen mittrinkt und nicht herumnörgelt, wie ungesund Rauchen ist.«

Er hat eine prominente Nase, sagen wir es mal so

»Wenn man irgendwo hingeht, versucht man, so gut wie möglich auszusehen. Ansonsten sind wir beide ziemlich leger.«

Mariette (34) braucht sich auch nicht speziell für ihren Partner zurechtzumachen. »Ich mag mich nicht so aufdonnern, und er selbst kann es zum Tode nicht ausstehen. Er hat mich am liebsten pur Natur. Ich bin verliebt in seine Augen. Er hat einen schönen Körper, er ist schlank; er ist ein hübscher Kerl, ich schaue ihn so gerne an. Am liebsten in seine Augen. Er hat einen herrlichen Po. Er sieht auch jünger aus, als er ist. Kürzlich hörte ich, wie zwei sechzehn, siebzehnjährige Mädchen leise ihre Mutter fragten, wie alt der Typ wohl sein würde. Ich hatte meinen Spaß dabei, denn mein Mann ist sechsunddreißig. Was ich nicht schön an ihm finde? Naja, alles gehört zu ihm. Ich könnte zwar sagen, daß ich seine Nase nicht schön finde, aber ohne diese Nase würde er nicht er sein. Er hat eine prominente Nase, sagen wir das mal so. Aber ehrlich, ich denke manchmal: Womit habe ich so einen tollen Kerl verdient? Wenn ich nackt vor dem Spiegel stehe, dann bin ich nicht so zufrieden mit mir. Naja, er liebt mich. Ich möchte nicht behaupten, daß er keine schöneren Körper sieht als meinen, aber er will keine andere. Noch immer nicht. Ich möchte wohl wieder abnehmen, aber das ist für mich ein Lebenswerk. Es gelingt mir nie richtig.«

Wenn es nur fraulich ist

Karel (19): »Ich gucke auf die Beine... Ich könnte zwar nicht sagen, wie die aussehen sollen, ich erkenne eben nur, was ich schön finde. Und die Hände, da achte ich drauf. Ich mag keine abgeknabberten Fingernägel oder zu große Hände, aber eigentlich... Ja, wie nennt man das denn – frauliche Hände. Und was den Körperbau betrifft....« – er geht in Gedanken alle seine Freundinnen durch – »ich habe noch nie auf dicke Frauen gestanden. Schlank. Eigentlich finde ich mich selbst schon altmodisch, wenn es nur fraulich ist.«

Das Äußerliche kommt direkt danach

Louis (34): »Ich stehe auf dunkle Typen. Dunkle Haut, dunkle Haare, dunkle Augen. Sie darf ein bißchen mollig sein, aber nicht fett. Große kräftige Brüste... Ich bin wohl besonders originell, was? An erster Stelle finde ich aber wichtig, daß sie nett, ehrlich und vertrauenswürdig ist. Das Äußerliche kommt direkt danach. Aber das heißt nicht, daß es nicht wichtig ist. Ich glaube nicht, daß ich sie so lieben würde, wie ich sie jetzt liebe, wenn sie nicht so anziehend wäre.

Es hat doch eine wesentliche Bedeutung. Ich finde, sie ist eine Schönheit. Wenn ich nur ihre Hände anschaue, verliebe ich mich sofort wieder über beide Ohren. So schöne Tätzchen hat sie.«

Es ist seltsam, ich habe die meisten Chancen, wenn ich nicht gut aussehe

»Ich finde das Äußerliche schon wichtig«, sagt Thea (25).

»Irgendwie seltsam, denn es geht natürlich nicht nur um das Äußere. Aber es ist eben das erste, was man sieht, und das ist wichtig. Darauf basiert meine Wahl. Ich beurteile einen Mann zuerst nach dem Äußeren, und dann sieht man manchmal sofort, daß es ein Fehler ist, daß er unehrlich ist oder so.

Jemand mit einer tollen Ausstrahlung ist dann direkt im Vorteil. Schaut jemand schon nicht ehrlich, dann gehe ich davon aus, daß er auch nicht ehrlich ist, auch wenn das natürlich nicht so sein muß.«

Auf was für Äußerlichkeiten achtest du?

»Für mich sind die Augen sehr wichtig. Und die Kleidung. Ein schöner Kopf, jemand der lacht, sorglos erscheint, nicht allzu ernst ist. Das sieht man an allem. Der ideale Mann... er muß schwarzes Haar haben, braune Augen und muß muskulös sein. Er muß Brusthaare haben. Eine nette Ausstrahlung. Lange schwarze Wimpern. Er darf ganz sicher nicht dick sein, das mag ich überhaupt nicht. Er muß sauber sein, gut riechen, und seine Haare müssen gut liegen. Ich finde es süß, wenn er mit Gel und Fön beschäftigt ist. Aber nicht, wenn er mit Augenbrauenstift und sowas anfängt, das geht mir zu weit.«

Wie wichtig ist für dich dein eigenes Äußeres?

»Außerordentlich wichtig. Ich sitze zwar hier jetzt ungeschminkt herum, ich bin gerade aus meinem Bett gekommen. Das finde ich doch nicht so gut. Wenn ich weiß, ich bin geschminkt und zurechtgemacht, fühle ich mich besser. Aber irgendwie seltsam, ich habe die meisten Chancen, wenn ich nicht so gut aussehe.«

Womit bist du wirklich zufrieden?

»Mit meinen Augen; man sagt, daß ich schöne Augen habe. Ich bin nicht besonders glücklich mit meinem Äußeren. Ich finde wohl meine Haare schön, auch wenn sie immer verfilzen. Außerdem bin ich froh, daß ich groß bin. Und froh, daß ich normale Brüste habe, und keine merkwürdigen Abweichungen. Ich bin aber mit einigen Kleinigkeiten nicht zufrieden: Daß ich ein Muttermal auf der Wange habe, daß ich behaarte Beine habe. Naja, die Haare kann man abrasieren. Aber im allgemeinen bin ich ziemlich selbstsicher. Wenn ich in die Disco komme, dann kann ich immer jemanden aufreißen. Ich bin vielleicht nicht die Frau der Frauen, aber auch nicht das häßlichste Monster auf Erden.«

Ich bin selbst eine Art Schmetterling

Willem (34): »Das erste, worauf ich achte, sind die Schuhe.

Ansonsten spielt natürlich schon ein Schönheitsaspekt mit. Ich glaube, daß ich auf Männer stehe, die etwas Konstruktives an sich haben. Ich drücke es mal so aus: Ich fühle mich durch klassische Männer angezogen. Was sowohl das Äußerliche, als auch das Innerliche betrifft. Nur, die längste Beziehung hatte ich mit jemandem, der das gerade nicht ist. Ohne ihn könnte ich mir mein Leben nicht mehr vorstellen. Vor allem, was das Äußerliche angeht, entspricht er nicht dem klassischen Bild, was das Milieu betrifft, wohl.«

Gehört Niveau auch zum klassischen Mann?

»Ja, das eine braucht das andere nicht auszuschließen. Das ist meine Ambivalenz, woran ich immer wieder untergehe. Ich selbst bin eine Art Schmetterling, und darum glaube ich, daß ich gerade deshalb ein Bedürfnis nach einer soliden Basis habe, als Ausgleich sozusagen.«

Junge Frauen sind selten fesselnde Gesprächspartner

Jouke (70): »Eine jüngere Frau ist vielleicht äußerlich auf ihrem Höhepunkt, aber sie hat noch nicht die Ausstrahlung und Persönlichkeit einer Frau, die älter oder reifer ist.

Junge Frauen sind selten fesselnde Gesprächspartner, einfach deswegen, weil sie noch den ganzen Weg gehen müssen, den man selbst schon gemacht hat. Es ist nicht so, daß ich es nicht schön finde, mich mit jungen Frauen zu unterhalten, ich bin bestimmt interessiert daran, wie sie die Dinge sehen. Aber es ist ganz sicher nicht so, daß ich es mehr mit Frauen meines Alters habe oder auf alle Fälle in der Nähe meines Alters, ›weil ich nichts Besseres mehr kriegen kann‹. Ich finde, wenn es um das Äußerliche geht, ist es sehr wichtig für eine Frau, daß sie sich pflegt.«

Wenn man glücklich ist, dann strahlt man das aus

»Wir pflegen uns, sorgen dafür, daß wir sauber sind, und fühlen uns gut dabei.« Carolien (33) legt des weiteren nicht solchen Wert auf Äußerlichkeiten, obwohl sie sich dabei ertappt, daß sie sich doch ihrer Umgebung anpaßt.

»Wir wohnen in einem Dorf, und hier ist alles noch ziemlich kleinbürgerlich und engstirnig. Ich nehme mir das nicht so zu Herzen, aber ich merke schon, daß ich weniger extreme Kleider trage als damals, als wir noch in der Stadt wohnten. Ich finde es scheinbar doch wichtig, wie ich bei den Leuten ankomme.«

Sie findet es schön, wenn ihr Partner gut aussieht. »Oder wenn eine andere Frau zu ihm sagt: ›Was siehst du toll aus.‹ Es ist doch schön, wenn sie ihn toll finden, oder? Für die anderen gut auszusehen, ja; man muß ja nicht den ganzen Tag aufgedonnert herumlaufen, aber jeder sollte doch ein bißchen auf sich achten.«

Was findest du an ihm schön?

»Seinen Charakter und seine Augen. Er hat sehr tiefe, zärtliche Augen.«

Charakter hat nichts mit dem Äußerlichen zu tun.

»Er hat ein unglaublich großes Gefühl für Gerechtigkeit und ist sehr verantwortungsvoll. Er ist ein Technikfanatiker, aber kann trotzdem sehr gut philosophieren. Eine Diskussion ist für ihn mehr, als nur sein Recht bekommen zu wollen. Wir reden beide gerne über abstrakte Dinge und sagen dann: ›Mein Gott, so hatte ich das auch noch nicht gesehen.‹«

Aber was hat das denn mit dem Äußerlichen zu tun?

»Man ist ein Ganzes und nicht ein paar Oberschenkel

oder eine Nase oder ein Ohr, das nicht gerade ist. Man wächst zusammen, so geht das. Ich denke: Wenn man glücklich ist, strahlt man das auch aus, und das finde ich wahnsinnig schön. Es hat also alles mit dem Äußerlichen zu tun. Als ich schwanger war, fühlte ich mich wahnsinnig schön, und das strahlte ich auch nach allen Seiten aus. Im Moment bin ich auch sehr glücklich. Wir sind zusammen glücklich, und darum sind wir schön. Wenn wir zum Beispiel über die Kinder reden, dann strahlen wir beide vor Freude.«

Sie hat echt so einen knackigen Hintern

Martin (24): »Das Äußerliche ist sehr wichtig. Mein eigenes und das meiner Freundin. Ich finde es angenehm, wenn ich gut aussehe, und ich mag es gerne, wenn sie zu mir sagt, daß ich einfach fantastisch aussehe. Darauf bin ich ziemlich stolz, denn ich bin irre eitel. Worauf ich stehe? Nun, sie ist zufällig genau der Typ, worauf ich stehe. Langes blondes Haar, lebhafte Augen, ein hübsches Gesicht. Sie hat eine gute Figur. Sie selbst ist der Meinung, daß ihre Brüste ruhig etwas kleiner sein könnten, aber ich finde so große Memmen einfach scharf. Da hat man was zum Anpacken, sage ich immer. Und ihren Hintern finde ich erhaben, wenn man das von einem Hintern sagen darf. Sie hat so einen knackigen Hintern.

Der lädt echt zum Hineinkneifen ein. Ich kann ganz verrückt werden, wenn sie eine enge Jeans anhat, worin ihr Hintern gut zur Geltung kommt. Ich gebe gerne mit ihr an. Sie tut immer so, als wenn sie das nicht leiden kann, aber ich bin davon überzeugt, daß sie es im Grunde genommen doch schön findet. Ich weiß auch genau, daß sie mit mir gerne angibt, denn ich kann mich auch sehen lassen. Ein Chippendale höchst persönlich. Guten Morgen.«

So daß man gerade noch den Ritz zwischen ihren Brüsten sehen kann

Kees (38): »Ich stehe auf sexy Frauen mit herrlichen prallen Brüsten, einem flachen Bauch und langen schlanken Beinen.

Außerdem finde ich es angenehm, wenn sie auch Verstand hat. Also nicht so eine schöne Madame, die dir alle Illusionen nimmt, sobald sie ihren Mund aufmacht. Meine Freundin ist genau der Typ, worauf ich stehe. Sie geilt mich enorm auf. Außerdem weiß ich sie auch als Mensch zu schätzen, ihr Äußeres ist also nicht das einzige, aber ich finde es herrlich, mich mit ihr sehen zu lassen, weil sie echt eine tolle Frau ist. Ich finde es auch wahnsinnig toll, wenn sie sich sexy anzieht. Tiefes Decolleté, so daß man gerade den Ritz zwischen ihren Brüsten sehen kann, oder so ein durchsichtiges Etwas, das noch etwas zu raten übrig läßt. Mit einem hübschen kurzen Röckchen kriegt sie mich auch herum, und wovon ich absolut wild werden kann, ist meine schöne Freundin in Dessous.«

Das, was einen Menschen ausmacht, befindet sich innendrin

Yolande (27): »Das Äußerliche? Nein, das ist nicht wichtig. Das, was einen Menschen ausmacht, befindet sich innendrin. Man kann zwar wunderschön sein, aber wenn innendrin nichts ist...«

So schrecklich mager, jammerschade finde ich das

Manuel (21): »Ich finde es selbst wichtig, gut auszusehen, also finde ich das bei meiner Freundin auch. Für spezielle Gelegenheiten, wie Geburtstag oder Hochzeitsfeier, ziehe ich einen guten Anzug an. Man kann schon sagen, daß ich ganz schön eitel bin. Ich stehe eigentlich auf blond. Blaue Augen. Sie sollte schlank sein, aber nicht zu schlank. Ein bißchen mollig darf auch sein. Letztens sah ich zum Beispiel ein Mädchen. Sie hatte ein Gesicht wie ein Engel, aber sie war so schrecklich mager. Jammerschade fand ich das.«

Dann bin ich ein sexistischer Macho

Yvo (24): »Wenn ich das Sagen hätte? Ein liebes Puppengesicht mit großen blauen Augen, blonden langen Locken, deftige Brüste, nicht zu klein, Wespentaille, einen Arsch zum Hineinbeißen, schön rund und kräftig, ein paar gigantische Oberschenkel, runde kleine Knie und ein Paar prachtvolle Waden. Hohe Hacken, wodurch ihr Hintern, in einem engen Rock, schön wackelnd ins Auge fällt. Am liebsten habe ich eine Lady im Arm, mit der ich die ganzen männlichen Niederlande krankhaft eifersüchtig mache.

Eigentlich ist Patty äußerlich genau der Typ, worauf ich stehe. Nur darf ich das nie zu ihr sagen, denn dann bin ich in ihren Augen ein sexistischer Macho. Aber sie ist ein tolles Mädchen, echt wahr.«

Nicht furchtbar wichtig

Peter (27): »Ich finde es schön, daß sie gut aussieht, aber ansonsten finde ich das Äußerliche nicht so furchtbar wichtig. Ja, eine Frau sollte fraulich sein…«

Aber ich kenne sehr schöne Pimmel

Christien (41): »Ich finde das Äußerliche schon sehr wichtig. Ich kann dicke Menschen zum Beispiel nicht ausstehen.

Ich bin selbst groß und schlank, mein Mann ist groß und schlank, und mein Freund ist groß und schlank. Ich fliege auch schon mal auf einen mehr gesetzten Typen, aber zum Beispiel nie auf kleine Männer. Muskulös müssen sie nicht sein, allzu muskelbepackte Männer finde ich ekelhaft. Körperbehaarung mag ich bei Männern. Ich finde vieles an Männern schön. Ich schaue immer zuerst auf die Augen und auf ihre Haare. Und weiter... ihren Körperbau. Ihre Hüften, ihre Oberschenkel. Und ich mag wohlgeformte Pimmel. Ich habe ziemlich viele Pimmel gesehen, nur, da waren auch sehr komische dabei. Ich glaube, daß viele Frauen sich vor Pimmel unheimlich ängstigen, oder sie eklig oder abstoßend finden, aber ich kenne sehr schöne Pimmel. Pimmel mit sehr angenehmen Charakteren.«

Wie Kühe auf dem Viehmarkt

Thijs (39): »Ich denke, daß das Äußerliche nicht so wichtig ist. Wenn man auf jemanden fliegt, bedeutet das, daß man ihn nett findet. Ich finde sie schön, so wie sie ist, und nicht wegen ihrer Schenkel oder Brüste. Ich finde es auch nicht interessant, mich nach anderen Frauen umzuschauen. Es stört mich sogar manchmal, wenn ich wieder so eine schöne Frau im Fernsehen oder in einer Zeitung sehe. Verpackte Fleischware... bah, nein, das mag ich nicht. Ich verstehe auch die Frauen nicht, die sich wie Kühe auf dem Viehmarkt von den Männern beglotzen lassen.«

Dann würde ich den Schluderigen wählen

Isabel (21) findet das Äußerliche schon ein bißchen wichtig, sagt sie. »Es geht mir nicht um das Äußerliche, aber ich bin schon froh, daß ich einen Freund habe, der gut aussieht. Der schöne Mann ist er *Cosmo*-Mann. Aber ich stehe auf Männer, die sich, was das Äußerliche betrifft, von niemandem etwas vorschreiben lassen, die tragen, was sie wollen, die nicht nach der Mode gehen. Dicke, schwarze, krause Haare finde ich unheimlich schön. Setzt man zwei Männer nebeneinander, einer im klassischen Anzug und der andere schluderig gekleidet, dann würde ich den Schluderigen wählen. Ich fliege auf lässige Typen. Sie sollten nicht zu dick sein und am liebsten groß. Muskulös müssen sie nicht sein. An meinem Freund finde ich sein charakteristisches Gesicht schön, seine Augen, seine Haare; er hat einen tollen Körper, nicht zu dick und nicht zu dünn, und ist ein bißchen muskulös.

Nicht so schön finde ich die vielen Muttermale auf seinem Rücken. Behaarte Männer finde ich schon toll. Mein Freund ist das zufällig nicht, aber ich finde behaarte Männer trotzdem toll.«

Die Rolle der Erotik in einer Beziehung

Nach dem Buch *Sexualität in den Niederlanden* von Gertjan von Zessen und Theo Sandfort hat einer von acht Erwachsenen im letzten Jahr keinen sexuellen Kontakt gehabt. Das sind natürlich alles Menschen, die nicht in einer Beziehung leben. Menschen mit einer Beziehung haben, von wenigen Ausnahmen abgesehen, sexuellen Kontakt miteinander.

Wie oft genau, das kommt in einem anderen Kapitel an die Reihe. Hier geht es darum, wie groß die Rolle der Erotik in einer Beziehung ist. Das oben genannte Buch zeigt anhand von einigen Zahlen, wie es damit aussieht.

73% der Männer und 68% der Frauen, die wir für dieses Buch befragt haben, können sich während des Geschlechtsverkehrs oft oder immer vollkommen hingeben.

Von den Männern fühlen sich 86% während des Liebens dem Partner sehr nah, von den Frauen 85%.

85% der Männer und 81% der Frauen fühlen sich nach dem sexuellen Kontakt wirklich entspannt.

Es geht hier um Dinge, die einen großen Einfluß auf die Qualität einer Beziehung haben. Angesichts des hohen Prozentsatzes muß Erotik für die meisten Menschen sehr wichtig sein.

Und wenn es mit der Erotik mal nicht ganz so toll aussieht, hat das natürlich seine Konsequenzen. Zum Beispiel: 50% der Männer und 46% der Frauen finden, daß der Geschlechtsverkehr nicht immer optimal ist. Für 8% der Männer und 10% der Frauen ist Sex nie befreiend.

Von den Männern kommen 8% oft oder immer zu früh zum Orgasmus, von den Frauen 4%; manchmal bis regelmäßig haben 79% der Männer und 54% der Frauen zu früh einen Orgasmus. Sexueller Kontakt, ohne Lust dazu zu haben: 34% der Männer und 55% der Frauen passiert das schon mal.

Es kommt auch schon mal vor, daß eigentlich überhaupt keine Lust auf Sex vorhanden ist: 3% der Männer und 4% der Frauen machen sich nichts daraus. 25% der Männer und 28% der Frauen tun während des Liebesakts ab und zu Dinge, zu denen sie eigentlich keine Lust haben. Naja, das kommt sicher zum Teil auch daher, weil nicht in jeder Beziehung offen über Sex gesprochen wird.

Denn: Nur 43% der Männer und Frauen haben keine Schwierigkeiten damit, dem Partner klarzumachen, wie sie es wollen. Von den Männern haben aber 43% oft Mühe damit, von den Frauen 48%. Während bestimmt 14% der Männer und 9% der Frauen sich niemals trauen, einen Wunsch zu äußern. Auffallend ist übrigens, daß dieser Prozentsatz bei den Frauen niedriger liegt als bei den Männern – man hätte es eher andersherum erwartet.

Frauen sind im Durchschnitt auch etwas zufriedener mit ihrem Sexleben: Sie geben eine Note von 7,5, Männer die Note 7,3.

Sex spielt sich im Kopf ab, ist eine vielgehörte Aussage. Wieviele Menschen gibt es wohl, die schon mal das Gefühl haben, sie könnten nicht mehr aufhören, an Sex zu denken? 60% der Männer und 28% der Frauen.

Zum Abschluß: Wohlgemerkt, einer von fünf hat ab und zu sexuelle Schuldgefühle.

Diese Zahlen sind ja ziemlich interessant, aber sie sind etwas kühl und dürftig. Auch wenn sich die eigene Situation ein bißchen in diesen Zahlen widerspiegelt, ist es netter, wenn die Menschen selbst darüber erzählen, wie es mit der Erotik in ihrem Leben aussieht. Und das passiert hier.

Der wohl, der nicht, der wohl, der nicht

Adèle (35): »Ich finde Erotik unheimlich wichtig. Es war einer der Gründe, warum meine Ehe in die Brüche ging: Es gab keine Erotik mehr. Erotik verknüpfe ich mit allem, was ich tue. Wie ich schaue oder rede. Würde ich mich dem nicht hingeben, würde ich das Leben nicht schön finden. Erotik ist natürlich etwas anderes als Sex. Mit jedem, mit dem ich in meinem Bekanntenkreis Kontakt habe, spielt eine erotische Spannung mit. Wäre die nicht vorhanden, dann würde die Freundschaft anders sein.«

Hast du das nur mit Männern?

»Auch mit Frauen. Es ist nicht so, daß ich direkt Sex mit ihnen haben will, aber ich interessiere mich schon für die Sexualität des anderen. Es ist auch ein Spiel, das Spannung beinhaltet. Mit dem Bäcker habe ich das nicht, aber der könnte auch nie ein Freund von mir sein.«

Glaubst du, daß das jeder hat?

»Ich denke schon. Mir passiert es ja schon beim Fernsehen, daß ich den einen Nachrichtensprecher netter finde als den anderen. Dann denke ich: Mensch, den würde ich gerne mal kennenlernen. Der hat eine Ausstrahlung, bei der ich mich gut fühle. Erotik ist in allem. Auch in bestimmter Musik, und das ist dann die Musik, die ich schön finde. Und in Kunst oder in Büchern.«

Hast du nie gedacht, daß du sexbesessen bist?

»Früher schon. Aber jetzt nicht mehr. In meinem Kreis ist es normal. Einfach normal... ja. Es ist das gleiche, als wenn man über die Straße geht und denkt: Der wohl, der nicht, der wohl, der nicht. Es ist ein Spiel, das man mit sich selbst spielt, um sich gut zu fühlen.«

Das ganze Leben dreht sich um Sexualität

Daan (43): »Sex ist sehr wichtig. Er basiert auf einem Instinkt. Manchmal spielt der Verstand eine Rolle, ein anderes Mal nicht. Bis jetzt sind alle sexuellen Erfahrungen, die ich gemacht habe, angenehm gewesen. Dazu gehören schon Erfahrungen, bei denen ich mit jemandem im Bett landete, ohne daß mein Verstand eine Rolle spielte. Oft kann man die Harmonie zwischen Verstand und Gefühl lange suchen. Ich sehe das als eine Frage des Erwachsenwerdens. Wenn ich erwachsen sein würde, wäre ich in der Lage, auch auf sexuellem Gebiet vernünftige Entscheidungen zu treffen, wobei das Schuldgefühl keine Rolle spielt. Nur weiß ich nicht, ob das Erwachsensein zu beneiden ist. Das ganze Leben dreht sich um Sexualität; es ist ein Basisausgangspunkt. Es ist unvermeidlich. Ich bin jetzt zwei, drei Monate alleine. Meine Motivation für eine neue Beziehung ist enorm groß. Ich bin beziehungskrank.«

Aber ich muß schon verliebt sein

Erotik und Sex spielen eine wichtige Rolle im Leben von Esther (27). Sie sagt: »Wenn ich an meinen Freund denke, dann denke ich an Sex. Aber es ist nicht so schlimm, daß ich bereits an Sex denke, wenn ich nur eine Gurke sehe. Das nun auch wieder nicht. Ich finde, Sex zu machen ist etwas Schönes, aber ich muß schon verliebt sein; ich finde, es ist etwas sehr Intimes.«

Ich ging dann am gleichen Abend einfach noch zu einer anderen

Joost (39): »Ich finde Sex unwahrscheinlich wichtig. Ein Leben ohne Sex gibt es für mich nicht. Alle meine Energiekanäle würden verstopfen. Sex ist mit allem in diesem Leben verknüpft. Mit Arbeit, mit Kunst, mit Kleidung, mit Musik, mit wie man das Leben sieht. Wenn man sexuell nicht gut funktioniert, hat das seine Rückwirkung auf das tägliche Leben.

Ich muß sagen, daß ich jahrelang mit einer Frau nach der anderen ins Bett ging. Im allgemeinen machte der Sex süchtig und war unentbehrlich zum Überleben. Manchmal war es sogar so intensiv, daß dabei kurze oder längere Beziehungen herauskamen, die letztendlich doch nicht halten konnten. Ich wußte genau, daß ich mit den Frauen nur Sex haben wollte, ansonsten haben sie mich nicht interessiert. Nur, der Sex war so schön, daß ich mich nicht von ihnen trennen konnte. Wenn es mir wirklich langweilig wurde, dann riß ich einfach wieder eine andere auf. Ab und zu war das Bedürfnis so stark, daß ich, wenn die Dame zu erkennen gab, daß sie nicht mehr wollte oder konnte, dann am gleichen Abend noch zu einer anderen ging. Mir war vollkommen klar, daß ich mich, nachdem ich mit der Ersten ja schon im Bett gewesen war, erst einmal von ihrem Duft befreien mußte. Ich habe mich an allen möglichen Waschbecken gekrümmt und gewunden, sogar in der Kneipe, um mich selbst, unbemerkt, mit Wasser und Seife in Ordnung zu bringen, damit Nummer zwei nicht argwöhnisch wurde. Diese festlichen Jahre liegen nun schon eine Zeit hinter mir, obwohl ich oft mit Freude daran zurückdenke. Mit Esther ist alles sehr harmonisch. Unser Sex und unser Dialog. Und so muß es auch sein.«

Lieber einen sehr guten Freund

Manuel (21): »Sex ist doch schon ein wichtiger Teil vom Leben. Und ich finde ihn, ehrlich gesagt, auch heikel. Wenn man mit einem Mädchen zusammen ist, spielt Sex doch immer auf die eine oder andere Weise eine Rolle. Nicht, daß man unbedingt immer mit ihr was machen will, und doch spielt er eine Rolle. Deshalb habe ich eigentlich auch lieber einen richtig guten Freund, als eine gute Freundin. Eine Beziehung mit einem guten Freund hält immer stand, weil Sex darin keine Rolle spielt. Naja, oder es müßte sich um eine homosexuelle Beziehung handeln, aber das meine ich nicht.«

Es gibt doch noch Männer, die fliegen auf mich

Linda (39): »Wir schlafen nie mehr miteinander, echt nie mehr, und bei ihm denke ich auch nicht mehr daran. Dann eben nicht.«

Aber vermißt du die Erotik nicht?

»Natürlich. Erotik und Romantik. Ich denke manchmal ernsthaft darüber nach, ein Verhältnis zu beginnen. Ich sehe noch prima aus, und es gibt auch noch Männer, die fliegen auf mich. Nur treffe ich in der letzten Zeit niemanden mehr. Aber wer weiß...«

Sex ist eine Möglichkeit, um eng beieinander zu sein

Trotz ihrer schlechten Ehe gehört Erotik für Maria (37) dazu. »Trotz aller Streitigkeiten ist das immer so geblieben.

Und sexuell läuft es auch prima zwischen uns. Ich weiß nicht, wie das zusammenhängt. Ich frage mich nur manchmal, ob wir miteinander schlafen, weil wir uns lieben oder weil wir eine Art Entladung brauchen. Wir brauchen uns wohl, das schon. Es ist für mich auch die Sehnsucht, dicht bei ihm zu sein. Sex ist eine Möglichkeit, um eng beieinander zu sein.«

Wir wußten alle vier, daß es passieren würde

Bernhard (39): »Als ich sie traf, war ich sofort bis über beide Ohren verliebt. Wir verlobten uns auch schnell. Ich war total weg von ihr. Wir sprachen schon übers Kinderkriegen. Naja, warum dann nicht auch gleich heiraten. Das taten wir dann auch. Ich hatte so eine bestimmte Vorstellung von einer netten Familie in Jeans. Ein wenig Hippie, lange Haare. Das sah ich so vor mir. Das erschien uns schön. Es dauerte übrigens drei Jahre, bevor Nummer eins kam.

Wir hatten eine sogenannte offene Ehe. Alles sollte erlaubt sein, fanden wir, und das taten wir auch. Es kam regelmäßig vor, daß wir beide im Haus, an verschiedenen Orten, mit jemand anderem schliefen. Ich war eigentlich unheimlich eifersüchtig, wenn sie jemand hatte und ich in dem Moment nicht. Hatte ich selbst auch eine andere, dann war ich nicht eifersüchtig. Die sexuelle Beziehung zwischen ihr und mir stand zu der Zeit auf Sparflamme. Für sie war Sex bumsen und nichts anderes. So von der Art Hose runter und drauf. Fertig. Sie hatte nicht so viel Gefühl für Erregung. Es war für sie mehr eine Art Amusement ohne Orgasmus. Es strich auch schon mal ein Monat ins Land, ohne daß wir zusammen schliefen. Darüber bekamen wir dann Streit, denn ich hatte echt das Verlangen nach Sex. Irgendwann kam es dazu, daß wir mit guten Freunden Partnertausch machten. Das passierte ganz spontan an einem Sommerabend, Balkontüren offen. Total verrückt, aber wir wußten alle vier, daß es passieren würde. Wir spielten Strippoker und saßen irgendwann alle nackt auf dem Boden, womit das Bumsen begann. Wir sprachen darüber. Sobald einer von uns vieren es nicht mehr schön finden würde, würden wir aufhören. Das war die Absprache. Eifersucht spielte überhaupt keine Rolle, es war eigentlich eine Frage von gleichem mit gleichem tauschen. Durch den Partnertausch lebte unsere sexuelle Beziehung wieder etwas auf. Aber Sex war zwischen uns sehr lange ein schwieriges Thema.

Nach der Geburt unseres Ältesten ging sie ins Frauenhaus

und verliebte sich in Frauen. Mit mir lief sexuell überhaupt nichts mehr. Sie sagte, sie sei lesbisch. Ich fand es schrecklich, daß sie nicht mehr mit mir ins Bett ging. Ich vermißte den Sex, wilden Sex, und begann ein Verhältnis mit einer anderen. Es wurde sehr intensiv mit dieser Freundin. Ich hatte eine fantastische sexuelle Beziehung mit ihr. Aber sie wollte mehr von mir. Inzwischen verliebte meine Frau sich auch in meine Freundin, und ich saß nun dazwischen. Ich wollte sie nicht verlieren und machte mit meiner Freundin Schluß, so schwer es auch war. Es dauerte sehr lange, bis wir wieder Sex zusammen hatten. Aber irgendwann hatte sie genug von Frauen. Wir begannen wieder, miteinander zu schlafen. Vielleicht zweimal im Monat; mir fehlte der Sex. Sie vermißte nichts, das fand ich schrecklich. Ich holte mir oft einen runter, und deshalb fühlte sie sich unheimlich schuldig. Wir hatten viel Streit darüber. Wenn wir dann irgendwann mal zusammen schliefen, tat sie es nur für mich. Nur, sie konnte mir einfach nicht sagen, was sie schön findet und was nicht. Sie hatte noch nie einen Orgasmus gehabt, und Sex fand sie nicht wichtig. Irgendwann waren wir doch soweit, daß wir noch ein Kind wollten. Es hat nie daran gefehlt, daß wir uns wirklich liebten. Nur der Sex war nie großartig, und da litt ich drunter.«

Jetzt haben wir keine Schamgefühle mehr voreinander

Andrea (32) sagt: »Wenn es ein bestimmtes Gleichgewicht gibt, dann ist es unheimlich schön, dann ist die Beziehung komplett.«

Was meinst du damit?

»Ich meine: Wenn es ein Gleichgewicht gibt zwischen dem täglichen und dem sexuellen Leben. Das war bei uns vom siebten Monat meiner Schwangerschaft bis vor kurzem, also sehr lange, nicht der Fall. Das kam dadurch, daß ich ein gebrochenes Becken und noch einige andere Krankheiten hatte. Unser sexuelles Leben lag still. Für ihn ist das kein Muß, denn wir haben genug Improvisationsgeist, um es dem anderen recht zu machen, darauf muß ich ja nicht weiter eingehen, das kann sich ja jeder selber denken.«

Früher traute sie sich nie zu sagen, was sie schön findet, das war ein Tabu für sie. »Das hat er durchbrochen. Jetzt haben wir, und das ist im Laufe der Jahre so gewachsen, keine Schamgefühle mehr voreinander. Wenn man sich unheimlich liebt, kommt das scheinbar mit der Zeit. Er hatte noch nie vor irgendetwas Angst, und ich habe inzwischen auch nirgendwo mehr Schwierigkeiten mit. Wir haben ein totales Vertrauen zueinander, weil wir uns durch und durch kennengelernt haben. Wir wissen, daß der andere nie etwas verrückt findet. In den ersten Jahren wußte ich das nicht, und dadurch war ich ein wenig – wie sagt man das – prüde.«

Dann geht es von selbst weiter

Harm (30): »Schon wichtig, ich merke, daß bei mir ein rein körperliches Bedürfnis entsteht, und das Miteinanderschlafen hat viel mit dieser Atmosphäre zu tun, die da entsteht: Man sitzt schön zusammen auf der Couch, man fühlt sich gut, einer von beiden übernimmt die Initiative, und dann geht es von selbst weiter.«

Findest du es genauso wichtig, daß sie aus eurem Sexleben auch Befriedigung erfährt?

»Ich finde das schon, es erhöht die Freude bei beiden, aber ich muß ehrlich dazu sagen, daß ich, während wir uns lieben, auch noch mal meinen Kopf verlieren möchte.«

Redet ihr darüber, was ihr in eurer sexuellen Beziehung schön findet und was nicht?

»Ja schon. Über Sex zu reden ist kein Tabu. Ich denke schon, daß ich da ziemlich leicht drüber sprechen kann.«

Es klappte wieder nicht, und das war wirklich ein Schlag

Irene (28) hatte ein Problem, über das sie gerne erzählen möchte, weil sie denkt, daß viele Frauen ein ähnliches Problem haben und nicht damit herausrücken.

»Ich kannte ihn schon ein halbes Jahr, und ich wußte, daß ich ihn heiraten würde. Ich traf eine Entscheidung: Ich wollte jetzt Sex haben. Er war damit einverstanden. Wir haben alles geregelt. Nun hatte ich schon vorher mal gesehen, wie groß er geschaffen war. Und jetzt erschrak ich darüber: Es war das erste Mal, daß ich eine Erektion sah.«

Also hattet ihr euch schon eher geliebt?

»Ja, wir haben alles gemacht, bis auf das eine. Als ich seine Erektion das erste Mal sah, dachte ich: Der paßt bei mir nicht rein. Ich habe ihm beim ersten Mal einen runter geholt. Ich erzählte das meiner Mutter, mit der kann ich über alles sprechen. Sie sagte: ›Du meinst nur, daß es nicht geht, aber wenn man erregt ist, wird alles viel weicher.‹ Ich glaubte ihr. Aber es ging nicht. Es tat entsetzlich weh. Er kam nicht bei mir rein. Er war sehr lieb, aber ich fand es erniedrigend. Ich dachte: Jeder kann es, nur ich nicht. Ich bin sofort zum Hausarzt gegangen. Der sagte: ›Mach' dich nicht verrückt, du bist einfach noch nicht soweit, gehe am besten mal zu einem Entspannungskursus.‹ Er hat mich nicht untersucht. Den Kursus besuchte ich zwar, aber ich fühlte mich lächerlich dabei, und es half auch nichts. Wir versuchten es jedes Wochenende. Zuletzt schreckte ich entsetzlich davor zurück. Er fand es auch nicht schön. Wir haben es mit allem versucht, mit Salatöl, mit Gleitmittel. Wir wurden letztendlich vom Hausarzt, der mich noch immer nicht untersucht hatte, zu einem Psychologen überwiesen. Eine Überweisung zum Gynäkologen bekam ich nicht, und er weigerte sich, mich zu untersuchen. Ich bin damals selbst zu einem Gynäkologen gegangen. Ich bin einfach ins Krankenhaus gegangen, habe mich am Türrahmen festgehalten und gesagt: ›Ich gehe hier erst weg, wenn ich operiert worden bin.‹ Ich hatte nämlich den Verdacht, daß ich zu eng bin. Der Gynäkologe war sehr freundlich. Er untersuchte mich und sagte: ›Du bist überhaupt nicht ausgewachsen, du hast die Vagina einer Vierzehnjährigen.‹ Ich war so glücklich. Ich wollte partout am gleichen Tag noch operiert werden. Das habe ich auch durchgesetzt. Sie haben das Jungfernhäutchen, das sehr fest war, weggemacht und die Vagina geweitet. Ich habe sechs Tage im Krankenhaus gelegen. Wir mußten mit dem Sex einen Monat warten. Ich wartete mit ängstlicher Spannung ab. Aber es klappte wieder nicht, und das war wirklich ein unheimlicher Schlag. Ich bin unmittelbar zu dem Gynäkologen zurückgegangen. Dann wurde bei mir eine Scheidendehnung vorgenommen, so daß die Muskulatur weicher wurde. Danach mußten wir drei Monate warten. Nach den drei Monaten ging es zwar, aber mit unglaublichen Schmerzen. Ich dachte: Ich darf nicht weiter nörgeln. Ich habe dann eine ganze Zeitlang so getan, als ob ich es schön fand. Aber ich fand es schrecklich. Ich dachte Freitagsabend schon: Laß' es uns heute schon tun, dann habe ich wenigstens ein schönes Wochenende. So konnte es nicht für den Rest meines Lebens weitergehen. Ich bin wieder zum Gynäkologen gegangen, der meinte, ich solle abwarten, bis ich ein Kind bekommen habe, er könne nicht mehr für mich tun.«

Hast du nie an Vaginismus gedacht?

»Nein, weil ich sicher wußte, daß es körperlich bedingt war. Nach einem Jahr habe ich meinem Mann gestanden, wie weh es tat. Daß meine Schreie, wenn wir uns liebten, keine Schreie der Freude waren. Er hatte sowieso schon daran gezweifelt. Er sagte: ›Du darfst nicht mehr simulieren, du mußt mir sagen, wenn ich dir weh tue.‹ Nach verschiedenen Experimenten kamen wir dahinter, daß die Missionarsstellung, also er oben, noch am wenigsten Schmerzen verursachte.«

Du wurdest schwanger.

»Ja, und nach der Geburt haben wir noch eine Zeitlang gewartet. Nach vier Monaten war ich wieder so weit. Wir machten es sehr romantisch, mit Kerzenlicht, ich war davon überzeugt, daß es uns nun endlich gelingen würde, denn alles war viel weiter geworden. Aber es tat noch genauso weh. Dann war ich es satt. Ich bin zu einem anderen Arzt gegangen und habe ihm alles erzählt. Der Arzt sagte: ›Jetzt muß etwas geschehen. Ich finde für dich den besten Gynäkologen der Niederlande heraus.‹ Ich kam zu einer Frauenärztin. Sie sagte: ›Ich werde eine schmerzhafte Untersuchung bei dir durchführen, aber wenn etwas ist, dann finde ich es.‹ Nun – es tat schrecklich weh, schlimmer als eine Geburt. Sie sagte: ›Es befindet sich ein kleiner Strang zwischen Gebärmutter und Scheide, der nicht dahingehört. Dieser kleine Strang spannt sich beim Geschlechtsverkehr straff und verursacht die Schmerzen.‹ Das war also mein Problem, dadurch habe ich sechs Jahre Sex mit Schmerzen gehabt. Und dabei ist ein Jahr schon lang.«

Bist du dann operiert worden?

»Schon sehr schnell. Ich war sehr skeptisch; ich dachte: Es wird wohl wieder umsonst sein. Nach ein paar Wochen haben wir es probiert... und es gelang uns. Ich habe dagelegen und geheult vor Freude. Ich denke noch jedesmal daran, wenn ich Sex habe. Jetzt ist Sex herrlich. Ich weiß noch nicht sicher, ob ich einen Orgasmus bekomme, aber das ist mir scheißegal. Schmerzen beim Verkehr haben viele Frauen, aber sie trauen sich nicht darüber zu sprechen. Ich habe schon zwei Menschen geholfen, indem ich ihnen erzählt habe, daß man daran etwas machen kann. Ich kenne eine Frau, die zuerst eine ganze Flasche Wein leer trinken mußte, bevor sie sich traute, mit jemandem zu schlafen. Viele Frauen denken, daß Schmerzen dazu gehören, aber das stimmt nicht.«

Welche Rolle spielt Erotik jetzt in deinem Leben?

»Seit der Operation habe ich viel mehr Lust auf Sex. Zwar nicht jeden Tag, aber wenn er Lust hat, dann wirkt das ansteckend. Wir finden es total spannend, es draußen zu tun. Sogar in einem Bushäuschen, aber gut, das war auch nachts, und es war beim Blindeninstitut. Wir haben es schon in den Dünen gemacht, mit hoppelnden Kaninchen um uns herum. Im Meer, im Wald. Es ist aufregend, auch die Spannung, erwischt zu werden.«

Ein Gefasel wie: Ich bin nicht dein Eigentum

Yvo (24): »Ich finde Sex echt unwahrscheinlich wichtig. Für mich ist das eine Art Kommunikation mit demjenigen, den ich liebe. Und nicht so einfach mit jedem. Laut Pat kann man mit jedem Sex haben, meiner Meinung nach ganz sicher nicht.

Meine Gefühle für jemanden müssen dabei eine Rolle spielen. Niemals nur Sex um des Sex' willen. Ich spreche aus Erfahrung, denn wir hatten schon jede Menge sexuelle Sessionen mit mehreren. Ich kann nicht sagen, daß ich da so stolz drauf bin. Sex darf für mich ruhig etwas Schönes zwischen zwei Menschen bleiben, und das war bei uns nie der Fall. Ich hatte Hemmungen dabei, denn ich kann echt nicht mit ihr schlafen, wenn ich weiß, daß noch ein anderer Kerl seinen Schwanz bei ihr gestählt hat. Sie ist wirklich immer nur mit Sex beschäftigt, oder zumindest fast immer. Ich würde das ja nicht so schlimm finden, wenn sie es nur mit mir treiben würde... Aber dann hörst du wieder das Gefasel: Ich bin nicht dein Eigentum. Ich hoffe, ich treffe in Zukunft ein Mädchen, das nicht so extrem ist. Einfach ein nettes und treues Mädchen, dem ich etwas bedeute. Da sehne ich mich nach, weißt du das? Ja, da sehne ich mich echt nach.«

Ich möchte so gerne, aber ich bin so müde

Simone (30): »Für mich ist Erotik nicht wichtig, aber für ihn wohl. Er hält da noch immer viel von. Ich bin oft müde.

Wenn ich in meinen Kissen liege, bin ich schon fast eingeschlafen. Wenn man sich kennenlernt, kann man nicht genug kriegen. Jetzt interessiert es mich nicht mehr. Ich denke schon manchmal: Ich möchte, daß ich mich selbst mehr hingeben könnte, aber ich bin so müde. Ich möchte so gerne, aber ich bin so müde. Mache ich es, dann mache ich es mehr für ihn als für mich; ich wünschte, ich könnte es wieder genauso toll finden wie früher.«

Dann weiß man von vornherein, daß es passieren wird

Sandra (43): »Mein jetztiger Partner ist der zweite Mann, mit dem ich im Bett gewesen bin. Das ist irgendwie komisch.

Die ganze Zeit, in der ich verheiratet war, war ich auf andere Männer neugierig. Mein Sexleben zu dieser Zeit war nicht überwältigend, nicht unbedingt großartig. Ich bin auch nicht so ein Hitzkopf, aber ich habe schon ein Bedürfnis nach Erotik. Ja, dann fing diese Beziehung an. Es dauerte ziemlich lange, bevor wir miteinander schliefen. Das erste Mal war unheimlich. Aber es war herrlich, und mein Sexleben ist besser, als es je gewesen ist. Ich kann echt daraufhin leben. Während der Woche kommt es meistens nicht dazu, aber am Wochenende umso mehr, dann weiß man von vornherein, daß es passieren wird. Ich freue mich echt immer darauf.«

Schmusen. Das gehört unbedingt dazu

Francien (36) über Erotik in ihrer Beziehung: »Wir haben nicht immer Verkehr; einfach schön nebeneinander liegen ist genauso wichtig. Das Zusammensein, morgens und abends nebeneinander zu liegen. Schmusen. Das gehört unbedingt dazu.

Es gehört zusammen, man kann nicht sagen: Schmusen ist wichtiger als Verkehr, oder umgekehrt.«

Deshalb kann ich auch ohne Gefühl mit jemandem schlafen

Willem (34): »Ich mache eine glasklare Trennung zwischen physischer und geistiger Intimität. Ich kann ruhig zugeben, daß ich mich durch unglaublich viele Betten gevögelt habe, aber ich habe höchstens drei- oder viermal jemanden im Bett geliebt. Damit meine ich »Liebe machen« im wörtlichen Sinne. Das eine Mal, bei dem eine Verschmelzung von physischer und geistiger Intimität stattfand, das war natürlich die Extraladung. Sieh mal, Sex kannst du an jeder Straßenecke kaufen. Darum werde ich auch wohl nie begreifen, warum glücklich verheiratete Männer sich mit ihren Sekretärinnen einlassen, statt zu Huren zu gehen. Ich meine, das überwertet die Sache, denn es geht doch nur darum, dem Arbeitsstreß zu entfliehen, unter Spannung die Alte nicht mehr interessant zu finden... Ich begreife das wirklich nicht.«

Du hast gerade das eine Mal erwähnt, bei der es diese Zusammenschmelzung gab. Was passiert dann mit dir?

»Dann gerate ich sofort in Panik. Ich habe mich selbst nicht mehr in der Hand, und das ist für mich ungefähr das Bedrohlichste, was mir passieren kann. Die Gefahr, daß jemand anderes dein Leben in Beschlag nimmt. Deshalb kann ich auch ohne Gefühl mit jemandem schlafen. Ohne die geringsten Probleme. Schlimm, oder? Wie ich das schon mal in meiner Umgebung kundtue – dann hört man übrigens mit Grausen zu: Wenn es um puren Sex geht, geht es über einige technische Fähigkeiten. Und diesen puren körperlichen Aspekt nutzt man am optimalsten aus, wenn man mit jemandem zusammen ist, den man eigentlich verachtet, dann kann man nämlich schamlos sein. Aber sobald Zuneigung ins Spiel kommt, werde ich sehr unsicher, und die technischen Qualitäten sinken. Wie bei vielem, denke ich. Diese pure physische Erfahrung hat mit einer bestimmten Perversität zu tun.«

Hast du diese Perversität ausgelebt?

»Ja, als ich nach Amsterdam kam, herrschte da eine Atmosphäre, in der alles erlaubt war. Jeder war noch jung und bildhübsch, neun Abende pro Woche ging man aus. Es gab noch kein Aids, oder auf jeden Fall war es noch nicht so bekannt, alles war erlaubt, kein Berg war uns zu hoch. Alles ging ums Schießen und um Machismo.«

Wie bemerkst du den Einfluß von Aids in deinen Kreisen?

»Es gibt drei Kategorien von Menschen. Der erste sagt: Nach mir die Sintflut, und macht immer lustig weiter. Die zweite Gruppe, wozu ich selbst gehöre, ist schon vorsichtig, aber denkt auch: Wo Liebe herrscht, gibt Gott seinen Segen. Um mit der dritten Gruppe etwas zu wollen, müssen erst beidseitige Zertifikate ausgetauscht werden, bevor da etwas läuft.«

Du zählst dich selbst zur zweiten Gruppe. Was hältst du von der ersten oder dritten?

»Haha, die erste Gruppe wird es wohl nicht mehr lange geben, die ist einfach dumm, und die andere Gruppe ist mir zu zimperlich.«

Wenn du jemanden triffst, der sofort loslegen will?

»Nicht die geringste Chance. Von dem Augenblick an, wo die ersten Berichte über Aids begannen durchzudringen, habe ich Maßnahmen getroffen. Bei mir findet das Fest nicht ohne Kondome statt.«

Wir rücken wohl oft ganz dicht zusammen

Für Thera (26) spielt Sex eine kleine, jedoch wichtige Rolle: »Es ist nicht so, daß wir jeden Tag zusammen schlafen, wir machen es nur, wenn wir Lust haben. Wir rücken wohl oft ganz dicht zusammen. Aber keiner von beiden kommt zu kurz. Er ist auch nicht so ein Wüstling auf dem Gebiet.«

Ich bin ein heißblütiger, schmusiger Mensch

Isabel (21): »Was ist Erotik? Was ist Sex? Es liegt dicht zusammen, aber Erotik ist für mich mehr die Verleitung dazu.

Das kann überall sein, auf Feiern, aber auch wenn man Sex zusammen hat. Flirten kann auch sehr erotisch sein. Erotik ist sehr wichtig. Weil Genuß und tierische Triebe natürlich Bedürfnisse sind. Wenn die nicht befriedigt werden, stimmt was nicht mit deiner Beziehung. Ich denke fast jeden Tag daran. Es muß nicht immer Sex sein, aber ich bin ein heißblütiger, schmusiger Mensch. Es vergeht schon mal ein Tag, wo ich nicht an Sex denke, wenn ich viel zu tun habe zum Beispiel. Aber ansonsten... Erotik und Sex ist für mich auch Romantik, Befriedigung von Trieben und Genuß, Schmusen.«

Dann hatte ich doch Schmerzen in meinen Leisten

Kees (38): »Ab dem Moment, wo zu mir durchdrang, was Sex beinhaltet, ist er wichtig für mich. Ich bin nicht oder kaum aufgeklärt worden. Meine Mutter sagte einmal: ›Liebe zwischen Mann und Frau ist etwas sehr Schönes.‹ Und damit war ich zufrieden. Ich fand es sehr schockierend, daß ich nasse Träume hatte, und ich fand es auch wirklich beschämend, daß ich es schön fand, mich selbst zu berühren, und daß ich mich selbst zum Orgasmus bringen konnte. Ich tat es zwar, aber es kostete Jahre, bis ich akzeptieren konnte, daß ich es tat. Selbstbefriedigung nahm mich total gefangen. Ich war mit mir selbst im Zwiespalt.

Wenn ich mir selber einen runter geholt hatte, dann fühlte ich mich wieder schuldig. Eigentlich schon komisch, aber ich war als Teener wirklich mit nichts anderem als Sex und Beziehungen beschäftigt. Tag und Nacht. Ich wollte auch unheimlich gerne eine Freundin haben, aber ich traute mich nicht, ein Mädchen anzusprechen. Also holte ich mir dafür siebenmal am Tag einen runter. Ich habe schwüle, aber auch traurige Erinnerungen an diese Zeit. Ich fand mich selbst damals auch häßlich, also mußte ich da etwas dran tun. Die Wende kam, als mitten im Club ein unglaublich sexy Mädchen zur mir kam. Sie fragte mich, ob ich wüßte, wie man einen Zungenkuß gibt. ›Ja klar‹, sagte ich. Es war der erste Zungenkuß meines Lebens. Ich fand es fantastisch. Jeder konnte es sehen. Ich fühlte mich prima, und die Mädchen verliebten sich in mich. Meine erste feste Freundin hatte ich mit siebzehn. Ich fand es zwar ein bißchen spät, aber was soll's... Zuerst war das ein vorsichtiges Fühlen unter den Kleidern und so, aber später haben wir es da, wo sie oft Babysitter gespielt hat, unheimlich getrieben. Ich fand es echt beängstigend, denn die ersten Male klappte es überhaupt nicht. Ich wußte nicht, was ich tun sollte. Ich hatte wohl schon mal ein Pornoheft gelesen, aber echte Aufklärung bringt so was ja auch wieder nicht. Als es dann, nach vielen Mißerfolgen, doch gelang, war es einfach fantastisch. Als ich abends nach Hause ging und auf dem Bahnhof auf den Zug wartete, da hatte ich vielleicht Schmerzen in meinen Leisten! Aber dadurch wurde ich sehr selbstbewußt, und all die Jahre des Zweifelns waren vorbei. Ich habe noch immer sehr warme Gefühle für das Mädchen von damals. Denn mit ihr und durch sie habe ich herausfinden können, wie schön und wie wichtig Sex im Leben eines Menschen ist.«

Es ist nicht wahr, daß das Bedürfnis nach Sex aufhört

Jouke (70): »Tja, die Saftkanäle kommen etwas schwieriger in Gang, alles dauert länger... das Vorspiel... körperlich ist man natürlich auch nicht mehr der junge Gott von früher.

Aber es ist absolut nicht wahr, daß bei älteren Menschen das Bedürfnis nach Sex aufhört.«

Da sind Frauen einfach auf einen Kerl aus

Arnold (41): »Sex ist wichtig für mich. Sogar sehr wichtig.

Ich kann nicht ohne Frauen und Sex sein. Das ist schon so seit meinem vierzehnten Lebensjahr. Zu der Zeit fing ich an zu arbeiten, und die meisten Jungen waren ein paar Jahre älter als ich. Und nach der Arbeit hieß es: ›Komm, wir gehen mal kurz zu den Huren‹. Ich wußte damals überhaupt nicht, was das bedeutete, aber das habe ich schnell gelernt. Es war an der Tagesordnung, daß wir schnell eine Nummer machen gingen. Es war wohl angenehm, denn man hatte so einer Nutte gegenüber keine Verpflichtungen, weil man sie ja dafür bezahlte. Ich fand es schön, ich begab mich sogar in Kneipen selbst auf die Suche. Und wenn ich dann ein nettes Mädchen traf, versuchte ich wirklich, damit was anzufangen. Ich brauche einfach Frauen, und wenn ich keinen Sex durch eine Beziehung kriegen kann, bezahle ich einfach dafür. Bevor ich meine Freundin hatte, ging ich auch schon mal zu so einem Abend für Singles. Da sind die Frauen einfach auf einen Kerl aus, genauso wie Männer da auf eine Frau aus sind. Dann suchte ich mir am liebsten eine etwas ältere Frau aus, denn damit hat man die wenigsten Schwierigkeiten. Die waren immer froh, wenn ich mal vorbeikam, um mit ihnen eine Nummer zu machen, ich tat es aber auch ein bißchen für die Geselligkeit. Während die jüngeren Mädchen oft anfingen zu drängeln, wann sie mich denn mal ihren Eltern vorstellen dürften. Nur, dazu hatte ich ja überhaupt keine Lust, also gab es wieder eine Menge Ärger. Männern, die behaupten, überhaupt kein Bedürfnis nach Sex zu haben, glaube ich einfach nicht. Obwohl es natürlich auch diese gestressten Typen gibt, die immer müde von der Arbeit sind. Ja, vielleicht sind die zu müde, um ihn hoch zu kriegen. Nur, wenn man gesund ist, ist es einfach natürlich.«

Erotik ist für mich Romantik

Mieke (31): »Erotik ist für mich nicht so wichtig. Für ihn schon. Aber wir haben keine Unstimmigkeiten darüber. Erotik ist für mich Romantik. Ein gutes Gespräch, das kann mich total erregen. Sich gegenüber zu sitzen, Kerzenlicht, zusammen sein. Gut zusammen reden zu können ist sehr wichtig.«

Über Kühe und Kälber?

»Nein, das ist nicht befriedigend, mir sind tiefergehende Gespräche lieber. Gefühle finde ich sehr wichtig. Ich schmuse auch gerne, nur muß das nicht immer auf eine Nummer hinauslaufen. Man will es nicht immer abwehren, man macht es auch nicht immer mit Widerwillen, so ist es nicht. Aber wenn ich wirklich keine Lust habe, dann merkt er das und hört auf. Oft befriedigt er sich auch selbst, ganz normal, wo ich dabeibin, und ich helfe ihm auch schon mal dabei. Für ihn ist das einfach eine Entladung, nicht nur in sexueller Hinsicht, sondern auch, um Spannungen abzubauen.«

Ich bin übrigens keiner, der Schwule verprügelt

Martin (24): »Wichtig, sehr wichtig... Sie ist einfach da.

Da kommt man glücklicherweise nicht drumherum. Sie wurde erfunden, um die Menschheit zu erhalten, aber auch wenn man nie Kinder haben möchte, ist es super toll. Dafür bin ich dem lieben Gott echt dankbar. Ich begreife auch nie, wieso Pater und Priester ihr ganzes Leben lang ohne können. Meiner Meinung nach treiben die es heimlich... mit sich selbst oder miteinander, das weiß ich nicht, aber ein Leben ohne Sex gibt es meines Erachtens nicht.«

Kannst du dir vorstellen, daß Männer mit Männern Sex haben?

»Ehrlich gesagt, muß ich persönlich mich fast übergeben, wenn ich zwei Typen sehe, die es miteinander machen. Das ist für mich wider die Natur. Stell' dir vor, wenn das normal sein würde... dann würde die Menschheit aussterben. Sex ist für verschiedene Geschlechter. Es gibt Männer und Frauen, und Männer und Frauen passen ineinander. Das ist doch nicht umsonst so. Nach meiner Meinung ist da irgend etwas falsch mit den Homos... sich gegenseitig in den Hintern ficken... so ein Schweinkram... das ist Samen in eine Kloake spritzen. Die Typen sind wohl früher mit ihrem Dreirad die Treppe runtergefallen und haben da eine Macke von zurückbehalten, und mir macht keiner weis, daß so etwas angeboren ist... Ich bin übrigens keiner, der Schwule verprügelt, das solltest du wohl dazuschreiben. Es interessiert mich auch nicht, daß sie es miteinander tun, sie gehen eben ihren Weg, aber wenn du meine Meinung hören willst, kannst du sie kriegen. Ich finde es eklig. Aber solange sie mich in Ruhe lassen, ist es in Ordnung. Meine Freunde sind es nicht...«

Und zwei Frauen?

»Ich finde, das ist doch etwas anderes, damit habe ich nicht solche Schwierigkeiten. Frauen suchen oft Liebe, Zärtlichkeit und Wärme, und ich kann mir sehr gut vorstellen, daß sie das bei sich finden können, weil Männer oft ein bißchen rüpelhaft sind. Und ich kann mir auch vorstellen, daß es Frauen gibt, die damit nicht umgehen können. Wenn Bernadette mal mit einer Frau schlafen würde, würde ich das nicht so unheimlich schlimm finden. Wohl wenn sie wirklich lesbisch sein würde. Nicht, weil ich das ekelig finde, sondern weil ich sie dann verlieren würde... Aber sie hat diese Neigung ganz sicher nicht.«

Das buchstäbliche Einssein, das ist wichtig für mich

Merel (35): »Für mich bedeutet Erotik eine Bestätigung, daß ich noch anziehend auf ihn wirke. Und ich genieße es auch.

Ich tue es gerne, es ist auch sehr wichtig für mich. Ich habe keine hohe Meinung von meiner eigenen Anziehungskraft. Aber da noch keine Hilfsmittel nötig sind, um eine Erektion zu bewerkstelligen, scheint es doch etwas Anziehendes an mir zu geben. Ich sehe so, daß er mich liebt. Das Einssein, das buchstäbliche Einssein, ist sehr wichtig für mich. Wenn wir Streit gehabt haben, dann braucht er mir nicht anzukommen. Es muß schon alles zwischen uns stimmen. Es ist auch herrlich, einfach so beieinander zu liegen. Als ich noch solo war, erschien es mir schrecklich, mit jemandem mein Bett zu teilen. Nur, jetzt kann ich nicht mal mehr schlafen, wenn er weg ist. Dann nehme ich mir einen großen Knuffelbär mit ins Bett.«

In »Dark-Rooms« wird gebumst, gewichst und geblasen

Teun (40): »Ohne Sex würde ich sterben. Es ist genauso wichtig wie essen, trinken und schlafen. Ich bin hier, mitten im Herzen von Amsterdam, sehr nah dran an allen Möglichkeiten, die man sich vorstellen kann. Wenn ich mal abends in eine Kneipe gehe, kann ich das ganz speziell tun, um mit einem Mann zu flirten. Möglichkeiten gibt es hier jede Menge. In Asterdam haben die Schwulendiscos spezielle ›Dark-Rooms‹. In Europa wurden diese Dark-Rooms überall geschlossen, als das Aids-Zeitalter anbrach. Hier zum Glück nicht. Hier wird zu Recht davon ausgegangen, daß Sex sowieso stattfindet. Außerdem findet in den Dark-Rooms, ganz klar, eine soziale Kontrolle statt. Die Menschen sind sich wirklich über die Tatsache bewußt, daß Safer-Sex kein Luxus ist. In Dark-Rooms wird gebumst, gewichst und geblasen.

Manchmal zu zweit, manchmal zu dritt, aber auch schon mal zu viert oder zu fünft. Solange, wie es uns allen Spaß macht. In meinen Kreisen sagt man auch schon mal, daß wir in den ›Supermarkt‹ gehen.

Ja wirklich, das ist purer Sex um des Sex' willen. Als ich damals erfuhr, daß ich seropositiv bin, dachte ich sofort: Oh shit, jetzt kannst du keinen Sex mehr haben... Ich hatte unheimliche Angst, und ich fand, daß das Leben eigentlich keinen Sinn mehr hatte. Ich traute mich sogar kaum noch zu masturbieren. Ich hatte das Gefühl, daß da Gift aus meinem Schwanz kam. Ich lief mit einer Zeitbombe im Körper herum! Es hat wirklich eine Zeitlang gedauert, bis ich das Gefühl überwunden hatte.«

Wie hast du das überwunden?

»Durch Kenntnisse über Aids und dem Bewußtsein über die wirklichen Ansteckungsgefahren. Außerdem redete ich sehr viel darüber, weil ich es einfach loswerden mußte. Es beherrschte mein Leben, außerdem spreche ich nun mal mit meinen Freunden über alles, was mich bedrückt. Ich bin ein Mensch, der unheimlich viel flirtet, und mir ging dauernd durch den Kopf: Wenn ich flirte, muß ich dann erzählen, daß ich seropositiv bin? Ich dachte damals noch, daß ich das müßte, aber dann ging das Geschäft regelmäßig in die Hose. Jetzt erzähle ich es meinen One-night-stands also nicht mehr. Warum sollte ich? It takes two to tango. Sieh mal, wenn man Kartoffeln kocht, muß Wasser in den Topf, und wenn man Sex hat, muß man das ›safe‹ machen. Inzwischen sollte das jeder wissen. Der Mann, mit dem ich Sex haben will, weiß, daß ich ein Mann bin, und daß ich Homo bin, also zur Risikogruppe gehöre. Bei mir zu Hause liegen die Kondome immer direkt neben dem Bett und in der Obstschale.«

Manchmal habe ich viel mehr das Bedürfnis nach Streicheln

Christien (41): »Es gibt Zeiten, in denen Sex mein Leben beherrscht. Dann klappt mir nichts. Selbst wenn ich mich dann selbst befriedige, hilft das nicht. Tage, an denen ich alleine zu Hause und supergeil bin... das ist wirklich schlimm. Manchmal rufe ich meinen Mann oder meinen Freund auf der Arbeit an. Naja, Telefonsex ist auch nicht das Wahre. Zu Sex gehört natürlich auch Romantik. Ich bin nicht so, daß ich immer sofort einen Mann in mir spüren will.

Manchmal ist das sogar gar nicht nötig, dann habe ich viel mehr das Bedürfnis nach Streicheln oder ein paar netten Worten.«

Im Kern ist sie ein geiler Zahn

Louis (34): »Am Anfang hatte sie furchtbare Schwierigkeiten, mit mir zu schlafen. Küssen ging ja noch gerade so, aber wenn ich mehr wollte, weigerte sie sich ganz entschlossen. Als ob sie unheimliche Angst hatte, daß etwas Schreckliches passieren würde. Und im Hinblick auf ihren religiösen Hintergrund war das natürlich auch so. Sie hatte so die Vorstellung, daß sie ihren Körper für den Mann bewahren müßte, den sie mal heiratet. Und dieser Mann bin ich für sie, nur ich wollte und will das auch jetzt nicht. Ich bin prinzipiell gegen die Ehe. Darüber haben wir oft gesprochen, und letztendlich hat sie sich damit abgefunden. Sie hat Stück für Stück den Islam aufgegeben, aber fertig ist sie damit noch lange nicht. Jetzt schläft sie unheimlich gerne mit mir. Im Kern ist sie ein geiler Zahn, das wußte ich schon beim ersten Mal, als ich sie sah. Ich mußte anfangs unglaublich drängeln, aber ich habe sie trotzdem nie gezwungen, mit mir ins Bett zu gehen. Ich hatte viel zu viel Respekt vor ihr. Den habe ich heute noch.«

Um neue Ideen für Stellungen zu bekommen

Judith (24): »Er leiht oft Filme aus. Dann sieht er etwas Neues, und das will er dann gleich ausprobieren. Ich sehe sie mir mit ihm zusammen an. Er findet diese Filme schöner als ich, aber ich sehe sie mir eigentlich auch gerne an, auch wenn es mich nicht erregt. Meistens findet das am Wochenende statt.

Es fängt immer ganz romantisch an. Er kocht gerne, und dann gibt es Fondue oder ein Gourmet-Essen. Wenn ich also samstags die Zutaten für ein Fondue oder ein Gourmet-Essen holen muß, weiß ich schon, was kommt. Nach dem Essen kommt der Film, und danach schlafen wir zusammen. Ich finde es nicht schlimm, daß er sich diese Filme ansieht, er findet es eben schön... Mich erregt so was nicht, aber solange er das gut findet, ist das prima.«

Findest du es nicht schlimm, daß er solche Filme braucht, um erregt zu werden?

»Nein. Er sieht sie sich übrigens hauptsächlich an, um neue Ideen für Stellungen zu bekommen.«

Dann schiebt man den Sex auf die Seite

Reinier (44): »Es ist für mich nicht mehr so wichtig wie früher. Obwohl... es hat schon eine hohe Priorität, aber wir haben auch beide so viel zu tun. Dann schiebt man den Sex auf die Seite. Doch, eigentlich vermisse ich es schon. Das ist wirklich nicht einfach zu lösen. Wir sind in diesem Punkt nicht auf einer Linie. Wir sprechen eigentlich auch nicht darüber, aber es ist kar, daß unsere Vorstellungen entgegengesetzt sind. Nein, ich habe kein glückliches Sexleben... Ich habe nur mein Bedürfnis nach Sex auf die Seite geschoben.«

Im Dunklen sieht man nichts

Julia (29): »Erotik spielt bei uns eine große Rolle. Wir sehen uns nicht oft, und dadurch schlafen wir auch nicht so oft zusammen, aber wenn wir uns lieben, dann machen wir es auch gut. Von Anfang an war Sex für uns wichtig. In meiner vorigen Freundschaft war ich in dieser Hinsicht sehr schüchtern. Mit meinem Mann habe ich viel davon überwunden. Ich traute mich auch nicht, darüber zu reden. Früher, zu Hause, wurde auch nicht darüber geredet, mich hat auch nie jemand aufgeklärt.

Mein Mann hat mir wirklich beigebracht, darüber zu sprechen. Er ist ganz anders erzogen worden, bei ihm zu Hause wurde über alles gesprochen. Zusammen haben wir mir über meine Schüchternheit hinweggeholfen. Früher wollte ich grundsätzlich das Licht aus haben, das finde ich jetzt richtig schade, denn im Dunkeln sieht man nichts.«

Dein Mann ist oft weg, vermißt du dann den Sex nicht?

»Ich vermisse mehr die Intimität als den Sex. Abends jemand neben dir im Bett haben, morgens ein Küßchen, das vermisse ich mehr als Sex.«

Ich habe lieber eine Frau, die gut kochen kann

Peter (27): »Sex ist überhaupt nicht so schrecklich wichtig.

Ich finde, daß dem eine übertriebene Bedeutung beigemessen wird. Natürlich ist es schön, Sex zu haben, aber das kann man mit so vielen Menschen. Dafür brauche ich Yvonne nicht. Zumindest nicht nur dafür. Ich habe lieber eine Frau, die gut kochen kann, als eine, die fantastisch im Bett und eine Schlampe im Haushalt ist. Nun ist sie zufällig gut im Bett und gut im Haushalt, das ist also eine hübsche Zugabe. Ich will auch nur damit sagen, daß Sex schön und angenehm ist, aber die Beziehung hängt nicht unbedingt davon ab. Wenn wir kaum zusammen schlafen würden, würde ich sie genauso lieben.«

Du kannst viel reden, aber Sex ist genauso wichtig

Für Moniek (33) ist Erotik aus ihrer Beziehung nicht wegzudenken. »Mein wichtigster Ausgangspunkt ist: Wenn das Lieben nicht mehr schön sein würde, dann wäre zwischen uns schon was faul. Ich war immer schon gehemmter als er, aber Bumsen geht prima bei uns. Man kann in einer Beziehung zwar viel reden, aber Sex und Erotik sind genauso wichtig.«

Echte Arbeit, wo man nochmal eine Erektion zu sehen bekommt

Leonie (36): »Ich habe keine feste Beziehung, das beinhaltet, daß ich nicht so ein regelmäßiges Sexleben habe. Auf der einen Seite vermisse ich das schon, aber auf der anderen Seite ist es jetzt viel spannender. Ich habe jetzt mehrere Partner. Früher ging ich nie fremd, aber seit meiner Scheidung war ich doch schon mit einigen Männern im Bett. Als Frau ist man, was das betrifft, wohl privilegiert.«

Wieso?

»Man geht in ein Café, und man hat, so wahr ich hier sitze, genug Auswahl. Männer sagen unheimlich schnell ja. Viel schneller als Frauen. Ich übernehme oft die Initiative, gut. Viele Männer erstaunt das, andere erschreckt es sogar. Das dürfte eigentlich nicht sein. Aber es gibt auch Männer, die froh sind, daß du als Frau die Initiative übernimmst, denn sie finden es schrecklich, selbst den ersten Schritt zu tun. Viele Männer sind da sehr verlegen, das begreifen die meisten Frauen nicht. Die denken, daß alle Männer Tiere sind. Vielleicht ist das ja auch so, aber dann gibt es unheimlich viele verlegene Tiere.«

Wie wichtig ist Erotik für dich?

»Auf jeden Fall wichtig. Es hört sich vielleicht seltsam an, aber ich gehe auch schon mal aus, um einen Mann zu suchen, mit dem es am selben Abend noch klappt.«

Was ist seltsam daran?

»Das wird von Frauen immer noch nicht erwartet. Männer gehen auf Frauenjagd, das ist ganz normal, aber andersherum wird es ziemlich schnell ein bißchen nuttig gefunden. Obwohl es doch genau das gleiche ist. Es ist nicht so, daß ich Männer als pures Sexobjekt betrachte. Das nicht. Ich sagte schon: Es muß schon funken, und er muß eine gewisse Ausstrahlung haben. Ich gehe nicht mit jedem ins Bett. Aber manchmal ist das Bedürfnis sehr stark. Und dann bin ich vielleicht weniger wählerisch, ganz bestimmt, wenn ich was getrunken habe. Ich finde Erotik also wichtig. Ich schaue mir auch schon mal abends spät, am Wochenende, einen Sexfilm im Fernsehen an. Ich kenne die Kanäle, die diese Filme zeigen. Mich kann so was enorm erregen. Nicht diese Tiroler Hopsasa-Filmchen, sondern die echte Arbeit, wo man nochmal eine richtige Erektion zu sehen bekommt, und wo sie es auch echt tun.«

Wenn es sein muß, kann man auch prima ohne

Thijs (39): »Sex setzt für mich unserer Liebe immer wieder die Krone auf. Wichtig, das ganz bestimmt. Aber wenn sie mal ernsthaft krank werden oder in einem Rollstuhl sitzen würde, dann könnte ich auch ruhig ohne Sex leben. Sagen wir es mal so: Sex ist eine Art Geschenk, das zur Liebe dazugehört. Sehr schön, sehr fein, aber wenn es sein muß, kann man auch prima ohne.«

Schlafen die anderen wirklich öfter zusammen oder eben doch nicht?

Das ist so ein bißchen die Gretchenfrage: Wie oft ist normal? Das kann man nicht beantworten. Es gibt wohl Zahlen darüber, wie oft Menschen zusammen schlafen, aber damit ist noch nicht gesagt, was normal ist. Für den einen ist eben etwas anderes normals als für den anderen.

Dann kann man nur hoffen, daß man einen Partner trifft, der so ungefähr das gleiche normal findet wie man selbst. Das gelingt nur nicht immer.

Viele Frauen beklagen sich darüber, daß ihre Partner öfter wollen als sie. Ein einzelner Mann beklagte sich darüber, daß seine Frau öfter will als er. Im vorigen Kapitel nannten wir schon Zahlen von Menschen, die gegen ihr Bedürfnis Sex hatten.

Übrigens möchte jeder neugierig wissen, was andere Menschen denn normal finden. Zweimal in der Woche? Einmal im Jahr? Jeden Tag? In den Interviews kamen alle möglichen Frequenzen vor. Die häufigste Bemerkung war allerdings: Es ist unterschiedlich.

Am Wochenende wird mehr miteinander geschlafen als in der Woche. Wer kleine Kinder hat, macht es weniger oft. Im Urlaub verändern wir uns schlagartig in virile Liebhaber, die es jeden Tag tun. Nach den wüsten Ferien stöhnt schon mal jemand: Hey, wir haben es schon eine Woche nicht gemacht. Unserer Meinung nach ist übrigens der

Sonntagmorgen auf dem Vormarsch – wahrscheinlich dank sinkender Kirchenbesuche und zunehmendem Kinderfernsehens. Interessant.

Es ist also unterschiedlich. Belassen wir es dabei. Aber gut, wir haben hier noch ein paar Zahlen, und die wollen wir niemandem vorenthalten.

Es folgt eine kleine Übersicht aus dem Buch *Sexualität in den Niederlanden*. Es handelt sich um Menschen mit einer dauerhaften Beziehung.

	Mann	Frau
Weniger als einmal im Monat	3 %	0%
Ungefähr einmal im Monat	5 %	5%
Ungefähr zwei- bis dreimal im Monat	16 %	12%
Ungefähr einmal pro Woche	19 %	23%
Ungefähr zweimal pro Woche	40 %	40%
Ungefähr drei- bis viermal pro Woche	15 %	16%
Fünfmal pro Woche oder öfter	2 %	2%

Für viele Menschen sind das sicher beruhigende Zahlen, denn tatsächlich: Es gibt doch mehr Menschen, die es auch so wenig tun. Für andere wiederum wird es eine Bestätigung sein: Da siehst du es, viermal in der Woche ist ganz normal. Aber normal gibt es nicht, oder vielleicht ist ja alles normal.

Läßt die Häufigkeit stark nach, wenn man älter wird? Und läßt das Vergnügen nach, wenn man schon länger zusammen ist? Ein wenig, sagen die Zahlen, aber es ist halb so schlimm.

Menschen zwischen 18 und 25 Jahren schlafen durchschnittlich 7,4 Mal im Monat zusammen. Zwischen 26 und 33 Jahren sinkt die Zahl etwas: auf 7,0 Mal im Monat. Zwischen 34 und 41 wird es auch nicht deutlich weniger: 6,9 Mal im Monat. Und zwischen 42 und 50 Jahren schlafen Menschen noch immerhin durchschnittlich 6,8 Mal im Monat zusammen. Das ist also berechtigterweise beruhigend.

Wird es weniger, je länger man zusammen ist? Auch hier gilt: Nur ein bißchen. Menschen, die 1 bis 2 Jahre zusammen sind, tun es durchschnittlich 8,5 Mal pro Monat; in einer Beziehung, die bereits 2 bis 5 Jahre dauert, sind es durchschnittlich 7,5 Mal pro Monat; und das sinkt bis auf 6,8 Mal im Monat ab in Beziehungen, die 10 Jahre oder länger bestehen. Zwar eine Abnahme, aber keine dramatische.

In den folgenden Interviewfragmenten kommen nebenbei auch ganz interessante Orte zur Sprache. Denn Geschlechtsverkehr findet schon lange nicht mehr nur im Bett statt, in dieser Beziehung sind wir sehr kreativ geworden.

Ein nachgereichter Bericht: Nach der neuesten amerikanischen Untersuchung (des Chicago Research Institute) schlafen Menschen mit einer festen Beziehung durchschnittlich 67 Mal im Jahr zusammen. Das ist viel weniger, als andere Untersuchungen bisher gezeigt haben, und gleichermaßen bedeutend weniger, als die meisten von uns Befragten angaben: 67 Mal im Jahr, das ist 1,3 Mal pro Woche, oder einmal in 5,5 Tagen.

Nett oder, diese ganzen widersprüchlichen Zahlen. Wir sollten dem nicht zuviel Wert beimessen. Denn wer weiß eigentlich genau von sich selbst, wie häufig er Verkehr hat? Das müßte man ja in seinem Kalender immer beihalten und dann ausrechnen. Vielleicht kommt man so tatsächlich auf 1,3 Mal pro Woche.

Wir machen es auch gerne Sonntag morgens

Julia (27) und ihr Partner sehen sich aufgrund seiner Arbeitszeiten nicht so oft. »Dadurch kommen wir natürlich nicht dazu, so oft zusammen zu schlafen. Im Urlaub machen wir es wohl sehr oft, aber normal, während der Woche... vielleicht zweimal im Durchschnitt, das ist meiner Meinung nach nicht oft. Es ist wohl manchmal so, daß wir zwei Wochen nicht zusammen schlafen, dafür die nächste Woche aber sechsmal. In Zeiten, wo wir uns häufiger sehen, quatschen wir uns richtig schön aus, und dann kommt es oft von selbst zum Verkehr. Wir machen es auch gerne Sonntag morgens, während unser Kind unten fernsieht.«

Früher rief ich einen Freund an, wenn ich Lust hatte

Esther (27): »Wie oft ich mit jemandem schlafe... tja, wenn ich eine Beziehung habe, und es würde ein paar Wochen nichts passieren, würde ich mir doch ziemlich Sorgen darüber machen. Aber es muß auch nicht jeden Tag sein. Ich finde es wichtiger, daß es schön, angenehm und ungezwungen ist, als mehrmals kurz in einer Woche. Früher war es so: Dann rief ich einen Freund an, wenn ich Lust hatte. Regelmäßig. Ich habe jetzt eine feste Beziehung, aber früher hatte ich Freunde nur für den Sex. Ich war zwar in sie verliebt, aber viel mehr als Sex war da eigentlich nicht. Ich ging dann auch nicht fremd, ich hatte immer nur einen Freund. Sie mußten immer so gut aussehen wie Fotomodelle. Mein jetziger Freund sieht zwar ganz gut aus, aber so knackig schön ist er nicht.«

Wirklich oft schlafen wir nicht zusammen

Peter (27): »Das hängt davon ab. Wenn wir beide Lust haben, passiert es. Haben wir keine Lust, dann passiert nichts.

Nein, wirklich oft schlafen wir nicht zusammen. Wir sind beide nicht solche Schmusebären. Aber das hatte ich ja schon gesagt; wir sind mehr Freunde als Liebhaber.«

Es ist ein Problem, wenn aus schmusen gleich Sex wird

Marjo (33): »Wir schlafen ungefähr zwei- bis dreimal in der Woche zusammen. Manchmal nur einmal in der Woche, manchmal öfter.«

Was wäre für dich die ideale Anzahl?

»Für mich... einmal in der Woche. Manchmal habe ich wohl das Bedürfnis danach, aber ich will eigentlich öfter nur schmusen. Für mich ist es ein ziemliches Problem, wenn aus schmusen gleich Sex werden muß. Ich verstehe zwar, daß ihn das erregt, aber für mich bedeutet schmusen Geborgenheit, sich sicher fühlen, herrlich zusammen sein. Müdigkeit spielt auch eine Rolle. Ich arbeite abends, und danach bin ich einfach zu müde. Im Urlaub schlafen wir wohl öfter zusammen. Dann fühlt man sich freier, weniger müde, dann ist man ja ständig zusammen. Nach einem schönen Tag finde ich es fantastisch abends noch miteinander zu schlafen, aber nach einem hektischen Tag habe ich einfach nicht mehr so viel Lust. Verkehr am Morgen, nein danke. Dann sind die Kinder auch überall. Sie haben uns schon einmal erwischt. Sie haben gefragt, ob der Papa der Mama weh getan hätte. Wir haben gesagt, daß wir nur am Herumtollen wären, da wollten sie sofort mitmachen.«

Eine Beziehung zwischen zwei Stuhlbeinen oder sowas

Daan (43): »Die Häufigkeit, wie oft man zusammen schläft, ist überhaupt nicht wichtig. Das ist ein Bedürfnis, das hundertmal im Monat auftreten kann, aber es gibt auch Perioden, in denen man kaum Verkehr hat. Wenn während so einer stillen Periode von einem auch nur der kleinste Vorwurf kommt, erzeugt das nur Abstand. Das Idealste ist, wenn beide im richtigen Moment die gleichen Gefühle haben. Ob das nun einmal in drei

Monaten ist oder fünfmal in der Woche. Es ist bestimmt nicht so, daß etwas falsch läuft, wenn man einige Wochen lang nicht zusammen schläft. Und umgekehrt, wenn beide sexuell so aneinanderhängen, daß sie fast nicht mehr aus dem Bett wollen, dann hat das auch seine Richtigkeit. Eine Beziehung ohne Sexualität ist für mich ungefähr dasselbe, wie eine Beziehung zwischen zwei Stuhlbeinen oder sowas.«

Morgens meistens schöner als abends

Irene (28): »Wir schlafen ungefähr dreimal in der Woche zusammen. Wenn ich müde bin, dann weniger. Ich gehe oft früher als er schlafen, denn ich bin ein Morgenmensch und er ein Nachtmensch. Dadurch kommt es abends oft nicht dazu. Ich finde es auch morgens meistens schöner als abends, während er lieber abends bumst.«

Den Spaß, den man dabei hat

Isabel (21): »Unsere Beziehung ist sexuell sehr befriedigend.

Wir schlafen oft zusammen, ich denke, jedes Mal, wenn wir uns sehen, so vier- bis fünfmal pro Woche. Ich bin damit sehr zufrieden. Er will auch nicht öfter, aber ich tue es für mein Leben gerne.«

Was ist für dich das Schöne am Sex?

Sie zögert: »Es ist einfach schön. Meine Güte. Sich jedesmal wieder von neuem zu verführen. Die Spannung. Den Spaß, den man dabei hat.«

An kinderlosen Wochenenden bumsen wir drauflos

Joost (39): »Eine ideale Frequenz wäre für mich ein- oder zweimal pro Tag, aber das ist leider in der Praxis nicht möglich. Das hat unter anderem auch mit der Situation, in der wir uns befinden, zu tun. Zwei Häuser, stressige Berufe, die Kinder… Während die Kinder da sind, kann man nicht mal eine Nummer machen. Aber ich bin überhaupt nicht unzufrieden. Ich habe in ihr jedenfalls jemanden gefunden, mit dem ich unglaublich gut zurechtkomme. Ich glaube, früher wäre ich wohl ganz schön ungeduldig geworden, aber das habe ich mir im Laufe der Jahre abgewöhnt. Die sexuelle Beziehung zwischen ihr und mir ist gut, die Frequenz ist vernünftig, und Nachholmanöver sind Teil unserer Freizeit. An unseren kinderlosen Wochenenden bumsen wir drauflos.«

Und es braucht auch nicht unbedingt ein Mann zu sein

Christien (41): »Mit meinem Mann schlafe ich bestimmt so drei- bis viermal pro Woche. Am Wochenende meistens zweimal und ziemlich ausgedehnt, und während der Woche immer mal ein Nümmerchen morgens früh.«

Und mit deinem Freund?

»Ich gehe meistens einen Abend pro Woche zu ihm, und dann schlafen wir auch zusammen, außer wenn ich meine Tage habe. Dann muß ich es nicht haben. Also ich glaube, ich habe ein ziemlich lebhaftes Sexleben. Und ich bin unheimlich zufrieden damit, denn ich bin verrückt nach Sex. Nicht, daß ich einfach so mit jedem ins Bett steige: Ich muß denjenigen zumindest nett finden. Und es muß auch nicht grundsätzlich ein Mann sein.«

Schläfst du schon mal mit Frauen?

»Das habe ich schon gemacht. Und es ist genauso schön wie mit Männern.«

Oft genug

Kees (38): »Die Häufigkeit schwankt ein wenig. Es gibt Zeiten, in denen wir es jeden Tag tun, manchmal auch zwei oder dreimal in der Woche. Aber es gibt auch Perioden, in denen wir es ruhiger angehen lassen. Aber wir machen es oft genug, auch wenn ich es etwas öfter möchte als sie. Ach, was soll's, dafür haben wir dann auch eine Lösung.«

Er möchte gerne öfter, ich eher weniger oft

Simone (30): »Wir machen es ein- oder zweimal in der Woche.

Er möchte gerne öfter, ich weniger oft. Früher machten wir es jeden Tag. Wenn ich meine Tage habe, bin ich froh, denn dann habe ich eine Woche Ruhe und kann schön schlafen gehen. Wenn er nicht beginnt, passiert nichts, ich ergreife nie die Initiative, weil ich keine Lust dazu habe. Manchmal passiert es auch, obwohl ich keine große Lust habe. Aber wenn wir dann einmal dran sind, dann finde ich es doch manchmal schön.«

Im Urlaub ist er ausgeruhter

»Wir machen es ein- oder zweimal in der Woche, im Urlaub etwas häufiger,« sagt Maria (37). »Im Urlaub ist er ausgeruhter. Wir sind beide mit der Häufigkeit zufrieden. Wenn ich mal keine Lust habe, dann ist das für ihn kein Problem. Und das beruht auf Gegenseitigkeit. Initiative übernehmen wir schon beide.«

Kommt auch schon mal vor: Hopp und fertig!

Carolien (33) möchte nichts genaues über die Geschlechtsverkehr-Frequenz in ihrer Beziehung sagen. »Wir sind beide zufrieden. Mal öfter, mal weniger oft. Aber es ist kein müssen, so in der Art: Er muß so nötig. Es ist auch nie vorher geplant. Wenn wir einen guten Tag hatten und in Gedanken nicht mit irgendwelchen Problemen beschäftigt sind, dann schlafen wir meistens auch zusammen. In anderen Fällen habe ich eher Schwierigkeiten damit.

Vor allem, wenn wir Streit hatten: Das muß bei mir erst

verblassen, ich kann dann nicht mit ihm schlafen. Es kommt auch schon mal vor: Hopp und fertig! Aber dann kam es nicht von mir.«

Es muß nicht mehr jeden Tag sein
Arnold (41): »Naja, so vier-, fünfmal die Woche finde ich prima, wenn sie es auch will. Von mir aus muß es nicht mehr jeden Tag sein. Meine Freundin ist regelmäßig eine Zeitlang nicht da, und dann warte ich, bis sie wieder bei mir ist.«

An anderen Tagen ist es zu anstrengend, dann bin ich müde
Francien (36): »Wir schlafen meistens am Wochenende zusammen.

An anderen Tagen ist es zu anstrengend, dann bin ich zu müde und so weiter. Dann ist das Wochenende eine Erholung. Aber im allgemeinen sind wir sehr zufrieden über die Häufigkeit. Nach sehr aufreibenden Zeiten haben wir wohl schon mal eine Nachholperiode nötig, eine Zeit, in der es öfter passiert.«

Dann spielt der andere eben mit sich selbst
Thera (26): »Wir schlafen manchmal zwei Wochen nicht zusammen, und dann auf einmal vier Tage hintereinander. Wir sind manchmal intensiv mit anderen Dingen beschäftigt. Hat der eine Lust und der andere nicht, dann spielt der eine eben mit sich selbst. Wir sind keine Menschen, die sagen, daß man sehr oft zusammen schlafen muß, weil es sich so gehört. Wir machen es nur, wenn wir echt Lust haben. Und dann ist es schon sehr wichtig.«

Oft eine schnelle Nummer zwischendurch
Bernard (39): »Momentan läuft es bestens. Ich kann mich nicht

beklagen. In Zeiten, in denen wir zusammen schlafen, machen wir das so vier- bis fünfmal in der Woche. Wir haben auch schon mal eine Periode, in der nichts läuft; das kommt vor, wenn uns andere Dinge stark in Beschlag nehmen. Es kommt auch schon mal vor, daß sie Lust hat und ich nicht, dann verwöhne ich sie. Lustig ist, daß wir momentan oft eine schnelle Nummer zwischendurch machen, weil wir beide Lust dazu haben. Es ist im Moment einfach herrlich, ein Stück stabiler.«

Keinen Trefferindex

Teun (40): »Tja sag' mal, ich führe doch keinen Trefferindex. Ich bumse oft und viel, aber wenn ich sagen müßte, wie oft, dann müßte ich das über den Daumen peilen.«

Im Durchschnitt wird es drei- bis viermal pro Woche sein

Merel (35): »Manchmal lieben wir uns zweimal am Tag, manchmal einmal in zwei Wochen, weil wir todmüde sind. Durchschnittlich wird es zwei- bis dreimal in der Wochc sein. Aber es ist auch schon mal öfter oder auch schon mal weniger.«

Möchte er öfter als du?

»Eher anders herum. Aber er übernimmt meistens die Initiative. Männer haben keine Pumpe, wenn er also echt nicht will, dann gelingt es auch nicht. Dann klappt es einfach nicht bei ihm. Dann kann man höchstens schön eng zusammenliegen. Aber das ist für mich nicht bumsen. Wenn es darum geht, wie oft wir zusammen schlafen, dann meine ich damit vögeln. Wir schlafen nie ein, ohne uns zu küssen und uns eng aneinanderzukuscheln. Daraus kann sich Sex entwickeln, aber es muß nicht. Wenn ich wirklich keine Lust habe, passiert auch nichts, und dann drängelt er auch nicht. Wir müssen beide Lust haben.«

Junge Frauen wollen all das, was man schon längst hinter sich hat

Jurriaan (38): »Nicht oft genug. Damit bin ich nicht glücklich. Als Mann bleibt es doch dabei, daß man seinem Schwanz hinterherläuft, obwohl man das nicht will. Aber im Laufe der Jahre nimmt das wohl ab, obwohl...«

Obwohl?

»Ich stelle jetzt fest, daß ich mich in einem Alter befinde, in dem man als Mann anfängt, für Frauen so zwischen 25 und 33 interessant zu werden. Während ich mich selbst nicht traue, mich im Spiegel zu betrachten, aus Angst, daß der zerspringt. Auf der einen Seite fühle ich mich durch diese ganze Aufmerksamkeit geschmeichelt, auf der anderen Seite finde ich es auch irgendwie unehrlich. Als Liesbeth damals noch in den Zwanzigern war, liefen ihr die Männer scharenweise hinterher, und unsere Beziehung war damals noch in einem Stadium, wo ein Seitensprung durchaus noch passieren konnte. Nun bin ich in einem Alter, wo man das nicht mehr so schnell macht.«

Was hindert sich jetzt daran?

»Es fängt schon damit an, daß um dich herum sofort alle Bescheid wissen, bevor irgend etwas passiert: Die Frauen kommen auf mich zu, ich bin da ganz unbeteiligt, und das wird einem ganz leicht andersherum ausgelegt. Ich fange weiter nichts mit ihnen an, aber in den Augen der Leute ist man schon fremdgegangen. Läßt man sich darauf ein, dann muß man wieder alles erklären, was gibt das wieder einen Ärger, man hat nichts als einen Haufen Scherereien dadurch. Das will man irgendwann nicht mehr, wenn man solange mit jemandem zusammen ist, Kinder hat und alles unheimlich gut läuft. Ich sehe wohl viele Freunde meines Jahrgangs, die plötzlich sehr junge Freundinnen haben.«

Bist du darauf eifersüchtig?

»Es sieht gut aus. Aber ansonsten wollen junge Frauen all

das, was man schon längst hinter sich gebracht hat, das ganze romantische Gefasel, kleine Kinder... das hat man doch gerade alles hinter sich.«

Was machst du, wenn du willst, aber sie nicht?

»Das hört sich sicher jetzt resigniert an, aber es geht vorbei. Dann mache ich einfach etwas anderes.«

Wer von euch übernimmt im allgemeinen die Initiative?

»Ich denke, jeder von uns gleichermaßen.«

Wie leicht fällt es euch, über Sex zu sprechen, wenn es mal nicht so gut läuft?

»Mir fällt es leicht, ihr übrigens auch. Ich habe eigentlich keine Probleme mit Tabus, für mich ist es ungefähr das gleiche, wie wenn jeder, der einen Haufen ins Klo setzt, auf einmal so tun soll, als ob das nicht so ist, nur weil jemand das so gesagt hat. Das ist doch Unsinn, finde ich.«

Nicht oft, aber dafür gut

Sandra (43): »Bei uns findet es hauptsächlich am Wochenende statt. Wir arbeiten beide, und während der Woche steht uns einfach nicht der Sinn danach. Wenn man sich intensiv mit etwas beschäftigt, das ist meine Erfahrung, hat man viel weniger das Bedürfnis nach Sex. Vielleicht findet man ja dann in dem anderen genug Befriedigung. Wir haben eine Arbeit, mit der wir sehr zufrieden sind und die uns stark in Anspruch nimmt. Wir quatschen uns wohl jeden Abend aus, mit einem Gläschen Wein im Bett liegend, aber wir schlafen dann meistens nicht mehr zusammen. Wohl immer am Wochenende.

Ein- oder zweimal, das ist unterschiedlich. Meistens nur einmal, also nicht oft, dann aber gut. Sehr intensiv und lange.«

Ich kann auch nicht immer nein sagen

Judith (24): »Manchmal schlafen wir eine ganze Woche nicht zusammen, dann wieder viermal in der Woche. Es ist ganz verschieden. Wir sind beide zufrieden damit. Obwohl, mir reichen eigentlich zweimal pro Woche. Er möchte schon mal öfter, drei- oder viermal. Aber das ist mir dann echt zuviel.

Ich bin abends oft hundemüde, und ich habe auch oft einfach keine Lust dazu. Es passiert zwar schon mal, obwohl ich keine Lust dazu habe, aber das merkt er dann nicht, denn ich zeige es ihm nicht. Ich kann auch nicht immer nein sagen. Wenn er so gerne will, dann kann ich mich ihm wohl hingeben. Anfangs fühle ich dann nichts, aber später wird es oft doch noch schön.«

Fühlst du dich dann nicht mißbraucht?

»Nicht wirklich. Denn wenn ich wirklich nein sage, und das sage ich auch ab und zu, dann heißt das auch nein. Nach einem Streit braucht er nicht bei mir anzukommen. Manchmal tue ich so, als ob ich schlafe, aber irgendwann kann ich mir dann das Lachen nicht mehr verkneifen.«

Zwei- oder dreimal in der Woche

Martin (24): »Am Anfang machten wir es jeden Tag, und wenn es aus irgendwelchen Gründen nicht dazu kam, machten wir es am nächsten Tag dafür zweimal. Jetzt ist es etwas weniger geworden, wahrscheinlich weil doch das Neue und Spannende vorbei ist. Aber schön ist es noch immer. Ich denke, wir liegen so bei zwei- oder dreimal in der Woche. Vielleicht nicht furchtbar viel, aber auch nicht zu wenig.«

Bleibt tabu

Yvo (24): »Seit ich den Entschluß gefaßt habe, sie zu verlassen, schlafe ich nicht mehr mit ihr. Ich kann es nicht mehr über mich bringen, und ich will auch nicht mehr. Oh, sie probiert es zwar noch mit allen Tricks, aber ich bin dafür nicht mehr empfänglich. Mein kleiner Mann bleibt tabu für sie.«

Nicht so oft

Manuel (21): »Ich sehe meine Freundin natürlich nicht so oft, aber wenn wir uns sehen, schlafen wir zusammen.«

Mit Höhen und Tiefen

Leonie (36): »Es vergehen Wochen, in denen ich nicht mit einem Mann schlafe. Dann halte ich es auf einmal nicht mehr aus, und dann suche ich mir jemanden. Manchmal habe ich eine Art Beziehung, denn als mehr kann man es ja wohl nicht bezeichnen, die eine Zeitlang dauert. Manchmal schlafe ich mit einem Mann nur einmal. Es ist schon arg mit Höhen und Tiefen verbunden. Ich gehe übrigens auf Nummer sicher. Immer nur mit Kondom. Die Verantwortung muß man schon tragen. Wie oft ich im Durchschnitt mit jemandem schlafe, kann ich nicht sagen. Es gibt auch sehr intensive Perioden.«

Ich spritze einen erwachsenen Kerl von seinem Motorrad

Reinier (44): »Die Häufigkeit ist sehr mäßig. Ich würde gerne öfter, aber das ist nun mal nicht so. Ich löse das Problem auf meine Art, dann muß ich meine Pfeife halt ausklopfen. Das ist zwar kein Ersatz, aber eine praktische Lösung. Und so einen erwachsenen Kerl spritze ich immer noch von seinem Motorrad.

Ach, meine Libido hat wohl ziemlich abgenommen. In früheren Beziehungen vögelte ich bis zum Umfallen. Ich gebe zu, daß es in der Beziehung zwischen uns nicht gut klappt. Aber man kann durchaus glücklich miteinander sein, ohne daß Sex eine große Rolle spielt. Natürlich macht es das Leben angenehmer. Ich könnte daran auch etwas ändern, aber ich tue es nicht. Das ist irgendwie ein bißchen wie Versteckspielen.«

Sie findet das unappetitlich

Louis (34): »Oft genug. Zwei-, dreimal in der Woche machen wir es sicher. Nur in der Woche, in der sie ihre Regel hat, darf ich sie nicht berühren. Das kann sie nicht haben. Sie findet das unappetitlich.«

Man weiß den ganzen Tag, daß es passieren wird

Adèle (35): »Wir schlafen ziemlich oft zusammen. Wenn wir zusammen sind, kann man darauf wetten, daß wir uns lieben.

Würden wir uns öfter sehen, dann würden wir noch öfter zusammen schlafen. Es kommt nun so vier- bis fünfmal in der Woche vor. Sind wir bei mir zu Hause, dann sind meine Kinder natürlich da, und dann fühlt man sich doch nicht so frei. Wenn wir bei ihm sind... das sind für mich die schönsten Momente, und dann schlafen wir auch öfter zusammen. Nicht länger oder so. Es geht nicht nur um die Bumserei selbst, aber man weiß den ganzen Tag, daß es passieren wird. Eine herrliche Spannung, man hat keine Eile. Wir bumsen auch draußen, überall, auf einem Parkplatz oder im Wald. Wir benutzen nur das Schlafzimmer, wenn die Kinder da sind. Wenn man im Schlafzimmer zusammen schläft, dann ist es logisch, daß man danach einschläft, aber wenn du irgendwo anders bumst, dann ist es schöner, weil man danach durchs Leben geht, während die Spannung noch in einem steckt. Ich habe sexuell gesehen eine sehr schöne Beziehung. In meiner vorigen Beziehung war das nicht so. Sex ist für mich sehr wichtig.«

Sie hat einfach weniger Lust als ich

Olle (29): »Ich kann eigentlich nie genug davon kriegen. Sie leider wohl. Es ist nicht so, daß sie kaltblütig ist, im Gegenteil, nur hat sie einfach weniger Lust auf eine Nummer als ich. Das finde ich schon schade, weil ich dadurch manchmal mit meiner sexuellen Seele unter den Armen herumlaufe.

Und eine Partie wichsen ist mir dann doch zu armselig. Ich bin ihr auch überhaupt nicht böse deswegen, keine Lust ist keine Lust. Ich würde es ihr krumm nehmen, wenn sie Kopf- oder Bauchschmerzen vortäuschen würde. Denn nun weiß ich, wenn sie Lust hat, mit mir zu schlafen, daß ihre Lust auch echt ist. Dreimal täglich wäre für mich fantastisch, aber wenn es dreimal in der Woche vorkommt, habe ich schon eine Topwoche. Aber damit das klar ist, ich beklage mich bestimmt nicht.«

Ich fühlte mich immer schuldig, weil ich nicht so oft wollte

Moniek (33): »Wir schlafen durchschnittlich zweimal in der Woche zusammen. Damit sind wir beide zufrieden.«

Wer ergreift die Initiative?

»Meistens er. Ich habe etwas weniger das Bedürfnis als er. Wir haben darüber eine Absprache, wir haben gesagt: Man muß 100 % dahinterstehen, alle beide, sonst bringt das nichts. Ich fühlte mich immer schuldig, weil ich nicht so oft wollte. Darüber hatten wir manchmal ziemliche Auseinandersetzungen. Irgendwann habe ich mir gesagt: Wenn ich wirklich nicht will, muß ich auch nicht. Ansonsten gebe ich mich ihm hin. Ich fühle mich dann wirklich nicht benutzt, und er ist zufrieden damit. Ich verhalte mich manchmal ziemlich passiv, ab und zu bekomme ich dann aber doch noch Lust. Manchmal, platt gesagt, hat er das Bedürfnis, sich zu lösen, und dann gebe ich mich ihm hin. Es klingt banal, ist es aber nicht.«

Wir überschlagen auch schon mal eine Woche

Thijs (39): »Früher kam es öfter vor als jetzt. Vielleicht kommt das dadurch, daß sie etwas älter ist. Aber es ist oft genug; manchmal ein-, manchmal zweimal in der Woche. Wir überschlagen auch schon mal eine Woche, weil wir dann andere Dinge um die Ohren haben.«

Was so alles hinter all den geschlossenen Gardinen passiert

Dieses Kapitel geht über das Miteinanderschlafen. Um genau zu sein: Über die Art und Weise, wie Menschen sich lieben, was sie schön finden, was sie gerne mal tun würden, und was sie nie machen würden. Hier kommt zur Sprache, was so alles passiert hinter all den geschlossenen Gardinen, die man sieht, wenn man abends durch die Straße läuft. Es passiert eine ganze Menge, das ist sicher. Nicht immer gleich viel und gleich oft, aber dennoch. Es ist schon manchmal ein komischer Gedanke: Man sitzt in einem Straßencafé, schaut sich die Leute an, die vorbeigehen, und man denkt: Die machen es auch alle. Auch die Frau mit den kleinen Kindern, ebenso der Mann im Streifenanzug, wie auch der schwergewichtige Bauarbeiter und auch die Frau, die einem das Bierchen serviert.

Praktisch alle Menschen führen hinter ihren Gardinen ein für andere meistens geheimes Sexleben. Gerade dadurch, daß in der Öffentlichkeit so selten darüber gesprochen wird, haben viele Menschen keine Ahnung, daß das, was sie tun, ungefähr das ist, was die anderen auch tun. Sie sehen vielleicht mal einen Pornofilm – die man zur Zeit ganz normal im Fernsehen sehen kann, und Liebhaber wissen genau, wann und auf welchen Kanälen – und denken dann, daß das, was da abgeht, normal ist.

Geben Sie mal auf folgendes acht: In Softsexfilmen kommt keine Erektion vor. Wenn man mal einen Penis zu Gesicht bekommt, ist der meistens schlaff. Wenig überzeugend. Aber sieht man einen Pornofilm, dann werden da Erektionen gezeigt, die sozusagen Stunden aufrecht erhalten werden können. Davon könnten fernsehende Männer echte Minderwertigkeitskomplexe bekommen. Nur, wir haben den starken Verdacht, daß vor den Aufnahmen, Pavarine in die beteiligten Geschlechtsteile gespritzt wird: Ein Mittel, das selbst impotenten Männern eine Erektion bieten kann, die stundenlang anhält.

Es erzählen nun Frauen und Männer alles über ihr Sexleben. Wir haben bei ihnen zu Hause gesessen, wir haben zusammen Kaffee getrunken und Fragen gestellt, die man sich normal nie trauen würde, jemandem zu stellen. Aber für dieses Buch war es in Ordnung, es fiel uns auf, wie offenherzig die Antworten waren. Stellen Sie sich vor, Sie sollten um zehn Uhr morgens, während es draußen regnet, einem Wildfremden erzählen, ob Sie blasen schön finden, um nur mal ein Beispiel zu nennen.

Aber es wurde uns alles erzählt, auch wenn manchmal Zweifel auftraten. Dabei ging der eine mehr auf Details ein als der andere, aber wir haben über die sexuelle Kreativität der Leute ein klares Bild bekommen.

Es ist außerdem nicht unsere Absicht, daß dieses Buch als Sexbuch angesehen wird, nur, es geht nun mal über Beziehungen, und Sex gehört dazu. Die Berichte sind sicher aufreizend, aber um eventuellen Moralpredigern zuvorzukommen, sagen wir hier dazu nur kurz, daß man nicht über Beziehungen schreiben kann, ohne Sex mit einzubeziehen.

Das sexuelle Verhalten ist wissenschaftlich untersucht. Unzählige Male sogar. Die Resultate dieser Untersuchungen laufen oft stark auseinander. Das kann an der Fragestellung liegen, am Land, in dem die Untersuchung vorgenommen wurde, aber auch daran, daß die Befragten bei solchen Untersuchungen nicht immer ehrlich sind. Wir wollen ihnen jedoch einige Zahlen bekanntgeben. Jeder kann sein oder ihr sexuelles Verhalten damit vergleichen, und das ist immer interessant. Die neuesten und naheliegendsten Zahlen sind aus dem Buch *Sexualität in den Niederlanden.* Sie stützen sich auf dauerhafte heterosexuelle Beziehungen.

Küssen kommt, das wird sicher niemanden erstaunen, in allen Beziehungen vor. Schmusen und liebkosen ebenso. Rund 90 % stimulieren einander mit den Fingern und masturbieren, davon ungefähr die Hälfte oft oder immer.

25 % praktizieren keinen Oralverkehr, 75 % also wohl; allerdings gibt ein Großteil davon an, es nicht oft, sondern nur manchmal bis regelmäßig zu tun.

Vaginaler Geschlechtsverkehr kommt natürlich häufig vor: Nur ungefähr 5 % haben keinen vaginalen Geschlechtsverkehr. Anale Stimulation mit den Fingern ist weniger gebräuchlich, aber wiederum auch nicht ungewöhnlich: Ungefähr 30 % der Menschen macht das schon mal.

Analer Geschlechtsverkehr ist viel seltener: 6 % der Männer sagen, daß sie es schon mal tun, von den Frauen 12 %. Übrigens ein seltsamer Unterschied: Wahrscheinlich schämen sich Männer eher dafür, weil dieses Verhalten mit Homosexualität in Zusammenhang gebracht wird.

Bei anderen Untersuchungen kam übrigens heraus, daß um so mehr sexuell experimentiert wird, je höher die Ausbildung ist.

Und jetzt: Die spannenden Erzählungen.

Es gibt nur wenige Stellungen, die wir nicht ausprobiert haben

Mariette (34): »Im allgemeinen beginnt er. Seit wir Kinder haben, machen wir es immer im Bett. Früher stand uns das ganze Haus zur Verfügung. Jetzt sind wir ans Bett, ans Schlafzimmer gebunden. Und man muß natürlich warten, bis die Kinder schlafen. Morgens können wir momentan auch vergessen.

Ich darf gar nicht daran denken, wären wir gerade so schön dabei, und ein Kind käme hereinspaziert. Wir sind glückli cherweise noch nie erwischt worden, nur einmal fast; wir konnten noch gerade die Decken über uns ziehen. Er macht mich immer heiß, und dann sind wir bereit zu allem. Küssen, ich habe sehr empfindliche Brüste. Und es gibt nur wenige Stellungen, die wir nicht ausprobiert haben. Das Vorspiel ist sehr wichtig: Ohne bin ich nicht feucht genug. Auch die Intimität, das In-Stimmung-Kommen ist wichtig. Sonst kann man ja genausogut eine Puppe nehmen und es damit tun. Es kommt bei uns nicht immer zum Bumsen; es geht auch anders. Manchmal blase ich ihm einen, oder er stimuliert mich, aber in dem Fall kommt es meistens auch zum Bumsen, denn dann komme ich am besten zum Höhepunkt.«

Stellung neunundsechzig machen wir nicht

Peter (27): »Was meinst du damit, wie wir es tun? Normal, denke ich, nicht irgendwas Spezielles. Stellung neunundsechzig machen wir nicht, wenn es das ist, was du wissen willst, weil das geht mir total gegen mein Gefühl. Ich halte nichts davon. Wie die Hunde oder wie man das nennen soll, das finde ich lächerlich. Das ist einfach nur ausprobieren um des Ausprobierens willen, und das muß ich nicht haben. Einfach zusammen schlafen, deinen Mund und deine Hände einsetzen, das ist es.«

Andere dürfen die Filme nicht sehen

Adèle (35) hat am liebsten Verkehr, wenn die Kinder nicht da sind. Dann liebt sie es auch anders, dann findet sie andere Dinge schön. Sie erzählt, wie es meistens beginnt. »Wir sitzen zum Beispiel da und sehen fern. Fesselt es uns nur so halb, dann sind wir ganz plötzlich in ein Liebesspiel verwickelt. Ich bin oft diejenige, die beginnt. Er findet es sehr erregend, wenn ich mit meiner Hand in seine Hose greife. Das kann wohl eine halbe Stunde dauern. Ich selbst finde das auch sehr schön. Manchmal kann unser Liebesspiel dann drei, vier Stunden dauern, und zwischendurch kann alles mögliche passieren. Wir gehen zum Beispiel in die Küche, um uns etwas zu essen zu machen, und machen danach weiter. Manchmal dauert es auch nur eine halbe Stunde, es ist ganz unterschiedlich. Ansonsten gehen wir das ganze Arsenal durch. Wir ziehen uns aus, aber manchmal ist es auch herrlich, wenn man etwas anbehält. Manchmal geht es ziemlich rauh zu, manchmal sehr sanft. Und immer müssen wir unglaublich dabei lachen.

Über Dinge, die er mir dann sagt, zum Beispiel, daß er mir eine Abreibung geben wird oder so. Das hört sich grob an, aber ich empfinde das bestimmt nicht so. Er kann auch sehr gut Komplimente machen, er sagt zum Beispiel, daß ich eine unwahrscheinlich schöne Muschi habe. Dabei erzählt er mir, daß andere oft eine sehr häßliche haben, wo man drin blättern muß. Er denkt sich viele Spielchen aus. Eine Art Rollenspiele, bei denen wir viel lachen müssen. Wir sind ganz albern. Wir versuchen dann bumsenderweise in die Küche zu laufen. Humor gehört immer dazu. Wir lachen furchtbar viel.«

Adèle erzählt, daß ihr Freund oft Videofilme macht, während sie sich lieben. »Ich fand es zuerst furchtbar, und ich wollte sie auch nicht sehen. Er setzt die Kamera auf ein Stativ, und so wird dann alles gefilmt. Das erste Mal war ich unheimlich sauer, weil er gefilmt hatte, ohne daß ich das wußte. Als er den Film zurückdrehte, war ich doch neugierig. Und es war ein unglaublich schöner Film. Ich hatte Angst, daß ich mich genieren würde, aber es war halb so schlimm. Er filmt uns oft, nur, ich vergesse die Kamera nie, ich weiß, daß sie da ist. Wir sehen uns die Filme auch immer direkt danach an. Manchmal finde ich es schon ein bißchen komisch. Ich finde es auch schön, aber vielleicht stört es mich auch deshalb, weil eigentlich kein richtiger Sinn dahintersteckt. Andere dürfen die Filme auch nicht sehen. Mit Fotos habe ich keine Probleme. Er hat viele Nacktfotos von mir gemacht, und die kann jeder sehen. Aber Filme bewegen sich, und das ist doch etwas anderes.«

Ich kann lecken eigentlich nicht wirklich schön finden

Reinier (44): »Tja, ich würde es durchaus schön finden, mit ihr zusammen einen Pornofilm anzusehen. Es muß allerdings einer sein, der auch eine Handlung hat. Aber sie hält nichts davon. Wir haben uns schon mal einen zusammen angeschaut, das war das reinste Fiasko. Sie findet es absolute Zeitverschwendung. Nein, das ist keine Haltung von ihr, das meint sie ernst. Ich bin übrigens von Natur aus ein warmer und anschmiegsamer Mensch. Ich fasse gerne an, ich schmuse gerne. Zufällig habe ich eine Frau getroffen, die das nicht hat.

Sie findet es nicht schön, mir einen zu blasen, also tut sie es auch nicht. Dem steht gegenüber, daß ich lecken eigentlich auch nicht wirklich schön finden kann. Obwohl ich es früher oft gemacht habe. Meiner Meinung nach ist das bei einem Mann auch alles viel einfacher, viel besser erreichbar. Bei einer Frau ist es ganz schön schwierig, um daran zu kommen. Nein, im Grunde meines Herzen bin ich noch nie ein Befürworter von lecken gewesen.«

Es fällt mir auf, wie ungeschickt die meisten Männer sind

Leonie (36): »Es fällt mir auf, daß Männer noch immer nicht genau wissen, was eine Frau schön findet. Sie probieren zwar das eine oder andere, aber es ist oft so wenig subtil. Einem sofort an den Busen grapschen oder zwischen den Beinen fummeln wollen. Ich kann das überhaupt nicht leiden. Und es gibt auch Männer, die es sehr wichtig finden, daß man zum Höhepunkt kommt. Eigentlich ist das lobenswert, aber sie machen da so einen Aufstand von. Als ob man nur aus einer Klitoris bestehen würde. Echt, es fällt mir auf, wie ungeschickt die meisten Männer im Bett sind. Mich kann das schrecklich frustieren.«

Vom großen Zeh bis zum Kopf überall gestreichelt
Elly (31) und ihr Mann halten viel von Massage. »Wir haben auch herrliche Massageöle. Der eine massiert den anderen, manchmal auch gegenseitig. Das ist fantastisch. Vom großen Zeh bis zum Kopf wird man überall gestreichelt. Das geht dann langsam über in bumsen. Für mich ist immer noch die traditionelle Weise am schönsten: Er oben, ich unten.«

Ich habe wohl schon mal den Eindruck, daß ich meinem Schwanz hinterherrenne
Teun (41): »Ich mache SM (Sado-Masochismus). Ich traute mich früher nie, das offen einzugestehen, aber ich habe festgestellt, daß SM in meinem Charakter liegt. Ich finde es meistens schön, die unterwürfige Rolle zu spielen. Wahrscheinlich, weil ich im täglichen Leben ziemlich dominant bin. Bei SM kann ich mich auf Wunsch festbinden oder mir die Augen verbinden lassen. Das erregt mich, das macht mich geil. Es ist bestimmt nicht so, daß SM für mich ein ›way of life‹ ist; es ist nur ein Teil davon. Es hat sich so entwickelt.

Wir leben im Aids-Zeitalter, also müssen wir nach sicherem Sex suchen. SM ist sicher. Es geht nicht um Orgasmus. SM ist ein Spiel, in dem die erotische Spannung eine große Rolle spielt. Es passiert nichts ohne Respekt. Alles, was zwei

Menschen miteinander machen, ist prima, solange sie das beide wollen.«

Du hast sehr viele wechselnde Kontakte. Wird dir das nie zuviel?

»Oh doch, manchmal wird es mir schon zuviel. Sex frißt Energie. Ich habe den Eindruck, daß ich meinem Schwanz hinterherlaufe. Ich habe auch schon mal daran gedacht, einen Kursus A-Sexualität zu besuchen ... Es wäre wirklich am besten, wenn ich meinen Schwanz mal einen Monat in Urlaub schicken könnte. Aber dann würde ich doch gerne mit wollen, haha.

Sieh' mal, Sex frißt Energie, aber gleichzeitig gibt er einem auch so viel Energie zurück. Es schmeichelt meinem Ego, daß ich so viele Sexfreunde habe. Das bedeutet doch, daß ich einen guten Marktwert habe ... Ich habe mal mit jemandem geschlafen, der schnitt danach etwas von meinem Schamhaar ab und steckte die Haare in eine Tüte. Und weißt du, was der dann sagte? Daß er das bei jedem macht, mit dem er Sex gehabt hat, und daß er sich davon, wenn er alt ist, ein Kopfkissen machen will. Das ist eine fantastische Idee. Sex ist nämlich einfach unwahrscheinlich schön.«

Es ist auch wahnsinnig schön ohne Koitus

Der ideale Liebesakt beginnt für Andrea (32) bereits im Laufe des Abends, aber manchmal auch schon am Tisch. »Dann ist die Stimmung plötzlich optimal, und es beginnt wie von selbst.

Das Vorspiel ist sehr wichtig für mich, das machen wir auch beinahe immer. Je länger das Vorspiel, desto besser ist es, finde ich. Es darf ruhig eine halbe Stunde dauern. Und danach geht es mir oft so, daß ich dann nicht grundsätzlich bumsen muß, das ist wirklich nicht immer nötig. Man kann sich auch sehr ausgedehnt lieben, ohne daß er bei einem eindringt. Darin werden wir immer erfindungsreicher. Es ist auch wahnsinnig schön ohne Koitus. Vielleicht sogar schöner. Ein Nachspiel ist meistens nicht mehr nötig, weil wir dann schon so lange beschäftigt waren, daß wir ganz einfach viel zu müde dazu sind.«

Sie sagt, Erotik ist Raffinesse zueinander, im positiven Sinne, und Romantik. Alles mögliche kann erotisch sein: Kleidung zum Beispiel. »Und Parfums. Ich bin ganz verrückt nach schönen Düften. Und die Atmosphäre ist wichtig. Selbst eine Waldwanderung kann erotisch sein. Erotische Momente entstehen plötzlich, auf einmal sind sie da. Ansonsten reden wir auch viel darüber, was wir schön finden und was nicht.«

Sie möchte zum Beispiel nicht, daß ich sie lecke

Louis (34): »Ich denke, wir schlafen sehr altmodisch zusammen. Von der Dusche ins Schlafzimmer und schön ins Bett. Sie kann fantastisch massieren, das lasse ich mir gerne gefallen. Darin ist sie ein wirkliches Naturtalent, und mich erregt das unglaublich. Das kommt dadurch, weil sie es so quälend langsam macht. Sie berüht kaum meinen Schwanz und meine Eier, knetet mich aber rundherum. Davon werde ich fast verrückt, und sie hat ihre Freude dabei. Sie ist sehr auf mich fixiert. Sie selbst verlangt kaum etwas. Sie möchte zum Beispiel nicht, daß ich sie lecke, weil sie sich dann vorgeführt fühlt. Dann denkt sie, daß es mir zu lange dauert, bis sie zum Orgasmus kommt. Das ist natürlich Unsinn, denn ich würde es wahnsinnig schön finden, wenn sie durch mein Lecken zum Höhepunkt käme. Aber irgendwie weigert sie sich da. Das finde ich total schade. Besonders, weil sie mir wohl einen bläst. Vögeln findet sie fantastisch. Sie unten, ich oben. Sie bewegt sich dann wie ein wilder Tiger unter mir, bis das ganze Bett zum Tohuwabohu wird!«

Jetzt finde ich es auch ohne Salmiakpulver schön
Irene (28): »Ich bin ein Schmusebär, und durch mich ist er es auch geworden. Meistens gehen wir ins Schlafzimmer, aber heizen uns gegenseitig schon unten auf. Wir gehen meistens nackt nach oben. Es fängt an, wenn wir nebeneinander auf der Couch sitzen, dann machen wir uns ein bißchen heiß. Wir küssen und streicheln uns an empfindlichen Stellen. Ich streichle zum Beispiel seine Eichel. Anfangs fand ich das fies. Ich hatte immer Angst, daß er kommt, während ich ihn leckte. Aber er konnte sich perfekt beherrschen. Trotzdem blieb es dabei, daß ich es fies fand, egal wie sauber er war. Wir fanden eine Lösung: Wir benutzten Salmiakpulver, das tat ich auf seine Eichel und leckte es dann ab. Unheimlich lecker. Jetzt ist das nicht mehr nötig, jetzt finde ich es auch ohne Salmiakpulver schön. Ich beiße auch gerne ein bißchen, ich bin etwas rauher als er. Und ich habe es gerne, wenn er mir mit seinen Nägeln über den Rücken fährt. Es darf nicht weh tun, es muß gerade noch schön sein. Und die Bewegungen ineinander finde ich herrlich. Wir üben jetzt, daß er seinen Samenerguß länger aufhalten kann. Er ist der Meinung, daß er zu schnell kommt. Er zieht ihn zwischendurch ein paar Mal raus und dann machen wir weiter. Wenn er beinahe kommt, dann kneife ich mit meinem Daumen und Zeigefinger in seinen Penis, ganz nah an seine Hoden, das hilft. Ich merke es meistens an seinen Bewegungen, daß es soweit ist. Man muß nicht fest kneifen, dann hilft es schon.«

Beim Thema Erektionen kommt sie auf die Sauna zu sprechen. Daß er, als sie zum ersten Mal dahingingen, Angst hatte, in der Öffentlichkeit eine Erektion zu bekommen.

»Aber er konnte es dadurch unterdrücken, indem er ganz intensiv an etwas anderes dachte.«

Ich denke immer an Kühe.

»Haha.«

Dann ist der Sex da

Isabel (21): »Wo wir zusammenschlafen, ist egal. Wir treiben es sogar auf dem Küchentisch. Wenn wir zum Beispiel hier sitzen, stellen wir Musik an, und dann beginnen wir meistens, zärtlich zu werden. Sich anfassen, schmusen. Dann kommen die tierischen Triebe von selbst nach oben. Es ist jedes Mal wieder etwas Besonderes. Wer die Initiative übernimmt, ist unterschiedlich. Mal er, mal ich. Wir brauchen uns manchmal nur anzusehen, dann ist es schon passiert. Was ich unheimlich schön finde, ist, wenn man zusammen herumblödelt und Spaß hat, und wenn das dann fließend in Sex übergeht. Das Vorspiel finde ich ganz wichtig, das ist fast immer nötig.

Ich finde, es gehört echt dazu. Meistens quatschen wir viel, und es ist gemütlich. Es beginnt damit, daß wir uns anfassen und dann anfangen, uns auszuziehen. Dann ist der Sex da. Es kann hier anfangen und im Schlafzimmer enden, das ist jedes Mal unterschiedlich. Was ich selbst schön finde ... Sex ist ab und zu ziemlich egoistisch. Es ist schön, wenn nicht nur an ihn gedacht wird. Ich sage schon, was ich will. Wir schenken uns gegenseitig große Aufmerksamkeit. Was ich nicht ausstehen kann, ist, wenn beide gekommen sind und dann sagt man sich: ›Gute Nacht‹. Ich möchte dann am liebsten noch ein Glas Wein trinken oder so oder noch ein bißchen quatschen.«

Ich will ihn doch immer schnell hineinstecken

Arnold (41): »Wenn man zusammen ins Bett geht, muß es für beide schön sein. Es ist doch so, bei einem Mann ist es schnell zu Ende, der ist schnell befriedigt. Aber man muß seiner Frau auch etwas gönnen. So schwer es auch manchmal ist, ich versuche immer, meiner Freundin zum Höhepunkt zu verhelfen. Wenn ich eine Frau habe, dann muß ich sie vor Genuß ächzen und stöhnen hören. Männer und Frauen sind sexuell gesehen sehr unterschiedlich. Ich möchte ihn doch immer schnell hineinstecken, währenddessen eine Frau mehr Bedürfnis nach Zärtlichkeit hat. Und da gebe ich mein Bestes.«

Und gelingt das denn immer?

»Ja, das kannst du wohl annehmen.«

Er hält sich selbst nun mal für einen echten Kerl

Maria (37): »Wie wir zusammen schlafen, das hängt total von unserer Stimmung ab. Wir treiben es nicht nur im Bett, sondern auch unter der Dusche oder auf der Couch. Aber meistens doch im Bett. Früher sorgte ich für die richtige Atmospäre, indem ich eine rote Lampe anmachte, aber das tue ich jetzt nicht mehr. Wir müssen uns auch keine Sexfilme ausleihen, um uns zu erregen. Es entwickelt sich ganz einfach im Laufe des Abends. Er fängt meistens an mit der Frage, ob er mir etwas einschenken darf. Dann packt er es ganz schwül an. Ich beginne meistens mit Berührungen. Ich setze mich dann neben ihn und fange an, an ihm herumzufummeln. Ich weiß, daß er es schön findet, wenn ich meinen BH ausziehe. Wir ziehen uns gegenseitig aus; ich fange meistens an, ihn auszuziehen. Wir haben selten ein langes Vorspiel und niemals ein Nachspiel; das gelingt uns selten, und das finde ich unheimlich schade. Wir haben vielleicht zwei- bis dreimal im Jahr ein langes Vorspiel. Ich hätte es gerne öfter, ganz bestimmt, aber er ist nun mal nicht besonders schmusig, nicht knuffelig. Er hält sich selbst nun mal für einen echten Kerl.«

Ich bin wohl schneller befriedigt als sie

Frank (35): »Ich finde, das ist eine sehr intime Frage. Sagen wir, daß wir auf die klassische Art angefangen haben, langes Vorspiel, um zu entdecken, was der andere mag, und dann, zumindest anfangs, doch eigentlich die Mann-oben-

Frau-unten-Stellung. Man traut sich erst nach einer Zeit zu sagen, was man schön findet und was nicht. Oder man läßt es den anderen spüren. Dadurch, daß beide dafür offen sind, genießt man es optimal. Ich finde es unheimlich wichtig, daß sie es genauso schön findet wie ich. Ich bin wohl schneller befriedigt als sie. Also muß ich noch das eine oder andere lernen.«

Ich mache, was ich selbst will

Bob (25): »Wir sind beide offen für Experimente. Eine Zeitlang übernimmt der eine die Initiative, dann wieder der andere. Ich denke, daß wir uns in nichts nachstehen. Wir haben ein gutes Sexleben, weil wir uns wohl in nichts nachstehen. Wir haben und teilen beide die gleichen Bedürfnisse.«

Berücksichtigst du ihre Wünsche, während ihr zusammen schlaft?

»Ich mache, was ich selbst will.«

Und was ist, wenn das nicht das ist, was sie möchte?

»Dann sagt sie es mir. Und dann reden wir darüber. Es hängt davon ab, um was es geht. Manche Dinge, auch in der sexuellen Beziehung, sind Ausdruck von dem, was du bist, und manchmal will ich das nicht verändern. So bin ich. Ich gebe mich nicht besser, als ich bin. Und so, wie es bei uns läuft, läuft alles auf eine selbstverständliche Art gut.«

Ich finde das Vorspiel sehr wichtig

Thera (26): »Wir lieben uns meistens im Bett, aber auch schon mal unter der Dusche. Manchmal gehen wir müde ins Bett und schlafen schon beim Anblick unserer Kissen ein.

Dann werden wir nach einer Zeit wach, weil wir im Schlaf miteinander zärtlich waren. Kein Bumsen, aber wohl zärtlich waren, irgendwie komisch. Ich finde das Vorspiel sehr wichtig, das haben wir immer. Manchmal fangen wir an, Blödsinn zu machen, während wir uns ausziehen, oder wir liegen im Bett ganz eng zusammen, dann geht es von selbst, auf eine natürliche Art. Aber ein Vorspiel gehört dazu. Er könnte es auch nicht, nur schnell drauf.«

Sie bläst mir oft einen, während ich sie lecke

Joost (39): »Wir haben eine gute Beziehung, und wir machen alles, was wir schön finden. Wir haben keine Schamgefühle voreinander, warum denn auch, solange wir es beide angenehm finden.

Unser Sexleben ist sehr abwechslungsreich. Ich bin nicht so ein Schlafzimmerlover. Denn wenn man im Bett liegt, ist es beinahe logisch, daß man nach dem Bumsen einschläft. Wenn wir drinnen zusammen schlafen, dann am liebsten im Wohnzimmer. Das Liebesspiel kann auf verschiedene Art und Weise eingeläutet werden. Ich finde es sehr schön, wenn sie mir so halb einen runter holt. Mit der Zeit fallen dann immer mehr Kleidungsstücke. Wir lieben uns oft auf der Couch. Ich finde es schön, ihre Muschi zu lecken. Sie hat ihre Schamhaare abrasiert, und sie ist fantastisch weich. Ich mag es nicht, wenn meine Zunge sich an ›Stahlwolle‹ scheuert. Außerdem finde ich so eine rasierte Möse sehr schön anzusehen. Wenn ich sie lecke, kommt sie immer ziemlich schnell. Es bereitet mir viel Freude, wenn sie zum Höhepunkt kommt, weil sie dann so schön aussieht und sich sehr weich anfühlt. Ich möchte unbedingt, daß sie einen Orgasmus hat, denn für einen Mann ist es eigentlich so leicht, zum Höhepunkt zu kommen. Was das betrifft, finde ich, hat die Natur die Frauen ein bißchen benachteiligt... Aber ich sehe es als eine sehr schöne Aufgabe für mich, dafür zu sorgen. Sie bläst mir oft einen, während ich sie lecke. Wenn ich kurz vor dem Höhepunkt bin, drehe ich mich um, um sie zu vögeln. Das Gefühl, das ich dabei habe, ist himmlisch.

Wenn es vorbei ist, sitzen wir beide mit einem Gesichtsausdruck da, der sagt: Was fühle ich mich herrlich. Ansonsten haben wir beide Spaß daran, unsere Spielchen zu treiben. Draußen am Straßenrand zu bumsen. Auf der Motorhaube vom Auto, mitten in der Nacht auf der Straße. Im Auto auf dem Parkplatz vor der Golfanlage, und dann immer kurz aufhören, wenn Menschen kommen. Was ich auch wahnsinnig schön finde, ist, wenn sie in der Kneipe ihre Hand in meine Hose steckt, gerade so, daß niemand es wirklich sehen kann. Das hängt wohl damit zusammen, daß wir beide zu den merkwürdigsten Zeiten Lust haben. Und das ist herrlich aufeinander abgestimmt.«

Ganz eng zusammen Löffelchen schlafen

Jouke (70): »Ich bin jemand, für den es enorm wichtig ist, daß eine Frau, was Zärtlichkeit und Sex angeht, auf ihre Kosten kommt. Manchmal ist es bei Frauen schwierig herauszufinden, ob sie Genuß nur vortäuschen, oder ob er echt ist.

Aber eigentlich kommt man da doch sehr schnell hinter. Ich selbst empfinde keine Freude, wenn die andere Partei nicht genießt. Wir machen es nicht mehr täglich, aber auch das gegenseitige Berühren, eine Gebärde, ganz eng zusammen Löffelchen schlafen, das gehört alles dazu.«

Vögeln

John (29): »Wenn wir uns lieben, vögeln wir meistens.«

Dann wollte sie mit ihm und mit mir gleichzeitig ins Bett

Yvo (24): »Der Sex an sich war mit Pat schon schön. Das kam auch daher, daß sie absolut keine Tabus kennt und offen für Experimente ist. Sie ist sehr brutal und erfindungsreich, aber leider nicht nur mit mir. Zu Anfang machte es mir nicht so viel aus, aber dann wurde es immer häufiger. Dann brachte sie einen Freund mit nach Hause und wollte mit ihm und mit mir gleichzeitig ins Bett. Oh doch, das machte ich sogar. Auch weil sie es mit so einer Selbstverständlichkeit brachte ... es erschien einem beinahe normal.

Und vielleicht ist es das auch, nur für mich eben nicht. Wie das vor sich ging? Nun, sie blies einem von uns einen und ließ sich von dem anderen lecken, oder sie wollte, daß ich zugucke und mir einen runterhole, während sie von dem anderen Typen gevögelt wurde. Und das tat ich dann auch. Doch, natürlich war das einerseits irgendwie toll, aber andererseits ging es mir eigentlich auch gegen den Strich. Ich hatte schon meine Grenzen. Denn dann sagte sie zum Beispiel, daß sie es geil finden würde, wenn ich dem anderen einen blasen würde. Aber ich sagte dann: Scheißkerl, hau ab. Nun ja, darauf folgte dann wieder eine lange Debatte, von wegen, daß jeder Mensch bi ist, ich also auch. Das glaube ich nicht. Ein nackter Kerl bringt mich echt nicht in Extase. Sie brachte auch ganz normal eine Freundin mit, und dann machten wir ein Trio daraus. Oh, natürlich war es ab und zu durchaus schön und angenehm, aber nach ein paar Monaten hatte ich genug davon. Ich liebte Patty und ihren Körper. Ich wollte Ruhe mit ihr, und ich wollte nur mit ihr schlafen. Außerdem, und das kannst du ruhig wissen, hatte ich eine Todesangst vor Aids. Pat nicht, nein, und sie konnte es außerdem auch nicht ausstehen, daß ich nur noch mit Kondom mit ihr schlafen wollte.

Allmächtiger Gott, jetzt wo ich das alles so erzähle, weiß ich ganz sicher, daß ich eine gute Entscheidung getroffen habe, von ihr wegzugehen. Du kannst es auch ruhig ›flüchten‹ nennen. Diese Frau ist nichts für mich. Wenn ich bei ihr bleiben würde, ginge ich daran zugrunde.«

Bist du ein guter Liebhaber?

»Haha, ihrer Meinung nach einer der Besten! Und wer weiß es besser als sie, würde ich sagen.«

Aber beim nächsten Mal hat er wieder einen Film gesehen

Judith (24): »Er probiert oft etwas Neues, was er in einem Sexfilm gesehen hat. Wir haben wohl beide ein Vorspiel nötig, denn sonst finden wir es so nuttig, so drauf und wieder runter. Manchmal schlafen wir unten zusammen, aber meistens oben. Wir gucken uns erst so einen Film an. Während des Vorspiels küßt er mich erst in meinen Nacken und so, und dann fummeln wir herum. Erst macht er alles bei mir, dann ich bei ihm, auch überall küssen, ganz eng zusammen liegen, gegen seinen Rücken reiben und dann langsam nach unten. Ein bißchen reiben, bis er es nicht mehr aushalten kann. Oft probieren wir eine neue Stellung aus, die er gesehen hat. Für mich darf es nicht allzu verrückt sein, nicht so, daß man sich fast den Hals bricht. Für mich ist es am schönsten, wenn ich ganz normal auf meinem Rücken liege, so daß ich ihn festhalten kann. Ich habe diese ganzen verschiedenen Stellungen nicht unbedingt nötig. Das sage ich auch schon mal, und dann schlafen wir auch ganz normal zusammen. Aber beim nächsten Mal hat er wieder so einen Film gesehen und naja ...«

Kein Typ für ein endloses Vorspiel

Jurriaan (38): »Für mich bedeutet Romantik vor allem Geselligkeit. Gesellig essen, reden, ausgehen ... aber nicht im Sex. Ich gehe am liebsten direkt nach oben, dann haben wir das hinter uns, und danach finde ich es schön, gemütlich zusammenzusein. Ich bin nicht der Typ für ein endloses Vorspiel.«

Aber habt ihr denn auch Freude am Sex?

»Ja sicher, warum nicht?«

Ein bißchen kneten und an ihren Brustwarzen fummeln

Martin (24): »Ich habe schon befürchtet, daß du mit dieser Frage ankommst ...«

Wieso befürchtet?

»Tja, was soll ich jetzt darauf antworten. Was willst du wissen? Wie wir es machen, und was wir schön finden? Gut, dann mal los. Darf ich das einfach mit meinen eigenen Worten beschreiben?«

Du hast die Freiheit, deine eigenen Worte zu gebrauchen.

»Ich sagte ja schon, daß ich finde, daß Bernadette fantastische Titten hat. Nun, sie spielen das Spielchen also immer mit. Ich bin da einfach ganz verrückt nach. Ich finde es schön, unter ihren Pulli zu fassen, und wenn ich dann diese Titten fühle, kann ich mich kaum noch beherrschen. Und so beginnt dann oft unser Liebesspiel. Ein bißchen kneten und an ihren Brustwarzen fummeln, Pulli aus, ihre Titten küssen, ganz zärtlich beißen, nach unten, Reißverschluß auf, Hand rein, ein bißchen herumkitzeln, Hose aus, Slip aus und ihre Muschi lecken ... Weißt du, daß ich nicht begreifen kann, daß es Männer gibt, die das nicht mögen? Wenn ihre Frau oder Freundin sich jeden Tag untenherum wäscht, ist das doch einfach ein Leckerbissen! Es ist so weich, das kann man mit nichts anderem vergleichen. Wo war ich stehengeblieben? Ach ja, die Kleider sind jetzt aus, und dann bumsen wir in allen möglichen Stellungen. Manchmal auf der Couch, manchmal auf dem Boden und eigentlich nie im Bett. Unter der Dusche ist auch fantastisch, vor allem, wenn beide ganz glitschig von der Seife sind.«

Endet euer Liebesakt immer mit Bumsen?

»Meistens ja, aber nicht immer. Sie findet es zum Verrücktwerden schön, wenn ich sie lecke, denn dann kommt sie immer zum Höhepunkt. Und ich finde es manchmal toll, meinen Schwanz zwischen ihre Titten zu drücken und da zu kommen. Es gibt so viele Möglichkeiten.«

Sich gegenseitig ganz langsam ausziehen oder einen Striptease machen

Sie machen es jedes Mal wieder anders, sagt Mieke (31), aber was meistens dazu gehört, ist Kerzenlicht und Musik. »Am liebsten ganz schwüle Musik. The Eagles zum Beispiel. Wir trinken nichts, also hat das keinen Einfluß. Wir lieben uns oft hier im Wohnzimmer, das macht uns nichts aus. Hier ist es schöner als im Schlafzimmer. Es ist vielleicht die Spannung. Wir sind sogar einmal extra zum Bumsen mit dem Wagen weggefahren, auch der Spannung wegen. Im Wohnzimmer ist es auch herrlich ungezwungen; im Bett ist es zu erwarten, irgendwo anders nicht. Wir machen es eigenlich sehr selten im Bett. Im Auto, in der Küche, im Bad, einmal sogar im Schwimmbad, als wir ganz alleine waren. Manchmal machen wir es im Wald ... die Geräusche, die man dann um sich herum hört, und auch die Spannung, daß man erwischt wird, ist sehr erregend.«

Hat man euch jemals erwischt?

»Ja, einmal im Auto. Wir hatten den größten Spaß. Wir waren gerade mittendrin, als plötzlich ein Polizeibus anhielt. Sie kamen mit Scheinwerfern auf uns zu. Da gab es nur eins: Wir haben gemacht, daß wir wegkamen. So etwas macht die ganze Sache sehr schön.«

Sie hat gerne ein langes Vorspiel. »Wir geilen uns gegenseitig mit Worten auf: ›Was siehst du toll aus‹ oder ›Gleich bist du dran.‹ Dann berühren wir den anderen. Wir ziehen uns gegenseitig ganz langsam aus oder machen einen Striptease. Das machen wir dann beide. Für mich selbst ist es nicht so erregend, wenn ich einen Striptease mache, ich gucke aber gerne zu, wenn er es macht. Er ist darin übrigens viel freier als ich. Beim ersten Mal, als ich einen Striptease für ihn machte, sagte ich: ›Wenn du lachst, mache ich es nie wieder.‹ Er hat nicht gelacht. Danach fummeln wir ein bißchen herum. Wir stimulieren uns gegenseitig mit den Fingern oder machen beide Selbstbefriedigung, bis wir fast zum Höhepunkt kommen. Wir haben keine Tabus, wir machen alles. Nur wenn er mich lecken will, hab ich oft Zweifel, denn ich habe so ein Gefühl, daß ich da nicht sauber bin. Er findet, das ist Unsinn. Blasen ist für mich nicht unangenehm. Keine Tabus also. Früher schon. Bei uns zu Hause wurde nicht über Sex gesprochen. Sexuelle Aufklärung bekam ich von meinem Mann, in der ersten Zeit unserer Freundschaft. Er war für mich der erste Mann und ich für ihn die erste Frau. Es hat zwei Jahre gedauert, bevor irgendwas passierte.«

Was sie am allerschönsten findet: »Wenn er mit seiner Zunge und seinem Stoppelbart meinen Rücken und meine Oberschenkel leicht berührt. Das finde ich herrlich. Alles was zärtlich und ruhig ist, finde ich toll. Ich mag nicht gleich das Gegrapsche zwischen den Beinen und an den Brüsten, da krieg' ich den totalen Frust von. Und eine schnelle Nummer zwischendurch, dafür bin ich nicht zu haben. Wir bumsen in allen möglichen Stellungen. Von hinten, im Stehen auf und nieder oder Stellung neunundsechzig, manchmal seitwärts oder ich auf ihm. Am tollsten finde ich es, wenn ich auf ihm sitze, denn dann habe ich es in der Hand. Von hinten ist es auch fantastisch, denn dabei kann ich fingern; das ist eine der wenigen Stellungen, wo man das gut bei kann.«

Dann merke ich zum Beispiel, daß sie keinen Slip anhat

Kees (38): »Wir schlafen in ganz vielen verschiedenen Variationen, an verschiedenen Orten und Momenten zusammen.

Was das angeht, habe ich es mit meiner Freundin gut getroffen, denn sie ist oft so scharf wie Nachbars Lumpi. Ja, dasselbe für Geld wäre nicht halb so toll, aber sie tut es glücklicherweise für ihr Leben gerne. Wenn sie zum Beispiel abwäscht, und ich komme in die Küche und nähere mich ihr von hinten, dann kann sie ihren Hintern so zu mir drehen, daß ich genau weiß, daß sie Lust hat auf eine schnelle Nummer. Ohne sich umzudrehen läßt sie zu, daß ich ihr den Slip ausziehe und in einem Mal in sie eindringe, während sie noch mit den Händen im Spülwasser hängt... Das ist echt zum Verrücktwerden schön. Aber oft machen wir es auch sehr ausgedehnt und mit Bedacht. Erst den Hof machen, dann einander aufgeilen, indem man dem anderen bestimmte Dinge sagt, dann wird sich langsam aber sicher ausgezogen, geküßt, geleckt, geblasen, gestänkert, indem man kurz etwas anderes macht, als der andere will oder erwartet. Das sind sehr spannende Liebesmomente.«

Hat sie genauso viel Spaß an Sex wie du?

»Das müßtest du sie selber fragen. Aber wenn ich für sie antworten darf: Ja. Das merke ich an allem. Außerdem übernimmt sie sehr regelmäßig die Initiative... Und das würde sie doch nicht tun, wenn sie es nur so lala finden würde.«

Wie macht sie das? Die Initiative übernehmen?

»Sie signalisiert das zum Beispiel mit der Kleidung. Dann merke ich zum Beispiel auf einmal, daß sie keinen Slip unter ihrem Rock anhat. Dann sehe ich, wie sie aus dem obersten Fach vom Bücherregel etwas holt, und weil sie ihren Arm nach oben gestreckt hat, rutscht ihr Rock ganz subtil etwas nach oben. Tja, und dann habe ich Aussicht auf einen herrlichen nackten Hintern... Ach, das sind einfach alles unglaublich schöne, geile Dinge. Eine Art unausgespochener Verabredungen, die wir zusammen haben. Sex ist eine Sprache, die wir zufällig beide fließend sprechen.«

Die besonderen Dinge mache ich nur mit meinem Mann

Christien (41): »Ich finde fast alles schön. Nur kein SM.

Aber ich finde es wohl spannend, gefesselt zu werden, wenn ich sicher weiß, daß nichts Schlimmes passiert. Festgebunden zu sein ist sehr spannend. Manchmal werden mir auch die Augen zugebunden. Da bitte ich dann sogar selbst drum. Übrigens will ich das nur bei meinem Mann, nicht bei meinem Freund.

Schläfst du mit deinem Freund anders als mit deinem Mann?

»Ja, bei meinem Mann traue ich mich, mich doch mehr gehenzulassen. Ich meine: Bei meinem Freund lasse ich mich auch gehen, aber die ganz besonderen Dinge mache ich nur mit meinem Mann. Wie festgebunden werden und von hinten bumsen. Dann muß er übrigens ein Kondom benutzen.«

Muß dein Freund immer ein Kondom benutzen?

»Wenn ich mit jemandem anderen als meinem eigenen Mann schlafe, mache ich es nie ohne Kondom. Ich habe sie auch immer bei mir, zur Sicherheit, man weiß ja nie, was einen so überkommt.«

Du schläfst auch schon mal mit einer Frau.

«Ja, das ist dann doch wieder etwas anderes. Nicht nur, daß man nicht vögeln kann, aber es ist auf die eine oder andere Weise intimer. Frauen untereinander, ich weiß nicht. Es ist, als ob man sich viel besser einfühlen kann. Du weißt, wie es ist, eine Frau zu sein, und sie auch. Es kann furchtbar erregend sein, aber auch sehr lieb. Mit einem Mann zu schlafen ist herrlich, aber von Zeit zu Zeit habe ich echt das Bedürfnis, mit einer Frau zu schlafen.«

Wir drei sind sehr glücklich miteinander

Bernhard (39): »Sie mied möglichst die Situationen, in denen es zum Geschlechtsverkehr hätte kommen können. So hatte sie ständig die Ausrede, daß sie noch nicht geduscht hatte, und deshalb nicht bumsen wollte. Damals sagte ich:›Geh ab jetzt einfach jeden Tag unter die Dusche, dann können wir zusammen schlafen, wann immer wir Lust dazu haben.‹ In unserem Sexleben hat sich sehr viel geändert. Das kommt nicht zuletzt durch eine gemeinsame Freundin, die schon Jahre bei uns ein und aus geht. Die sagte irgendwann zu uns: ›Ich möchte mit euch ins Bett gehen.‹ Das haben wir auch gemacht, und seitdem haben wir es vielleicht schon zehnmal wiederholt. Wenn sie zu uns kommt, passiert es. Wir bilden ein Trio. Es ist die intensivste Form von Sex, die man haben kann. Man hat so viele Möglichkeiten. Wir sind zu dritt sehr glücklich miteinander. Ich kann eine Zeitlang zuschauen, wie Marjan mit ihr zärtlich ist, und Marjan kann zuschauen, wie sie mit mir schläft. Keiner muß das Gefühl haben, zu kurz zu kommen. Es ist sehr zärtlich und lieb. Marjan und ich haben dadurch gelernt, wie wir besser zusammen schlafen können, und sie kann es jetzt auch wirklich genießen. Wir haben jetzt ein Sexleben, wie ich es nie für möglich gehalten habe. Sehr abwechslungsreich. Wenn wir das eine Mal unheimlich schön zusammen geschlafen haben, haben wir die Neigung, es das nächste Mal wieder genauso zu machen. Aber das ist ein Fehler, denn das eine Mal ist eben nicht das andere Mal, und dann könnte man enttäuscht sein. Man muß das ›letzte Mal‹ loslassen können und einfach etwas anderes machen.«

Ich finde schmusen herrlich

Rita (29) und ihr Mann fahren am Wochenende gerne alleine weg. »Dann halten wir irgendwo, gehen in ein Hotel, haben einen schönen Abend und wissen sicher, daß die Kinder uns nicht stören. Wenn wir zusammen schlafen, ist das sehr romantisch. Ich mag das gerne. Das machen wir übrigens jeden Abend, sonst könnten wir nicht einschlafen. Ich finde es herrlich, miteinander zu schmusen. Wir fangen oft schon auf der Couch damit an. Früher haben wir dann immer Verkehr gehabt, aber mir ist das Schmusen oft schon genug.«

Unter der Dusche machen wir es auch im Stehen

Wie Ineke (29) und ihr Partner zusammen schlafen, das ist unterschiedlich. »Manchmal ist es schön, wenn alles in zehn Minuten passiert, aber meistens schlafen wir sehr ausgedehnt zusammen. Dann nehmen wir uns wirklich Zeit füreinander. Wir machen es auch nicht immer im Bett. Manchmal holen wir die Bettdecke nach unten ins Wohnzimmer, wir schenken uns ein Glas Wein ein, machen Musik und Kerzen an. Ich habe oft einen Body an oder so. Er fängt an, mich zu küssen und zu streicheln.

Es endet immer mit dem Koitus. Tja, wie soll man das anders nennen, mit vögeln eben. Aber bevor es soweit ist, machen wir alles. Auch lecken – was ist das doch für ein blödes Wort. Und überall küssen. Ich bin verrückt nach kitzeln, überall. Das bringt mich gut in Stimmung. Wir massieren uns auch schon mal mit Niveaöl. Vor allem, wenn man sich eine Zeit nicht gesehen hat, ist das Miteinanderschlafen etwas Besonderes, dann ist es extra erotisch. Wir lassen uns gerne ganz viel Zeit. Wer die meiste Aufmerksamkeit bekommt, das ist unterschiedlich. Das eine Mal bin ich an der Reihe, und dann muß es auch nicht immer mit Bumsen enden. Wenn ich im Mittelpunkt stehe, beginnt es oft, wenn ich meinen Body noch anhabe. Liebkosen, kitzeln, streicheln. Dann geht der Body langsam aus. Er leckt mich, bis ich komme, aber oft bumsen wir danach noch weiter. Wenn ich ihn verwöhne, spielt es sich ungefähr genauso ab. Auch streicheln und überall küssen. Ich frage ihn immer, was er möchte. Manchmal will er direkt bumsen. Manchmal findet er blasen schön, oder wenn ich ihm einen runterhole. Er darf auch in meinem Mund kommen, aber ich schlucke das nicht runter.«

Ineke über Stellungen: »Wir machen eine ganze Menge, aber nicht solche allzu gymnastischen. Was ich wohl unheimlich schön finde, wenn ich auf Händen und Knien hocke und er sich hinter mich setzt. Oder auf dem Rücken liegen und die Beine ganz hoch. Oder er auf dem Rücken liegend und ich auf ihm mit dem Gesicht zu ihm. Andersherum, mit meinem Gesicht zu seinen Füßen, scheint noch schöner zu sein, aber ich finde das zu ungesellig. Unter der Dusche machen wir es auch im Stehen. Wir halten beide viel von Abwechslung.«

Wenn man nur miteinander harmoniert

Daan (43): »Beim Geschlechtsverkehr gibt es eigentlich nichts, was ich unangenehm finde, solange es nur beide schön finden. Ich habe da keine Grenzen. Was ich schön finde? Tja, was soll ich darauf antworten? Mal finde ich es herrlich, ganz schnell in der allernormalsten Stellung zu bumsen, ein anderes Mal mag ich es lieber ganz langsam und sehr intensiv. Man kann im Bett jede Menge Spaß haben, wenn man nur zusammen harmoniert. Ich neige wohl mal dazu, meiner Freundin gegenüber zu weit zu gehen, weil ich etwas Besonderes will. Ich höre aber sofort auf, wenn ich merke, daß sie es absolut nicht möchte.«

Könntest du mit zwei Frauen gleichzeitig schlafen?

»Ja und nein. Ich hätte überhaupt keine Probleme damit, mit zwei Frauen gleichzeitig zu schlafen, auch nicht damit, wenn sie zusammen schlafen würden. Was ich nur absolut nicht vertragen könnte, wäre, wenn meine Freundin mit mir und einem anderen Mann zusammen schlafen will. Dieses Recht hätte sie ja dann auch... Das würde sich mit meinen Gefühlen nicht vertragen.«

Könntest du dir eine homosexuelle Beziehung vorstellen?

»Mein sexuelles Bedürfnis liegt bei Frauen. Ich könnte mir wohl eine homosexuelle Beziehung vorstellen, aber dann ohne Sexualität. Ich finde nämlich, daß Männer vertrauenswürdiger, freundschaftlicher und beziehungsfreundlicher eingestellt sind als Frauen. Eine Freundschaft überlebt viel länger als eine sexuelle Beziehung.«

Die Initiative kommt etwas mehr von ihrer Seite

Manuel (21): »Eine sexuelle Beziehung ist etwas zwischen zwei Personen. Exklusiv. Ich bin wirklich völlig verrückt auf meine Freundin. Stell dir vor, ich würde ein anderes nettes Mädchen treffen und würde mit ihr im Bett landen? Jedes Mädchen ist anders im Bett. Die Chance, daß ich mich in sie verlieben würde, wäre groß. Nein, das würde ich meiner Freundin nicht antun wollen. Ich lege es auch bewußt nicht darauf an.

Ich habe mit meiner Freundin eine gute sexuelle Beziehung. Zusammen schlafen ist eins der schönsten Dinge, die man tut. Die Initiative kommt etwas mehr von ihrer Seite als von mir. Wenn ich sie vom Bahnhof abhole, nachdem wir uns eine Zeitlang nicht gesehen haben, schmusen wir erstmal ganz lange. Wenn wir dann in die Stadt gehen, sagt sie zu mir: ›Ich will mit dir ins Bett.‹ Das geht dann ja natürlich nicht direkt. Aber es ist unheimlich spannend, weil wir dann beide wissen, daß es passieren wird. In der Zwischenzeit, bis es endlich soweit ist, hängt eine unglaubliche Spannung in der Luft. Das ist wahnsinnig förderlich für eine Beziehung.«

Es ist am schönsten, wenn man sich gegenseitig auszieht

Veronique (26) erzählt über ihren idealen Liebesakt.

»Es muß gemütlich sein, ich muß mich geborgen fühlen.

Das ist schon mal eine Voraussetzung. Er muß vor allem lieb sein, daß finde ich besser als pure Geilheit. Es sollte mit küssen anfangen, nicht sofort mit Sex. Schöne Musik im Hintergrund. Es sollte dunkel sein, vielleicht nur Kerzenlicht an. Dann kommen liebe Bekenntnisse, man küßt sich weiter und nach einer Zeit fängt man an zu schmusen. Man fängt zum Beispiel auf der Couch damit an, sich gegenseitig durch die Haare zu streichen und den Nacken entlang zu streicheln. Es folgen vielleicht ein paar Zungenküsse. Dann schlägt man vor: Sollen wir uns nicht schön dabei hinlegen? Dann zieht man das T-Shirt aus und geht etwas weiter. Man legt sich zusammen aufs Bett oder auf den Boden. Man reibt sich aneinander, erst noch mit den Kleidern an, aber man zieht sich immer weiter aus. Es ist am schönsten, wenn man sich gegenseitig auszieht. Erst oben herum, zum Schluß ist erst die Hose dran. Man kann den Slip noch lange anbehalten, aber schließlich zieht man den natürlich auch aus. Man streichelt sich gegenseitig, sagt liebe Worte. Ich hätte gerne, daß er mich überall streichelt und massiert, meinen ganzen Körper. Nur meine Schamgegend müßte er so gerade übergehen. Ich würde bei ihm das gleiche machen. Danach konzentriert man sich auf die Geschlechtsteile. Ich würde seine Oberschenkel liebkosen, seine Hoden lecken, aber ich würde noch nicht sofort seine Eichel berühren. Erst später, und dann würde ich ihn unheimlich stimulieren, und wenn er beinahe kommt, wieder aufhören. Er sollte ungefähr das gleiche bei mir machen. Man macht das am besten abwechselnd und nicht gleichzeitig, denn da passiert dann so viel, daß man sich nicht mehr konzentrieren kann. Am schönsten finde ich es, wenn ich ihn mit Mund, Händen, Beinen, mit allem gleichzeitig stimuliere, so daß er mich überall fühlt. Ich bin nicht auf seinen Schwanz fixiert, sondern zum Beispiel auch auf die Innenseite seiner Beine. Danach lege ich mich neben ihn, bleibe eine Zeit ganz ruhig, streichle aber seine Brust und seine Arme, so daß er weiß, er bekommt noch mehr. Oder ich lecke seine Füße oder seine Waden. Ich baue das ganz langsam ab, bis er beginnt, mich zu streicheln. Dann genieße ich. Ich finde alles schön, und wenn es nur ein zartes Streicheln über meinen Rücken ist. Er sollte bei mir eigentlich das gleiche tun wie ich bei ihm. Die Spannung sollte ganz lange andauern. Es kann sich alles immer wiederholen. Zu schnell einfach drauf, daß finde ich nicht unbedingt toll.«

Redest du während des Verkehrs?

»Nur wenig. Liebe Dinge, aber nicht so viel. Ich sage nicht: ›Du mußt das oder das tun‹. Mein Freund hat ein gutes Gefühl dafür. Ich mag es wohl gerne, wenn er stöhnt. Dann weiß ich, daß er es schön findet. Ich stöhne auch. An seinem Stöhnen höre ich auch, ob er beinahe kommt oder nicht. Und was er toll findet. Ich finde, man muß sich ganz hingeben. Aber schreien tue ich nicht, naja, vielleicht ein bißchen, wenn er es auch tut.«

Im allgemeinen verhält man sich doch recht ernst, wenn es um Sex geht

Olle (29): »Du hast nicht genug Fantasie, um dir vorzustellen, wie wir es tun. Ich glaube nicht, daß es noch einen Ort im Haus gibt, an dem wir es noch nicht getrieben haben. Von der Kellertreppe bis zum Überlauf, von der Fußmatte bis zur Anrichte, vom Wohnzimmer bis zur Toilette... Das finden wir toll, zumindest finde ich das unheimlich toll, und sie läßt sich ziemlich leicht mitziehen. Was wir so alles tun, während wir uns lieben, variiert von Mal zu Mal. Lecken, blasen, massieren, fingern, masturbieren; es kommt meistens das ganze Arsenal vor, nur in unterschiedlicher Reihenfolge. Ich sagte es ja schon: Sie hat vielleicht nicht so oft Lust wie ich, aber wenn sie Lust hat, will sie alle Möglichkeiten auskosten. Wir führen uns auch schon mal gegenseitig einen Striptease vor. Das kann sie echt super, das macht mich jedesmal wieder wahnsinnig. Wenn ich es hingegen dann für sie mache – ich versuche das dann übrigens ganz ernsthaft zu tun – hat das meistens einen schallenden Lachanfall zur Folge. Was dann auch nichts schaden kann, denn Lachen ist gesund. Auch während des Bumsens, oder gerade erst recht während des Bumsens. Denn im allgemeinen verhält man sich doch recht ernst, wenn es um Sex geht. Unser Haus ist sehr hellhörig, und wir wissen, daß unsere Nachbarn uns regelmäßig dabei hören. Die Vorstellung ist für uns irgendwie schön, und wir setzen manchmal extra für sie noch einen oben drauf. Und sich danach eiskalt bei der Nachbarin eine Packung Milch ausleihen. Mann, das Gesicht von ihr... das finden wir köstlich. Vielleicht ein bißchen seltsam... aber was soll's, wir genießen es eben. Denn die Nachbarin genießt es doch auch ... das Hörspiel.«

Er beginnt am Ende meines Körpers

Sandra (43): »Wir machen daraus immer echt was Besonderes. Er ist wirklich einmalig, er weiß genau, was Frauen schön finden. Manchmal führen wir uns gegenseitig einen Striptease vor, oder wir tanzen nackt den Bolero. Und dann machen wir es meistens so, daß wir uns gegenseitig verwöhnen. Wir wechseln uns dabei ab. Jeder bei jedem zur gleichen Zeit ist nicht schön, das ist zu kompliziert, dann ist man mit zwei Dingen zur gleichen Zeit beschäftigt und kann viel weniger genießen. Meistens beginnt er bei mir. Einfach hier im Wohnzimmer. Ich lege mich dann zum Beispiel auf dem Bauch aufs Sofa, und er streichelt mich. Ganz zärtlich. Er beginnt am Ende meines Körpers und tastet sich langsam bis zu meinen Oberschenkeln vor, das ist für mich das Schönste. Am Ende denke ich immer: ›Faß sie doch endlich an!‹ Dann ist mein ganzer Körper ganz empfindsam. Vor allem meine

Waden, die Innenseite meiner Beine, meine Oberschenkel, meine Hüften, eigentlich alles. Dann läßt er mich meine Oberschenkel ›fühlen‹, wie wir das nennen. Indem er sie streichelt, läßt er mich ihre Form fühlen. Wir wechseln häufig. Es ist nie gleich, aber es gibt wohl feste Punke. Ich streichle ihn natürlich auch. Oder ich lecke ihn ganz zärtlich mit meiner Zungenspitze. Besonders seine Geschlechtsteile, aber auch seine Füße. Außerdem küssen wir uns viel zwischendurch.

Später sitzt er oft zwischen meinen Beinen und stimuliert meine Klitoris mit seinen Fingern oder manchmal mit seiner Zunge. Wenn ich beinahe komme, dann sage ich, daß er schnell kommen soll, dann folgt die Vereinigung. Wir gehören nicht zu den Menschen, die jedes Mal eine andere Stellung ausprobieren wollen. Es ist für uns keine Gymnastik. Wir haben einige. Die normalen Stellungen, glaube ich. Am liebsten machen wir es so, daß wir uns dabei anschauen können. Er warnt mich immer, wenn er kurz vor dem Orgasmus steht. Dann versuche ich mit ihm gleichzeitig zu kommen, aber das gelingt mir nicht immer. Wenn es nicht gelingt, dann stimuliere ich mich danach noch selbst, bis ich einen Orgasmus habe. Manchmal macht er es auch.«

Also: Ich doch oben, sie unten

Henk (55): »Wir traten damals beide in die Ehe ein mit der verschwommenen Empfehlung: Er oben, sie unten.«

Er lacht. »Die Erotik ist in diesem Marschland nicht zur Kunst erhoben, das ist klar. Anfangs waren wir auch beide ein bißchen genant, aber wenn Vertrauen und Intimität da sind, entdeckt man sich von selbst gegenseitig und entdeckt auch, was man schön findet. Auffallend finde ich, daß damals alles nicht so gut lief, als wir dann Sex hatten, daß besonders ich in eine Art Machorolle zurückfiel. Also doch: Ich oben, sie unten. Es wurde zu einer sehr egozentrischen Tätigkeit. Zumindest für mich.«

Kein Kommentar

Thijs (39): »Sex macht man, da spricht man nicht drüber.«

Die drei bis zehn Sekunden, um die sich alles dreht: Der Orgasmus

Der renommierte Forscher Kinsey hat untersucht, wie oft die Menschen durchschnittlich einen Orgasmus haben. Eins fällt dabei sofort ins Auge: Männer haben öfter einen Orgasmus als Frauen. Laut Kinsey haben Männer in der Pubertät fast dreimal in der Woche einen Orgasmus. Das sinkt über zweieinhalbmal pro Woche, wenn wie um die zwanzig sind, auf zweimal, wenn sie um die dreißig sind, auf einmal, wenn sie rund fünfundvierzig sind.

Frauen hingegen haben ab ihrer Pubertät noch immer laut Kinsey weniger als einmal in der Woche einen Orgasmus. Um das fünfzehnte Lebensjahr und zwischen dem dreißigsten und vierzigsten Lebensjahr zeigt sich eine kleine Spitze der Häufigkeit.

Viele Menschen denken, daß es normal ist, wenn man viele Male hintereinander zum Höhepunkt kommt. Wer das nicht kann, denkt schnell, daß er nur ein mäßiger Liebhaber oder eine mäßige Liebhaberin ist. Aber das ist halb so schlimm. Wir holen uns nochmal Kinsey dazu heran. Nur 14% der Frauen können mehr als einmal während einer Sitzung, wie Kinsey das so schön wissenschaftlich bezeichnet, zum Höhepunkt kommen. Von den männlichen Jugendlichen kann die Hälfte öfter hintereinander kommen, aber wenn sie fünfundzwanzig sind, können das nur noch 10%, und diese Zahl sinkt noch weiter bis auf ein paar Prozent, wenn sie um die fünfunddreißig sind.

Manche Menschen fragten sich während der Interviews, wozu dieses ganze Theater um Sex eigentlich nötig ist. Ein Orgasmus dauert gerade mal drei bis zehn Sekunden, nur bei Frauen manchmal länger. Es scheint sich alles um den Orgasmus zu drehen, die ganze Welt eigentlich, und er dauert gerade mal drei bis zehn Sekunden. Übrigens sind viele Menschen der Meinung, daß sie zu schnell kommen. Nach *Sexualität in den Niederlanden* finden 79% der Männer, daß sie regelmäßig zu schnell kommen, und 8 % finden, daß sie immer zu schnell kommen. Von den Frauen finden das 54% beziehungsweise 4 %.

Laut Frenken, einem anderen Forscher, haben 6 % der Männer Erektionsstörungen, und 15 % der Frauen können nicht wirklich durch Sex erregt werden.

Was ein Aufhebens um diese drei bis zehn Sekunden.

Das sind ja nun alles wieder ganz hübsche Zahlen, aber inwiefern sie zuverlässig sind, weiß man nie. Die Angaben von Kinsey über Häufigkeit, wie oft Menschen einen Orgasmus haben, scheinen uns zum Beispiel zu niedrig zu sein, im Vergleich zu den Zahlen über die Häufigkeit des Geschlechtsverkehrs, die wir ein paar Kapitel vorher angaben. Man sollte außerdem bedenken, daß Menschen nicht nur, wenn sie zusammen schlafen, einen Orgasmus haben, sondern auch schon mal, wenn sie sich selbst befriedigen oder ungewollt (zum Beispiel Männer in einem »nassen Traum«).

Was die schon genannten Erektionsprobleme betrifft: Die sind meistens psychisch bedingt. Wer im Schlaf eine Erektion bekommen kann, ist technisch in Ordnung. Sie können das ganz einfach kontrollieren: Kleben Sie vor dem Einschlafen eine Reihe Briefmarken zu einem Ring um ihren entspannten Penis. Sind die Briefmarken am nächsten Tag losgerissen, dann haben sie eine Erektion gehabt und dürfen einen Stempel auf ihren Penis setzen, mit dem Vermerk: TÜV-geprüft, wieder für den Verkehr zugelassen.

Aber es ging um den Höhepunkt. Wie wichtig finden die Menschen den vielbesprochenen Orgasmus eigentlich? Wie kommen sie, und wie stimulieren sie sich gegenseitig? Müssen Männer immer in einer Vagina zum Höhepunkt kommen?

So hier und da lief die Diskussion darauf hinaus, ob Geschlechtsverkehr ein Muß ist. Für Männer ist das gar keine Frage: Die müssen grundsätzlich bumsen. Korte stoten, lange halen, lekker neuken, niks betalen. (Kurze Stöße, lange Züge, herrlich bumsen, nichts bezahlen). Aber viele Frauen, auch immer mehr Männer, müssen nicht unbedingt zusammen schlafen. Wenn sie nur zum Höhepunkt kommen, ist es eigentlich ganz egal wie, finden die meisten.

Es scheint ein Trend zu sein: Sich lieben ohne Geschlechtsverkehr. Immer mehr Menschen entdecken die Vorteile und Möglichkeiten davon.

Vorteil? Es ist sicher, man kann keine Geschlechtskrankheiten, kein Aids und kein Kind davon kriegen. Es geht auch, wenn die Frau ihre Periode hat, und so weiter.

Die meisten Menschen sind der Meinung, erschien es uns, daß ein Orgasmus sehr wichtig ist. Aber es gibt auch welche, und das fast ausschließlich Frauen, die nicht immer grundsätzlich einen Orgasmus haben müssen. Sie sind schon befriedigt, wenn ihr Partner gekommen ist.

Manche Menschen machen es sich entsetzlich schwer mit dem Orgasmus, sie wollen zum Beispiel unbedingt zur gleichen Zeit kommen. Das ist etwas, was in der Praxis beinahe nicht möglich ist. Nur sehr wenige Frauen kommen durch die Bewegung des Penis in der Vagina zum Orgasmus. Wohl aber durch Stimulation der Klitoris. Also warum unbedingt gleichzeitig kommen müssen? Nacheinander ist doch auch prima.

Zum Abschluß: Manchen Frauen ist es noch nie gelungen, zu einem Orgasmus zu kommen. Andere Frauen entdecken das erst, wenn sie schon die erste Lebenshälfte überschritten haben, oder sogar noch später. Viele Frauen trauen sich nicht, das zu sagen, und simulieren lieber einen Orgasmus. Ob das anzuraten ist? Eine der Frauen, die wir interviewten, bestellt sich jetzt einen Videokursus, der einem beibringt, wie man zum Höhepunkt kommt. Vielleicht ein nützlicher Tip.

Es ist herrlich, sich gegenseitig zu befriedigen

Veronique (26): »Duch Stimulation der Klitoris zum Orgasmus zu kommen, ist für mich am schönsten. Man erlebt dann eine totale Erleichterung, bei der viel Energie freikommt.

»Ich kann so bestimmt hundertmal hintereinander kommen. Psychisch befriedigt es am meisten, wenn man gleichzeitig kommt. Die Voraussetzung dafür ist, daß man das gleiche Tempo hat: Von ganz langsam nach ganz schnell; das hat man nicht mit jedem, aber manchmal gelingt es doch. Man muß übrigens auch nicht bumsen, um zum Höhepunkt zu kommen. Es ist auch herrlich, sich gegenseitig zu befriedigen. In Stellung neunundsechzig kann man zum Beispiel zum gleichen Zeitpunkt kommen. Ich finde es wohl am besten, wenn man ineinander kommt, aber dann ist das Sperma leider für das Nachspiel verloren. Damit hat man bei der Stellung neunundsechzig keine Probleme. Ich liege dann zum Beispiel auf meinem Rücken, und er kommt dann in meinem Mund, nur, das finde ich dann weniger toll, weil mir das so zuviel auf einmal ist. Wenn er auf seinen Bauch spritzt, was manchmal vorkommt, lecke ich das schon mal auf, dann finde ich das wohl gut. Kommt er auf mir zum Orgasmus, dann leckt er es selbst ab. Das finde ich ganz süß und lieb. Man kann sich dann zum Beispiel auch küssen, so daß ich das von seiner Zunge ablecke. Es muß ganz lieb sein, man muß es füreinander tun. Deshalb könnte ich sowas auch nie mit einem Wildfremden machen. Selbst wenn Richard Gere jetzt hier vor mir stehen würde, könnte ich es mit ihm nicht tun.«

Wenn ich einen Orgasmus haben will, dann hole ich mir einen runter

Teun (41): »Ein Orgasmus ist herrlich, aber kein Muß. Es gehört für mich nicht grundsätzlich zum Verkehr dazu. Wenn ich einen Orgasmus haben will, befriedige ich mich selbst. Das kann ich ausgezeichnet, wenn ich alleine bin.«

Er kann gut auf mich warten

Maria (37): »Meistens arbeiten wir schon auf einen Orgasmus hin, und er kann dabei auch gut auf mich warten. Ich kann mehrere Orgasmen bekommen. Wenn es einem von beiden mal nicht gelingt, zum Höhepunkt zu kommen, machen wir kein Drama daraus. Aber das kommt übrigens nicht oft vor. Nur wenn, dann nehmen wir uns das nicht krumm.«

Daß es für sie ein Vergnügen ist

Joost (39): »Ich sehe es als meine absolute Verpflichtung an, daß die Frau, mit der ich schlafe, zum Orgasmus kommt, und daß es für sie ein Vergnügen ist. Ich könnte meine Beziehung nicht befriedigend finden, wenn mir das nicht gelingen würde.«

Ich merke es an seiner Atmung

Am liebsten hat Adèle (35) bei jedem Geschlechtsverkehr einen Orgasmus. »Ich finde es einfach herrlich. Es geht bei mir auch ganz leicht, das ist natürlich ein Unterschied. Es gehört für mich logisch dazu. Aber wir machen auch schon mal eine Nummer zwischendurch, und dann muß ich nicht unbedingt zum Höhepunkt kommen. Das gelingt dann auch nicht. Dann bin ich aber auch nicht eifersüchtig, daß er gekommen ist. Ich finde so eine schnelle Nummer zwischendurch einfach eine tolle Idee. Manchmal kommt er deswegen extra von seiner Arbeit nach Hause. Es ist dann wie ein kleines Geheimnis, wenn ich später durch die Straßen gehe. Während des Bumsens komme ich nicht zum Höhepunkt. Ich finde es wohl herrlich, wenn ich noch mitten im Orgasmus bin, daß wir dann bumsen. Er kommt meistens in mir. Unheimlich schön. Weil ich dann so ein Gefühl von Einssein habe. Und es fühlt sich schön an, wenn er kommt. Ich merke es an seiner Atmung, daran, wie er mich festhält. Und ich fühle es auch innendrin. Ein wahnsinnig toller Moment.«

Wir haben den Videokurs bestellt

Nicht alle Frauen können zum Orgasmus kommen. Irene (28) zum Beispiel: »Ich bin mir nicht sicher, ob ich zum Höhepunkt komme, also wird es wohl nicht der Fall sein. Aber ich bin schon froh, daß ich Geschlechtsverkehr ohne Schmerzen haben kann. Jetzt wollen wir probieren, ob ich einen Orgasmus kriegen kann. Wir haben uns den Videokurs von Goedele Liekens bestellt. Da wird so etwas wohl drin vorkommen.«

Ich darf sie zum Beispiel wohl mit den Fingern stimulieren

Louis (34): »Für mich ist der Orgasmus sehr wichtig, zumindest, wenn der Ansatz dazu gegeben ist. Es gibt natürlich auch diese Liebesspiele, in denen mehr geschmust, geküßt und gestreichelt wird, und dann muß ein Orgasmus nicht unbedingt sein. Aber wenn wir wirklich zusammen schlafen ... ja, dann hätte ich doch gerne auch einen Orgasmus. Sonst würde ich furchtbar unruhig bleiben.«

Findest du es wichtig, daß sie auch zum Höhepunkt kommt?

»Ich finde es prima, wenn sie zum Höhepunkt kommt, aber nicht wichtig. Früher schon. Das stank mir ganz schön, wenn sie keinen Orgasmus hatte. Aber das kam auch daher, weil sie mir nicht die Gelegenheit gab, dafür zu sorgen, daß sie zum Höhepunkt kam. Inzwischen steht sie mir schon etwas mehr zu. Ich darf sie zum Beispiel mit den Fingern stimulieren, und manchmal kommt sie davon auch zum Höhepunkt. Aber meistens bringt sie für sich selbst die Geduld nicht auf.«

Es muß mehr streicheln sein

Isabel (21): »Einen Orgasmus muß ich nicht immer haben. Aber wenn ich zum Höhepunkt komme, dann ist der auch sehr heftig.

Während des Bumsens komme ich nicht. Es muß mehr streicheln sein, berühren, mit den Fingern stimulieren. Ich finde aber, daß er zum Orgasmus kommen muß. Es ist für mich ein tolles Gefühl, daß es ihm auch wirklich gefällt und er auch befriedigt ist.«

Für ihn ist der Orgasmus wichtiger

Rita (29): »Ich muß nicht jeden Tag unbedingt einen Orgasmus haben. Er wohl. Wenn wir zusammen schlafen, möchte ich zwar schon gerne kommen; ich finde es dann eine Schande, wenn man nicht von der Gelegenheit Gebrauch macht. Für ihn ist der Orgasmus wichtiger. Nur manchmal findet er es gut, wenn ich komme und er nicht.«

Meistens nicht während des Koitus

Carolien (33): »Ein Orgasmus ist unheimlich wichtig. Für beide. Aber es muß nicht immer sein. Die Art und Weise, wie? Ich komme meistens nicht während des Koitus, sondern schon davor. Für ihn ist es auf verschiedene Arten möglich.« Tiefer will sie darauf nicht eingehen.

Es ist nicht immer wie ein Sylvesterfeuerwerk

Merel (35): »Sein Orgasmus ist auch ein Teil meiner Befriedigung. Ich komme schon zum Zuge. Ich bekomme schon meinen Orgasmus. Es ist bei mir zwar nicht immer wie ein Sylvesterfeuerwerk, aber es gehen doch immer ein paar Leuchtraketen ab.«

Dann sagte ich: »Sieh dich an!«

Bernard (39): »Sie sagte immer, daß sie einen Orgasmus unwichtig fand. Sie sagte immer: ›Ich weiß doch nicht, was es ist, also ist es auch nicht so wichtig.‹ Aber als sie das dann zum ersten Mal in ihrem Leben mitmachte, wie es ist, einen Orgasmus zu bekommen, hat sich alles verändert. Die Videokamera hat dabei geholfen. Sie legte sich nackt auf die Couch, die Kamera auf sich gerichtet. Ich sagte dann: ›Sieh dich an, sieh doch, wie schön du bist.‹ Das fand sie auch, und das war wirklich fantastisch. Seit diesem Moment ist unsere sexuelle Beziehung gut. Schon mehr als zwei Jahre. Ich muß wirklich nicht immer bumsen. Ich finde es zum Beispiel sehr schön, in ihrem Mund zu kommen. Das hat sie jahrelang schrecklich gefunden, aber jetzt nicht mehr. Jetzt findet sie es auch schön. Für mich ist es auch immer wichtig zu wissen, daß nie etwas passiert, nur weil ich das so schön finde. Sie muß es genauso wollen, sonst läuft nichts.«

Es ist nicht aufzuhalten

Christien (41): »Natürlich ist es wichtig, daß man einen guten Orgasmus hat. Und wenn es irgendwie möglich ist, mehrere Male hintereinander. Ich komme ganz leicht, man muß nur darauf zeigen. Mein Mann kommt leider immer sehr schnell zum Höhepunkt. Er weiß auch, daß er sehr schnell ist, und er weiß auch, daß ich gerne etwas länger bumse. Aber er kann es nicht aufhalten, sagt er. So fest er auch kneift, es ist nicht aufzuhalten. Mein Freund kann ohne Probleme zweimal hintereinander kommen. Nach dem ersten Mal liegen wir dann ein Viertelstündchen nebeneinander, und dann fangen wir von vorne an. Es gibt nur wenige Männer, die das können. Ich finde, es ist absolut nicht erforderlich, daß man gleichzeitig kommt. Nacheinander ist mindestens genauso schön. Ich finde es auch schön, einem Mann zuzusehen, wenn er kommt, vor allem, wenn viel Sperma herausspritzt. Dann denke ich: Nun, das war wohl ziemlich nötig. Ich finde es unheimlich erregend, Männern einen runterzuholen. In meinem Mund kommen darf nur mein Mann. Das ist das einzige, wo er echt Bedenken hat, daß andere Männer das auch tun dürfen. Also mache ich es auch nicht.«

Es endet bei uns nicht immer mit Bumsen

Mieke (31): »Ein Orgasmus ist für mich nicht so wichtig. Ich habe auch nicht immer einen. Wenn ich komme, dann während des Bumsens oder durch Selbstbefriedigung während des Liebesaktes und auch durch seine Finger und Zunge. Es endet bei uns auch nicht immer mit Bumsen, auch er befriedigt sich schon mal während des Liebesspiels, und da helfe ich ihm auch bei. Ich schwelge gerne in einem herrlich geilen Gefühl, und wenn ich dann komme, ist das weg, das finde ich dann so schade. Er kommt oft früher als ich. Er macht dann zwar manchmal bei mir weiter, aber meistens wird es dann doch nicht zu Ende gebracht, weil ihm dann nach dem Orgasmus die rechte Überzeugung fehlt. Das finde ich dann nicht so gut; dann befriedige ich mich eben selbst.«

Dann brauche ich selbst keinen Orgasmus

Thera (26): »Wenn wir zusammen schlafen, endet das immer mit einem Orgasmus. Wenn wir Geschlechtsverkehr haben, haben wir beide einen Orgasmus. Außerdem haben wir Orgasmen bei Selbstbefriedigung oder wenn wir uns gegenseitig befriedigen. Wenn ich ihn befriedige, dann mache ich das, um ihn zu verwöhnen, dann brauche ich selbst keinen Orgasmus.«

Hat sie keine Lust dazu, dann mache ich es eben selbst

Kees (38): »Man hört ja schon mal so einen Quatsch, daß man am besten ohne Orgasmus miteinander schlafen kann, aber das gilt für mich ganz sicher nicht. Wenn ich einen Geschlechtsverkehr beginne, gehört ein Orgasmus dazu. Würde das nicht so sein, würde ich mich beschissen fühlen. Außerdem schmerzen mir dann echt meine Eier, und das finde ich sehr unangenehm. Es kommt zwar schon mal vor, daß meine Freundin nur Lust auf ein bißchen Schmuserei hat, und dann hat sie plötzlich genug von dem Spiel. Dann bitte ich sie, mir doch einen runter zu holen. Hat sie dazu keine Lust, dann tue ich es selbst, denn der Schuß muß raus. Aber sie hat meistens Verständnis dafür, und ihr macht es auch überhaupt nichts aus, mich dann zu befriedigen. Während sie dann mit ihren Gedanken ganz weit weg ist. Sie denkt dann an den Hund, der noch nach draußen muß, oder an die Decke, die dringend gestrichen werden muß. Sie stellt dann eine Art Autopilot ein, und ich fahre gut dabei, denn so komme ich zu meinem Orgasmus.

Ist es für dich wichtig, daß deine Freundin zum Höhepunkt kommt?

»Manchmal ja, manchmal nein. Das hängt mehr von ihr ab als von mir. Wenn sie in einer sehr geilen erregten Phase ist, dann will sie selbst auch zum Höhepunkt kommen. Aber es kommt auch schon mal vor, daß sie mit mir schläft, weil ich so geil bin. Dann ist das durchaus auch in ihrem Sinn, aber sie braucht dann nicht grundsätzlich einen Orgasmus zu haben.«

Was meinst du damit: Dann ist das durchaus auch in ihrem Sinne?

»Genau das, was ich sage. Manchmal schlafen wir zusammen, weil ich das möchte. Von ihrer Seite aus müßte es dann nicht unbedingt sein, aber sie hat auch nichts dagegen. Das hat sie einfach für mich über. Wenn wir dann einmal dabei sind, findet sie es meistens auch schön, aber wirklich erregt wird sie dann nicht.«

Kommt das umgekehrt auch mal vor?

»Theoretisch könnte das vorkommen. Natürlich. Nur habe ich immer Lust zum Bumsen.«

Ich bin keine Maschine

Leonie (36): »Ich sehe das nicht als Drama an, wenn ich mal nicht zum Orgasmus komme. Aber manche Männer möchten das so gerne. Die vergessen ganz, daß es da noch so etwas wie Romantik gibt, die wollen nur eins: Daß du zum Höhepunkt kommst. Ich finde es schön, mit den Fingern stimuliert zu werden, aber ich bin mehr als eine Klitoris. Ich bin keine Maschine, die unbedingt zur Explosion kommen muß. Ich komme gerne zum Orgasmus, aber dann am liebsten auf eine ganz liebe Art und Weise. Nicht so auf die heftige Tour.«

Man arbeitet auf einen Höhepunkt zu

Martin (24): »Ich finde es doch wichtig, immer einen Orgasmus zu bekommen. Es passiert auch immer, wenn wir zusammen schlafen, ich finde es eigentlich auch selbstverständlich. Irgendwie macht man es doch deshalb, man arbeitet auf einen Höhepunkt zu. Wenn man keinen Orgasmus bekommen könnte, wäre das Miteinanderschlafen auch viel weniger aufregend.«

Kommt sie auch immer zum Höhepunkt?

»Aber sicher, denn wenn sie keinen Orgasmus haben

würde, dann müßte es von mir aus überhaupt nicht sein. Manchmal dauert es etwas länger als sonst, aber dann lecke oder stimuliere ich sie mit meinen Fingern so lange, bis sie soweit ist. Diese Entspannung braucht sie doch auch. Früher hatte ich eine Freundin, die konnte keinen Orgasmus bekommen. Was ich auch anstellte, es ging nicht. Ich glaube, das fand ich schlimmer als sie. Ich hatte das Gefühl, ein Stümper oder so zu sein.«

Wenn ich ihn in mir fühle, dann ist es am schönsten

Mariette (34): »Sobald ich ihn kommen fühle, dann bricht bei mir auch ein Damm. Ich kann auch durch Stimulation meiner Klitoris zum Orgasmus kommen, aber wenn ich ihn in mir fühle, dann ist es am schönsten. Ich komme meistens mehrere Male zum Orgasmus. Was das betrifft, habe ich echt Mitleid mit den Männern: Bei denen ist es nach einem Mal gelaufen. Ich fühle noch lange nach dem Verkehr Nacherschütterungen. Ich bin froh, daß ich eine Frau bin. Ich finde es übrigens wichtiger, daß er kommt, als daß es mich überkommt. Sonst hätte er vielleicht das Gefühl, versagt zu haben. Es ist ein paarmal vorgekommen, daß es ihm nicht gelang, das findet er schrecklich.«

Eine Art persönlicher Einladung

Henk (55): »Das schließt ein bißchen an meine Erzählungen darüber an, wie wir zusammen schliefen. In der Zeit, in der es gut lief zwischen uns, stand für mich an erster Stelle, daß es für sie auch schön sein mußte, und ich fand es wichtig, daß sie auch voll und ganz befriedigt wurde. Später war es eine Art persönlicher Einladung, oft mit einer Art Wut vermischt, und dann war ich nur noch mit meinem eigenen Vergnügen beschäftigt.«

Diese paar Sekunden Glückseligkeit …

Yvo (24): »Ein Orgasmus bringt einem natürlich einen gigantischen Kick, und deshalb ist es auch so eine Augenwischerei. Man läuft seinem Schwanz irgendwie hinterher, weil man unbedingt diesen Orgasmus haben will. Diese paar Sekunden Glückseligkeit … und dann ist da plötzlich wieder die harte Wirklichkeit. Ich denke, es wäre verdammt friedlich, wenn es keinen Orgasmus geben würde. Dann wüßten wir auch nicht, was wir vermissen, und könnten einfach schön und entspannt unsere Leiblichkeit genießen. Begreifst du, was ich meine? Es ist nicht so, daß ich auf einen Orgasmus pfeife, denn ich habe es für mein Leben gerne, aber ich stehe dem wohl ambivalent gegenüber. Es ist gleichzeitig schön und beschissen.«

Dann befriedige ich ihn

Sandra (43): »Ich finde einen Orgasmus nicht unbedingt notwendig, aber wenn es passiert, dann ist es natürlich prima.

Mein Partner will wohl immer zum Orgasmus kommen, für ihn ist es ohne nicht zu Ende. Er versteht deshalb auch nicht, warum es für mich nicht unbedingt nötig ist, er versteht nicht, wie ich dann befriedigt sein kann. Das Miteinanderschlafen ist erregend, aber befriedigt auch gleichzeitig, weil es so herrlich ist, so dicht beieinander zu sein. Außerdem ist es für mich befriedigend, wenn er einen Orgasmus hat. Meistens haben wir schon Verkehr, manchmal aber auch nicht. Dann sorge ich dafür, daß er einen Orgasmus bekommt. Dann befriedige ich ihn. Und wenn ich meine Menstruation habe, mache ich das auch. Er bittet mich auch manchmal darum. Anfangs genierte ich mich dafür, denn in meiner vorigen Beziehung war so etwas undenkbar. Da gab es Geschlechtsverkehr und sonst nichts. Jetzt bin ich schon soweit, daß ich mich selbst befriedigen kann, wenn er dabei ist.«

Mich stößt das eben ab

Peter (27): »Yvonne kann keinen Höhepunkt bekommen, so wie sie sagt. Und da hat sie ihren Frieden mit. Ich könnte mir für mich keinen Geschlechtsverkehr vorstellen, ohne einen Orgasmus zu bekommen. Ich habe sie wohl schon mal gefragt, ob ich vielleicht etwas daran tun kann. Aber sie sagt, das bräuchte ich gar nicht zu versuchen, denn sie könne es selbst ja auch nicht schaffen. Ja, ich finde das wohl schade, aber sie weiß ja nicht, was sie vermißt. Ich kann zwar Stunden probieren, damit sie doch einen Orgasmus bekommt, aber da bekomme ich eine lahme Hand von, und sie fühlt sich irgendwie vorgeführt.«

Hast du dann nicht das Gefühl, zu kurz zu kommen?

»Nun, anfangs natürlich schon. Ich fand es doof für sie. Aber sie schwört, daß es ihr überhaupt nichts ausmachen würde, dann wäre es doch eigenartig, wenn es mir etwas ausmacht.«

Vielleicht würde es wohl gelingen, wenn du deine Zunge gebrauchen würdest?

»So was machen wir nicht.«

Denkst du nicht, daß sie das vielleicht schön finden würde?

»Wenn einer von beiden im Bett etwas nicht schön findet, dann macht man das einfach nicht. Und mich stößt das eben ab. Ich glaube nicht, daß das im Sinne Gottes wäre, sonst hätte er die Menschen anders gebaut.«

Bist du so gläubig?

»Nein, überhaupt nicht.«

Das Miteinanderschlafen ist manchmal wichtiger als ein Orgasmus

Julia(29): »Für ihn ist der Orgasmus sehr wichtig. Der Körper eines Mannes fühlt da ganz anders, meine ich. Für mich ist er wohl auch wichtig, aber ich muß nicht unbedingt zum

Höhepunkt kommen. Das Miteinanderschlafen ist manchmal wichtiger als ein Orgasmus. Ich kann auch ohne Orgasmus befriedigt sein.

Wenn er kommt, machen wir halt einfach weiter. Er soll sich unterstehen, danach direkt einzuschlafen.«

Um ihr Gesicht zu sehen, wenn sie einen Orgasmus bekommt

Olle (29): »Meine Güte, ich könnte mir ein Leben ohne Orgasmus nicht vorstellen! Das Gefühl, das durch einen hindurch geht, wenn man einen Orgasmus bekommt, das ist mit nichts, aber auch mit nichts zu vergleichen. Das ist göttlich schön.

Natürlich kommt es auch schon mal vor, daß wir zu schmusen anfangen, ohne daß ein Orgasmus folgt. Aber das hat dann immer einen Grund. Entweder, weil unser Kind wach geworden ist und in seinem Bett schreit, oder es klingelt an der Haustür.«

Macht ihr denn auf, wenn ihr gerade so schön dabei seid?

»Ja, das ist natürlich ein bißchen rückständig ... Es hängt davon ab, welche Tageszeit wir haben, und in welchem Stadium von Erregung wir uns befinden. Wenn ich einmal den Genußberg bestiegen habe und die Spitze in Sicht ist, nun, dann müssen sie eben später noch mal wiederkommen.«

Findest du es wichtig, daß sie auch einen Orgasmus bekommt?

»Sie findet es selbst total wichtig und ich deshalb auch. Und es ist bei ihr nicht so kompliziert, das hinzukriegen, denn sie findet es herrlich, wenn ich sie lecke. Aber kurz bevor sie kommt, drehe ich mich immer um und mache mit den Fingern weiter. Ich finde es nämlich supergeil, ihr Gesicht zu sehen, wenn sie kommt, weil sie strahlt dann so eine gigantische Power und dann so eine vollkommene Ruhe aus. Das ist einer der Gründe, warum wir nie im Dunkeln zusammen schlafen. Was heißt nie ... wenn wir mitten in der Nacht aufwachen und Lust haben, drehen wir nicht erst den Knopf um.

Habt ihr kein Nachttischlämpchen?

»Haha, nein, das planen wir schon Jahre, aber irgendwie ist es noch nie dazu gekommen.«

Findet Nicole es gut, wenn du in ihrem Mund zum Orgasmus kommst?

»Nein, das findet sie nicht angenehm, und das mache ich auch nicht. Sie sagt, daß sie den Geschmack von Sperma nicht besonders lecker findet, und das kann ich mir eigentlich gut vorstellen. Außerdem finde ich es selbst wahnsinnig schön, in ihrer Dose, du weißt, was ich meine, zu spritzen. Man ist so eins dann ...«

Gleichzeitig zum Orgasmus kommen, muß von mir aus nicht sein

Elly (33): »Wenn er auf mir liegt, bekomme ich am besten einen Orgasmus. Er übt dann so einen bestimmten Druck aus, so daß ich während des Bumsens zum Höhepunkt komme. Ich bekomme ganz leicht einen Orgasmus. Gleichzeitig zum Orgasmus zu kommen, muß von mir aus nicht sein, das ist auch praktisch beinahe nicht möglich. Schmusen endet bei uns immer mit Bumsen, immer.«

Selbstbefriedigung, während man eine Beziehung hat

Wir merkten hier und da, daß Selbstbefriedigung noch immer so ein bißchen ein Tabubegriff ist. Es ist inzwischen jedem klar, daß Männer keinen Rückenmarksschwund davon bekommen – und daß Jugendliche sehr häufig masturbieren, ist auch allgemein bekannt, aber ist es denn anständig, sich regelmäßig selbst zu befriedigen, wenn man eine Beziehung hat?

»Wir bewahren es für uns zusammen auf«, sagte eine Frau.

»Das macht man nicht, wenn man verheiratet ist«, meinte eine andere Frau anfangs.

»Es reißt mich nicht vom Hocker«, fand ein Mann.

»Es ist ganz normal, aber sehr ungesellig«, sagte eine Frau.

»Wenn ich es tue, fühle ich mich danach beschissen«, erzählte ein Mann.

Eine Frau, die ihren Mann fragte, der ohne sie verreist war, ob er sich einen runtergeholt hatte, bekam zur Antwort: »Nein, natürlich nicht.«

Diese ganzen Zitate zeigen, daß Selbstbefriedigung zumindest verdächtig ist. Es gehört sich eigentlich nicht, war der Unterton hier und da. Wenn man das tut, schläft man scheinbar zu wenig miteinander. Selbstbefriedigung ist etwas für hemmungslose Jugendliche.

Dem steht gegenüber, daß wir auch viele Menschen trafen, die gerade damit überhaupt keine Probleme haben. Für diese Menschen ist es eine hübsche Zugabe. Sie machen es, um ruhig schlafen zu können, einfach zum Spaß oder um schön dabei zu fantasieren. Es ist meistens nichts falsch mit ihrem Sexleben, und masturbieren gehört einfach dazu.

Manche machen es ein bißchen heimlich, andere tun es, während ihr Partner neben ihnen liegt und ein Buch liest, wieder andere bitten, ob der Partner (wörtlich) »nicht mal mit Hand anlegen kann.«

Kurz einige Zahlen. Wie befriedigen Menschen sich selbst? In einem Sexbuch stehen folgende Informationen: Männer halten in der Regel ihren Penis fest und bewegen die Hand hin und her. Frauen reiben die Zone um ihre Klitoris herum und/oder die Schamlippen, aber gebrauchen auch andere Techniken. So führen 20 % ihre Finger oder Gegenstände in die Vagina ein, 11 % reizen ihre Brüste, 10 % drücken ihre Schenkel gegeneinander und 5 % spannen die Muskeln an.

Wie oft befriedigen Menschen sich selbst? *Sexualität in den Niederlanden* zufolge sieht das so aus:

	Mann	Frau
Mehrmals am Tag:	1 %	0%
Jeden Tag:	4 %	1%
Ein paarmal in der Woche:	28 %	7%
Ein paarmal im Monat:	30 %	19%
Weniger als einmal im Monat:	19 %	29%
Überhaupt nicht:	18 %	45%

Es geht hier übrigens um Menschen mit und ohne feste Beziehung.

1981 fanden 64 % der Männer und 57 % der Frauen Selbstbefriedigung während einer Beziehung ganz normal (Untersuchung: Sex in den Niederlanden II, *Nieuwe Revu*). 1989 waren die Zahlen kaum verändert: 65 % der Männer und 57%

der Frauen fanden es normal (*Sexualität in den Niederlanden*). Mit dem einzigen Unterschied, daß 1989 weniger Menschen direkt ablehnend reagierten: 1981 hielten 22 % der Männer und Frauen nichts davon, 1989 15 % der Männer und 17 % der Frauen.

Also zwei Drittel der Männer und knapp zwei Drittel der Frauen finden Selbstbefriedigung in einer Beziehung normal, und wir dürfen annehmen, daß diese Menschen es auch tun. Möglicherweise gibt es mehr Menschen, die es tun, die es aber gleichzeitig nicht normal finden, also kann es sein, daß es Menschen gibt, die Schuldgefühle darüber haben oder sich schämen.

Das althergebrachte Problem mit der Selbstbefriedigung. Jungen und Mädchen, die irgendwann entdecken, daß es schön ist, an sich selbst zu spielen, und die nicht wissen, daß masturbieren normal ist, fühlen sich oft unsicher und schuldig. Die Jungen wissen nicht, wo sie das Resultat ihrer Entdeckungsreise lassen sollen, es verschwinden Waschlappen und Taschentücher, und die Mütter tun so, als ob sie nichts gemerkt haben, oder fragen immer wieder taktlos, wer die Waschlappen und Taschentücher verschwinden läßt.

Es ist nicht die Aufgabe dieses Buches, mit erhobenem Zeigefinger zu sagen: Pfui, akzeptiere jetzt mal, daß Selbstbefriedigung die normalste Sache der Welt ist, auch wenn man eine Beziehung hat, über der unaufhörlich rosarote Wolken schweben.

Wir weisen nur darauf hin. Schlußfolgerungen muß jeder Leser für sich selbst ziehen.

Übrigens: Wir spürten hier und da einen Trend auf. Der Vibrator, den viele Frauen doch gerne haben würden, aber der sich so schwierig besorgen läßt (in einem Pornoshop oder per Katalog zum Beispiel) hat Konkurrenz bekommen. Der große Verkaufserfolg der elektrischen Zahnbürste hat ganz sicher nicht nur mit einer guten Gebißversorgung zu tun.

Ab und zu nötig

Peter (27): »Ich masturbiere regelmäßig, aber das macht jeder Mann. Das hat nicht so viel mit Sex zu tun, finde ich. Es ist ganz einfach ab und zu nötig, und ich finde es eher lästig als schön.«

Ich tue es oft, um ruhig schlafen zu können

Adèle (35): »Ich finde es schön, wenn er es tut, und ich selbst tue es auch gerne. Manchmal tun wir es auch zusammen, als Bestandteil eines Liebesakts. Wenn ich alleine bin, habe ich oft Verlangen nach ihm, und dann befriedige ich mich selbst. Ich mache es auch oft, um ruhig schlafen zu können, als eine Art Beruhigungsmittel. Wenn ich neben ihm schlafe, dann werde ich wohl schon mal wach und bin erregt und dann masturbiere ich auch. Oder er wird auch wach, und dann schlafen wir zusammen. Ich finde es wahnsinnig schön, wenn wir morgens früh zusammen schlafen.«

Ich habe auch kein Bedürfnis danach

Simone (30): »Wir machen keine Selbstbefriedigung. Wir bewahren es für uns auf. Ich habe auch kein Bedürfnis danach, wir schlafen oft genug zusammen.«

Ein bißchen Druck aus dem Kessel ablassen

Teun (41): »Wenn ich morgens wach werde, habe ich mein festes Ritual: Rauchen, wichsen, rauchen. Und bevor ich schlafen gehe, onaniere ich auch noch mal kurz. Wenn ein Freund bei mir über Nacht bleibt, passe ich mich wohl an.

Aber das ist mir eigentlich ein bißchen lästig, weil ich dann mein gewohntes Ritual nicht ausführen kann. Manchmal hole ich mir auch schnell noch einen runter, bevor ich in die Kneipe gehe. Um schnell ein bißchen Druck vom Kessel abzulassen.«

Wir machen es sogar oft, wenn wir zusammen schlafen

Selbstbefriedigung ist für Maartje (28) und ihren Partner etwas ganz Normales. »Wir tun es beide. Ich zwar nicht so oft und er auch nicht jeden Tag, aber doch ziemlich häufig.

Wir sprechen auch ganz normal darüber, es ist nichts Komisches dabei. Nicht, daß wir uns dauernd darüber unterhalten, aber es ist kein Tabu. Wir machen es sogar oft, wenn wir zusammen schlafen.«

Wohl ein paarmal in der Woche

Christien (41): »Ich masturbiere ziemlich viel, bestimmt ein paarmal in der Woche. Ich weiß manchmal vor Geilheit nicht, was ich tun soll. Ich stecke mir auch oft etwas rein. Ich habe keinen Vibrator, aber mit der elektrischen Zahnbürste komme ich auch zu meinem Vergnügen. Man muß sie ganz vorsichtig an die Klitoris halten. Zum Verrücktwerden, bestimmt.«

Irgendwas muß ich doch machen, verdammt

Yvo (24): »Man masturbiert, um einen Orgasmus zu bekommen.

Tatsächlich wird man als Mann in großem Maße von seinem Schwanz reagiert. Als ob man selbst nichts damit zu tun hat. Wir reden doch auch immer über ›ihn‹, statt über uns selbst. ›Er‹ will auch oft etwas anderes als wir… Ganz schön heikel. Ob ich es tue? Ja natürlich, das muß ich einfach manchmal. Was sage ich? Ich onaniere mich verrückt, besonders jetzt, wo ich keinen Sex mehr mit ihr habe. Irgendetwas muß ich doch machen, verdammt noch mal.«

Ich mache es sogar manchmal, wenn ich nicht erregt bin

Leonie (36): »Ich tue es fast täglich. Ich habe nun mal ein sehr unregelmäßiges Sexleben. Es ist nicht zwanghaft, aber etwas, was fast jeden Tag dazugehört. Ich mache es sogar manchmal, wenn ich nicht erregt bin. Vielleicht etwas seltsam. Das weiß ich nicht.«

Erotisch ist es nicht

Henk (55): »Masturbation sehe ich als pures technisches Etwas an, wenn man etwas loswerden muß. Erotisch ist es nicht, es hat mehr mit einer Art Unterleibtrieb zu tun.«

Onanie

Für Baas (32) war Masturbation eine Art und Weise, um trotz seiner schlechten sexuellen Beziehung zu seinem Vergnügen zu kommen. »Ich... onanierte. Eines Tages stand sogar neben meinem Bett ein kleiner Container für die Taschentücher, um die freigekommenen Produkte zu entsorgen.«

Ich ging dann staubsaugen oder so

Sandra (43): »In meiner vorigen Beziehung haben wir nie auch nur ein Wort darüber gesprochen, ich weiß also nicht, ob er sich selbst befriedigte. Ich tat es nie. Früher als Kind, als Jugendliche schon. Aber ich dachte: Das tut man nicht, wenn man verheiratet ist. Ich hielt mich also zurück.«

Hattest du denn nie das Bedürfnis danach?

»Dann fing ich an staubzusaugen oder so. Ich hatte damit echt kein Glück. Jetzt ist es anders. Ich bin zwar noch nicht so wild, aber ab und zu mache ich es schon. Auch wenn er dabei ist, nur mußte ich mich doch unheimlich überwinden, bevor ich mich das traute. Er selbst hat damit keine Probleme: Er masturbiert manchmal, und das hat er schon immer getan.

Für ihn ist es die normalste Sache der Welt. Für mich jetzt eigentlich auch.«

Die meisten Frauen machen es nicht gut

Bernhard (39): »Ich kann am besten zum Orgasmus kommen, wenn ich onaniere. Dann kann ich zum gegebenen Zeitpunkt ganz genau bestimmen, wie ich zum Orgasmus kommen will. Die meisten Frauen machen es nicht gut. Die machen es zu zart. Man muß den richtigen Druck ausüben, der nötig ist, damit es schön ist, und das weiß ich doch selbst am besten. Ich onaniere auch, wenn sie dabei ist, und darüber hat sie schon lange keine Schuldgefühle mehr. Sex macht man nicht immer nur zu zweit.«

Ich habe dann einfach Lust auf einen Orgasmus

»Wir befriedigen uns beide selbst«, sagt Mieke (31). »Nicht so oft, aber doch. Ein Tabu ist es nicht. Wir sprechen auch darüber. Manchmal mache ich es nachts, wenn ich wach werde.

Dann habe ich einfach Lust auf einen Orgasmus. Ich mache ihn in so einem Fall auch nicht wach, denn das ist dann etwas nur für mich, da braucht er sich nicht immer einzumischen. Ich sage es ihm wohl am nächsten Tag immer. Dann findet er es immer schade, daß ich ihn nicht wach gemacht habe, nur...«

Meinetwegen kann er es neben mir im Bett machen

Thera (26): »Wir schlafen nur zusammen, wenn wir beide Lust dazu haben. Hat nur einer Lust, dann fängt er an, mit sich selbst zu spielen. Kein Problem. Ich tue es manchmal, er auch, und meinetwegen kann er es neben mir im Bett machen.

Das ist mir lieber, als mit ihm zu schlafen, nur weil er es

so dringend braucht. Selbstbefriedigung ist ganz sicher kein Tabu: Wir können über alles reden.«

Sie nervt mich schon mal damit

Harm (30): »Es ist, zumindest bei mir, doch etwas anderes als zusammen zu schlafen. Was die pure körperliche Befriedigung angeht, finde ich, daß in einer Beziehung der Freiraum sein muß, daß jeder auch sich selbst befriedigen kann, wenn er oder sie das Bedürfnis danach hat. Ich habe dieses Bedürfnis mehr als sie. Für mich ist dieser körperliche Aspekt mehr getrennt von meinen Gefühlen und meiner Liebe.«

Und das findet sie nicht schlimm?

»Nein, ich glaube, sie mußte sich zu Anfang erst daran gewöhnen. Und sie nervt mich manchmal damit. Wenn ich keine Lust habe zum Bumsen, sagt sie manchmal: Du bist sicher gerade mit dir selbst beschäftigt gewesen. Aber sie weiß, wie das bei mir ist, es ist kein Problem.«

Nur, das mag sie nicht gerne

Martin (24): »Passiert schon mal, aber ich bin davon nicht gerade begeistert. Stattdessen bumse ich lieber. Oder es muß zum Geschlechtsverkehr dazugehören, dann finde ich es auch schön. Ich finde es wohl aufregend, wenn Bernadette zuguckt, wenn ich onaniere, und ich finde es auch schön, ihr dabei zuzusehen, nur, das mag sie nicht gerne.«

Warum nicht?

»Ich weiß es nicht, ich habe den Verdacht, daß sie sich ein bißchen geniert.«

Ich mache es oft, wenn ich in der Badewanne liege

Ein Sexleben hat Linda (39) nicht: Ihr Mann hat keine Lust mehr dazu, und sie hat keine Lust mehr auf ihren Mann.

»Also bin ich ganz einfach auf Selbstbefriedigung angewiesen. Ich gucke zwar auch nach anderen Männern um mich herum, man kann sich nur schlecht eine Dose Männer aufmachen. Ich mache es oft, wenn ich im Bad liege, dann bin ich entspannt, und da die Tür abgeschlossen ist, kann niemand mich stören. Ich mache es nicht so sehr oft, vielleicht ein- oder zweimal in der Woche, aber ich brauche das. Sonst würde ich die Wände hochgehen.«

Weil es so lieb aussieht

Kees (38): »Wenn meine Freundin nicht da ist, kann es durchaus sein, daß ich das Bedürfnis nach einem Orgasmus habe.

Nun, dann liegt onanieren doch auf der Hand. Schnell und effizient, würde ich sagen. Früher machte ich es öfter als jetzt. Ich ging auf der Arbeit sogar regelmäßig zur Toilette, um zu masturbieren. Dann ging es mir danach wieder besser. Es war so, als ob ich dann wieder klarer denken konnte, wenn ich meinen Schuß los war. Meine Freundin hatte anfangs ziemliche Schwierigkeiten damit, daß ich ihr zugucken wollte, wie sie sich selbst befriedigte. Aber ich wollte das unbedingt sehen, weil ich finde, daß das dazugehört. Außerdem kann man davon lernen. Ich finde eine Frau, die mit ihrer eigenen Muschi spielt, sieht fantastisch schön aus. Warum? Weil es so lieb aussieht, finde ich, und weil sie scheinbar genau weiß, was sie tun muß, um es schön zu haben. Wenn Männer mal gut zuschauen würden, wie ihre Frau oder Freundin es selbst macht, dann würden viel mehr Männer ihre Frauen zum Orgasmus bringen können. Einfach, weil Männer dann nicht so fummeln müßten. Bei den Männer hängt der Apparat an der Außenseite, bei Frauen muß er erst genau studiert werden, bevor man als Mann etwas mehr damit anfangen kann, als nur reinstecken und auf und nieder. Ich würde also allen Mädchen und Frauen empfehlen: Beine auseinander und zeigt eurem Partner, was ihr schön findet.«

Es ist nur unheimlich ungesellig

Isabel (21): »Über Selbstbefriedigung reden wir schon, und wir machen es auch. Das finde ich normal. Es geht mir nur um den puren Orgasmus, wenn die tierischen Triebe die Oberhand gewinnen. Es ist nur unheimlich ungesellig, ich finde es zu zweit viel schöner.«

Wenn ich es mache, fühle ich mich danach beschissen

Louis (34): »Ehrlich gesagt, hasse ich es, zu onanieren. Ich mache es selten, und wenn ich es mache, fühle ich mich danach beschissen. Der Moment des Orgasmus' ist ein paar Sekunden schön, aber für den Rest drumherum ist es die Mühe nicht wert.«

Das ist wohl noch die rosarote Wolke

Frank (35): »Ja, mit einem selbst, das macht man natürlich, wenn man alleine lebt. Man hat ja nur sich selbst. Nur, es hat für mich nichts mit einer sexuellen Beziehung mit einem anderen zu tun. Das sind total unterschiedliche Erfahrungen.

Ich kann mir auch nicht vorstellen, daß ich während dieser Beziehung masturbieren würde. Aber das hat wohl mit der rosaroten Wolke zu tun, auf der ich mich momentan noch befinde.«

Manchmal helfe ich ihm, wenn wir nicht zusammen schlafen können

Merel (35): »Er masturbiert nie, ich nur ab und zu. Manchmal helfe ich ihm dabei, wenn wir nicht zusammen schlafen können, weil ich zum Beispiel meine Periode habe. Dann macht man es jedoch zusammen, dann ist es also keine Selbstbefriedigung. Ich selbst habe ganz selten mal das Bedürfnis danach. Und dann mache ich es auch einfach.«

Gehindert durch sexuelle Anspannung

Joost (39): »Ich denke, daß Masturbation dazugehört. Ab und zu eine schnelle Nummer mit mir selbst. In solchen Momenten, in denen mein Partner außer Reichweite ist und ich mich durch die sexuelle Anspannung gerade in dem Moment behindert fühle, in dem ich mich eigentlich auf meine Arbeit konzentrieren muß. Ab und zu ein notwendiges Übel.«

Als er nach Hause kam, fragte ich: »Hast du onaniert?«

Über Masturbieren wird bei Elly (33) zu Hause nicht gesprochen. »Tja, man könnte es als Tabu bezeichnen, zumindest bei ihm. Er ist einmal eine Woche lang mit einem Freund verreist. Als er nach Hause kam, fragte ich: ›Hast du onaniert?‹ Er guckte mich ganz verständnislos an und sagte: ›Nein, natürlich nicht.‹ Meiner Meinung nach macht er es wirklich nicht. Ich masturbiere übrigens auch nicht, ich habe es nicht nötig, denn wir schlafen oft genug zusammen.«

Sie liegt dann ruhig neben mir und liest

Olle (29): »Wenn ich jeden Schuß gegen die Wand gesetzt hätte, gäbe es kein weißes Stückchen Wand mehr in diesem Haus ... Seit ich die Masturbationsmöglichkeit entdeckt habe, und das werden jetzt so fünfzehn, sechzehn Jahre sein, gab es noch keinen Tag, an dem ich es nicht gemacht habe. Früher, als Jugendlicher, machte ich mir schreckliche Sorgen darüber. Nein, sie haben mir nie weisgemacht, daß ich davon schreckliche Krankheiten bekommen würde, es war mehr die Scham. Ich mußte doch meinen Kram heimlich loswerden. Es wurde rollenweise Toilettenpapier in mein Zimmer geschmuggelt ... Meistens räumte ich die Papierkugeln geschickt weg, in Plastiktüten, die ich, ohne daß meine Eltern das sahen, in den Mülleimer steckte. Dennoch fand meine

Mutter regelmäßig Papierkugeln unter meinem Bett oder in meinem Papierkorb, und dann wollte sie wissen, wo die herkamen. Und dann erfand ich irgendwelche Ausreden, daß ich erkältet wäre oder so, worauf ich dann den ganzen Tag extra nieste und hüstelte, bis zu einem undichten Füller ... Nur durch die Art und Weise, wie meine Mutter mich dann ansah, wußte ich, daß sie mir nicht glaubte. Aber um nichts in der Welt hätte ich ihr erzählt, daß ich Sex praktizierte.

Denn Sex war etwas, worüber ich mit meinen Eltern nicht sprechen konnte. Ich konnte mir auch kaum vorstellen, daß sie Sex zusammen hatten. Sie waren für mich vollkommen sexlose Wesen ... Es wurde bei uns zu Hause auch nie über Sex gesprochen. Mit keinem einzigen Wort wurde das erwähnt. Im Hinblick auf meine Aufklärung bekam ich ein Buch aus dem Jahre Null in die Hand gedrückt, das hieß: *Jungen fragen*. Nein, ich hoffe, daß ich das mit meinem Sohn anders mache. Wenn er etwas größer ist, bekommt er von mir zu hören, daß Sex schön und wunderbar ist, und daß das Wort Scham dabei nichts zu suchen hat.

Masturbieren hat für mich nichts mit meiner Beziehung zu Nicole zu tun. Das ist vollkommen unabhängig davon. Es ist auch ein ganz anderes Bedürfnis. Es kann wohl sein, daß das Bedürfnis zufällig mit dem Bedürfnis nach Geschlechtsverkehr zusammenfällt. Ich kann mit ihr fantastisch bumsen; sie ist die beste Liebhaberin, die ich mir vorstellen kann. Deshalb versteht sie auch so gut, daß sie nicht zu kurz kommt, wenn ich onaniere; sie liegt dann sogar ruhig neben mir und liest.«

Findest du es nie lästig, daß du so oft onanieren mußt?

»Es ist eine Kombination von müssen und wollen ... Ja, manchmal ist es schon lästig, wenn man in einer Situation ist, in der es nicht möglich ist. Aber auf der anderen Seite erfahre ich es an erster Stelle als sehr schöne Notwendigkeit. Und überhaupt: Was heißt hier ›so oft‹? Das ist ja wohl halb so schlimm. Meistens mache ich es so ein- bis zweimal täglich. Pinkeln muß man öfter, und da beklagt man sich doch auch nicht, daß es so lästig ist, oder?«

Jemand mit breiten Schultern, schmalen Hüften und kräftigen Oberschenkeln

Thea (25) über Masturbation. Wenn sie sich selbst befriedigt, denkt sie immer an den Mann, in den sie verliebt ist.

Nie an einen anderen?

»Nein.«

Und was denkst du dann?

»Tja … ich denke mir manchmal eine neue Stellung aus. Ich denke einfach nicht an jemand anderen. So wichtig ist Liebe für mich. Naja, wenn ich einen tollen Mann sehe, dann denke manchmal schon an Sex, aber nicht in der Art: Mit dem würde ich gerne ins Bett gehen. Ich achte wohl auf seinen Körperbau. Und wenn er eine gute Figur hat, dann denke ich auch an erotische Dinge, aber nicht, daß ich mit ihm gerne nackt im Bett liegen möchte. Jemand mit breiten Schultern, schmalen Hüften, kräftigen Oberschenkeln, tja.«

Erotische Fantasien

Es gibt Menschen, die würden erotische Fantasien lieber als schmutzige Gedanken bezeichnen. Diese Menschen werden es schwer haben, denn es ist vielleicht möglich, solche »schmutzigen Gedanken« aus seinem Kopf zu verbannen, wenn man wach ist, nur gegen erotische Träume kann man nichts machen, die hat man einfach.

Es war Nancy Friday, die das Tabu, besonders für Frauen, durchbrach. Sie rief amerikanische Frauen dazu auf, ihr ihre erotischen Fantasien zu schreiben. Fast jede Frau bemerkte dazu, daß sie wahrscheinlich die einzige mit solchen Fantasien sei, und die meisten Frauen fanden, daß sie ziemlich ausschweifende Gedanken hatten.

Die Erleichterung war groß, als die Erfahrungen in Buchform erschienen. »Tiefe Gründe«, wie das Buch hieß, zeigte, daß erotische Fantasien eine ganz normale Sache sind. Außerdem wurde in diesem Buch auch deutlich, daß die meisten Frauen ihre erotischen Fantasien in Wirklichkeit nicht erleben möchten. Fantasien können sehr weit gehen. Menschen träumen davon, festgebunden oder vergewaltigt zu werden, im Freien Geschlechtsverkehr zu haben, ohne Slip mit gespreizten Beinen im Zug zu sitzen, es mit Tieren zu treiben oder mit Menschen gleichen Geschlechts, nur das bedeutet absolut nicht, daß sie es auch wirklich wollen. Das Gegenteil ist meistens der Fall.

Das erschien uns auch so. Es wird lustig herumfantasiert, aber dabei bleibt es. Die meisten Menschen haben nicht den Drang, es in Wirklichkeit mal zu probieren. Es bleibt höchstens bei der vagen Vorstellung, wie es in Wirklichkeit sein könnte.

Woran denken Menschen, wenn sie fantasieren? In dem Buch *Sexualität in den Niederlanden* steht eine Männer- und eine Frauen-Top-Ten. Wie immer, stimmen die Ergebnisse nicht mit anderen Untersuchungen überein. Masters und Johnson, und später Stoller, stellten fest, daß vor allem Fantasien, bei denen man sexuell überwältigt wird, am meisten vorkamen. Das zeigen die Resultate aus *Sexualität in den Niederlanden* kaum. Aus Spaß geben wir sie hier doch.

Die Fantasie-Top-Ten der Frauen:

1. Eine romantische Umgebung draußen
2. Etwas Schönes, das ich selbst erlebt habe
3. Mit jemandem schlafen, den ich gut kenne
4. Schöne Körperteile: Oberschenkel, Brüste, Beine
5. Mit dem Mund befriedigt werden
6. Jemanden mit dem Mund befriedigen
7. Sexuell überwältigt werden
8. Einem Mann und einer Frau beim Liebesakt zusehen
9. Mit einem unbekannten Mann schlafen
10. Etwas Unangenehmes, das ich selbst erlebt habe

Die Fantasie-Top-Ten der Männer:

1. Schöne Körperteile: Oberschenkel, Brüste, Beine
2. Eine romantische Umgebung draußen
3. Mit jemandem schlafen, den ich gut kenne
4. Etwas Schönes, das ich selbst erlebt habe
5. Mit dem Mund befriedigt werden
6. Jemanden mit dem Mund befriedigen
7. Mit einer unbekannten Frau schlafen

8. Aufreizendes Material: Pelz, Leder, Wäsche, Schuhe
9. Zwei Frauen beim Liebesakt zusehen
10. Einem Mann und einer Frau beim Liebesakt zusehen

Ziemlich wenig Unterschiede zwischen Mann und Frau also, auch wenn die Frage bleibt, warum in anderen Untersuchungen ganz andere Resultate herauskamen.

Andere Fantasien, die genannt wurden, aber die nicht in die Top-Ten kamen: Sich selbst nackt vor Fremden zeigen; mit jemandem schlafen, der viel älter ist; zwei Männern beim Liebesspiel zusehen, analen Sex; mit jemandem schlafen, der jünger als sechzehn ist; jemanden festbinden; festgebunden werden; jemanden sexuell überwältigen; für Sex bezahlen und selbst für Sex bezahlt zu werden.

Wie oft fantasiert wird, sagt etwas über die Rolle aus, die Sex im täglichen Leben spielt. 1 % der Befragten fantasiert mehrmals täglich. Täglich fantasieren 1 % der Frauen und 5% der Männer. 9 % der Frauen und 29 % der Männer einige Male in der Woche. 30 % der Frauen und 36 % der Männer mehrere Male im Monat. Weniger als einmal im Monat fantasieren 36 % der Frauen und 20 % der Männer. Und 23 % der Frauen und 10 % der Männer überhaupt nie.

Viele Menschen (90 % der Männer und 77 % der Frauen) haben erotische Fantasien, aber die Häufigkeit wechselt sehr stark.

Über erotische Fantasien zu sprechen fällt übrigens vielen Menschen nicht leicht. Das erfuhren wir während der Interviews. Viele wollten nicht darüber sprechen, andere machten nur vage Andeutungen oder verschwommene Atmosphärenbeschreibungen. Fast jeder, der sich doch traute, etwas darüber zu sagen, fügte hinzu, daß die Fantasie keine Wirklichkeit werden muß, daß es sogar besser wäre, wenn sie es nicht werden würde.

Ich spiele da selbst nicht mit

Adèle (35): »Beim Masturbieren habe ich meistens erotische Fantasien. Es ist schon lustig, aber es ist fast genauso, als wenn ich mir einen Film ansehen würde, denn ich spiele da selbst nicht mit. Ich fantasiere immer über dritte. Früher hatte ich wohl ein Fantasieerlebnis, in dem ich selbst eine Rolle mitspielte. Ich hatte einen Freund, in den ich verliebt war. Ich war zwölf und er dreizehn. Ich träumte, daß er über einen Bahnübergang ging, hinfiel, und daß dann ein Zug angerast kam und ich ihn rettete. Sonst nichts. Ich fand, es war ein schrecklich aufregender Traum. Jetzt habe ich einige ›Filme‹, die ich so aus dem Schrank ziehen kann.

Über Paarclubs, Bordelle … es kann alles drin vorkommen. Aber ich gucke nur zu, ich bin selbst nicht dabei. Merkwürdig. Ansonsten sehe ich überall Orte und Stellen, wo ich denke: Mann, wäre das toll, es hier mal zu tun. Auch wenn ich ganz normal über die Straße gehe. Einen Torbogen oder so. Die verrücktesten Plätze.«

Während die Kollegen nichts ahnen

Joost (39): »Erotische Fantasien hat natürlich jeder. Ich hatte schon mal einen schönen Traum über einen Baum, auf den man gut hinaufklettern konnte. Da stieg ich mit meiner Freundin hoch und, oben im Baum liebten wir uns, während unter uns Menschen spazierengingen. Die wußten natürlich nicht, was da oben über ihren Köpfen stattfand … Eine andere Fantasie ist, daß sich eine Arbeitskollegin auf eine ganz raffinierte Weise bei mir auf den Schoß setzt, und daß ich sie vögele, während die Kollegen nichts ahnen. Ja doch, ich kann meine Fantasien gut mit Esther besprechen. Auch weil manche davon gut in die Wirklichkeit umzusetzten sind, und das finden wir beide dann sehr aufregend und schön.«

Ich weiß nicht, wie ich es sagen soll

Maartje (28) hat viele erotische Fantasien, aber sie kann sie schlecht in Worte fassen. »Ich sehe nicht einen Mann etwas mit mir machen, sondern ich mache etwas mit einem Mann.

Mit meinem eigenen Mann oder mit jemandem ohne Gesicht. Nein, es ist nicht sadistisch oder so. Ich weiß nicht, wie ich es sagen soll. Man sieht doch in Zeitschriften Frauen, die echt etwas ausstrahlen. Ich stelle mir dann vor, daß ich auch so etwas ausstrahle, denn das findet er sehr erregend. Ich auch. Von einigen Dingen weiß ich, daß er sie schön finden würde, das mache ich vielleicht auch irgendwann mal, nur, jetzt fantasiere ich darüber.«

Sie will nichts darüber sagen.

Erstaunt über meine eigenen Fantasien

Teun (41): »Erotische Fantasien sind sehr wichtig. Tatsächlich ist Sex darauf aufgebaut. Erotische Fantasien sind die Hauptzutaten. Ich bin wohl schon mal erstaunt über meine eigenen Fantasien gewesen. Als ich ›offiziell‹ noch kein Homo war, hatte ich schon homosexuelle Fantasien. Auch viel Fantasien über SM. Oh ja, ich habe regelmäßig erotische Fantasien, die in Wirklichkeit abscheulich sein würden … Ich kann mir einbilden, daß zehn grobe Typen mich zusammenschlagen. Dabei kann ich onanieren. Aber es bleibt klar: ›Who ist the boss?‹ Ich natürlich. Es ist das gleiche wie ein SM-Spiel. Ich spiele Sklave und lecke jemandem die Schuhe. Ich entscheide mich aus eigenem Willen für diese Rolle. Es passiert nichts, was ich nicht will.«

In Wirklichkeit darf ich nicht daran denken

Mariette (34): »Ich fantasiere über Dinge, vor denen ich in Wirklichkeit weglaufen würde. Es ist zum Beispiel herrlich zu fantasieren, man hätte drei Männer um sich herum. Einer beschäftigt sich mit deinen Brüsten, der andere vögelt dich und der Dritte hat Seinen in deinem Mund. In Wirklichkeit darf ich nicht daran denken.«

Bei Kerzenlicht einander Gedichte vorlesen

Carolien (33) hat viele erotische Fantasien, aber die führt sie ganz einfach mit ihrem Partner aus. »Soweit reichen meine Fantasien nun auch wieder nicht. Ich kann darüber fantasieren, daß wir bei Kerzenlicht am Tisch sitzen und einander Gedichte vorlesen. So etwas. Erotische Geschichten ziehen bei mir fast nie. Manchmal sieht man einen Film, der erotisch ist, aber an den meisten Filmen finde ich nichts. Der Sex anderer Leute erregt mich nicht. Erotik ist etwas ganz anderes als Sex- oder Pornofilme.«

Nichts, wofür man sich schämen muß

Henk (55): »Fantasien hat man, wenn man masturbiert, oder wenn man mit einer Frau schläft, mit der man eigentlich nicht im Bett liegen will. Ich denke, man fantasiert besonders über Dinge, die einem ganz fern liegen. Vor denen man sich in Wirklichkeit ekelt. Aber gut, deshalb heißt es ja Fantasie. Ich finde auch, das ist nichts, wofür man sich schämen muß, nur diese Art Fantasie bespreche ich nicht ausführlich mit meiner Partnerin.«

So, daß man von außen unsere Silhouetten sehen kann

Irene (28): »Meine Fantasien werden oft durch Filme und *Playboy Late Night* stimuliert. Nicht durch solche Filme wie *Emanuelle* oder so, es muß schon eine Handlung dahinterstehen. Manche Bücher sind auch sehr erregend. *Ayla und der Clan des Bären* von Jean Auel zum Beispiel. Die Stellungen, die sie dort beschreibt, möchte ich gerne alle mal ausprobieren. In meinen Fantasien bin ich übrigens immer mit meinem Mann zusammen, nicht mit anderen.«

Geht es um Dinge, die du in Wirklichkeit nicht tun würdest?

»Ich bin so frei, ich glaube nicht, daß es Dinge gibt, die ich nicht tun würde. Was ich wohl erotisch finden würde: Wenn wir hier unten zusammen schlafen würden, hinter geschlossenen Vorhängen, aber mit Lampe an, so daß unsere Silhouetten draußen durch die Vorhänge zu sehen sein würden. Aber das traut er sich nicht.«

In Wirklichkeit könnte ich das nicht so genießen

Sie guckt etwas geniert, als sie über ihre Fantasien spricht: Elly (31): »Sie sind immer sehr primitiv. Ich fühle mich danach immer beschissen, aber seit ich darüber gelesen habe, schäme ich mich nicht mehr so. Worüber man fantasiert ist etwas anderes als das, was man in Wirklichkeit erleben will. Nun traue ich mich, sie zu genießen. In meinen Fantasien habe ich immer eine untergeordnete Rolle.

Ich kann die Handlung bestimmen, wie ich das gerne hätte. In Wirklichkeit könnte ich das nicht so genießen.«

Wann hast du diese Fantasien?

»Nur während wir zusammen schlafen, sonst nicht.«

Ich fantasiere nie über meinen eigenen Mann

Simone (30): »Ich bilde mir schon mal ein, daß ich es mit einem anderen Mann mache. Zum Beispiel mit jemandem aus dem Fernsehen oder mit einem Mann, den ich im Supermarkt treffe.

Ich fantasiere nie über meinen eigenen Mann. Es ist pure Fantasie. Ich würde es in Wirklichkeit nicht so schnell tun. Obwohl, man weiß ja nie.«

Etwas, was ich möchte, kann ich einfach ausprobieren

Maria (31): »Früher hatte ich schon meine Fantasien, jetzt nicht mehr. Aber damals hatte ich auch noch keine Beziehung und jetzt wohl. Also, etwas, was ich möchte, kann ich einfach selbst ausprobieren.«

Ich denke mir meistens eine ganze Geschichte drumherum aus

Thera (26) wird nachts manchmal von ihren erotischen Fantasien wach. »Dann habe ich scheinbar einen aufreizenden Traum gehabt. Ich fantasiere immer über die Dinge, die ich nicht so schnell tun würde. Ich denke mir meistens eine ganze Geschichte drumherum aus, in der ich die Hauptrolle spiele, wie in einem kitschigen Roman. Ich befinde mich zum Beispiel auf einer einsamen Insel oder auf einem Piratenschiff. Ich bin meistens verliebt. Mein Mann kommt oft darin vor, ein anderes Mal irgendeine Fantasiegestalt. Nicht jemand aus dem Fernsehen oder der Nachbar oder so. Ich habe immer einen Partner, und wir haben ganz normalen Sex; ich werde nicht vergewaltigt oder festgebunden.«

Daß ich ohne Slip im Zug sitze

Linda (39): »Ich stelle mir oft vor, daß ich mit einem sehr schönen Mann schlafe. Mit David Bowie oder so. Das habe ich vor allem seit der Filmszene, in der Bowie sich in der Brandung mit jemandem liebt. In meinen Fantasien tauchte immer wieder dieser schmale Hintern von ihm auf. Aber ich habe auch andere Fantasievorstellungen. Daß ich ohne Slip und in einem ganz kurzen Rock im Zug sitze. Oder daß ich bei der Tagesschau arbeite, unter dem Schreibtisch des Nachrichtensprechers sitze und ihm einen blase, während er die Nachrichten vorliest. Diese Vorstellung finde ich toll. Ich mag wohl ein bißchen Humor in meinen Fantasien. Für einige Fantasien schäme ich mich schon. Manchmal bilde ich mir ein, daß ein Hund mich überall leckt. Es gibt ja scheinbar Menschen, die mit Tieren Sex haben, aber das finde ich abstoßend.«

Also vielleicht bin ich einfach sehr neugierig

Kees (38): »Ich stelle mir gerne drei oder vier Schwarze mit enorm großen Titten vor, mit denen ich alles treibe, was Gott verboten hat. Das ist schon lustig, denn diese Fantasie habe ich schon seit meiner Pubertät, und sie wird nie langweilig.

Ich habe in Wirklichkeit noch nie mit einer Schwarzen geschlafen, also vielleicht bin ich einfach nur sehr neugierig. Die Vorstellung erregt mich in jedem Fall unheimlich, und dann noch mit drei oder vier gleichzeitig! Große braune Brüste, die über meinem Gesicht schaukeln, und dann zwei Schwarze, die abwechselnd meinen Schwanz in den Mund nehmen. Das muß wahnsinnig sein. Zumindest in meiner Fantasie. Doch, ich erzähle meiner Freundin schon, worüber ich fantasiere, und das findet sie dann schon lustig, glaube ich. Sie hat selbst so ihre Fantasien, obwohl sie nicht besonders offenherzig darüber erzählt. Aber sie hat mir schon mal erzählt, daß sie sich einbildete, daß sie auf einem Bett festgebunden war und von einem Pittbull Terrier so lange geleckt wurde, bis sie einen Orgasmus bekam, während der Besitzer des Hundes dabeistand und onanierte. Na, solche Fantasien sagen mir nichts, aber jedem das seine.«

Von mehreren Männern verwöhnt zu werden

Isabel (21): »Natürlich habe ich Fantasien, ich denke, daß jeder sie hat.«

Wann hast du sie?

»Manchmal, bevor ich einschlafe, oder wenn ich mich

selbst befriedige. Oder wenn ich mit anderen über Sex rede. Ich stelle es mir wohl schön vor, mal von mehreren Männern verwöhnt zu werden. Das könnte ich mir auch in Wirklichkeit schön vorstellen, nur muß die Situation auch danach sein. Aber ich glaube nicht, daß mein Freund das möchte. Wir haben zwar schon mal darüber gesprochen; er würde gerne mal mit zwei Frauen schlafen.«

Und du?

»Ich? Ich weiß nicht. Ich habe echt nicht das Bedürfnis, mit einer Frau zu schlafen.«

Wenn sie daran denkt, mit mehreren Männer gleichzeitig zu schlafen, dann ist sie diejenige, die im Mittelpunkt steht.

»Es ist nicht so, daß ich die Männer befriedigen will. Ich möchte befriedigt werden. Ich will Mittelpunkt sein. Ich stelle es mir schön vor, alle Aufmerksamkeit zu bekommen. Vielleicht würde es mir ja auch zuviel werden, ich weiß es nicht. Wenn es passieren würde, ich würde es toll finden, aber ich denke nicht täglich daran. Worüber ich noch fantasiere, ist, an verrückten Orten zu bumsen. Im Zug oder so, mit der Chance, erwischt zu werden. Das erscheint mir unheimlich aufregend.«

Für mich selbst

Frank (35): »Kann ich das für mich behalten?«

Nie eine existente Person

John (29): »Wenn ich onaniere, denke ich schon mal an eine andere Frau. Aber es ist nie eine existente Person, an die ich denke.«

Allen Fantasien hat die Wirklichkeit den Garaus gemacht

Yvo (24): »Die schönste Vorstellung, die ich momentan habe, ist, mit einem lieben, schönen Mädchen zu schlafen, das nur für mich ist, und das sich nicht von drei anderen der Reihe nach durchvögeln läßt. Nur sie und ich und ich und sie... Nein, ich habe sie noch nicht gefunden, aber du hast auch nach einer Fantasie gefragt ... Allen anderen Fantasien über wilde Orgien und sich windende Körper hat die Wirklichkeit den Garaus gemacht.«

Das behalte ich lieber für mich

Leonie (36): »Jeder hat doch erotische Fantasien, oder? Ich auf alle Fälle. Ich lasse mich lieber über Details nicht aus. Es ist zwar kein Tabu für mich, aber es ist auch nicht leicht, drüber zu sprechen. Ich denke, es kommt dadurch, daß die Fantasien nichts mit der Wirklichkeit zu tun haben. Ich fantasiere oft über Dinge, die ich nie im Leben tun würde. Also behalte ich es lieber für mich.«

Nicht so schnell ein Beispiel

Louis (34): »Erotische Fantasien habe ich zum Beispiel, wenn ich massiert werde. Dann liege ich ganz still da, mit geschlossenen Augen, und dann läuft ein spannender geiler Film vor mir ab. Nein, da kann ich nicht so schnell ein Beispiel geben. Du kannst es dir doch sicher vorstellen.«

Ich schließe es also nicht aus, daß es irgendwann mal passieren wird

Bernard (39): »Ich fantasiere wohl schon mal darüber, daß ich es bestimmt schön finden würde, mit ihr und einem anderen Mann zusammen zu schlafen. Um sie mit ihm zusammen dabei zu beobachten. Ich würde gerne wissen, wie ich darauf reagieren würde. Ich glaube, ich würde es sehr erregend finden.

Wir sprechen oft über unsere Fantasien, und wir haben auch schon viele in die Tat umgesetzt. Nur gibt es für mich eine ganz klare Grenze. Masochistische Fantasien sind für sie vielleicht sehr erregend, für mich ganz sicher nicht.«

Könntest du dir vorstellen, daß du mit einem Mann schläfst?

»Ich würde es wohl gerne mal ausprobieren, nur die Vorstellung daran erregt mich nicht gerade besonders. Ich glaube wohl, daß jeder in gewissem Maße bisexuell ist, also ich auch. Die einzige Möglichkeit herauszufinden, ob ich es schön finde, ist, es zu tun. Ich schließe es also nicht aus, daß es irgendwann mal passiert, ich weiß nur nicht, ob das eine Wahl oder ein Drang ist.«

Ich möchte wissen, wie es ist, mit zwei Männern zu schlafen

Veronique (26): »Ich würde es gerne mal mit zwei Männern tun. Früher wollte ich auch mal mit einem Mädchen schlafen.«

Jetzt nicht mehr?

»Ich fühle mich zu alt dazu.«

Das ist echt Unsinn.

Sie zuckt mit den Schulern.

»Naja. Ich möchte es alles mal mitmachen. Ich möchte wissen, wie es ist, mit einer Frau zu schlafen oder mit zwei Männern. Wäre ich Junggesellin, dann würde ich wohl auch mehr ausprobieren. Aber ich bin zu treu, das ist ein Problem.

Vielleicht passiert es ja eines Tages, wenn ich keine Beziehung mehr habe. Mir würde es wohl unheimlich stinken, wenn mein Freund bei einer anderen außer Rand und Band geraten würde. Also darf er nicht dabei sein. Er braucht bei einer anderen nicht mehr zu stöhnen als bei mir. Er würde übrigens nie mit mir und einem anderen Mann zusammen schlafen.«

Also habt ihr schon mal darüber gesprochen.

»Ja, er hat einen ganz bestimmten Wunsch. Nein, ich sage

nicht, was. ›O ja‹, sagte ich dann zu ihm, ›den kannst du haben, aber dann möchte ich ein Trio.‹ Und das stinkt ihm. Das merke ich. Ich habe irgendwann mal zu einem vorigen Freund gesagt: ›Ich würde gerne mal mit dir und deinem Freund zusammen schlafen.‹ Eigentlich mehr aus Spaß. Da kam er doch tatsächlich am nächsten Tag mit dem Typ an. Also wirklich, da hatte ich die Nase voll. Ich wollte ihn eigentlich nur eifersüchtig machen.«

Weintrauben von einer Traube

Peter (27): »Ich habe schon mal erotische Fantasien über schöne Frauen. Du kennst das ja ... sexy gekleidete Damen, die mich Weintrauben von einer Traube naschen lassen, während ich von einer Gruppe anderer Schönheiten massiert werde.«

Wie kommt man an eine Frau, die das möchte?

Sandra (43): »Ich finde es schwer, darüber zu sprechen. Es ist etwas ganz von einem selbst. Ich fantasiere manchmal, aber nicht so oft. Über andere Männer. Manchmal auch über Frauen. Ich denke manchmal: Ich würde gerne mal mit einer Frau schlafen, aber wie stellt man das an? Wie findet man eine Frau, die das möchte? Ich könnte nie davon anfangen.

Vielleicht kenne ich ja Frauen, die das auch gerne mal machen möchten. Aber so etwas traue ich mich nicht zu fragen, dafür bin ich zu prüde. In meinen Fantasien kommt nichts Besonderes vor, es passiert nichts Bizarres. Ich stelle mir einfach vor, daß ich mit jemandem schlafe, den ich kenne. Nie mit meinem Partner. Nun, wohl schon mal, daß ich mit einem anderen Mann schlafe und er dabei zusieht und uns ermutigt.«

Ich bin nie über das, was ich fantasiere, schockiert

Olle (29): »Ich glaube, daß erotische Fantasien einen sehr wichtigen Platz in meinem Sexleben einnehmen. Ich habe sie auch nicht nur, wenn ich mit ihr schlafe, oder wenn ich onaniere. Nein, es geht viel weiter. Wenn ich im Supermarkt in einer Schlange stehe, beobachte ich jeden, der auch in der Schlange steht. Dann stelle ich mir in Gedanken eine Kombination vor zwischen dem schon etwas älteren Herrn, der mit seinem Wagen vor mir steht, und der dicken Kassiererin. Und dann stelle ich mir vor, wie sie ihm einen bläst, und wie er dann vor Entzücken unter ihre Schürze grabscht … Ein sehr angenehmer Zeitvertreib, wenn ich doch warten muß …«

Erregen dich solche Gedanken?

»Nicht ernstlich, aber es verschafft mir ein angenehm prikkelndes Gefühl, das ich gerne den ganzen Tag beibehalte. Erotik ist so ein bißchen die Triebfeder in diesem Leben, und ich sehe sie in allem. In Menschen, in Sex, aber auch in Blumen, Bäumen, Düften, einem schönen Auto, um nur einige zu nennen. Und ich habe einen ziemlich fantasiereichen Geist, ich kann mich damit ausgezeichnet amüsieren.«

Sprichst du mit deiner Partnerin über deine Fantasien?

»Ja, sicher, ich glaube, sonst würde ich es nur halb so schön finden. Nicole fantasiert regelmäßig mit mir mit. Wenn wir zum Beispiel fernsehen, und wir sehen dann vielleicht Ruud Lubbers, dann geht unsere Fantasie mit uns durch. Dann beraten wir zusammen, ober er es gestern abend noch gemacht hat … oder … daß Ria auf Knien unter seinem Rednerpult sitzt und ihm einen bläst, ohne daß jemand etwas merkt… Ein bißchen blöd natürlich, aber wir haben unseren Spaß dabei.«

Hast du schon mal Fantasien, die du in Wirklichkeit verabscheuen würdest?

»Nein, ganz bestimmt nicht. Ich bin auch nie schockiert oder erstaunt über das, was ich fantasiere, weil es meistens ganz einfach unwahrscheinlich schön ist. Meine Fantasien sind lustig, zumindest finde ich das.«

Dann habe ich natürlich nur schöne Kunden

Christien (41): »In meinen Fantasien möchte ich meistens hintereinander von einem ganzen Haufen Männer gevögelt werden, die sich dafür in einer Reihe aufgestellt haben. Ich würde das in Wirklichkeit vielleicht auch gerne wollen, ich weiß es nicht. Ich habe schon mal mit zwei Männern gleichzeitig geschlafen, und das war unwahrscheinlich gut. Manchmal stelle ich mir vor, ich wäre eine Hure. Das würde ich in Wirklichkeit nicht wollen, denn ich stelle mir Männer, die zu Huren gehen, kahl, dick, klein und häßlich vor. Wenn ich darüber fantasiere, eine Hure zu sein, dann habe ich natürlich nur hübsche Kunden. Kräftige, schweigsame Typen, die mich lange vögeln.«

Sex zu haben, wo jeder dabei ist

Mieke (31): »Ja natürlich habe ich Fantasien. Ich habe eine Fantasie über etwas, was ich mich in Wirklichkeit nicht trauen würde: Mit meinem Mann in einer vollen Bar Sex zu haben, wo jeder dabei ist. Ich fantasiere eigentlich immer darüber, daß andere Menschen dabei sind. Eigentlich verrückt, wenn ich darüber nachdenke. Ich fantasiere aber nicht über andere Männer.«

Geschlechtsverkehr während und nach der Schwangerschaft

Auch wenn wir in der Regel nicht zusammen schlafen, um schwanger zu werden, legen es die meisten Menschen eine Zeitlang in ihrem Leben doch darauf an. Es will nicht immer gelingen, nur, wenn es geklappt hat, schwebt man auf rosaroten Wolken. Während der schwangere Bauch wächst, wird das Kinderzimmer eingerichtet, es werden Windeln und Babykleidung und Kinderwagen und Laufstall angeschafft, und es ist alles super romantisch.

Oder nicht? Viele Menschen schlafen auch während der Schwangerschaft genußvoll miteinander. Ganz normal. Es gibt höchstens ein paar Stellungen weniger, und es herrscht eine andere Geschwindigkeit. Aber es gibt auch solche, die sich auf einmal verändern. Frauen, die Angst haben, daß ihre Männer die Frucht beschädigen könnten(was nicht möglich ist). Männer, die nicht gerade begeistert sind vom dicken Bauch (was eine Frage des Geschmacks ist).

Eine Hebamme, die im folgenden noch ausführlicher zu Wort kommt, sagt übrigens, daß es gerade gut ist, während der Schwangerschaft weiter miteinander zu schlafen, vor allem in der letzten Periode der Schwangerschaft, da sich im Sperma des Mannes ihr zufolge die gleichen Substanzen befinden wie in der Infusion, die zur Geburtseinleitung angelegt wird.

Und dann die Geburt. Wie eine der befragten Frauen sagt:

Die intimsten Stellen werden plötzlich öffentliches Gebiet. Längst nicht jeder hat Schwierigkeiten damit: In Krankenhäusern können sie mitreden. Komplette Kamerateams von Mann und Familienmitgliedern stehen manchmal im Weg; allerdings wird es auch immer normaler, daß die gesamte Familie bei der Geburt dabei ist. Aber dennoch: Intimes wird öffentlich. Und es ist oft sehr schmerzhaft. Männer fallen altmodisch in Ohnmacht, wenn sie hören, wie ihre Frau geschnitten wird. Und besonders, wenn sie genäht wird.

Was ein Gefasel, werden viele Menschen sagen. Aber die Praxis zeigt, daß viele Menschen Probleme mit Sex nach der Geburt haben. Hatten sie vorher eine Beziehung mit den aufreizendsten Stellungen, tritt plötzlich eine Periode mit sexueller Windstille ein. Wieso Sex?

Nachts wird alle naselang das kleine Bündel wach, und Papa tut so, als ob er nichts hört. Mama ist abends zu müde, um überhaupt noch an Sex zu denken. Er sieht, wie sie sich verändert von einer anziehenden Partnerin in eine sich abrackernde Frau, die nur noch an ihr Kind denkt. Sie fühlt sich schuldig, aber kann eigentlich nichts dran tun: Für Sex ist momentan kein Platz.

Mühsam kommt es meistens wieder in Gang. Aber manchmal bleiben die Schmerzen. Der Hormonhaushalt kann dafür sorgen, daß die Vagina trocken bleibt. Manche Männer haben Probleme mit Brüsten, aus denen Milch kommt (andere finden gerade das wiederum schön). Die Spontaneität ist weg, und außerdem kann jeden Moment das Gekreische wieder losgehen.

In diesem Kapitel kommen (unter anderem) Frauen zu Wort, die ansonsten in diesem Buch nicht vorkommen. Ihre Zitate stammen aus einem Artikel, der in der Elternzeitschrift *Groter Groeien* stand, und der von den Problemen mit dem Geschlechtsverkehr nach der Schwangerschaft handelte. Auf einen Aufruf hin, den diese Zeitschrift damals gestartet hatte, kamen massenhaft Reaktionen. Die meisten Frauen waren der Meinung, eine Ausnahme zu sein, denn naja, darüber spricht man ja nicht mit anderen. Die Reaktionen auf diesen Artikel waren alle gleich: Gut, daß darüber endlich mal geschrieben wird, gut zu wissen, daß ich nicht die einzige mit diesem Problem bin.

Außerdem kommen auch Männer zu Wort.

Ich fand ihren dicken Bauch sexuell nicht anziehend

Bernard (39): »Ich war sehr glücklich über ihre Schwangerschaften, und ich war auch sehr stolz auf sie. Aber den Geschlechtsverkehr während der Schwangerschaft fand ich doch ziemlich grauslig. Ich fand ihren dicken Bauch sexuell nicht anziehend. Wenn wir in dieser Zeit bumsten, hatte ich beinahe das Gefühl von Inzest, so nahe am eigenen Kind. Und nach beiden Geburten hatte ich doch ziemlich Schwierigkeiten damit, mit ihr zu schlafen.«

Er war immer sehr vorsichtig

Maria (37): »Ich war dreimal schwanger, und wir hatten dreimal keine Probleme mit Sex. Man hat genug Möglichkeiten. Er fand meinen Bauch schön. Und nach den Geburten lief es auch immer gut, er war immer sehr vorsichtig.«

Versuchen, einander zu verstehen

Wilma (30): »Bevor unsere Tochter geboren wurde, hatten wir ein gutes Sexleben. Wir genossen es in vollen Zügen. Nach der Geburt zitterte ich bei jedem Gedanken an Sex. Es tat weh, und ich fand auch nichts mehr wirklich schön. Natürlich brachte das Probleme mit sich. Mein Mann fand, daß er zu kurz kam, und wollte alles wieder so haben, wie es vor der Geburt war. Wir haben uns wirklich viel gestritten und verstanden uns total nicht. Dadurch wurde meine Unlust nur immer größer. Nach einem schrecklichen Streit habe ich ihm gesagt, was ich in dem Moment fühlte, und daß ich auch nicht wüßte, wie es dazu kam, aber daß ich es genauso vermißte wie er. Er erklärte mir, daß nicht jeder Kuß oder jede Berührung bedeutet, daß es passieren muß. Jetzt, nach neun Monaten, klappt es sexuell immer noch nicht so gut. Wir haben beschlossen, nichts zu forcieren, aber zu versuchen, den anderen zu verstehen. Das Wichtigste ist, daß man sich liebt, der Rest muß dann von selber wieder in die Reihe kommen.«

Ich mag keine schwangeren Frauen, die müde und unpäßlich sind

Joost (39): »Die Zeit, in der meine Frau schwanger war, habe ich als eine sehr schöne Periode erfahren. Unsere Beziehung lief damals ein bißchen besser. Sie fühlte sich einfach unwahrscheinlich toll. Eine Woche, bevor sie ausgerechnet war, fuhren wir mit den Rädern noch lange Strecken. Vierzig Kilometer waren überhaupt kein Problem. Es war die strahlendste Zeit, die wir zusammen hatten. Sie war eine sehr stolze schwangere Frau, die ihren Bauch selbstbewußt voraustrug. Ich mag keine schwangeren Frauen, die müde und unpäßlich sind und die finden, daß man sie schonen muß. Sich andauernd beklagen, daß sie nicht rauchen und trinken dürfen. Meine Frau hielt sich ohne zu mucken daran, was gut und was nicht gut für sie war. Zum Beispiel rauchte sie statt Kette nur noch fünf Zigaretten am Tag. Dafür habe ich sie bewundert.

Es hatte den Anschein, als ob sie sich in einer anderen Welt befand und alles viel fröhlicher und positiver erlebte. Dadurch hatten wir auch einen optimalen geistigen Kontakt. Über die Geburt habe ich eigentlich eine zwiespältige Meinung.

Auf der einen Seite finde ich, daß es selbstverständlich ist, daß man dem Kind, das man zusammen gemacht hat, auch zusammen auf die Welt hilft. Auf der anderen Seite habe ich die Geburt als unwahrscheinlich hart empfunden. Daß sie so leiden mußte und so viel Schmerzen hatte, und als letztendlich auch noch die Schere zum Einsatz kam... es war nicht gut für mich, daß ich das sehen mußte. Denn ich stand da und konnte nichts übernehmen. Die ganze Periode, die dem vorausging, waren wir mit uns beiden voll beschäftigt. Bis dahin hatte ich das Gefühl, daß ich genauso intensiv von der Geburt betroffen war wie sie. Nur, ab dem Moment, wie sie zum Einsatz kam, als die eigentliche Geburt anfing, war sie von der medizinischen Bande um sie herum abhängig. Der Gynäkologe, der behauptete, der Muttermund wäre noch nicht ausreichend geöffnet, obwohl das Urgefühl meiner Frau das Gegenteil bewies. Aber sie bekam vom Gynäkologen die Anweisung, ihre Presswehen einzuhalten. Ich glaubte ihr und ihren Gefühlen und nicht diesem Mann. Kurz nachdem sie schrie, daß er sie untersuchen müßte, mußte er seinen Irrtum zugeben. Und das tat er auch. Dann war meine Frau so ausgepumpt, daß sie es nicht mehr schaffte, aus eigener Kraft das Baby auf die Welt zu bringen. Es wurde festgestellt, daß es für das Kind zu eng wurde, und es mußten Hilfsmittel eingesetzt werden. Und dann kam diese verdammte Schere. Zu unserer aller Genugtuung kam die Plazenta, nachdem der Gynäkologe unwahrscheinlich feste auf ihren Bauch herumgedrückt hatte, mit so viel Wucht heraus, daß derselbe Gynäkologe sich das Blut hinter seiner Brille abputzen mußte. Diese Grausamkeit, das Blutbad, der Schnitt, das Geräusch der Schere, als wenn dickes Leinen durchgeschnitten wird... war für einige Momente vergessen, als meiner Frau ein bazookarosa Mädchen auf den Bauch gelegt wurde. Aber später kamen die blutigen Bilder der Geburt wieder zurück. Ich habe das im täglichen Leben als Behinderung empfunden. Besonders da, wo es die sexuelle Intimität betraf. Ich wurde sozusagen jedes Mal wieder mit der Nase darauf gestoßen. Meine Frau hatte übrigens keine Probleme mit dieser Art Assoziation, nur, sie hat es ja auch nicht so sehen können, wie ich es gesehen habe. Ich habe ernsthaft darüber nachgedacht, wenn jemals ein zweites Kind kommen würde, nicht mehr mitzugehen.«

Nach der Geburt konnten wir eine ganze Zeitlang nicht zusammen schlafen

Marjo (33): »Wir konnten während der ersten Schwangerschaft noch gut zusammen schlafen, bei der zweiten ging es sehr schlecht. Wir haben damals neun Monate keinen Verkehr gehabt, weil ich einen Bandscheibenvorfall hatte. Er war sehr zuvorkommend, er hat sich nie beklagt. Danach lief alles wieder prima. Nach der Geburt konnten wir eine Zeit keinen Verkehr haben. Ich war eingerissen und nicht genäht worden, ich hatte irgendwann das Gefühl, zugewachsen zu sein. Es war danach auch nie mehr schön, zusammen zu schlafen. Aber nach der zweiten Geburt bin ich dann so weit eingerissen, daß dann ordentlich genäht wurde. Anschließend war alles in Ordnung: Es war ganz schnell alles wieder so wie früher. Beim ersten Mal hatte ich zwar Bedenken, aber es ging gut.«

Geht man lieber zum Arzt

Carla (28): »Nach meiner ersten Geburt hatte ich überhaupt keine Lust mehr zum Geshlechtsverkehr. Ich dachte: Das kommt später von selbst wieder in die Reihe. Aber das war nicht der Fall. Noch nach anderthalb Jahren ließ es mich total kalt, und das führte natürlich manchmal zu Spannungen. Ich bin damals zum Hausarzt gegangen und habe ihm mein Problem vorgetragen. Er schlug vor, mal eine Pillenpause einzulegen und schrieb mir ein Frauenelexier auf.

Nach zwei Wochen spürte ich schon die Wirkung, und es lief schon besser. Wenn man es alleine nicht schafft, geht man lieber zum Arzt, das ist meine Erfahrung.«

Also haben wir uns am Schluß mehr gestreichelt und uns gegenseitig befriedigt

Thera (26): »Es gibt Bücher, in denen stehen spezielle Stellungen für Schwangere. Da soll der Mann sich zum Beispiel auf einen Stuhl setzen und die Frau auf seinen Schoß. Nun, das geht überhaupt nicht, es ist nicht schön, der Bauch ist einem einfach im Weg, man ist zu schwer und außerdem schneller außer Atem, das wird in diesen Büchern immer vergessen. Also haben wir uns zum Schluß mehr gestreichelt und uns gegenseitig befriedigt. Nach der Geburt hat es aus verschiedenen Gründen wohl zwei Monate gedauert, bevor wir wieder zusammen schlafen konnten. Ich war eingerissen, blau, und es war schief aneinandergenäht. Und ich war müde von dem Baby, echt kaputt. In der ersten Zeit war alles auf das Kind fixiert.«

Danach dauerte es einfach eine Zeit

John (29): »Die Schwangerschaft und die Geburt hatten eigentlich keinen Einfluß auf unser Sexleben. Wir haben noch zusammen geschlafen, kurz bevor das Kind auf die Welt kam, und danach dauerte es einfach eine Zeit, bis es nicht mehr so schmerzhaft für sie war. Aber das war eigentlich das einzige. Ich fand ihren Körper nicht weniger anziehend. Es machte mir einfach nichts aus.«

Ich habe doch in bestimmten Augenblicken sehr viel Lust dazu

Tineke (42): »Ich habe alle drei Kinder gestillt. Wenn man den Kindern die Brust gibt, hat das meiner Meinung nach viel mit deinen Gefühlen für Sex nach der Geburt zu tun. Ich bin zwar nicht jemand, der den ganzen Tag nichts anderes im Kopf hat als Sex, aber ich habe doch in bestimmten Augenblicken sehr viel Lust dazu. Ich habe ganz klar die Erfahrung gemacht, daß man eigentlich keine Lust auf Sex hat, wenn man stillt, daß es einem sogar zuwider ist. Sobald ich mit dem Stillen aufhörte, wurde es wieder normal. Eine Rolle spielt natürlich auch, daß man in den ersten Monaten danach körperlich, aber vor allem auch geistig total müde ist. Die Gedanken sind dann nicht unbedingt da, wo sie erwartet werden.

Ich glaube also, wenn man eine einigermaßen gute Ehe führt, kann man diese schwierige Periode gut durchstehen, und es geht wieder vorüber.«

Während der Woche wird es weniger

Irene (28): »Man ist, wenn man schwanger ist, eher müde, also hat man dadurch weniger Lust. Während der Schwangerschaft, ich bin es gerade wieder, wird es mehr auf das Wochenende verschoben. Während der Woche wird es weniger. Aber wir überschlagen noch keine Woche oder so. Und es ist noch genauso schön wie sonst, man ist nur vorsichtiger. Zum Schwangerschaftsende werde ich immer aufgedrehter, das weiß ich vom vorigen Mal. Vielleicht ist Geschlechtsverkehr ja auch für die Geburt förderlich. Ich habe so was mal gehört.«

Ja, im Sperma befinden sich Stoffe, die wehenfördernd sind.

»Siehst du, vielleicht werde ich deshalb immer aufgedrehter.«

Demnächst sitze ich da mit dem heulenden Kind

Bob (25): »Man muß mehr teilen, plötzlich ist man zu dritt, ich habe das noch nicht mitgemacht. Es ist spannend und manchmal sehr beängstigend.

Ich bin vorsichtiger, ich passe auf, was sie tut und macht;

zum Glück ist es so, daß in dem Moment, in dem ich ihr etwas sagen will, sie mir meistens schon zuvorgekommen ist. Auch wenn wir zusammen schlafen, bin ich vorsichtiger geworden. Sie übrigens auch. Es darf nicht allzu grob werden.«

Gibt es negative Seiten?

»Ja, manchmal ist es mir unheimlich. Ich weiß noch nicht genau, was ich mir darunter alles vorzustellen habe, ich denke wohl manchmal: Demnächst werde ich es satt haben, und was mache ich dann. Demnächst sitze ich da mit dem heulenden Kind, obwohl ich eigentlich zur Arbeit müßte oder ausgehen will oder etwas mit einer anderen anfangen will.«

Was könnte diese Unruhe für einen Einfluß auf deine Beziehung haben?

»Ich glaube nicht, daß ich wegen ihr weg will, vielleicht wohl aus purem sexuellen Trieb. Weil ich kurz etwas anderes oder eine andere schöne Frau haben möchte. Ich habe mir vorgenommen, wenn ich diese Unruhe fühle und dann eine schöne Frau treffe, dann fange ich mit ihr auch etwas an. Am liebsten einmal bumsen und danach wieder schön zu meiner Freundin ins Bett kriechen.«

Du bist aber unheimlich ehrlich.

»Ich denke, unsere Beziehung beruht auf Ehrlichkeit, auch auf sexuellem Gebiet.«

Ich finde die Geschlechtsteile nicht schön

Yvon (28): »Voriges Jahr ist mein Sohn geboren worden. Es war eine Zangengeburt, und ich wurde mit sechzehn Stichen genäht.

Aber auch als die Fäden wieder raus waren, tat es weiter weh, und dann habe ich es sicher noch ein halbes Jahr lang als Entschuldigung benutzt. Mein Mann beschwerte sich nie, aber war doch enttäuscht. Inzwischen ist mein Sohn ein Jahr alt, und ich habe immer noch keine Lust. Ich weiß jetzt auch, wo das Problem liegt: Ich finde meine Geschlechtsteile und die meines Mannes nicht schön, manchmal sogar ekelerregend, und von dem Gedanken, damit in Berührung zu kommen, bekomme ich eine Gänsehaut. Ich schäme mich für dieses Problem, und ich habe den Eindruck, daß man das sehr fremd und seltsam finden wird.«

Dann hat es eine Zeitlang gedauert

Henk (55): »In den Zeiten, wo sie schwanger war, haben wir genauso enthusiastisch zusammen geschlafen. Wohl mit entsprechender Vorsicht, wie sich das so gehört. Ich fand diesen Körper, in dem unser Kind heranwuchs, einfach prächtig. Ich empfand das natürlich nur bei meiner eigenen Frau so, ich schaue mich nicht voller Entzückung nach jeder schwangeren Frau um.«

War die Geburt selbst ein Schock für dich?

»Beim ersten Mal habe ich mich ganz schön erschrocken, doch. Es ging auch alles nicht so leicht, sie hatte starke Schmerzen, es war wirklich eine schwere Geburt. Damals hat es eine Zeitlang gedauert, bis ich mich wieder traute, Nähe – auf sexuellem Gebiet – zu suchen. Sie war dann diejenige, die die Initiative übernahm und mir darüber hinweghalf.«

Ansonsten keine Probleme

Patricia (29): »Zwei Wochen, nachdem unsere Tochter geboren wurde, hatten mein Mann und ich das Bedürfnis nach Sex. Da ich genäht war und noch Blutungen hatte, konnten wir unmöglich zusammen schlafen. Wir konnten uns natürlich wohl viel Aufmerksamkeit schenken, eng zusammenliegen und schmusen.

Nach fünf Wochen trauten wir uns immer noch nicht. Es ist also ein schwieriges Thema, man traut sich auch nicht so schnell, jemanden zu fragen. Nach sechs Wochen war ich wieder beim Arzt, die Untersuchung fand ich schlimm, glücklicherweise begriff er, was ich ihn fragen wollte. Er fand es angesichts der schwierigen Geburt besser, noch eine Woche damit zu warten. Nach sieben Wochen wollten wir es dann ausprobieren, mit der Vorstellung: Geht es, dann ist es gut, geht es nicht, dann eben das nächste Mal umso besser. Es war wohl ein bißchen empfindlich und eng, aber ansonsten hatten wir keine Probleme. Ich fand es unheimlich gut, daß wir eventuelle Probleme vorher durchgesprochen hatten.«

Es stößt ihn auf alle Fälle nicht ab

Linda (37), die schwanger ist, findet, daß ihre Schwangerschaft keinen Einfluß auf die Erotik in ihrer Beziehung hat.

»Aufeinander liegen ist wegen meiner ›Tute‹ jetzt nur kurz möglich.« Sie zeigt auf ihren Bauch. »Eine Geburt hat immer Einfluß auf uns: Es dauert immer eine Zeit, bis es wieder kommt. Ich glaube, er findet meinen Bauch schön. Darüber haben wir eigentlich noch nie richtig gesprochen. Aber es stößt ihn auf keinen Fall ab, da bin ich mir sicher.«

Wir konnten nur nicht mehr alle Stellungen machen

Bei Maartje (28) war Geschlechtsverkehr während der Schwangerschaft überhaupt kein Problem: »Es ging sehr gut, wir konnten nur nicht mehr alle Stellungen machen. Und wir schliefen nicht mehr ganz so oft zusammen. Meinen Bauch fand er schön. Der sah auch toll aus. Nach der Schwangerschaft hatten wir auch keine Probleme, zusammen zu schlafen. Es dauerte nur ein Weilchen, bevor es wieder in Gang kam.«

Es war gerade so, als ob die Geburt zuviel für sie gewesen ist

Arnold (41): »Ich war froh, als meine Frau schwanger war, aber eigentlich war es ein Unglück. Wir schliefen zwar noch zusammen, aber es war schon ein bißchen seltener geworden, weil ich sie so anspruchsvoll fand. Sie war der Meinung, daß es für mich an der Zeit war, mein Junggesellenleben aufzugeben und mehr zu Hause zu bleiben. Aber das wollte ich nicht. Die Geburt unseres Sohnes fand ich fantastisch. Aber unsere Beziehung veränderte sich damals sehr schnell. Sie wurde ganz schön launisch. Sie nörgelte über alles, war immer müde. Vielleicht spielte es auch eine Rolle, daß sie sieben Jahre älter war als ich. Es war gerade so, als wenn die Geburt zuviel für sie gewesen ist. Dann kam die Scheidung ins Rollen.

Wir hatten viel Streit. Sie fuhr in Urlaub, um nachzudenken. Nun, ich mußte nicht mehr nachdenken, ich wußte es schon. Als sie aus dem Urlaub zurückkam, hatte ich für die Scheidung schon die ersten Schritte unternommen. Am gleichen Abend schliefen wir noch miteinander, daß die Wände wackelten, und dann war es aus zwischen uns. Und das ist für uns beide gut gewesen. Wir behielten guten Kontakt zueinander. Wenn ich unser Kind abholte, blieb ich noch eine Weile, um ein Bierchen zu trinken. Sie wollte nichts mehr von Männern wissen, und ich begann damals erst recht, mir jede Menge Freundinnen anzuschaffen.«

Er sagte wohl über meinen Bauch: Ich sehe dich lieber schlank

»Bumsen während der Schwangerschaft übertraf echt meine Erwartungen.« José (32) hatte sich vorher ziemlich davor gescheut. »Aber es blieb, wie es war. Über meinen Bauch sagte er wohl: Ich sehe dich lieber schlank. Das fand ich nicht nett, aber wohl ehrlich. Er fand es schön, das Kind zu fühlen, nur er fand mich schlank einfach schöner. Aber mit dem Bumsen hatten wir überhaupt keine Probleme, auch nach der Geburt nicht.«

Ich hatte noch nie einen nackten schwangeren Bauch gesehen

Olle (29): »Ich werde nie den Moment vergessen, als der Schwangerschaftstest positiv war. Das war ein großes Fest, wir wußten vor lauter Glück nicht, was wir tun sollten. Ich glaube, ich wäre am liebsten auf den höchsten Kirchturm unseres Landes geklettert, um die große Neuigkeit der ganzen Welt mitzuteilen. Aber stattdessen beschlossen wir, es die ersten drei Monate für uns zu behalten. Ich war unglaublich stolz auf Nicole, und ich konnte es kaum abwarten, bis ihr Bauch anfing zu wachsen. Ja, da war ich echt neugierig drauf. Ich hatte noch nie einen schwangeren nackten Bauch gesehen... Vielleicht mal in einem Buch oder in einer Zeitung. Ich guckte sie regelrecht dick. Sie war echt so prächtig schwanger. Alles an ihr war schön. Ihr Haar lag fantastisch, ihre Augen strahlten... Nun, sie hat überhaupt strahlende Augen, aber dann hat Mutter Natur noch ein Schäufelchen obendrauf getan. Und diese Haltung... um vor ihr in die Knie zu gehen. Sie ist in ihrer ganzen Schwangerschaft niemals schwach oder krank und ihr ist auch nie übel gewesen, wir konnten es echt voll genießen. Wir fühlten uns als eine Art Dreieinheit; sie, das ungeborene Baby und ich.«

Wie ging es mit dem Geschlechtsverkehr?

»Haha, das traute ich mich zuerst nicht. Zumindest nicht auf die wilde Art, wohl ein bißchen küssen, schmusen, fummeln und so, aber nicht echt. Ich hatte Angst, es könnte nicht gut für das Baby sein. Ihr hat das wohlgemerkt unheimlich gestunken, weil sie fand, daß ich übertrieben vorsichtig war. Und darüber hatte ich wieder eine Stinklaune. Wir bekamen übrigens richtigen Streit darüber. Dann packte sie sich wütend das Telefon. Der Gynäkologe. Erst hat sie eine Zeitlang mit ihm gesprochen, und dann drückte sie mir den Hörer in die Hand. Dann begann dieser Mensch mir haarklein zu erklären, wie gut das Baby da drinnen geschützt lag, und daß ich durchaus mit meiner Frau die Liebe betreiben könnte, vorausgesetzt, ich würde nicht mit den Füßen auf ihrem Bauch herumtrampeln. Dieses triumphale Gesicht von ihr, als ich, verdattert wie ein kleiner Junge, den Hörer auflegte. Tja, dann gab es kein Halten mehr. Und doch war es anders. Denn ich blieb sehr vorsichtig und war vor allem sehr lieb. Ich fand sie so schön und anziehend, daß ich mir in dieser Periode kaum vorstellen konnte, daß es Männer gab, die nichtschwangere Frauen mit flachen Bäuchen anziehend fanden. Ich hatte den Eindruck, daß diese Kerle ›das Licht‹ noch nicht gesehen hatten.«

Wie war die Geburt, und wie hast du sie erfahren?

»Wenn ich darüber anfange zu erzählen, wird das Buch wohl sehr dick... Okay, ich werde mich kurz fassen. Die Geburt war für mich das schönste Erlebnis, das ich je in meinem Leben mitgemacht habe. Vielleicht, weil auch alles so perfekt und ruhig ablief. Marcel wurde zu Hause geboren. Die Hebamme war so eine von der Sorte: Quengelt und jammert hier bloß nicht rum; ein Huhn legt jeden Tag ein Ei, und jeder ist mal geboren worden. So eine stämmige, du weißt schon, wie ich das meine. Ich fühlte mich neben ihr so unbeholfen. Nicole machte alles fantastisch. Irgendwie hatte sie die Schmerzen und die Wehen gut unter Kontrolle. Ich nicht, ich lief und wirbelte herum wie ein nervöser Spring ins Feld. Ab und zu mit kalten Waschlappen, Tassen Kaffee, Abfallsäcken, kurzum als Mädchen für alles. Ich versuchte, hin und wieder ein Foto zu machen, aber die sind alle nichts geworden. Als sie dann anfangen durfte zu pressen, wurde ich ruhig. Jetzt kam es darauf an. Sie saß auf so einem Gebärstuhl, und ich saß hinter ihr. Und das fand ich großartig. Ich konnte dadurch nämlich wirklich nützlich sein. Zwischen den Wehen lehnte sie sich gegen mich, um kurz zur Ruhe zu kommen, und das war so ein schönes Gefühl. Sie machte sogar in der Zwischenzeit witzige Bemerkungen. So in der Art: ›Ach ja, ich habe heute nachmittag bunte Wäsche zu heiß gewaschen, und jetzt ist dein weißes Oberhemd rosa.‹ Sie sagte auch: ›Weißt du was, ich hätte jetzt echt Lust auf einen Schnaps.‹ Total verrückt fand ich das, aber auch so lieb. Und dann sahen wir das Köpfchen kommen. Die Hebamme saß auf ihren Knien vor Nicole und hielt einen Spiegel so, daß wir alles gut beobachten konnten. Ich saß da und schluchzte Rotz und Wasser vor Anstrengung und Emotionen, aber Nicole machte nur ihre Arbeit. Irgendwann stieß sie einen unglaublichen Schrei aus, und im nächsten Moment fluppte unser Kind nach draußen. Nicole schoß nach vorne und packte ihn, bevor seine Füßchen draußen waren. Echt, so ein Moment ist nicht mit Worten zu beschreiben. Sie fing an zu heulen, ich heulte sowieso schon, das Baby heulte und selbst die Geburtshelferin wischte sich heimlich eine Träne weg, das weiß ich sicher. Die Plazenta wurde geboren, wir wurden beglückwünscht und dann ging die Klingel. Das war die Säuglingsschwester, die ganz schön spät dran war. Aber rechtzeitig, um ihre Arbeit zu tun. Ich machte eine Flasche Champagner auf. Der Korken knallte mit so einer Wucht von der Flasche, daß er eine Delle in die Decke machte. Sieh' mal, da sieht man's noch. Wenn wir irgendwann die Decke streichen, werden wir extra da herum streichen.

Wie ging es mit eurem Sexleben nach der Geburt?

»Es erscheint zwar wie ein Märchen, aber es ist nun mal so. Sie war nicht eingerissen oder geschnitten, sie erholte sich sehr schnell. Eine Stunde nach der Geburt ging sie schon alleine unter die Dusche und fühlte sich fantastisch. Sie war in den ersten Tagen ziemlich müde, aber im Bett lag sie nie, glaube ich, nur deshalb ab und zu, weil die Wochenpflegerin das so gesagt hatte. Wenn es nach ihr gegangen wäre, wäre sie am nächsten Tag schon zum Strand gegangen. Ich denke, daß wir nach circa drei Wochen uns zum ersten Mal wieder geliebt haben. Wohl noch sehr vorsichtig, ohne bumsen. Das kam dann eine oder zwei Wochen später.«

Ich warte gelassen ab, was kommt

Johanna (31): »Es wurde bei mir ziemlich geschnitten. Es war die Hölle, als wir zum ersten Mal nach der Geburt zusammen schlafen wollten. Es ging einfach nicht, und ich fand es sehr schmerzhaft. Dadurch hatte ich bei den folgenden Versuchen große Angst, selbst bei dem Gedanken daran schon. Glücklicherweise war mein Mann sehr verständnisvoll und hat mir sehr viel geholfen. Nach ungefähr einem Monat gelang es uns wieder, zum ersten Mal miteinander zu schlafen, mit erträglichen Schmerzen, die jetzt, vier Monate später, noch immer da sind. Ich warte gelassen ab, was kommt, und ich hoffe, das alles gehört in kürzester Zeit der Vergangenheit an.«

Ich blute jedesmal ein bißchen

Suzanne (28): »Der Frauenarzt hatte gesagt, daß ich lauter kleine Risse am Vaginarand habe. Wenn wir Geschlechtsverkehr haben, blute ich jedesmal ein bißchen. Der Arzt hat auch einen Abstrich gemacht, aber es war alles in Ordnung.

Der Blutverlust ist nichts Schlimmes, aber ich finde es nicht angenehm.«

Natürlich wird es später wieder besser

Aline (34): »Angst vor Schmerzen spielt eine sehr große Rolle, denn sich zu lieben soll doch angenehm und nicht schmerzhaft sein. Zum Glück habe ich einen Mann, der unwahrscheinlich vorsichtig ist und auch ganz bestimmt nicht weitermachen würde, wenn er merkt, daß es für mich nicht angenehm ist. Wenn man selber zugibt, schon zu wollen, aber daß es noch zu schmerzhaft zu sein scheint, ist es für deinen Mann einfacher zu akzeptieren, als wenn man von vorneherein schon nein sagt. Denn dann treten tatsächlich Spannungen auf! Natürlich wird es später wieder besser, nur wie lange das dauert, kann man nicht sagen. Das liegt viel an einem selbst und an deinem Mann. Wenn man darüber miteinander sprechen kann, überwindet man das schnell.«

Es braucht eben alles seine Zeit

Greetje (29): »Als wir es zwölf Wochen nach der Geburt probieren wollten, war ich noch so verkrampft, daß es mir weh tat. Aber nach einigen Wochen ging es besser. Wenn es weh tat, hörten wir auf. Es ging jedesmal wieder ein bißchen besser. Jetzt, nach fast acht Monaten, ist alles wieder in Ordnung. Nur ist mein Bedürfnis nach Sex weniger geworden, es braucht eben alles seine Zeit.«

Es war furchtbar

Ada (26): »Unser Sohn kam durch eine Vakuumextration auf die Welt. Ich hatte also eine sehr schwere Geburt und einen großen Schnitt. Ein paar Wochen lang tat dann noch der Schnitt weh, nur, dann sollte doch alles wieder normal sein. Gut, fünf oder sechs Wochen nach der Geburt hatten wir Lust und wollten zusammen schlafen. Es war furchtbar. Erstens benutzten wir Kondome, was wir überhaupt nicht gewohnt waren. Es soll ja Menschen geben, die gut damit umgehen können, nur für uns war es ein Reinfall. Zweitens hatte ich solche Schmerzen, als mein Mann versuchte, bei mir einzudringen, daß wir aufhören mußten. Es war echt nicht zum Aushalten. Nach ein paar Wochen probierten wir es wieder, und wieder mußten wir aufhören, weil ich solche Schmerzen hatte. Irgendwann ging ich dann zum Hausarzt für einen

Abstrich, und wir kamen ins Gespräch über Probleme beim Geschlechtsverkehr. ›Habt ihr Probleme damit?‹ fragte er. ›Nun‹, sagte ich, ›ich eigentlich weniger, denn ich habe doch oft keine Lust, ich bin abends immer so erledigt, und wenn man von vornherein schon weiß, daß es weh tut, vergeht einem die Lust. Nur für meinen Mann ist es manchmal ziemlich ärgerlich. Nicht, daß er es mir krumm nimmt, denn er findet es schlimm für mich, und er beklagt sich auch nie darüber, aber er hat natürlich auch seine Gefühle.‹ ›Nun‹, antwortete mein Hausarzt, ›wir sehen es uns eben mal an, sonst mußt du nochmal wiederkommen, und dann muß daran etwas getan werden.‹ Gut, wir versuchten es noch einmal, und es klappte jedes Mal etwas besser, nur Spaß machte es nicht. Alles in allem haben wir in dem halben Jahr nach der Geburt wohl nur fünf oder sechsmal zusammen geschlafen. Ungefähr sieben Monate nach der Geburt wollten wir mal wieder bumsen, und welch ein Wunder, es ging fast ohne Schmerzen. Jetzt glauben wir, daß ich die ganze Zeit unbewußt so eine Angst vor Schmerzen hatte, daß ich eine Art Vaginismus hatte, denn ganz plötzlich war es viel besser. Wir glauben jetzt, nach acht Monaten, daß wir es hinter uns haben.«

Ich habe ihm geholfen

Miranda (35): »Mein Mann und ich schlafen oft zusammen, und wir taten es auch die ganze Schwangerschaft hindurch, bis auf den letzten Tag. Einen Tag nach der Geburt legte sich mein Mann ganz lieb zu mir und fing an, mich zu streicheln.

Nur, ich fühlte mich beklommen bei der Vorstellung, daß er mit mir schlafen wollte. Er begriff es zum Glück. Wir haben uns dann ›anders‹ geliebt: Ich habe ihm geholfen, während er nur einfach mit mir schmuste und mich streichelte. Und so haben wir es gehalten, bis ich mich wieder traute, ihn in mich zu lassen. Wir waren zwar beide etwas verspannt, aber es war schön. Manchmal half mein Mann mir auch, und ich habe dadurch erfahren, daß man, wenn man sich auf diese Weise liebt, jede Menge Spannungen vermeiden kann. Sich gegenseitig zu streicheln kann auch unglaublich toll sein und mehr Befriedigung und Wärme geben, als Geschlechtsverkehr zu haben.«

Vorsichtig »von Hand« begonnen

Mary (31): »Als unser Sohn drei Monate alt war, hatten wir zum ersten Mal wieder Verkehr. Wir haben nach acht Wochen mit sexuellen Kontakten begonnen, aber ohne Geschlechtsverkehr. Ich hatte einen ganz schönen Schnitt, und daher zögerten wir noch etwas. Das kam auch dadurch, weil ich nicht so gut naß wurde. Rückblickend gesehen, hätten wir besser ein Gleitmittel oder Spucke nehmen sollen. Große Probleme hatten wir nach der Geburt eigentlich nicht, vielleicht, weil wir vorsichtig ›von Hand‹ begonnen haben, was eine prima Erfahrung war und jetzt auch noch manchmal ist. Mein Mann war zärtlich und geduldig; das spielte meiner Meinung nach eine große Rolle in der ersten schwierigen, neuen Zeit.«

Das Kondom, ach, das war doch auch nichts

Lucy (29): »Ich war nicht genäht worden, aber wohl eingerissen. Das Bedürfnis nach Liebe hatte ich schon, aber es wollte einfach nicht. Es war, als sei ich zugewachsen, und meine Scheide war so trocken wie noch nie. Ich glaube, es ging nicht mehr, weil ich Angst hatte, Angst vor Schmerzen, Angst, das Baby nicht zu hören, Angst vor einer neuen Schwangerschaft. Ich stillte und durfte die Pille nicht nehmen, und Kondome, ach, das war doch auch nichts.

Mein Mann war sehr geduldig und vorsichtig, und doch

gelang es uns erst nach fünf Monaten, wieder richtig zusammen zu schlafen.«

Wir halfen der Natur mit Vaseline ein bißchen nach

Anita (30): »Bei meinem ersten Gedanken an Geschlechtsverkehr bekam ich eine Gänsehaut. Bei mir wurde nämlich ganz schön geschnitten. Ich war unheimlich verkrampft. Ich dachte, daß es bestimmt weh tun würde. Aber mein Mann verstand mich sehr gut, und wir redeten auch darüber. Wir hatten beide sehr große Lust aufeinander und ein großes Bedürfnis danach.

Es war ein Ausdruck in der Art: Wir zwei zusammen, noch immer unser Teil, unsere kleine vertraute Welt. Weil wir so gerne zusammen schlafen wollten, nahmen wir uns Zeit für ein ganz langes Vorspiel, um gut zu entspannen und um auch zu erfühlen, was ich jetzt nicht mehr angenehm fand und was wohl. Wir halfen der Natur mit Vaseline ein bißchen nach. Man überwindet auch so die Angst, zu versagen, was unheimlich wichtig ist. Viele Männer meinen nämlich, daß man nichts mehr für sie empfindet oder keine Lust mehr zum Bumsen hat, wenn man nicht feucht wird. Aber das ist nicht so. Dadurch, daß man noch etwas gespannt ist, wird es schwieriger feucht, deshalb unsere Lösung.«

Es erscheint mir sehr wichtig, wie der Mann damit umgeht

Kristen (33): »Meine ganze Schwangerschaft hindurch hatte ich während des Geschlechtsverkehrs Angst, Angst, daß das Baby Schaden nehmen würde. Ich dachte: Schön zusammen schlafen kommt nach der Schwangerschaft sicher wieder. Nach der Geburt unserer Tochter mußte ich genäht werden. Zweieinhalb Wochen nach der Geburt hatte ich Lust, mit meinem Mann zu schlafen, ob ich nun genäht war oder nicht, daran dachte ich gar nicht. Das Gefühl, daß ich wieder ganz meinem Mann gehören wollte, war wichtiger für mich, deshalb lief auch alles ganz entspannt ab. Nachher brannte es noch ein bißchen, aber durch diese Erfahrung war es die Male danach auch kein Problem mehr. Es erscheint mir wohl wichtig, wie der Mann damit umgeht. Mein Mann dachte nicht so daran, daß ich genäht war, und machte mir auch keine Angst. Meiner Meinung nach muß man versuchen, so viel wie möglich ans Bumsen selbst zu denken, und nicht an die Naht.«

Ein- oder zweimal im Monat gebe ich nach

Paula (36): »Seit der Geburt unserer Tochter, vor zwei Jahren, habe ich total kein Bedürfnis mehr nach Geschlechtsverkehr, wohl nach körperlichem Kontakt wie liebkosen, aber absolut nicht nach sexuellem Kontakt. Ich bin bei der Rutgerstiftung gewesen, aber mein Mann wollte nicht mit. Auf Anraten des Hausarztes habe ich mit der Pille aufgehört, aber das veränderte meine Gefühle nicht. Der Hausarzt wollte gerne ein Gespräch mit meinem Mann führen, aber der wollte das partout nicht. In äußerster Verzweiflung habe ich vor einigen Wochen eine Flasche (teuer!) mit einem Elixier gekauft, das unter anderem Ginseng enthält, wodurch das sexuelle Prickeln wieder aktiviert werden könnte ... vergiß es.

Ein- oder zweimal im Monat gebe ich den Annäherungsversuchen meines Mannes nach. Ich fühle mich ihm gegenüber eigentlich sehr schuldig und nicht mehr als vollwertige Frau, denn andere Frauen, mit denen ich rede, finden Sex toll. Ich habe keine Lust, für den Rest unseres Lebens so ein miserables Sexleben zu führen.«

Ich schrie vor Schmerzen

Wanda (35): »Anfangs wollte ich schon zärtlich sein, aber mein Mann wollte nicht. Ich durfte mich sogar nicht an ihn anschmiegen, er gab mir das Gefühl, unappetitlich zu sein. Gerade in dieser Zeit hatte ich ein unheimlich großes Bedürfnis nach Zärtlichkeit, natürlich ohne Geschlechtsverkehr. Ich war besonders verliebt in ihn. Wir hatten doch so eine prächtige Tochter bekommen! Danach schlug er plötzlich um, und meinte, es würde wieder mal Zeit, und wollte sofort alles. Es fühlte sich an, als ob ich aufgescheuert würde, und ich schrie vor Schmerzen. Er drängte nicht weiter, sondern wandte sich schmollend von mir ab. Keinen Trost, sondern Abweisung. Als ich darüber reden wollte, reagierte er nur barsch.

Ob ich denn nicht begreifen würde, wie schwierig es für ihn wäre. Er sorgte dafür, daß ich mich unheimlich schuldig fühlte. Sein nächster Annäherungsversuch erfolgte eine Woche später. In der Zwischenzeit herrschte eine angespannte Stimmung zwischen uns, vor allem wenn es Zeit war, ins Bett zu gehen. Dieses Mal war er ganz vorsichtig, und es ging, auch wenn es mir weh tat. Als ich dann sagte, daß es weh tat, war er sauer. Beim Frauenarzt, bei der Nachuntersuchung, zeigte sich dann, daß sich einige Nähfäden noch nicht aufgelöst hatten. Deshalb auch diese Schmerzen. Es war also keine Anstellerei, wie mein Mann vermutete. Zum Glück ging es danach langsam besser. Aber die schlechten Erfahrungen nach der Geburt haben doch ein Brandmal hinterlassen. Es verändert sich viel, wenn ein Kind dazukommt. Auch auf sexuellem Gebiet. Viele Männer realisieren das viel zu wenig. Liebe machen ist bei ihnen oft Geschlechtsverkehr oder gar nichts. Und gerade da liegt das Problem. Solange junge Väter nicht damit umgehen können, wird das Problem bleiben.«

Ich finde eine schwangere Frau auch nicht beängstigend

Mario (45): »Mir machte die Tatsache, daß sie schwanger war, nichts aus. Danach wohl mal kurz. Ich finde eine schwangere

Frau auch nicht beängstigend oder dergleichen. Ich begreife die Männer wirklich nicht, die so eine Angst vor der Geburt haben. Vielleicht kommt das daher, daß ich auf einem Bauernhof aufgewachsen bin. Da sieht man täglich, wie Tiere geboren werden. Den größten Schock bekam ich, als ich mit sechzehn Jahren sah, wie ein Kalb geboren wurde. Aber eigentlich gibt es darin keinen Unterschied zwischen Menschen und Tieren.«

Er hatte viel Verständnis für mich

Dorien (39): »Ich hatte dieses Problem bei beiden Kindern.

Ich war oft müde und noch sehr labil kurz nach den Geburten. Nach einer Schwangerschaft verändert sich doch viel in deinem Leben. Man ist auf einmal Mutter, und dann stellt man fest, daß man jetzt noch mehr Verantwortung zu tragen hat, mit so einem kleinen Menschen dabei. Ich war immer sehr gerührt und glücklich nach der Geburt. Allerdings ist man auch unsicher und angespannt, und davon wird das Miteinanderschlafen auch nicht besser. Außerdem ist die Vagina nach der Geburt eine Wunde, die lange schmerzhaft bleiben kann. Aber auch als meine Wunde verheilt war, hatte ich noch keine Lust, mit meinem Mann zu schlafen. Ich empfand überhaupt keine Erregung oder irgendein Prickeln. Es dauerte sicher fünf Monate, bis alles wieder so war, wie vor der Schwangerschaft. Wir haben viel darüber gesprochen. Er hatte viel Verständnis für mich. Wenn man sich in dieser Beziehung unterstützt, dann hat man schon viel gewonnen.«

Deine intimsten Stellen werden öffentliches Gebiet

Helga (29): »Die Geburt dauerte lange, und ich wurde auch genäht. Nach zwölf Wochen wagten wir uns, wieder mal zusammen zu schlafen. Vorher hatte ich überhaupt kein Bedürfnis danach, auch wegen der Naht, und auch weil ich ziemlich lange Ausfluß hatte. Außerdem hat man so viel um die Ohren, wie ›klappt es mit dem Stillen?‹, immer nachts aufstehen, Übermüdung und so weiter. Aber auch die Geburt muß man erst einmal verarbeiten. Die Gebiete, die vorher deine intimsten Stellen waren, werden bei einer Geburt öffentliches Gebiet, und man schneidet auch noch da rein. Auch deine Brüste werden total von deinem Kind in Beschlag genommen. Vielleicht vergißt man dann als Frau seinen Mann doch ein bißchen, man wird die ersten Wochen so in Anspruch genommen. Ich weiß noch, daß wir versuchten, es uns anders schön zu machen, aber das klappte einfach nicht. Es war alles so verwirrend.

Beim ersten Mal benutzten wir ein Kondom, denn ich wollte erst wieder mit der Pille beginnen, wenn ich aufhörte, zu stillen. Aber es tat ziemlich weh; außerdem finden wir, daß ein Kondom nicht gerade ein tolles Verhütungsmittel ist. Das Ganze hat sieben Monate gedauert, es ging mäßig bis schlecht. Zwei Wochen, nachdem ich aufgehört hatte zu stillen, bekam ich meine Tage, und dann begann ich sofort wieder mit der Pille. Danach wurde der Geschlechtsverkehr immer schöner, und jetzt ist es wieder so wie früher. Vätern würde ich gerne noch sagen: Bereitet euch darauf vor, daß der Geschlechtsverkehr nach der Geburt die ersten Wochen nicht sofort wieder so sein wird, wie er war. Forciert nicht, dann wird es von selbst wieder schön.«

Die Spitze der Fraulichkeit

Martin (24): »Ich würde es fantastisch finden, wenn sie schwanger werden würde. Wir möchten es auch beide gerne, aber wir wollen noch ein wenig warten, bis wir richtig verheiratet sind. Vielleicht eine Frage der Romantik, denke ich. Ich finde schwangere Frauen toll anzusehen, vor allem, wenn sie stolz auf ihren Bauch sind. Meine Schwester war auch so eine schöne Schwangere, und ich hoffe, daß Bernadette das in kurzer Zeit auch ist. Ich finde, wenn eine Frau schwanger ist, hat sie die Spitze ihrer Fraulichkeit erreicht.«

Eine Art Schutz nach der Geburt

Hannie (32): »Nach allen drei Geburten hatte ich lange Zeit keine oder kaum Lust zum Geschlechtsverkehr. Bestimmt so ein halbes bis ein Jahr. Manchmal lese ich darüber etwas in Büchern, aber da wird es oft auf psychische Faktoren oder Schlaflosigkeit geschoben. Warum denn bloß? Ich frage mich, ob es nicht eine ganz natürliche Sache ist, daß Frauen nach der Geburt eine Zeitlang keinen Verkehr wollen. Eine Art Schutz nach der Geburt, um nicht schwanger zu werden. Nach sechs oder zwölf Monaten ist alles wieder normal. Ob man da selbst nichts daran ändern kann? Ich denke, daß das nicht so einfach ist: Wenn man keine Lust hat, hat man keine Lust. Sex ist letztendlich keine Pflichtübung, schon mal gar nicht von einer Frau, die eine Schwangerschaft und eine Geburt hinter sich hat. Frauen müssen mehr für sich selbst eintreten. Es wäre auch angebracht, die Väter mal besser aufzuklären.«

Daß es das gleiche ist wie sein eigenes Sperma

Sonia (41): »Als Geburtshelferin haben mich die angespannten und verunsicherten Vorstellungen zu diesem Thema schon immer erstaunt. Ich gehöre zu der Sorte Hebamme, die diese Dinge doch kurz anrührt, wenn sich die Gelegenheit dazu ergibt. Und dann die Erleichterung, die fühlbar wird, wenn ich sage, daß sie ruhig wieder anfangen könnten, miteinander zu schlafen, wenn sie Lust dazu haben. Genausogut drei Wochen nach der Geburt wie auch viel später. Ich mache auch immer eine Bemerkung in der Art: ›Wenn es anfangs doch noch nicht so gut klappt, dann laßt eure Fantasie spielen und denkt euch was Schönes aus.‹ Sowohl nach meiner ersten, wie auch nach meiner zweiten Geburt ging es mit dem Geschlechtsverkehr sehr gut. Wir machten es natürlich vorsichtig. Glücklicherweise haben wir uns auch nicht so an die Regeln gehalten und genau sechs Wochen Pause gemacht. Übrigens, kurz vor dem errechneten Datum zusammen zu schlafen ist auch eine sehr gesunde Entspannung, und besonders gut für werdende Mütter, die über die Zeit sind. Wenn jeder junge Vater wüßte, daß das Mittel, das in der Infusion zur Geburtseinleitung ist, das gleiche beinhaltet wie sein eigenes Sperma, dann gäbe es bestimmt nicht so viele Einleitungen. Die Protagene, die die Gebärmutterwand weich und geschmeidig machen, sind im männlichen Saft im Überfluß vorhanden. Warum sollte man das gleiche Mittel denn künstlich herstellen und sich im Krankenhaus verabreichen lassen?«

Ich finde es unheimlich

Jurriaan (38): »Ich muß ehrlich sagen: Ich hatte eine Höllenangst. Ich fand den dicken Körper so fremd, ich mag nun mal keine schwangeren Frauen... ich finde es unheimlich.

Nein, das waren echt neun Monate totale Enthaltung.«

Und wie fand sie das?

»Prima.«

Eine Lösung ist noch nicht in Sicht

Margriet (40): »Bei mir dauert es jetzt schon zwei Jahre.

Nach der Geburt bin ich auf sexuellem Gebiet sofort zugeklappt. Mein Mann blieb immer ruhig, wenn er zum soundso vielten Male abgewiesen wurde, nur ich, ich wurde sauer, verdrießlich und mißmutig, alles gleichzeitig. Eines Tages bin ich dann zum Hausarzt gegangen. Der meinte, das hätte was mit meinen Hormonen zu tun, und daß ich mir mehr Zeit gönnen müßte. Er ging da überhaupt nicht ernsthaft darauf ein. Eine Lösung ist noch nicht in Sicht. Mit einem Facharzt reden? Ich weiß nicht, ob das eine Lösung ist, weil ich bei mir selbst denke: Wie kann um Himmels willen ein Wildfremder meine Gefühle begreifen? Nein, ich denke, daß ich immer noch warte, bis es heute oder morgen vorbei ist, obwohl ich tief in meinem Innern weiß, daß das nicht die Lösung ist.«

Auf einmal ist dieser Körper eine Art Gebärmaschine

Bas (32) darüber, wie er Schwangerschaft und Geburt erfahren hat: »Nun, erstens war es nicht so eine angenehme Schwangerschaft, es erschien mir irgendwie als eine Art Strafe, Übelkeit, Müdesein, nicht unbedingt das Bild von einer Frau in glücklichen Umständen. Was ich ziemlich schockierend fand, war die Geburt. Auf einmal ist dieser Körper einer anziehenden Frau eine Art Gebärmaschine. Es kommt ein ganzes Kind dadurch nach draußen, nähen, aufgeblasene Brüste mit Muttermilch, ich habe das echt als Schock erfahren. Ich denke, das hat das sexuelle Bedürfnis definitiv gekappt. Obwohl ich auch ehrlich dazu sagen muß, daß es anders gewesen wäre, wenn es nicht all diese Probleme gegeben hätte.«

Vor lauter Angst schoben wir die ganze sexuelle Beziehung beiseite

Mariette (34): »Nach der Geburt meines zweiten Kindes litt ich so stark an Ausfluß, daß die Ärzte beschlossen, meine Gebärmutter zu entfernen. Ich war 26 Jahre, hatte gerade geboren, und dann das Wissen, daß man das nicht mehr mitmachen wird.

Es spukten jede Menge Fragen durch meinen Kopf. Und besonders die sexuelle Beziehung zu meinem Mann: Was wird nun? Auch mein Mann wußte nicht genau, was wir zu erwarten hatten. Aus Angst, enttäuscht zu werden, schoben wir die ganze sexuelle Beziehung weg. Aber irgendwann kommt der Tag, wo man da mal drüber reden muß. Mein Mann war sehr lieb und geduldig, und es schien, daß er die gleichen Ängste hatte wie ich. Wir sind jetzt neun Monate weiter und sehr glücklich mit unserer sexuellen Beziehung. Sie wächst langsam wieder, wir mußten aber lernen, einander anders zu genießen. Für mich ist der Höhepunkt nicht mehr so intensiv, jedenfalls ist das Zusammenziehen des Gebärmuttermundes verschwunden, aber langsam lernte ich doch, wieder zu genießen. Es war sehr schwierig, aber hierzu kann ich nur allen Frauen sagen: Wirklich, es wird wieder besser.«

Der Einfluß der Kinder auf die Beziehung

Man hätte es nicht erwartet, aber in diesem Kapitel, in dem es über den Einfluß der Kinder auf die Beziehung geht, haben Männer mehr zu erzählen als Frauen. Wir fragten uns, wie das kam. Wir glauben, für Frauen ist es selbstverständlicher, daß ihr Leben sich verändert, sobald Kinder da sind. Und die Männer waren vielleicht erleichtert, daß sie wieder über etwas anderes sprechen durften (das Thema Kinder kam meistens direkt nach all den Fragen über Sex), und sie wollten nur allzu gerne loswerden, wie schön sie es finden, Vater zu sein.

Der Unterschied war doch auffällig: Väter sprechen oft fast ausgelassen über ihre Vaterschaft, während Mütter, wenn sie etwas zu erzählen haben, sich eher beklagen. Sie sind viel, viel früher müde, die Kinder streiten sich immer, er macht nur die schönen Dinge, sie hat die ganzen Unannehmlichkeiten mit dem Haushalt, sie mußten oft finanziell kürzer treten, weil sie ihren Beruf aufgegeben hat, kurzum, es scheint so, als ob Vaterschaft schöner ist als Mutterschaft.

Die Umfrage über die Rollenverteilung, an anderer Stelle in diesem Buch, zeigte ein ähnliches Bild. Den Kindern vorlesen und mit ihnen spielen, dafür sind Männer immer zu haben. Aber rundweg ein Drittel der Männer wechselt nie die Windeln. Und wenn das Kind nachts schreit, stehen Frauen viel eher auf als Männer. Männer arbeiten tagsüber, während die meisten Frauen entweder nicht arbeiten oder einen Halbtagsjob haben und so viel mehr mit ihrem Kind mitmachen. Sie kommen auch für alles auf. Zweidrittel der Frauen erledigen ihre Einkäufe immer alleine. Immer mehr Männer stehen dem Kochen wohlwollend gegenüber, aber möglichst nur am Wochenende. Frauen tragen die Verantwortung für das Haushaltsgeld, während Männer nur meckern können, weil sie keine saubere Unterhose mehr haben. Und lästige Kinder tagsüber? Ach Kind, das ist bestimmt halb so schlimm, und wenn nicht, dann geht es von selbst wieder vorbei, mach dich nicht verrückt.

Glücklicherweise ist es nicht immer und überall so eine Plackerei. Viele Menschen haben Angst, ihre Freiheit zu verlieren, wenn sie Kinder haben. Das ist ja auch ein bißchen so, aber sobald Menschen Kinder haben, finden sie es gar nicht so schlimm, daß es für eine bestimmte Zeit etwas komplizierter wird, wenn man ins Kino oder aus essen gehen möchte. Elternsein bedeutet neue Verantwortung, und es ist nichts Biederes daran, zusammen Vater und Mutter zu spielen und ein etwas häuslicheres Leben zu führen als vorher.

Es kommt vor, daß Menschen sich ein Kind »anschaffen« (solche Menschen nennen das immer »anschaffen«), in der Hoffnung, daß sie damit ihre Beziehungsprobleme lösen können. Leider ist das fast immer ein Mißverständnis. Die Kinder wären vielleicht besser nicht geboren worden, denn sie landen nicht in einem ruhigen Nest.

Aber ein Kind kann auch einen günstigen Einfluß auf eine Beziehung haben. Viele Männer verhalten sich plötzlich anders, wenn sie Papa geworden sind. Trübe Situationen mit Schwiegermüttern klären sich auch auf, sobald ein Enkelkind da ist, und auch das hat einen günstigen Effekt auf eine Beziehung. Der Einfluß von Kindern: Lesen Sie die Erfahrungen der anderen.

Lieber von meinen Kindern kahlgepflückt als von anderen

Reinier (44): »Der Einfluß der Kinder ist sehr wichtig, und diese Bedeutung möchte ich auch gerne hervorheben. Ich habe immer gewußt, daß ich Kinder haben wollte. Ich habe vier, und keins davon ist ein Unglück! Vielleicht möchte ich in Zukunft noch eins dazu haben, nur, dann müßte sie zuerst etwas mehr entlastet sein. Tja, warum liebe ich Kinder. Sie leisten wenig Beitrag, sie kosten eine Menge Geld, aber es ist mein eigen Fleisch und Blut. Ich werde lieber von meinen Kindern kahlgepflückt als von anderen. Sie haben das Recht, von mir zu profitieren und alles, was drinsteckt, herauszuholen. Weißt du, in diesen Knirpsen steckt so viel Energie, das gibt mir echt einen Kick. Das ist jetzt auch wieder so mit der Kleinen, die ist so ein Donnerkeil. Fantastisch, die Entwicklung zu verfolgen. Das gibt einem ein reiches Gefühl.«

Man kann abends nicht mehr spontan weg

Maartje (28): »Ein Kind hat großen Einfluß. Man hat zum Beispiel ein Thema mehr, worüber man spricht. Wir haben bestimmte Vorstellungen über die Erziehung, es ist schön, darüber zu sprechen. Es gibt deinem Leben eine extra Dimension.

Es gibt auch Nachteile. Man kann abends nicht mehr spontan weg. Aber ich habe nicht das Gefühl, daß ich meine Freiheit los bin. Und man hat Verantwortung. Ich bekomme jetzt doch Angst, wenn ich im Fernsehen etwas über Gehirnhautentzündung und Kindesentführungen sehe.«

Ich finde, sonntags morgens ist das Fernsehen eine Lösung

Bernhard (39): »Wir sind eine nette Familie mit zwei tollen Burschen. Kinder können einen durch tiefe Täler ziehen. Nur, wie glücklich wir auch mit unseren Kindern sind, sie sind uns tatsächlich schon mal im Weg. Wir schlafen zum Beispiel gerne im Wohnzimmer zusammen, aber ausgerechnet dann kommen die Jungs oft nach unten. Wir sprechen zwar mit ihnen darüber, nur möchte ich doch nicht gerne bumsen, wenn die Kinder das sehen könnten. Ich selbst fand zum Beispiel, daß meine Eltern sexlos sein müßten. Unbewußt denke ich, daß das für meine Kinder genauso gilt. Vielleicht wären sie total schockiert, wenn sie uns so sehen würden. Wir verhalten uns zwar ganz ungezwungen untereinander, wir sonnen nackt im Garten und am Strand, aber bumsen, wo sie bei sind... nein. Sonntags morgens, finde ich, ist das Fernsehen eine Lösung.

Dann sitzen die Jungs vor dem Kasten, und dann können wir schön bumsen. Ich finde es herrlich, morgens zu bumsen, denn ich werde oft schon erregt wach.«

Daß es sich nur noch um die Kinder dreht

Harm (30): »Wir würden ja beide schon gerne welche haben, aber unser Lebensglück hängt nicht davon ab. Man sieht um sich herum so viele Menschen, die sich beinahe umbringen, um Kinder zu bekommen, das wollen wir einfach nicht. Was wir um uns herum sehen, und wovor wir beide ziemliche Angst haben, ist, daß es sich nur noch um die Kinder dreht. Es will eigentlich niemand, nur letztendlich überkommt es sie doch fast alle. Bekommen wir welche, werden wir glücklich damit sein, wenn nicht, werden wir auf andere Art und Weise glücklich.«

Wärst du bereit, wenn Kinder kommen würden, weniger zu arbeiten, um einen Teil der Versorgung zu übernehmen?

»Das ist durchaus ein schwieriger Punkt. Weißt du, wenn wir Kinder bekommen würden, will ich natürlich mit einbezogen sein und nicht so ein Vater sein, der tagsüber arbeiten geht, das Geld verdient und von den Kindern kaum etwas mitbekommt. Das würde sie übrigens auch nicht wollen. Aber ich liebe meine Arbeit, und ich brauche auch den Wettkampf außer Haus. Ich denke wohl schon darüber nach, ob ich zukünftig nicht einen Tag weniger arbeite.«

Man ist viel müder, wenn man Kinder hat
Simone (30): »Streitigkeiten gibt es bei uns immer über die Erziehung der Kinder. Außerdem ist man viel müder, wenn man Kinder hat. Und man ist nicht mehr so frei, und das ist manchmal schon schade. Es ist oft schwer.«

Wir denken darüber nach, und wir sprechen darüber
Frank (35): »Ich kann natürlich nicht mitsprechen über den Einfluß von Kindern auf meine Beziehung. Aber seit ein paar Jahren habe ich immer mehr das Verlangen nach einer festen Beziehung in Zusammenhang mit Kindern. Was ich von mir selbst nie gedacht habe, ich bin eigentlich nicht so ein Kindernarr, nur immer öfter trat in meinen Gedanken der Wunsch in den Vordergrund, daß ich doch sehr gerne Kinder oder ein Kind wollte. Das hat nichts mit einem Stammhalter oder anderem Nachfahrenunsinn zu tun, das Verlangen kam einfach. Und man wird nun mal leichter eine bewußt unverheiratete Mutter als ein bewußt unverheirateter Vater. Übrigens, vielleicht bin ich darin altmodisch, aber ich bin der Meinung, daß Kinder zu Anfang einen Vater und eine Mutter brauchen. Andererseits stellte ich in den letzten Jahren fest, daß ich mich ein wenig von Freunden mit Kindern distanziert habe. Es dreht sich immer alles um sie. Und jeder, den ich kenne, nimmt sich vor, es nicht zu tun, aber es passiert doch. Aber vielleicht war ich auch empfänglicher dafür, weil ich mich selbst mit solchen Gedanken trug, die vor kurzem noch sehr weit weg zu sein schienen.«

Denkt ihr jetzt an Kinder?

»Wir denken darüber nach, und wir reden darüber. Anfangs war sie nicht so begeistert davon, sie ist auch ein paar Jahre jünger als ich und hat gerade eine neue Anstellung angefangen. Aber sie steht dem nicht abweisend gegenüber, nur möchte sie noch etwas warten. Wenn wir überhaupt Kinder bekommen können, natürlich. Ich habe Geduld. Ich weiß nicht, wieviel, aber ich will das auch nicht forcieren. Wir werden sehen, wie es läuft. Ich hoffe nur, ich muß auf das Erste nicht bis zu meinem ›Fünfzigsten‹ warten.«

Wärest du bereit, deine Karriere dafür zu opfern?

»Ja. Ganz bestimmt. Ich halte sehr viel von meiner Arbeit, aber wenn eine Situation kommt, in der ich für jemanden, den ich liebe, in diesem spezifischen Fall ist das ja dann mein Kind, meine Karriere aufgeben müßte, würde ich das tun. Wie sich das praktisch und finanziell auswirkt... ich bin davon überzeugt, es wird sich dann eine Lösung finden.«

Man hat viel Sorge und Verantwortung zu tragen

Jurriaan (38): »Es ist lustig, aber ich war derjenige, der damals vor allem gerne Kinder wollte. Sie mußte das erst noch eine Zeit überdenken. Und wenn sie dann kommen, dann ist es auf einmal zu früh. Die Kinder kamen, als ich Anfang dreißig war. Dann ist man jung und will an die Spitze.

Das Gefühl habe ich noch immer. Nur inzwischen hat man mit den Kindern viel Sorge und Verantwortung zu tragen. Kinder kosten in den ersten Jahren besonders viel Energie, und die wird von etwas anderem abgezogen. Man fühlt auch eine viel größere Verantwortung der Mutter gegenüber. Das hat ganz einfach Einfluß auf deine Entscheidungen und darauf, was man unternimmt, und welche Risiken man dabei in Kauf nimmt. Die Sorge für die Kinder ist schön gleich verteilt, denke ich. Ich bin mehr zu Hause, dann nimmt man bestimmte Dinge selbstverständlich auf sich. Und ich glaube, daß ich besorgter bin. Obwohl ich dazu sagen muß, daß das Sorgen für jemanden aus selbst auferlegter Disziplin passiert; ich ertappe mich dabei, daß ich manchmal Dinge als Frauenarbeit ansehe, und viel Disziplin aufbringen muß, um das Gefühl von ›Teemütze‹ – oder noch schlimmer – ›Hausmann‹ zur Seite zu drängen.«

Was findest du schön oder nicht schön an Kindern?

»Ich finde es jetzt schöner, wo sie älter sind. Babys sagen mir nicht so viel. Ansonsten, was ich eben schon sagte, kleine Kinder fressen Energie, man ist finanziell unter Druck gesetzt. Wenn man zu sich selbst sagen würde: Belassen wir es mal bei diesem oder jenem, ist das bei Kindern doch etwas anderes. Manchmal ist es mir unheimlich, daß sich alles so um die Kinder dreht. Auf der anderen Seite genieße ich es auch, wir sind ein prima Clübchen, und natürlich ist es fantastisch, wenn man sein Kind sagen hört, daß es niemand anderen will, als nur seinen Papa, und daß Papa der stärkste Mann der Welt ist. Das ist einfach unheimlich schön.«

Haben eure Kinder Einfluß auf euer Sexleben?

»Ja. Im Sinne, daß man öfter müde ist, weil man doch jeden Morgen früh aufstehen muß und dann oft keine Lust mehr hat oder so. Also öfter abends. Denn wenn man miteinander schläft, ist es doch angenehmer, wenn man nicht das Risiko eingeht, daß eines der Kinder ankommt. Also öfter abends. Sonst müßte man wieder alles erklären, aber bis jetzt ist das noch nicht vorgekommen.«

Meine Beziehung wäre anders, wenn ich keine Kinder hätte

Adèle (35): »Der Einfluß der Kinder ist sehr groß. Anfangs, als ich meinen Freund gerade kennengelernt hatte, tat es mir schon mal leid, Kinder zu haben.

Kleine Kinder sind auch ein Klotz am Bein. Zwar liebe

Klötze, aber dennoch. Es hat auch mit dem Verhalten meines Freundes zu tun. Er ist nicht unfreundlich zu ihnen, aber hält sie doch auf Abstand. Dennoch sind die Kinder verrückt nach ihm. Er meint, es wäre ein Wachstumsprozeß. Er sagt, er arbeitet daran. Ich denke, nicht hart genug. Er schreit immer so laut: ›Ich bin nicht der Vater deiner Kinder!‹ Ja, das weiß ich auch, und die Kinder wissen es auch. Er ist auch der einzige, den ich nicht fragen kann, mal kurz ein Kind von der Schule abzuholen. Anfangs ließ ich sie beinahe richtig verwahrlosen. Ich schickte sie früh ins Bett oder quartierte sie oft aus, ich wollte sie für ihn, aber auch eigentlich für mich, verstecken. Es ist nun mal so: Ich finde es auch sehr schön, mit ihm alleine zu sein. Es ist unglaublich schwer, wenn man Kinder hat, eine neue Beziehung anzufangen. Er ruft die Kinder auch nie zur Ordnung, das macht er nur über mich. Ich hoffe, er sagt es ihnen irgendwann auf direktem Weg. Sie sehen ihn jetzt als eine Art Freund, aber nicht als Autoritätsperson. Meine Beziehung mit ihm wäre ganz anders, wenn ich keine Kinder hätte. Sie verhindern unser Zusammenleben. Ich nehme es ihnen wirklich nicht übel. Es ist eigentlich mein Freund, der seine Integration in mein Leben verhindert.«

Wir glaubten nicht, daß er unsere Probleme lösen könnte

Bas (32) und Johanna wollten beide gerne Kinder, nur: »Wenn ich ehrlich bin, muß ich zugeben, daß wir damals schon Probleme in unserer Beziehung hatten, aber wenn ich für mich selbst spreche, hatte ich doch stets das Gefühl, daß wir es überwinden würden. Wir hatten zwar unsere Differenzen, aber wir liebten uns und konnten gut miteinander auskommen.«

David war nicht der berüchtigte rettende Engel eurer Ehe?

»Nein, wir hatten nicht das Gefühl, daß er die Ursache unserer Probleme lösen könnte. Wie ich schon sagte, wir waren zwar noch gute Freunde, aber keine guten Liebhaber mehr.«

Welche Rolle hatte David in eurer Beziehung?

»David fungierte als eine Art Blitzableiter. Alle Liebe, die wir bei uns nicht loswerden konnten, oder womit wir Probleme hatten, konnten wir bei ihm loswerden. Er wurde dann auch unser wichtigstes Gesprächsthema, und somit gingen wir den Problemen, die wir untereinander hatten, aus dem Weg.«

Hat sich deine Rolle als Vater verändert, seit du weg bist und eine neue Freundin hast?

»Ja. Ich habe das Gefühl, daß David mehr Johannas Kind ist als meins. Das hat auch mit der Tatsache zu tun, daß das Haus, in dem ich jetzt wohne, noch nicht so eingerichtet ist, daß ein Kind sich wohlfühlen kann. Ich finde das übrigens sehr ärgerlich. Ich merke inzwischen, wenn ich David abhole oder zurückbringe, daß sein Zuhause bei Johanna ist, und das tut mir ziemlich weh. Er ist auch viel enthusiastischer, wenn er sie sieht, als wenn er mich sieht. Ich will die Situation jetzt so schnell wie möglich ändern. Ich möchte ganz einfach, daß sich mein Kind auch bei mir zu Hause fühlt.«

Hat deine neue Freundin etwas daran verändert?

»Naja, insofern, als Johanna mir sehr deutlich gemacht hat, daß sie es absolut nicht duldet, wenn Karin eine Art zweite Mutter für David wird. Sie hatte – und hat noch – Schwierigkeiten damit, wenn ich David abhole, und Karin ist bei mir zu Hause. Aber ich will das auch nicht, Johanna ist seine Mutter und ich sein Vater. Und manchmal ist Karin eben da, wenn David bei mir ist. Das ist alles.«

Ist es dir wichtig, daß Karin sich gut mit David versteht?

»Absolut. Wenn das wirklich nicht gut gehen würde, hätte David Vorrang. Aber glücklicherweise ist sie verrückt auf Kinder, und von Anfang an ging das eigentlich sehr gut.«

Ich bin schon ein bißchen stolz

Bobs (25) erste Reaktion war »weg damit«, als seine Partnerin ihm mitteilte, daß sie schwanger war: »Das war etwas, was ich mir in meinem Leben total nicht vorstellen konnte und auch nicht wollte. Anfangs habe ich sie unter Druck gesetzt, einen Schwangerschaftsabbruch machen zu lassen.«

Wie reagierte sie darauf?

»Sie wurde unheimlich sauer. Und sie fühlte sich auch schuldig, weil sie Angst hatte, daß ich das Gefühl hätte, sie hätte mich hereingelegt. Wir hatten nämlich schon mal über dieses Thema gesprochen, und sowohl sie wie auch ich wollten keine Kinder. Als sie dann schwanger wurde, veränderte sich das Gefühl bei ihr rasend schnell.

Deshalb fühlte sie sich anfangs ein bißchen als Verräter.«

Wenn ihr keine Kinder wolltet, wie konnte das denn doch passieren, in einem Land, in dem man Kondome im Supermarkt kaufen kann?

»Wir sind einfach zu leichtsinnig gewesen. Ich kann Kondome nicht ausstehen, und wir hatten beide schon viele kleine Abenteuer hinter uns, ohne daß etwas passiert ist.«

Ihr habt euch entschlossen, das Kind zu behalten; was hat euch dazu bewogen?

»Ihr Wille. Sie stand sowohl emotional als auch verstandesmäßig voll dahinter. Ich bin der Meinung, daß man das nicht so einfach übergehen darf und dieses Luxusproblem nicht weiter dramatisieren sollte.«

Luxusproblem?

»Ja, so sehe ich das doch. Ich habe Angst, daß ich weniger oder nicht mehr meinen Gang gehen kann, und das ist für mich ein Luxusproblem. Außerdem merkte ich auch an ihr, daß sie mit ihrem Latein am Ende war, und dann geht es wirklich nur noch darum, was man für jemanden empfindet. Sie hätte meiner Meinung nach das Kind so oder so behalten. Also hatte ich die Wahl: Bleibe ich oder gehe ich weg. Ich liebe sie so sehr, daß ich nicht weggehen konnte, also trage ich dann auch die Verantwortung für das Kind. Außerdem gefiel mir die Vorstellung, daß das Kind wie in einem Staubsaugerbeutel weggezogen wird, überhaupt nicht. Und ich merke nun auch an mir, daß mein Gefühl sich in kürzester Zeit verändert hat. Ich bin auch ein bißchen stolz oder so. Es ist schließlich auch mein Kind.«

Was hältst du von schwangeren Frauen?

»Ich finde sie unheimlich. Ich kann mir nur schwer vorstellen, wie das bald bei ihr ist, mal abwarten.«

Das findet sie lächerlich

Louis (34): »Daß wir irgendwann mal Kinder haben werden, steht bei mir schon lange fest. Kinder gehören dazu. Wir reden jetzt auch schon regelmäßig darüber, und von mir aus könnte es morgen schon soweit sein. Nur sie ist natürlich einiges jünger als ich und noch voll und ganz mit ihrem Verwestlichungsprozeß beschäftigt. Ich habe ihr auch schon vorgeschlagen, daß ich gerne meine Arbeitszeit halbieren würde, um für das Baby zu sorgen, aber das findet sie lächerlich.

Aber gut, darüber ist das letzte Wort noch nicht gesprochen.«

Daß dann danach eine Zeit kommt, in der sie dich erziehen

Henk (55): »Den größten Einfluß auf unsere Beziehung hatten unsere Kinder, als es zwischen uns nicht gut lief und sie in der Pubertät waren. Besonders die zwei Ältesten blickten verdammt gut durch, daß es an allen Ecken und Enden haperte, und sagten uns das auch geradeaus ins Gesicht. Oder eigentlich mehr in mein Gesicht. Es ist schon komisch, wenn man feststellt, daß man erst Kinder erzieht oder denkt zu erziehen, und dann eine Zeit kommt, in der sie dich erziehen. So haben sie Margriet echt unterstützt, eine Ausbildung zu machen und dann arbeiten zu gehen, und mir irgendwann deutlich gemacht, daß ich, wenn ich so weitermachen würde wie bisher, für sie die längste Zeit Vater gewesen bin. Margriet und ich waren beide der Meinung, daß wir nur der Kinder wegen zusammen bleiben wollten. Man wird schon wachgerüttelt, wenn die gleichen Kinder einem dann sagen, daß es für sie nicht mehr nötig ist. Soweit sie das in ihrem Alter überhaupt einschätzen konnten, aber unsere Fassade wurde gnadenlos durchgestochen.«

Sie streiten sich immer, es gibt immer Geheule

Rita (29): »Manchmal denke ich: Hätte ich sie doch nur nicht. Echt wahr. Es steht mir manchmal bis hier oben. Wir hätten uns zwischen den Kindern mehr Zeit lassen sollen. Sie streiten sich andauernd, und es gibt immer Geheule. Nach so einem Tag bin ich oft komplett durchgedreht.«

Dann nimmt sie Rücksicht darauf

Jouke (70) hat Kinder, Winnie nicht. Merkt er einen Unterschied? »Ja, ich stelle einen deutlichen Unterschied fest zwischen Frauen, die Kinder haben, und denen, die keine haben. Bestimmte Dinge können sie sich besser vorstellen, nenne es meinetwegen eine Art Mutterinstinkt. Auf der anderen Seite ist es wohl so, daß meine Kinder erwachsen sind und ihr eigenes Leben führen. Ich kann von Winnie sagen, daß sie sich nie zwischen uns gestellt hat... Wenn wir zusammen verabredet sind, und es kommt etwas Wichtiges mit den Kindern dazwischen, nimmt sie immer Rücksicht darauf.«

Akzeptieren die Kinder Winnie?

»Ich glaube schon. Sie sind vielleicht auch froh, daß Papa eine Partnerin hat. Aber es ist keine Rede von Muttergefühlen, das hat mit ihrem Alter zu tun, und natürlich mit der Tatsache, daß sie eine eigene Mutter gehabt haben. Am Anfang gab es schon kritische Blicke, dann ging es nach dem Motto: abwarten und Tee trinken. Es gibt auch noch immer mehr Kontakt zwischen den Kindern und mir, als zwischen den Kindern und uns. Das ist auch gut so, finde ich. Man hat als Vater und Kinder eine gemeinsame Basis und gemeinsame Erinnerungen. Es macht natürlich auch einen großen Unterschied, daß dieser moderne Papa eine Beziehung mit getrennten Wohnungen hat und nicht mit seiner Partnerin zusammenlebt.«

Mehr verliebt in das Kind

John (29): »Sicher hat unsere Tochter Einfluß auf unsere Beziehung. Das ist eigentlich sehr seltsam, aber ich ertappe mich dabei, daß ich mehr in unsere Tochter als in ihre Mutter verliebt bin. Aber vielleicht hat Els das genauso. Wir wollten beide gleich gerne Kinder, aber es hat ganz schön lange gedauert, bis wir sie bekamen. Wir haben uns beide untersuchen lassen, aber es war nichts. Also haben wir einfach weiterprobiert, und dann kam Eefje. Und wir wollen auch noch mehr. Vielleicht vier oder so. Insofern man überhaupt etwas zu wollen hat, natürlich.«

Seid ihr euch über die Erziehung einig?

»Ja, das glaube ich schon. Wir möchten sie einfach so frei wie möglich erziehen. Nicht, daß sie alles darf, und daß sie nichts gesagt bekommt, wenn sie etwas tut, was sie nicht darf, aber wohl so viel Freiheit wie möglich. Und keine Schläge oder endlose Predigten.

Die bekam ich nämlich früher zu Hause zu hören. Mein Vater wurde in seiner Kindheit selbst geschlagen und wollte das seinen Kindern nicht antun, aber dafür bekamen wir endlose Predigten zu hören. Das will ich nun meinen Kindern nicht antun. Sie dürfen ihre Meinung sagen. Ach, und später bekommen wir sicher auch wieder zu hören, was wir als Eltern alles falsch gemacht haben.«

Diese Energie muß ich jetzt in andere Sachen investieren. Das ist ein Prozeß

Joost (39): »Die Geburt unserer Tochter damals war etwas, was wir zwar wollten, was aber in der Praxis noch einen zusätzlichen Diskussionspunkt mit sich brachte. Noch mehr Mißverständnisse, andere Vorstellungen über die Erziehung.«

Bist du zufrieden mit der »Einmal-in-zwei-Wochen-Regelung«?

»Ja. Praktisch wäre es sehr ungünstig, wenn sie permanent bei mir wohnte, und meine Ex-Frau und ihr geht es gut zusammen. Ich muß dazu sagen, daß ich mich meinem Kind gegenüber mehr als Freund statt als Erzieher fühle. Meine Tochter hat die meisten Frauen, mit denen ich eine Beziehung hatte, kennengelernt. Sie kann sich nicht mehr an alle erinnern, aber mit einigen hat sie sich sehr gut verstanden, manche lassen heute noch etwas von sich hören, und dann erinnert sie sich wieder. Ich hoffe, daß sie sich daran erinnert als eine Aneinanderreihung von schönen Momenten. Sie ist sehr stabil, und, genau wie ich, ein Opportunist. Sie geht dahin, wo es schön ist. Als sie – während eines Wochenends, an dem sie bei mir war – Esther zum ersten Mal traf, entlockte es ihr die Bemerkung: ›Guck mal, Papa, das tun sie alle beim ersten Mal, an dem Fenster stehen.‹ Das war für sie ein déjà vu, denn tatsächlich standen alle meine Freundinnen genau an der Stelle, um aus dem Fenster zu schauen. Diese Stelle lädt auch geradezu dazu ein.

Von Anfang an lief es zwischen den Kindern von Esther und ihr sehr gut. So gut, daß ich sie kaum noch sah. Irgendwann habe ich dann ›halt‹ gesagt und das Wochenende aufgeteilt, einen Teil wir zu zweit, den anderen Teil alle zusammen. Ein einziges Mal ist es vorgekommen, daß meine Tochter und die Frau, mit der ich zusammen war, sich nicht mochten. Ich persönlich finde, daß die Frau, mit der ich zusammen bin, meine Tochter nicht so einfach negieren kann. Aber es passierte schon mal. In so einem Fall beschäftigte ich mich zuerst mit meiner Tochter und traf meine Freundin dann später wieder. Letztendlich führte es dann doch dazu, daß die Beziehung mit dieser Frau zu Ende ging. Zwar aus anderen Gründen, aber es sagt doch schon etwas über den Charakter einer Frau, wenn sie dein Kind negiert.«

Was würdest du tun, wenn deine Tochter morgen vor der Tür steht und sagt: »Papa, ich will jetzt bei dir wohnen.«?

»Ich erwarte nicht, daß das morgen passieren wird, immerhin kommen meine Ex-Frau und meine Tochter ausgezeichnet miteinander aus. Was mir wahrscheinlicher erscheint, ist, daß das passiert, wenn sie so um die sechzehn ist. Da rechne ich unterschwellig damit. Natürlich ist sie immer willkommen, aber praktisch würde es für sie in dem Moment, in dieser Phase der Selbständigkeit, schwer sein. Ich habe noch nie eine Familiensituation mitgemacht. Meine Tochter war noch sehr klein, als wir auseinandergingen. Ich hatte schon meine Vorstellungen, wie es sein würde. Nur, diese Idylle wurde vorzeitig unterbrochen, weil wir nicht harmonierten. Wir befanden uns nicht auf einer Linie. Unsere Familiensituation wich also von dem ab, was ich mir darunter vorstellte. Ich hatte mir vorgenommen, das Beste daraus zu machen. Es erschien mir auch schön, auf meine Art mit einem kleinen Kind Dinge zu unternehmen, bei denen wir unsere eigene kleine Welt kreierten. Das ist durch die Scheidung zwar Wirklichkeit geworden, leider nur nicht in der Frequenz, die ich gut finden würde. Ich habe den Eindruck, daß ich jetzt zu wenig Einfluß auf sie habe. Ich genieße zwar die Momente, in denen wir zusammen unsere Gewohnheiten ausleben. In den Augenblicken sind wir wirklich nur füreinander da und erleben unsere eigene Intimität. Dann erzählt sie auch, was in ihr vorgeht, und ich rede mit ihr darüber auf einer gleichwertigen Basis.«

Stelle dir mal vor, du hättest mehr Kinder gehabt?

»Das war auch unsere Absicht, nur war es einfach nicht möglich. Ich wollte gerne vier haben.«

Welchen Einfluß haben Esthers Kinder?«

»Ich stelle fest, daß die Kinder sehr oft um uns herum sind, und daß sie den Wachstumsprozeß meiner Beziehung zu ihrer Mutter verzögern. Eigentlich haben wir zuwenig Zeit füreinander, um die Dinge zu vertiefen, die nur mit uns beiden zu tun haben. Wir müssen doch Rücksicht nehmen und den ganzen Tag hindurch den Kindern und all ihren Freunden und Freundinnen Aufmerksamkeit schenken. In unserer ziemlich jungen Beziehung wäre es ab und zu mal nötig, irgendetwas zu unternehmen. Schöne alte Städte oder Museen zu besuchen... Wir können nicht einfach so ins Auto springen und irgendwo hinfahren, weil es eben die Kinder gibt. Oder man muß dauernd jemanden suchen, der auf sie aufpaßt. Das ist natürlich Realität, aber eine Realität, in die ich nicht hineingewachsen bin. Ich war es immer gewöhnt, mit meinen Freundinnen von hier nach da zu gehen, egal zu welchen Zeiten, ohne Rücksicht auf die Anwesenheit von Kindern. Aber trotzdem finde ich Esthers Kinder unheimliche Schätzchen.«

Stell' dir vor, daß es sie nicht geben würde...

»Dann wären wir ständig weg, und dann wären wir frei, zu tun und zu lassen, was wir selbst schön finden. Wir könnten die Tür hinter uns zumachen, wann immer wir Lust dazu hätten. Diese Energie, die ich gewohntermaßen auf diese Weise eingesetzt habe, muß ich jetzt in andere Sachen investieren. Das ist ein Prozeß.«

Wäre die Beziehung mit Esther besser, wenn es die Kinder nicht geben würde?

»Das hat nichts mit den Kindern zu tun. Das hat etwas mit unseren Persönlichkeiten zu tun.«

Es ging finanziell ganz schön schnell bergab

Yolande (27): »Der Einfluß von einem Kind ist groß. Es hat sich entsetzlich viel verändert, seit wir unsere Tochter haben. Ich arbeite nicht mehr, muß auch am Wochenende früh aufstehen, und es ging finanziell ganz schön schnell bergab.

Es war ein großer Schritt zurück, und es fiel uns sehr schwer. Wenn wir früher eine schöne CD hörten, dann haben wir sie gekauft. Hatten wir früher keine Lust zum Kochen, dann ging wir aus essen. Wir fühlen uns trotzdem nicht in unserer Freiheit eingeschränkt, wir nehmen sie fast überallhin mit. Und ansonsten finden wir auch immer einen Babysitter. Was auch meine Erwartungen übertroffen hat, ist die Verantwortung. Wirklich toll ist es, wie er seine Vaterrolle übernommen hat. Er findet das alles noch viel schöner, als er es je für möglich gehalten hat.«

Dann werde ich Hausmann und sorge für das Kind

Mario (45): »Die Geburt hatte nicht viel Einfluß auf unsere eigentliche Beziehung... obwohl, es ist, als ob sich eine Art Magnet zwischen uns befindet. Und wir haben beide darauf hingelebt, und das wie und was... Das hat das Band zwischen uns noch stärker gemacht. Ich fand das auch alles sehr schön, die Schwangerschaft und die Geburt. Ich wollte auch unbedingt aktiv dabei sein.«

Habt ihr die gleichen Vorstellungen über die Erziehung?

»Ja. Es gibt einige Dinge, über die wir eine ganz genaue Vorstellung haben. Ich bin der Meinung, daß man einem Kind, innerhalb der Möglichkeit, die man hat, so viel Raum wie möglich für seine Entwicklung schaffen muß. Und Respekt vor den Eltern finde ich auch sehr wichtig. Nicht aus einer Art Machtgefühl heraus, sondern einfach, weil man einem Kind, besonders zu Anfang, den Weg bahnen muß. Ich muß ehrlich sagen, daß ich viele Eltern viel zu sanftmütig finde. Man muß ab und zu auch mal streng sein. Eltern greifen ihren Kindern gegenüber zu wenig durch. Aus Ohnmacht, Mangel an Zeit oder Aufmerksamkeit. Aber darüber sind wir uns schon einig.«

Kannst du der Erziehung genug Aufmerksamkeit widmen, wenn du die ganze Woche arbeitest?

»Im Augenblick stellt sich noch nicht die Frage, aber wenn es die Situation von mir verlangt, dann werde ich weniger arbeiten. Oder, wenn das nicht geht, werde ich Hausmann und sorge für das Kind. Das ist für mich kein Thema.«

Wenn meine Tür zu ist, muß er anklopfen

Arnold (41): »Jasper wohnt jetzt schon eine Zeitlang bei mir. Seine Mutter war ihm eigentlich nicht mehr gewachsen.

Meine Freundin versteht sich gut mit meinem Sohn, aber meine Erfahrung ist, daß die meisten Frauen sich mit ihm verstehen. Jasper hat sein eigenes Schlafzimmer, und ich habe meins. Wenn meine Tür zu ist, muß er anklopfen. Es kann zwar schon mal schiefgehen, aber wirklichen Einfluß hat das nicht auf unser Sexleben.«

Aber nie im negativen Sinn

Olle (29): »Wir sind jeden Tag wieder von neuem glücklich über unseren Sohn. Natürlich hat er Einfluß auf unsere Beziehung, aber nie im negativen Sinn. Wir sind doch erst durch ihn eine Familie geworden, davor waren wir nur ein Paar, das zusammenwohnte. Das ist etwas ganz anderes. Vielleicht auch deshalb, weil man mit einem Kind mehr Status hat. Und das genieße ich außerordentlich. Ich finde es schön, Vater zu sein, und das habe ich auch immer schon gewußt. Nicole ist bestimmt keine Durchschnittsmutter. Sie könnte es nicht aufbringen, sich den ganzen Tag mit Marcel zu beschäftigen.

Das wußte sie aber schon, bevor sie schwanger wurde. Wir sprachen damals schon regelmäßig darüber. Sie wollte gerne Kinder haben, mindestens so gerne wie ich, nur sie wollte nicht nur Hausfrau und Mutter werden. Unser Sohn ist leicht zu handhaben; er macht es uns nicht schwer. Deshalb fühle ich mich durch ihn auch nie in meinem Tun und Lassen behindert. Wenn ich mittags etwas unternehmen will, einen Bekannten besuchen oder ins Museum gehen will, dann geht er einfach mit. Wir beide haben irgendwie ein kameradschaftliches Verhältnis. Männer unter sich. Jetzt, wo er größer wird, ist schon erkennbar, daß er sich zu einem tollen Kerlchen entwickeln wird. Er ist in unser Leben gekommen und hat es eigentlich nur bereichert. Daß er unsere sexuelle Beziehung beeinflußt, glaube ich eigentlich nicht. Ja klar, wir bumsen natürlich nicht vor seiner Nase herum, wir müssen unsere Gelüste schon eindämmen, bis der Herr aus den Füßen ist, bis er in seinem Bett liegt... Es gehen auch einige unterbrochene Liebes- und Bumspartien auf sein Konto, wegen eines Alptraums oder plötzlichen Gelüsten auf ein Glas Wasser... Aber das kann man einem Kind nie übel nehmen. Es ist zwar nicht so, daß man in solchen Augenblicken vor lauter Zuneigung zu so einem Knirps überschäumt, aber trotzdem.«

Sollen noch mehr Kinder kommen?

»Wir sind seit vorigen Monat fleißig zugange, ohne Kondome, Pillen, Spiralen und Pasten. Es wird also in kürzester Zeit klappen...«

Wir gehen mit den Kindern zusammen ins Bad

Zum Einfluß der Kinder auf ihre Beziehung sagt Marjo (33): »Man achtet mehr auf seine Worte. Ansonsten hat sich nicht furchtbar viel verändert. Wir sind sehr freizügig, wir laufen nackt durchs Haus und gehen mit den Kindern zusammen ins Bad. Sie sind unheimlich schmusig.«

Kinder werden zu oft als Besitz angesehen

Daan (43): »Ich hätte gerne Kinder gehabt, aber es ist nie dazu gekommen. Es könnte natürlich durchaus noch kommen.

Manchmal finde ich es schade, daß ich keine Kinder habe, und manchmal bin ich froh. Weißt du, ich habe etwas dagegen, daß viele Menschen ihre Kinder ›planen‹. So in der Art, wenn Jan in zwei Jahren Lohnerhöhung bekommt, dann ›schaffen‹ wir uns ein Kind an. Kinder schafft man nicht an, die bekommt man. Oder nicht. Es ist nicht so, daß ich innerhalb der Familie gegen Geburtenregelung bin, nur meines Erachtens werden Kinder zu oft als Besitz angesehen. Das ist eine Mentalität, die ich nicht gut finde. Ich kann mir vorstellen, daß eine Frau diesen Prozeß einmal mitmachen möchte, weil sie eine Frau ist und die Natur das so vorgesehen hat. Ich mag Kinder unheimlich gerne, aber es müssen nicht unbedingt meine eigenen Kinder sein. Obwohl ich es schon schön finden würde.«

Die Emotionen sind jetzt ganz anders

José (32) zufolge hat ein Kind ziemlich viel Einfluß auf die Beziehung. »Ja, denn man muß einen neuen Rhythmus finden. Die Freiheit wird eingeschränkt. Wir haben schon zehn Jahre zusammen gelebt, bevor wir ein Kind bekamen, dann hat man sich schon allerhand Gewohnheiten angeeignet. Die Emotionen sind jetzt ganz anders. Seit der Geburt heule ich viel schneller.

Nach einer Geburt darf man ruhig heulen; ich fühle mich auch jetzt nicht mehr schuldig, wenn ich heule. Die Emotionen meines Mannes haben sich auch verändert, er kann jetzt sehr zärtlich sein. Er heult aber nicht. Aber er hat schon ein paarmal zu unserem Töchterchen gesagt: ›Was liebe ich dich doch.‹ Das paßt eigentlich gar nicht zu ihm. Zu mir hat er das noch nie gesagt. Aber ich weiß ja, daß er mich liebt. Früher fand ich das wohl schlimm, aber was soll's, es zu sagen und nicht zu tun ist schlimmer. Er findet es einfach nicht nötig, ›Ich liebe dich‹ zu sagen. Das ist eben seine Art. Ich würde es toll finden, wenn er es wohl sagen würde, das schon. Aber er weiß, er verändert sich immer mehr, seit wir ein Kind haben.«

Eine schöne Vorstellung

Peter (27): »Wir haben noch keine Kinder, aber wir sprechen oft darüber. Vielleicht nächstes Jahr, dann ist unser Haus fertig. Ich sehe es eigentlich als Selbstverständlichkeit an, daß wir Kinder bekommen. Ich kann sie mir auch gut als Mutter hinter dem Kinderwagen vorstellen. Das ist eine schöne Vorstellung.«

Wir sind durch sie sehr verwundbar geworden

Thijs (39): »Kinder zu haben, bedeutet, eine enorme Verantwortung zu tragen, und dessen ist man sich noch nicht bewußt, wenn man noch keine hat. Das kann man auch vorher nicht abschätzen. Wir sind sehr glücklich über unsere Tochter, aber wir sind durch sie auch sehr verwundbar geworden.

Wenn sie draußen spielt und ich rufe sie und sie dann nicht sofort kommt, dann stehe ich tausend Ängste aus. Wenn man ein Kind hat, ist man sich allen Gefahren andauernd bewußt. Der starke Verkehr, überall Wasser und Gräben, seltsame, unheimliche Individuen… Ich weiß auch, daß man all diesen Ängsten nicht nachgeben darf, sonst hat man kein Leben mehr. Ein Kind beeinflußt dein Leben enorm, und ich glaube, daß das auch der Sinn ist. Es wäre ja auch komisch, wenn man sein Leben mit Kind genauso leben würde wie ohne Kind. Ein Kind hat ein Recht darauf, daß Eltern ihr Leben nach ihm richten.«

Eifersucht

»Ich bin kein eifersüchtiger Typ. Aber ich wäre unheimlich sauer, wenn ich merken würde, daß sie sich in einen anderen verliebt hat.« Das sagt einer der Männer, den wir befragt hatten. Wenn man es genau betrachtet, ist das eine dumme Bemerkung, nehmen Sie es uns nicht übel. Aber wir haben festgestellt, daß viele Menschen so darüber denken.

Eifersüchtig sind sie absolut nicht. Nur, sie haben ja auch keinen Grund, eifersüchtig zu sein. Sobald es doch einen Grund gibt, sind sie plötzlich auch eifersüchtig. Eifersucht ist etwas Kompliziertes. Die eine ist eifersüchtig auf die Freundinnen, die er hatte, bevor sie heirateten. Der andere ist schon eifersüchtig, wenn der Partner nur jemand anderen ansieht. Wieder ein anderer ist erst eifersüchtig, wenn der Partner fremdgeht oder sich in einen anderen verliebt. Aber es gibt auch Menschen, die davon überhaupt nicht eifersüchtig werden. Und dann gibt es auch wieder die Partner dieser Menschen, die es ärgerlich finden, daß es keine Eifersucht gibt. Denn wenn man nicht eifersüchtig ist, dann liebt man sich bestimmt nicht, denken sie. Eine Frau sagte: »Ich finde es sehr schön, wenn sich jemand in mich verliebt und mein Mann dann eifersüchtig ist.«

Manche begründen es so. Sie sagen: Was hat man von Eifersucht? Nichts. Also, wenn mein Partner mit einem anderen ins Bett geht, bin ich nicht eifersüchtig. Manchmal sind sie von Natur aus nicht eifersüchtig. Andere kommen von ihrer Eifersucht weg, indem sie sich sagen: Soll er nur seinen Weg gehen, solange ich nicht darunter leiden muß.

Ein Mann sagte folgendes: »Wenn sie mit einem anderen ins Bett gehen würde, wäre das für mich nicht unüberwindlich. Wohl, wenn mehr dazu kommen würde.«

Das ist auch eine Redensart, die häufig vorkommt. Mit einem anderen ins Bett gehen ist nur etwas Technisches, meinen sie, um eine gewisse Geilheit loszuwerden und mehr nicht. Wenn keine Liebe dazu kommt, ist auch nichts los.

Nur Verliebtheit, das ist wirklich etwas, um eifersüchtig zu werden. Dann bekommen viele Menschen Angst, daß sie ihren Partner verlieren. Und viele Männer würden es weniger schlimm finden, wenn ihre Frau mit einem anderen Mann ins Bett ginge, als wenn sie mit anderen Männern über intime Dinge sprechen würde.

»Wenn du jemals etwas mit einer anderen anfängst, lasse ich alle Schlösser im Haus erneuern, dann kommst du nicht mehr rein.« Das hat eine der befragten Frauen zu ihrem Mann gesagt. Sie verdeutlicht die Gefühle vieler Menschen: Sobald einer von uns fremdgeht, ist es aus zwischen uns.

Das klingt ja doch ein bißchen besitzergreifend. Andere drücken sich gemäßigter aus; sie würden es auch nicht schön finden, wenn ihr Partner fremdginge, aber sie sind wohl so realistisch, einzusehen, daß es sie sozusagen auch überkommen könnte.

Aber übers Fremdgehen folgt noch ein ganzes Kapitel, jetzt geht es zuerst um die Eifersucht.

Vielleicht, wenn ich sehen würde, wie eine andere ihn streichelt

Carolien (33) ist nicht schnell eifersüchtig. »Aber ich kenne genug Menschen um mich herum, die wohl mit Eifersucht behaftet sind. Er gibt mir ganz einfach keinen Grund dazu.

Ich würde sehr gerne in mehrere Menschen gleichzeitig verliebt sein können, in Männer, Frauen... davon träume ich manchmal. Nur, wenn mein Mann auch dabei eingezogen ist... ich weiß nicht. Wenn ich sehen würde, wie eine andere ihn streichelt, vielleicht wäre ich dann doch eifersüchtig. Partnertausch würde ich auch nie machen, das ist ganz anders.«

Getrennt voneinander mit jemand schlafen, meinst du?

»Ja, aber in mehrere Menschen gleichzeitig verliebt sein. Ich wünschte mir, daß das mal passiert. Nur muß man die Situation genau treffen. Sie müßten dann wohl alle ganz verschieden sein, das erscheint mir daran so schön.«

Ich war nicht eifersüchtig, und das konnten sie nicht leiden

Yolande (27): »Ich bin absolut nicht eifersüchtig. Eigentlich schade für mich. Ich habe schon einige Freunde verloren, weil ich nicht eifersüchtig war und die das nicht verstehen konnten. Mein Mann findet es schön, sich nach Brüsten umzusehen, er gibt dann immer einen Kommentar dazu ab.

Wir haben Freunde, wenn der Mann so was von sich gibt, sagt sie: ›He, hier sitz ich, klar?‹ Sie versteht nicht, daß ich es gut finde, daß er Brüste kommentiert. Darauf meinte ich nur: ›Gucken ist erlaubt, anfassen nicht.‹ Ich finde es ansonsten auch ganz normal, daß mein Mann den *Playboy* liest.«

Meine Freundinnen konnten das zu Hause nicht erzählen, ich wohl

Ineke (29): »Ob ich eifersüchtig bin? Er ist sehr charmant, und das spricht viele Frauen an. Das finde ich nicht immer gerade toll. Die Vorstellung. Aber es ist natürlich ein Kompliment für ihn. Er wickelt jeden vollständig ein, selbst meine Mutter. Das ist schon eine tolle Eigenschaft. Er ist nicht eifersüchtig, auch wenn ich ihm durchaus manchmal Grund dazu gebe. Vor kurzem bin ich mit meinen Freundinnen aus gewesen, und da haben uns einige Männer eine private Striptease-Vorstellung gegeben. Die meisten meiner Freundinnen konnten das zu Hause echt nicht erzählen, ich wohl. Kein Problem.«

Ich bin mit einer Frau verheiratet, die hoch im Kurs steht

Bernhard (39): »Sie ist nicht eifersüchtig. Das hat sie immer gesagt. Und ich habe keinen Grund, daran zu zweifeln.

Ich war wohl sehr eifersüchtig, als sie mit einem anderen Mann zusammen war. Aber ich habe inzwischen gelernt, daß diese Eifersucht nicht gerechtfertigt ist. Sie schläft schon mal mit einem anderen, das ist jetzt für mich sogar ein erregender Gedanke. Ich bin auch irgendwie stolz darauf. Ich bin mit einer Frau verheiratet, die hoch im Kurs steht. Ich würde es auch durchaus mal gerne sehen, wie sie es mit einem anderen macht. Nicht, um zu sehen, ob er es weniger gut macht als ich, sondern einfach nur aus Neugierde. Es hat übrigens auch seine Vorteile, wenn beide mal mit einem anderen schlafen. Man kann sich dann gegenseitig neue Dinge beibringen, auf die man sonst nicht kommen würde.«

Ich habe einen heiligen Glauben an Freundschaften ohne Sex

Irene (28): »Ein befreundetes Ehepaar von uns ließ sich vor einiger Zeit scheiden, blieben aber trotzdem beide unsere Freunde. Das sorgte eine Zeitlang für Probleme: Mein Mann hielt mehr zu ihr und ich mehr zu ihm. Aber ich mochte sie auch gerne, ich vertraute ihr vollkommen. Mein Mann ging oft zu ihr, um mit ihr zu reden. Wenn er zurückkam, war er immer so müde, denn sie wohnte weiter weg. Irgendwann sagte ich zu ihm: ›Nächstens kannst du ruhig über Nacht dableiben.‹ Als er das erste Mal dablieb, hatte ich einen Alptraum: Ich suchte ihn, es war in so einem Möbelpalast, aber ich konnte ihn nicht finden. Später habe ich damit nie mehr Probleme gehabt. Ich vertraute ihnen. Ich habe auch einmal bei dem Mann im Bett gelegen, ohne daß etwas passierte. Ich glaube heilig an Freundschaften zwischen Männern und Frauen ohne Sex. Obwohl er unheimlich toll aussieht, würde ich nicht mit ihm schlafen wollen. Männerkörper können mich zwar erregen, aber ich würde nicht mit ihnen ins Bett gehen.«

Natürlich tue ich ihm dadurch, daß ich einen Freund habe, weh

Christien (41): »Ich selbst bin total nicht eifersüchtig. Er hat schon mal eine Freundin, und die kann er auch ruhig haben, solange er nicht weniger mit mir schläft. Er ist eifersüchtiger. Das kann ich mir auch gut vorstellen. Ich habe einen Freund, zu dem ich jede Woche gehe. Er möchte dann, daß ich spät nach Hause komme, damit er bereits schläft. Denn er will mich nicht sehen, nachdem ich mit einem anderen im Bett war. Natürlich tue ich ihm dadurch, daß ich einen Freund habe, weh, aber er hatte eher eine Freundin, als ich einen Freund. Es ist in unserer Beziehung einfach so gewachsen.

Wir haben darüber wohl viel Streit, vor allem kurz bevor ich zu meinem Freund gehe. Ich sage dann zu ihm: ›Dann nimm dir eine Freundin, vielleicht bist du dann weniger eifersüchtig.‹ Ich glaube, in letzter Zeit hält er wieder Ausschau. Nun, das ist doch schön für ihn, oder?«

Ich bin nicht so ein eifersüchtiger Ehemann

John (29): »Wenn sie mit einem anderen ins Bett gehen würde, würde ich das wohl überwinden können. Allerdings nur, wenn nicht mehr dazukommt. Ich würde natürlich nicht vor Freude jauchzen, wenn sie zu einem anderen gehen würde, weil sie sich in ihn verliebt hat. Aber ich bin nicht so ein eifersüchtiger Ehemann.

Ich habe auch zum Beispiel keine Probleme damit, wenn sich ein anderer für sie interessiert. Oder umgekehrt.«

Es war unerträglich, als sie auch noch einen Freund hatte

Henk (55): »Ich wurde unheimlich eifersüchtig, als sie eine Zeitlang von mir wegging und sich ausgezeichnet zurechtfand. Ich war eifersüchtig auf alles, was ihre Aufmerksamkeit bekam. Sogar auf die Kinder. Und es wurde natürlich unerträglich, als sie auch noch einen Freund hatte. Ich habe ewig am Telefon gehangen, bin bei ihr vorbeigefahren, immer nur, um sie zu kontrollieren, bis irgendwann der Moment kam, wo ich glaubte, wahnsinnig zu werden. Davor und danach ist mir eigentlich nie bewußt gewesen, daß ich eifersüchtig war.«

Nur auf die Mädchen von früher, verdammt nochmal

Merel (35) ist eifersüchtig auf die Mädchen, die ihr Mann hatte, bevor er sie kennenlernte. »Ansonsten bin ich nicht eifersüchtig, denn ich weiß, daß ich ihm vertrauen kann. Nur auf die Mädchen von früher, verdammt nochmal, das ist ein Stück von seinem Leben, das ich nicht mit ihm geteilt habe, und das ich auch gerne gehabt hätte. Es ist absurd, das darf natürlich nicht sein, aber es ist leider so.

Er ist nicht eifersüchtig, denn er kann mir ja auch vertrauen.«

Doch nicht mehr so wichtig

Bas (32): »Ich hätte es nicht schön gefunden, wenn sie fremdgegangen wäre; aber man muß auch bedenken, daß man es ab dem Moment, wo man keine Intimität mehr miteinander teilt, dann doch nicht mehr so wichtig findet.«

Das war sehr bedrohlich für ihn

Adèle (35): »Ich bin irgendwie schon eifersüchtig, aber nicht schnell. Ich würde es sein, wenn er mit einer anderen ins Bett ginge. Das ist das einzige. Aber wir haben abgesprochen, daß er das nicht macht. Ich kann auf Menschen eifersüchtig sein, die schon zwanzig Jahre zusammen sind und es sehr schön haben. Darauf bin ich wirklich eifersüchtig.«

Ist dein Freund eifersüchtig?

»Ja, sehr sogar. Er sagte, er habe sich wohl schon geändert, weil er gemerkt hat, daß er mir vertrauen kann. Er ist allerdings eifersüchtig auf meine Beziehung zu Lucas, den ich schon Jahre kenne. Mit ihm habe ich eine ganz spezielle Art von Freundschaft. Ich habe meinem Freund erzählt, daß ich auch sexuell etwas mit Lucas hatte. Das war sehr bedrohlich für ihn, nur in Wirklichkeit ist nichts Bedrohliches daran. Er hatte mit Lucas die größten Probleme, aber ich will meine Freundschaft mit Lucas nicht für ihn aufgeben. Ich habe meine Tiere für ihn aufgegeben, aber nicht Lucas.«

Er hatte eine Beziehung mit einer anderen

Maria ist, sagt sie, »sehr eifersüchtig«. Ihr Mann nicht.

»Oder er verbirgt es sehr gut. Ich bin vor allem eifersüchtig, wenn er zu anderen sehr spontan und herzlich ist und zu mir nicht. Er hatte eine Beziehung mit einer anderen, da war ich rasend vor Eifersucht. Er findet das merkwürdig. Ich sage: ›Ich bin eifersüchtig, weil ich dich liebe.‹ Dann zuckt er nur mit den Schultern. Ich bin nicht eifersüchtig, wenn er anderen Frauen nachguckt. Sagt er dann zum Beispiel: ›Boh, was für eine schöne Frau‹, dann sage ich: ›Tatsächlich.‹ «

Er kriegt ihn doch nicht mehr hoch

Linda (36): »Ich habe keinen einzigen Grund, eifersüchtig zu sein, denn mein Mann guckt nie nach anderen Frauen. Und außerdem: Er kriegt ihn doch nicht mehr hoch, mit dem ganzen Alkohol in seinem Körper. Wenn ich mit einem anderen etwas anfangen würde, ich glaube, es würde ihm nichts ausmachen. Es macht ihm überhaupt nichts mehr was aus. Doch, wenn kein Bier mehr da ist, dann ist er sauer.«

Er selbst ist übrigens sehr schnell eifersüchtig

Francien (36): »Ich bin nicht eifersüchtig. Ich mache nur immer meine Späße darüber. Er hat seit kurzem einen weiblichen Chef, Yvonne. Sie hatten ein Fest in der Firma, und plötzlich stand sie neben ihm. Da dachte ich schon: Ui, was soll ich davon jetzt halten? Aber ich bin nicht wirklich eifersüchtig.«

Auch nicht, wenn er etwas mit einer anderen haben würde?

»Dann schon. Ich habe schon mal zu ihm gesagt: ›Wenn du jemals etwas mit einer anderen anfängst, dann lasse ich alle Schlösser vom Haus auswechseln, dann kommst du nicht mehr rein.‹ Er selbst ist übrigens sehr schnell eifersüchtig. Besonders wenn ich sage: ›Meine Zeit, was für ein toller Typ.‹ Dann will er sofort wissen, was ich an dem finde.«

Er ist immer noch eifersüchtig auf meine Ex-Freunde

Judith (24): »Er ist eifersüchtig, wenn sich ein Ex-Freund in der Kneipe neben mich stellt. Er hat schon mal zu so einem gesagt: ›Wenn du nicht abhaust, dann gibt's 'ne Schlägerei.‹ Es ist zwar besser geworden, aber er ist immer noch eifersüchtig auf meine Ex-Freunde. Ich kann ganz in Ruhe mit einem fremden Mann dastehen, das macht ihm nichts aus. Er ist nur auf Ex-Freunde von mir eifersüchtig. Ich finde es eigentlich irgendwie schön, denn wenn er nicht eifersüchtig wäre, fände ich es auch nicht gut.«

Ich würde es schrecklich finden, wenn er fremdginge

Sandra (43): »Ich bin ziemlich eifersüchtig. In meiner vorigen Beziehung konnte ich es schon nicht haben, wenn mein Mann eine andere Frau ansah, geschweige denn, wenn es weitergegangen wäre als das. Mein jetziger Partner darf ruhig andere Frauen ansehen. Wir haben eine ganz andere Beziehung, viel intensiver. Ich würde es nur furchtbar finden, wenn er fremdginge. Nicht, daß ich ihn dann aus dem Haus werfen würde, aber nur schon die Vorstellung alleine. Nein.«

Und ich vertraue ihr auch

Frank (35): »Eigentlich bin ich nicht eifersüchtig. Aber ich würde es sehr ärgerlich finden, wenn sie sich in einen anderen verlieben würde. Ich finde es irgendwie schmeichelhaft, wenn in Gesellschaft andere Männer oder ein anderer Mann ihr Aufmerksamkeit schenken. Dann empfinde ich so was wie kindlichen Stolz, so in der Art: Die ist von mir. Ich vertraue ihr auch. Eine wichtige Basis unserer Beziehung ist Ehrlichkeit.«

Da sagte er: »Hey, laß das sein!«

Isabel (21): »Im Moment bin ich nicht eifersüchtig. Er kann sich auch ruhig mit einer anderen unterhalten. Wenn er sich verlieben würde, wäre ich schon eifersüchtig. Aber so was kann passieren, wir sind auch nur Menschen. Ich denke, daß er eifersüchtiger ist als ich. Wenn ein anderer mich zu intim berühren würde, wäre er sicher eifersüchtig. Wir waren einmal in einer Kneipe, als ein Freund von mir reinkam und mir einen dicken Kuß gab. Da sagte er: ›Hey, laß das sein!‹ Aber ich glaube, das war mehr Spaß als Eifersucht.«

Ich durfte das alles nicht so eng sehen

Joost (39): »Ich bin von Natur aus ziemlich eifersüchtig. In den letzten Jahren hat sich das wohl etwas geändert. Die Eifersucht hatte vor allem mit Freundinnen von mir zu tun, die sich in meinen Augen viel zu viel Aufmerksamkeit von anderen Männern gefallen ließen. Bei einer Freundin ging das zum Beispiel darum, daß alle möglichen Männer bei ihr übernachteten, und das sogar in ihrem Bett. Sie sagte dann, daß sie wohl ihre Unterhose anbehielten... Am nächsten Morgen dann zusammen ins Bad, aber das durfte ich alles nicht so eng sehen.

Es hatte auch damit zu tun, wie meine Freundinnen sich kleideten. Ich habe schon mal eine Freundin nach Hause geschickt, sich umzuziehen, weil sie in einem Shirt auf der Tanzfläche herumsprang, aus dem andauernd ihre Brüste heraushüpften. Eine andere Freundin trug zum Beispiel ein ganz kurzes Röckchen mit einem String-Tanga darunter, und dann bückte sie sich in aller Öffentlichkeit so, daß jeder einen Blick auf ihren nackten Hintern werfen konnte. Diese Art öffentlicher Zurschaustellung machten diese Freundinnen auch, wenn ich nicht dabei war. Es war also nicht nur für mich bestimmt, sondern sie wollten mehr ihre Fraulichkeit zur Schau tragen, weil sie das scheinbar schön finden. Ich bin davon überzeugt, daß diese Dinge zum Fremdgehen führen können, und das akzeptiere ich nicht. Auch den Gedanken daran nicht. Ich kann es nicht haben, wenn sich andere Männer übertrieben für meine Freundin interessieren. Ich erkenne nämlich diese Blicke, weil ich sie selbst benutze. Nur, mir selbst kann ich vertrauen. In meiner Beziehung zu Esther kommt Eifersucht nicht oder kaum vor, denn sie gibt mir keinen Grund dazu. Ich kann ihr vertrauen, das habe ich nach ziemlich kurzer Zeit schon erkannt. Ich weiß, wie sie eingestellt ist. Sie hat kein Bedürfnis, herumzuflirten und herauszufordern. Es ist auffallend, daß ich meinen Argwohn, der sich in meiner Vergangenheit oft zu Recht zeigte, jetzt ablegen kann.«

Mit einer anderen ins Bett gehen, das dürfte er von mir aus absolut nicht

Veronique (26) ist im Prinzip sehr eifersüchtig. Aber jetzt hat sie einen Partner, dem sie vertrauen kann, dadurch hat sie zur Zeit keine wirklichen Probleme mit der Eifersucht. »Ich finde es nicht besonders schön, wenn er zu seiner Ex-Freundin geht, aber ich vertraue ihm. Mit einer anderen ins Bett gehen, das dürfte er von mir aus absolut nicht. Noch nicht mal küssen. Wenn er etwas mit einer anderen hat, ist es zwischen uns absolut aus. Ich gehe auch nicht fremd. Das bißchen Genuß wiegt den ganzen Verdruß, der darauf folgt, nicht auf.

Er ist furchtbar eifersüchtig auf meine Ex-Freunde. Weil er weiß, daß ich nie so standfest war. Ich meine: Ich ging nicht fremd, aber ich nahm meine vorigen Freunde nur des Sex' wegen. Und das weiß er. Er vertraut mir nicht völlig. Das ist nicht so toll. Nur, ich würde wirklich nie etwas mit einem anderen anfangen.«

Sie versucht sich vorzustellen, daß er etwas mit einer anderen hat. Sie sagt: »Ich würde entsetzlich eifersüchtig sein und mich sehr kindisch benehmen. Dinge von ihr kaputtmachen. Post aufmachen oder wegwerfen. Ich würde seine Sachen durchsuchen. Aber zuerst würde ich natürlich mit ihm reden.«

Zum Ausgehen hat sie mich

Martin (24): »Ich glaube nicht, daß ich sehr eifersüchtig bin, aber ich habe schon meine Grenzen. Ich würde es echt nicht dulden, wenn sie mit einem anderen Kerl ausgehen würde. Dafür hat sie mich. Geht sie mit einer Freundin, von mir aus. Sie würde es außerdem auch nicht schön finden, wenn ich mit einem anderen Mädchen feiern ginge. Da würde sie alles mögliche hinter vermuten. Nein, natürlich nicht zu Recht, aber man ist trotzdem eifersüchtig. Ich glaube, es ist ganz natürlich, daß man eifersüchtig ist. Es ist auch ein Beweis dafür, daß man den anderen liebt. Wenn es einem überhaupt nichts ausmachen würde, wäre man auch nicht eifersüchtig.«

Sie ist mir durch und durch treu

Louis (34): »Eigentlich bin ich ziemlich eifersüchtig, aber bei ihr ist das wirklich völlig überflüssig. Sie gibt mir keinen einzigen Grund zur Eifersucht. Sie ist mir durch und durch treu und ergeben. Und wenn ein anderer Mann mehr als normales Interesse für sie zeigt, durchschaue ich das zwar, nur sie nicht.«

Er will einfach nur gucken und genießen und mehr nicht

Moniek (33): »Ich weiß nicht, ob er eifersüchtig ist, ich komme da nicht hinter. Ich bin wohl eifersüchtig auf die Art, wie er sich in sich selbst zurückziehen kann. Ich bin zu unruhig. Früher war ich auch eifersüchtig, wenn er anderen Frauen hinterhersah. Dann dachte ich: Was soll das eigentlich? Irgendwann wurde mir meine eigene Eifersucht zuviel.

Ich dachte mir letztendlich: Er will einfach nur gucken und genießen und mehr nicht. Das war eine unheimliche Erleichterung. Ich gucke auch gerne nach schönen Männern und Frauen. Auch nach Frauen, obwohl ich nichts mit ihnen anfangen wollte. Ich gucke um des Guckens willen, ich muß nicht mit ihnen ins Bett. Nur wenn David Bowie mich fragen würde… da weiß ich noch nicht, was ich dann tun würde.«

Das mußte ich akzeptieren

Arnold (41): »Ach, eifersüchtig, eifersüchtig... Ich sage immer: Wenn's gut geht, geht's gut. Meine Freundin ist mir gegenüber absolut ehrlich. Sie hat regelmäßig neue Freunde.

Ich bin mehr ihr Halt und Zuverlaß. Das mußte ich akzeptieren. Es wird nie was Richtiges zwischen uns, das sagt sie mir auch immer. Manchmal kommt sie mit einem Schluckauf hier hereingestürmt und ruft: ›Arnold, heirate mich!‹ Darauf antworte ich dann, um sie zu ärgern: ›Hör doch auf, du bist ein widerwärtiges Monster.‹ Wenn sie einen anderen Freund hat, bin ich schon lange nicht mehr eifersüchtig. Sie ist scheinbar nicht für mich bestimmt. Wenn ich mit ihr zusammen in der Stadt bin, knutscht sie rechts und links mit Männern herum. Und sollte es mal vorkommen, daß niemand mit ihr herumknutscht, wäre sie wahrscheinlich ganz durcheinander.«

Er sagt von sich, daß er nicht eifersüchtig ist

Marjo (33) war früher sehr eifersüchtig. »Mein Mann war Profifußballer, er hatte damals immer Mädchen um sich herum, bekam Liebesbriefe und sogar Telefonanrufe nach Hause. Soweit ich das weiß, ging er nicht fremd. Er ist ein unheimlicher Charmeur. Inzwischen bin ich nicht mehr so eifersüchtig, obwohl, manchmal doch noch. Aber ich vertraue ihm. Sicher, wenn er hätte fremdgehen wollen, hätte er oft genug die Gelegenheit dazu gehabt. Ich habe ihn wohl danach gefragt, und er meinte, er hätte kein Bedürfnis danach. Von sich selbst behauptet er, nicht eifersüchtig zu sein. Aber irgendwann war mal ein Bekannter in mich verliebt, und damit hatte er ganz schöne Schwierigkeiten. Es ist, so viel ich weiß, dreimal vorgekommen, daß ein anderer sich in mich verliebt hat. Da hatte er dann doch mit sich zu kämpfen. Ich bin nie darauf eingegangen. Ich glaube, er war auf die Aufmerksamkeit, die ich bekam, eifersüchtig. Ich finde es eigentlich schön, wenn sich jemand in mich verliebt und er dann eifersüchtig ist. Es ist eine Bestätigung dafür, was er für mich empfindet. Gleichzeitig ist es mir irgendwie unheimlich, denn ich will andere Männer nicht dazu ermutigen. Ich bekomme dann Beklemmungen. Beim letzten Mal lief es schief, da saß der Junge, der sich in mich verliebt hatte, hier und heulte. Ich legte einen Arm um ihn, nur um ihn zu trösten, da wollte er sofort mit mir schlafen. Ich habe ihn dann gleich weggeschickt, ich fand das sehr bedrohlich.«

Verliebt in einen anderen

Verliebt in einen anderen, dazu haben wir auch für dieses Buch Menschen befragt. Die meisten Menschen, die Erfahrung damit haben, sich außer Haus zu verlieben, sagen, daß es viel öfter vorkommt, als die meisten Menschen denken, und daß es Frauen genauso leicht passiert wie Männern, und daß es etwas ist, was einen plötzlich überkommt und wogegen man nichts machen kann.

Andere sind, besonders was das letzte angeht, anderer Meinung: Sie sagen, daß man es aufhalten kann, gewiß, wenn man schon mehr Erfahrung damit hat. Man erkennt dann die verschiedenen Phasen der Verliebtheit und kann daher selbst bestimmen, wie weit man es kommen lassen will.

Verliebtheit ist schön, aber auch verwirrend. Und sie gibt vielen Menschen Schuldgefühle. Manche reden mit ihrem Partner darüber, andere schweigen lieber. In vielen Beziehungen wurden Absprachen darüber gemacht, nach dem Motto: Wenn du dich jemals in einen anderen verliebst, sage es mir besser nicht. Während andere wiederum genau das Gegenteil vereinbart haben, nämlich sich alles zu erzählen.

Verliebtheit ist oft überhaupt nicht schlimm. Unzählige Menschen könnten gar nicht ohne. Um die Spannung in ihrem Leben zu erhalten, brauchen sie es einfach, ständig verliebt zu sein. Oder jedenfalls mit dem Gedanken zu spielen, daß die oder der doch furchtbar nett ist, und daß es wahrscheinlich nett sein würde, mal... Sie wissen schon.

Menschen, die mit Eifersucht gut umgehen können oder die überhaupt nicht damit behaftet sind, können es oft gut verkraften, sich in einen anderen zu verlieben oder zuzusehen, wenn ihr Partner verliebt ist. Es stellt sich natürlich weiter die Frage, was man mit seiner Verliebtheit anfängt. Stille Verliebtheiten kommen oft vor. Unausgesprochene Lieben, die immer platonisch und auf Abstand bleiben werden. Für den einen ist das überhaupt kein Problem, der schwelgt angenehm darin. Nur der andere hat große Schwierigkeiten damit: Es gibt Menschen, deren Leben durch so eine hoffnungslose, stille Liebe bestimmt wird, die sich sogar wünschen, daß sie keine Kinder hätten, denn dann könnten sie sich leichter scheiden lassen oder was auch immer.

Verliebtheiten werden natürlich auch schon mal ausgesprochen. Dann heißt es abwarten, wie das Subjekt Ihrer Liebe reagiert: Erschrocken? Geschmeichelt? Beruht es vielleicht sogar auf Gegenseitigkeit?

Eine Liebe, die nicht beantwortet wird, ebbt normalerweise nach einiger Zeit ab. Anders verhält es sich mit der Liebe, die auf Gegenseitigkeit beruht: Die könnte durchaus mal konsumiert werden, um dieses Wort mal zu gebrauchen. Das Fleisch ist schwach, und das Gras auf der anderen Seite ist immer grüner.

Eine einfache Verliebtheit kann zu Dramen wie Ehescheidung und Versuch eines Neubeginns führen. Aber in den meisten Fällen kommt es nicht so weit. Eine einfache Verliebtheit gibt Anlaß für lebenslangen Neunzehnten-Jahrhundert-Verdruß. Die meisten Verliebtheiten gehen einfach wieder vorbei. Wie schwer man sich das auch immer vorgestellt hatte.

Wie oft es vorkommt, daß Menschen sich in einen anderen verlieben, weiß man nicht. Es wird stark vermutet, daß es oft vorkommt, aber ob sich Frauen mehr oder weniger als Männer verlieben, davon hat niemand eine Vorstellung.

Was uns letztendlich auffiel, war, daß mehrere Frauen David Bowie als Mann nannten, in den sie sich verlieben könnten oder noch mehr als das. Warum gerade Bowie? Das fasziniert uns, aber wir kommen nicht dahinter.

Aber ich sah es wohl

Moniek (33) ist selbst nie in einen anderen verliebt gewesen. »Aber er wohl. Das fand ich sehr schlimm. Er gab es nicht zu, vielleicht wußte er es selbst nicht mal, daß er verliebt war, aber ich sah es wohl. Er ging mit ihr ganz anders um, als mit anderen Frauen, viel herzlicher, ich weiß es nicht. Man hat ja schon mal Zeiten, in denen man sich nicht so viel zu sagen hat. Dann kann so etwas passieren. Aber es ging vorbei und ist seitdem nie mehr vorgekommen.«

Ich denke mir dann: Schöner Mann. Mehr nicht

Julia (27) schaut schon hin, wenn sie einen schönen Mann sieht, aber sie hat nicht das Bedürfnis, mit ihm ins Bett zu gehen. Sie war auch noch nie verliebt in einen anderen. »Nein, ich sehe wohl schon mal tolle Männer, aber ich bekomme davon kein Kribbeln im Bauch.«

Was denkst du, wenn du einen schönen Mann siehst?

»Ich denke dann: Schöner Mann. Mehr nicht. Ich würde vielleicht mal gerne mit ihm essen gehen, aber mehr nicht.«

Es war nicht hoffnungslos, sondern nur schön

Marjo (33) hat sich ein einziges Mal in einen anderen verliebt. Aber nur sehr kurz und flüchtig. »Es war auf der Arbeit. Der Strom fiel aus, und es wurde ein Elektriker geholt. Es entstand zwischen uns ein komplettes Feuerwerk, es war eine wahnsinnige Spannung zwischen uns beiden. Wir haben bestimmt zwei Stunden zusammen palavert. Ich habe es abends zu Hause erzählt. Er war nicht böse, er fragte nur: ›Was wirst du jetzt weiter tun?‹ Gefühle kann man nicht ausschließen, das weiß er auch. Wir haben an dem Abend unheimlich schön zusammen geschlafen; er fand es wahrscheinlich aufreizend, ich weiß es nicht. Mich hat das ganze einen Monat lang beschäftigt. Voller Prickeln. Es war nicht hoffnungslos, sondern nur schön. Einen Monat später sah ich ihn wieder, und plötzlich war es bei mir vorbei. Bei ihm nicht, er wollte einen Abend mit mir ausgehen. Das habe ich abgelehnt.«

Erst nach langer Zeit begriff ich, wie ernst das war

Harm (30) ist schon mal fremdgegangen.

Ist Olga, soweit du weißt, jemals mit einem anderen zusammen gewesen?

»Ja, sie hat sich in jemanden auf der Arbeit verliebt. Sexuell ist das wahrscheinlich nicht so weit gegangen, aber gefühlsmäßig wohl.«

Wie hast du darauf reagiert?

»Ich war – sehr arrogant – davon überzeugt, daß sie doch bei mir bleiben würde, und daß es wieder vorbeigehen würde. Wir haben viel darüber geredet, aber erst nach langer Zeit begriff ich, wie ernst es war. Ich glaube, trotz der vielen Gespräche haben wir aneinander vorbeigeredet. Ich nahm das alles nicht so ernst, wodurch sie anfing, mir zu verheimlichen, wie weit es eigentlich schon gekommen war. Als ich das entdeckte, wurde ich sehr sauer und verdrießlich. Wir befanden uns wirklich in einer Krise, nur letztendlich hat sie sich doch für uns entschieden.«

Wie kam es dazu, daß du sie nicht verstanden hast?

»Wir reden viel, ich habe unter anderem von ihr gelernt, über meine Gefühle zu sprechen. Aber ich lasse mich im gewissen Maße von meinen Emotionen mitschleifen. Olga geht tiefer darauf ein. Sie zieht sich Dinge auch eher an als ich.«

Ich bin ihm noch immer sehr zugetan

Simone (30): »Ich bin einmal in einen anderen verliebt gewesen. Mein Mann betrieb Radsport und er auch. Ich habe es meinem Mann erzählt. Er fand es nicht schön, aber auch nicht wirklich schlimm. Er sagte: ›Es geht wohl wieder vorbei, unsere Beziehung ist stark genug.‹ «

Ging es vorbei?

»Ja. Und es ist auch weiter nichts passiert. Wir haben uns jetzt aus den Augen verloren, aber ich bin ihm noch immer sehr zugetan.«

Ich konnte mit ihm wohl gut reden

Isabel (21): »In meiner vorigen Beziehung war ich in jemand anderen verliebt. Es war ein Typ, der alles hatte, was mein Freund nicht hatte. Ich konnte mit ihm wohl gut reden, wir konnten uns besser ineinander einfühlen. Es dauerte nur kurz. Er war nicht verliebt in mich, aber er fand es sehr schmeichelhaft. Er ist noch immer ein guter Freund. Ach, Verliebtheit, das überkommt einen einfach.«

Ich bin in dieser Beziehung sehr altmodisch

Maria (37): »Mein Mann hatte eine Beziehung mit einem Mädchen in seiner Firma. Ich bin selbst nie in einen anderen verliebt gewesen. Das passierte mir einfach nicht. Ich bin in dieser Beziehung sehr altmodisch. Trotzdem, trotzdem möchte ich gerne mal wieder verliebt sein. Aber ich bin so enttäuscht von diesem Mann, daß ich anderen Männern auch nicht mehr vertraue. Ich vermisse inzwischen so viel Liebe, so viel Aufmerksamkeit, so viel Zärtlichkeit und Aufmerksamkeit für mich selbst.«

Das brauchst du nicht noch einmal zu machen

Yolande (27): »Ich bin nie in einen anderen verliebt gewesen, und er meiner Meinung nach auch nicht. Er hatte eine Freundin, als er mich kennenlernte. Er entschied sich für mich und machte mit ihr Schluß. Ein paar Monate später kam er freitags spät nach Hause. Er hätte Überstunden gemacht, sagte er. Aber in Wirklichkeit ist er bei ihr zu Hause gewesen, sie war gerade umgezogen. Denn eine Woche später kam sie zu uns, ich weiß nicht mehr, weshalb, und sagte zu ihm: ›Ein schönes Wohnzimmer habe ich, oder?‹ Ich tat so, als ob er es mir erzählt hätte, aber als sie weg war, sagte ich zu ihm: ›Das brauchst du nicht noch einmal zu machen. Du kannst sie meinetwegen jede Woche besuchen, aber sage mir Bescheid.‹ Er ist irgendwann nochmal bei ihr gewesen. Aber dann hat er es wohl erzählt. Er fragte mich: ›Bist du überhaupt nicht böse?‹ Ich habe ihm geantwortet: ›Nein, weil du es mir ehrlich gesagt hast.‹«

Die Heftigkeit ist eigentlich noch da

Merel (35): »Ich war, bevor ich meinen Mann kennenlernte, wohl schon mal verliebt in einen anderen, aber als ich ihn kennenlernte, wußte ich schon, daß alles Vorhergehende nur Schwärmerei war. Ich habe wahrhaftig schon andere Männer anziehend gefunden, aber es nie so stark empfunden wie bei meinem Mann. Es war echt ein Schock für mich, daß ich so verliebt in ihn war. Ich war noch nie so heftig verliebt gewesen. Die Heftigkeit ist eigentlich noch da, vielleicht ist es keine Verliebtheit mehr, obwohl? Auf alle Fälle denke ich nicht, daß ich mich jemals in einen anderen verlieben könnte.«

Ich ging flatternd zur Arbeit

Carolien (33) ist einmal in einen anderen verliebt gewesen.

In einen verheirateten Mann, der auch in sie verliebt war,

das weiß sie bestimmt, auch wenn es nie so deutlich ausgesprochen wurde. Es ging um einen Arzt in dem Krankenhaus, in dem sie damals arbeitete.

»Es ist wohl so: Egal wie verliebt ich in jemanden bin, wenn es um jemanden geht, der selbst eine Beziehung hat, werde ich mich nie dazwischen stellen. Es war unheimlich schön damals; ich ging flatternd zur Arbeit. Er sah nicht toll aus oder so, überhaupt nicht, aber er hatte einfach das gewisse Etwas. Es war unheimlich stark und wahnsinnig aufregend. Es dauerte ein paar Monate; dann wechselte er in eine andere Abteilung, wir sahen uns kaum noch, und es ebbte langsam ab. Die Spannung zwischen uns war zuletzt echt zum Schneiden; wenn es so weitergegangen wäre, hätte es Schwierigkeiten geben können, weil die Leute um uns herum es hätten merken können. Ich habe meinem Mann alles erzählt.«

Wie reagierte er?

»Er konnte es sich gut vorstellen. Verliebtheit überkommt einen. Er hoffte, ich würde so bleiben, wie ich war, und ich sollte die herrlichen Gefühle nur erfahren. Ich denke übrigens, daß ich durchaus mehrere Männer gleichzeitig lieben könnte. Ob das in der Praxis möglich wäre, das weiß ich nicht. Es ist vielleicht nichts weiter als nur ein Traum. Ich müßte es einfach mal ausprobieren, nur trifft man nicht so mir nichts, dir nichts jemanden, mit dem man etwas Besonderes aufbauen könnte.«

Dann würde ich das sofort meinem Mann erzählen

Linda (37): »Seit wir zusammen sind, sind wir beide noch nicht in einen anderen verliebt gewesen. Nur, ich könnte mir vorstellen, daß es passierte. Ich kann mir Umstände vorstellen, in denen ich mich in einen anderen verlieben könnte.

Ich meine: Wenn man in seiner Beziehung zu kurz kommt, dann braucht man einfach so eine Verliebtheit. Gesetzt den Fall, ich würde mich jemals in einen anderen verlieben, dann würde ich das sofort meinem Mann sagen. Wir reden viel zusammen, ich glaube, deshalb klappt es auch so gut zwischen uns. Unsere Beziehung ist so stark, daß ich denke, daß ich mich nicht so schnell in einen anderen verlieben würde. Manchmal sage ich zu ihm: ›Ich hoffe, daß es so bleibt.‹ Wer weiß, vielleicht sind wir irgendwann fünfzig Jahre verheiratet, mit allen ups and downs. Aber man weiß es nicht. Es kann durchaus sein, daß man irgendwann genug von dem anderen hat. Das sollte man heutzutage realistisch sehen.«

Die Spannung brauche ich einfach

Bernhard (39): »Manchmal denke ich, daß ich ein Bedürfnis nach Verliebtheit habe. Das müssen keine unermeßlichen Tiefen sein. Mehr so eine Art beherrschter Verliebtheit. Ich habe im Laufe der Jahre gelernt, meine Gefühle ein bißchen in Zaum zu halten. Ich möchte wohl gerne bei derjenigen sein, und vielleicht möchte ich auch gerne mit ihr ins Bett.

Es braucht nicht einmal zu passieren, aber es hängt wohl immer in der Luft. Diese Spannung brauche ich einfach. Spannung brauche ich übrigens überall, nicht nur beim Sex. Ich halte einfach nicht viel von langweilig und ruhig. Davon werde ich mißmutig.«

Ich hoffe, daß es so bleibt

Seit Adèle eine neue Beziehung hat, ist Verlieben und Fremdgehen fehl am Platz. »Wenn ich mich in einen anderen verlieben würde, dann wäre doch schon irgendwas kaputt. Ich habe keinen Platz und keine Zeit dazu. Ich hoffe, daß es so bleibt. Ich finde natürlich schon mal jemand anders nett, aber mehr ist da nicht.«

Ich weiß, daß mein Mann auch schon mal verliebt ist

Christien (41): »Ich brauche es einfach, mich ab und zu mal ordentlich zu verlieben. Vor allem im Frühjahr. Dann denke ich: Es ist mal wieder soweit. Ich denke, es überkommt einen plötzlich in der Art: Hier bin ich. Denn meistens passiert es ganz schnell, es springt ganz schnell ein Funke über.

Manchmal belasse ich es dabei, ich kann mich selbst gut zusammenreißen... Aber ich gehe auch schon mal weiter. Ab und zu entsteht daraus eine kurze Beziehung. Und manchmal eine längere, so wie jetzt. Ich weiß, daß mein Mann auch schon mal verliebt ist. Wir sprechen auch ganz ruhig darüber, kein Problem. Für mich ist eine Verliebtheit immer etwas Schönes, nur er wird oft richtig verzweifelt dadurch. Vor allem, wenn es nichts gibt, dann kann er monatelang trauern.«

Ich habe sie nie angesprochen

Sandra (43): »Während meiner vorigen Ehe habe ich mich ein einziges Mal verliebt. In eine Frau, verrückt genug. Ich habe damals mit niemandem darüber gesprochen, denn ich fand es abscheulich. Ich dachte, ich sei lesbisch. Ich hatte keine Ahnung, daß man auch bi sein kann. Ich weiß nicht, ob ich bi bin, aber ich träume manchmal davon, mit Frauen zu schlafen.

Diese Frau sah ich jeden Tag im Supermarkt. Sie war sehr schön, sie hatte wunderschöne Augen und Hände. Ich habe sie nie angesprochen. Wir kauften beide immer zur gleichen Zeit ein, es war also garantiert, daß ich sie sah. Zuletzt konnte ich es kaum noch aushalten, ich lief bibbernd durch den Supermarkt. Damals dachte ich: Ich höre damit auf. Ich bin dann immer zu einem anderen Zeitpunkt einkaufen gegangen, und später, zur Sicherheit, auch in einen anderen Laden. Ich habe sie nie wiedergesehen.«

In einer von sieben Beziehungen wird fremdgegangen

Fremdgehen, das ist doch nochmal ein ganz schön großer Schritt weiter, als sich in einen anderen verlieben... oder nicht? Im allgemeinen werden beide Erscheinungen mißbilligt.

Aber wenn sie schlimm sind, was ist dann schlimmer? Es gibt Menschen, die das Fremdgehen ihres Partners weniger schlimm finden als das Sich-in-einen-anderen-Verlieben, es sei denn, die beiden Phänomene treten gleichzeitig auf. Fremdgehen ist nur körperlich, verliebt sein ist psychisch, meinen sie.

Fremdgehen, das gehört sich einfach nicht, ist die Durchschnittsmeinung. Es gibt immerhin wohl ein paar »Aber«. Denn ein Mann, der ein einziges Mal zu einer Prostituierten geht, naja, das wird meistens nicht so eng gesehen. Und hat das nicht auch etwas Starkes, ein Mann, der fremdgeht?

Es wird dabei mit zweierlei Maß gemessen. Denn was Männern stiekum durchaus erlaubt ist, weil sie nunmal Männer sind und nicht zu zügelnde Triebe haben, dürfen Frauen absolut nicht. Einen Abend zu den Chippendales, das ist ja wohl das Äußerste, und eigentlich das lieber auch nicht.

Ein Mann, der fremdgeht, ist okay, eine Frau, die das gleiche tut, ist eine... (Füllen Sie es selbst ein).

In einer Anzahl von Gesprächen fiel uns auf, daß es Männer gibt, die es viel weniger bedrohlich finden würden, wenn ihre Partnerin mit einer anderen Frau fremdginge als mit einem Mann. Während Frauen, die schon mal mit einer Frau geschlafen haben, gerade sagen, daß so etwas viel bedrohlicher für ihre Beziehung ist. Viele Männer würden es sogar aufregend finden, wenn ihre Frau eine lesbische Beziehung hätte; vielleicht hoffen sie im stillen, daß sie irgendwann mitmachen dürfen.

Fremdgehen hat heute auch seine elektronischen Seiten. Abgesehen vom Telefonsex: Jeder kann mit einem Computer und einem Modem Kontakt mit *Chat*-Verbindungen über den Bildschirm aufnehmen. Schon viele Betriebe haben es technisch unmöglich gemacht, daß ihre Mitarbeiter 06-Nummern kontaktieren können, denn es wird viel *gechattet* über Telefon oder Bildschirm. Wer mal die Gelegenheit hat, auf so einer *Chat-line* mitzugucken oder mitzuhören, weiß, daß es fast ausschließlich um Sex geht. Und daß es zum größten Teil um Menschen mit einer Beziehung geht, die einfach Lust auf ein aufreizendes Gespräch haben – und womöglich auch noch auf einen Orgasmus auf Abstand – den man mit einem Unbekannten haben kann. Es ist eine vage Form von Fremdgehen, aber dennoch.

Fremdgehen kann unzählige Formen annehmen. Von *Chat-line* bis zu einem privaten Abend. Von einem *One-night-stand* mit dem Bruder ihres Mannes bis zu einem echten Verhältnis mit dem Nachbarn. Das gibt es alles. Und dann gibt es da noch die berüchtigten Kontaktanzeigen, in denen man sich anbietet für Trios, Partnertausch und vieles mehr. Vergleichen sie nur mal samstags die Bekanntschaftsrubriken in den Zeitungen. Sie werden die verschiedensten Formen entdecken, von ganz gewöhnlichen Kontaktanzeigen bis hin zu Annoncen von Menschen mit frivolen Plänen. Da werden Meister und Meisterinnen gesucht und angeboten, da wird ein groß geschaffener Mann für ein Trio gesucht oder ein Mädchen für ganze Nächte, da suchen Ehepaare nach Gleichgesinnten, Fotos werden unter Ehrenwort zurückgeschickt.

Wer die Anzeigen liest, und auch die von 06-Nummern und Privatclubs in anderen Zeitungen, könnte schnell auf den Gedanken kommen, daß das Land ein einziges Bordell, eine einzige Orgie von Ehebrechern ist. Natürlich sind auch Forscher neugierig darauf, wieviele Menschen denn nun eigentlich wirklich fremdgehen. In *Sexualität in den Niederlanden* stehen die neuesten Zahlen.

Alles in allem bleiben 85,9 % der Ehen in den Niederlanden monogam. Also: In 14,1 % – also in einer von sieben Beziehungen – ist irgendwann mal jemand fremdgegangen.

Wir vergleichen die Situationen von 1968 und 1989 mal kurz: 1968 sind 11 % der Männer im Jahr zuvor fremdgegangen. Bei den Frauen lag der Prozentsatz nur bei 2 %. Seitdem sind die Frauen wohl auf dem Vormarsch: 1989 sind 12 % der Männer und 7 % der Frauen im Jahr zuvor fremdgegangen.

Für viele Menschen ist es sicherlich eine schockierende Vorstellung, daß in einer Häuserreihe in jedem siebten Haus schon mal fremdgegangen wird.

Weiter ist auch bekannt (wenn die Antworten ehrlich gegeben wurden), mit wie vielen Menschen wir im Durchschnitt in unserem ganzen Leben ins Bett gehen. Es geht dabei nicht nur ums Fremdgehen: Ein Teil der sexuellen Beziehungen wird sich vor der Hochzeit abgespielt haben.

Männer zwischen 18 und 25 Jahren sagen, daß sie durchschnittlich 6,5 Sexpartner gehabt haben, Frauen in dem Alter behaupten, 3,1 gehabt zu haben.

Männer zwischen 26 und 33 Jahren geben an, 9,7 Partner gehabt zu haben, Frauen 4,6.

Männer zwischen 34 und 41 Jahren haben 11,6 Sexpartner gehabt, Frauen 4,9.

Männer zwischen 42 und 50 Jahren melden einen Durchschnitt von 13,0 Sexpartner, Frauen 2,8.

Dabei fällt auf, daß Frauen im Vergleich zu den Männern im Rückstand sind: Sie haben nicht nur durchschnittlich weniger Sexpartner, bei Männern liegt die höchste Anzahl im Alter zwischen 42 und 50 Jahren, bei den Frauen zwischen 34 und 41 Jahren. Die Gruppe der Frauen zwischen 42 und 50 hat weniger Sexpartner gehabt. Frauen, die jünger als 34 sind, können die, die älter als 34 sind, natürlich noch einholen: Die Erfahrung steigt mit den Jahren.

Es gab unheimlichen Streit deswegen

Elly (31) ist ein paarmal fremdgegangen. Immer nur für ein einziges Mal. »Eigentlich war es furchtbar. Ich meine: Ich machte es zwar bei vollem Bewußtsein, aber ich kam nach Hause, und mein Mann roch an mir, daß ich mit einem anderen Sex hatte. Es gab unheimlichen Streit deswegen. Es kam damals alles nach oben, was zwischen uns nicht in Ordnung war.

Es herrschte eine ziemliche Unzufriedenheit in unserer Beziehung, besonders bei mir. Ich weiß jetzt, daß es daher kam, weil ich mit mir selbst nicht zufrieden war. Ich wurde wieder zufrieden, indem ich anfing, in mir selbst zu graben. Ich traf eine Frau, die Visualisierungsübungen mit mir machte.«

Sie erklärte es uns: »Ich legte mich hin, und sie erzählte mir, was ich mir in Gedanken vorstellen sollte. Eine Blume, eine Rose. Das Ziel war, daß ich von bestimmten Gefühlen Abschied nehmen sollte, in diesem Fall von meiner Abhängigkeit von meiner Mutter. Zwischen die Blätter der Rose durfte ich alle schlechten Eigenschaften meiner Mutter stecken. Anschließend sollte ich ein Steinchen unter die Rose legen und die Rose wegschießen und mit der Rose meine Abhängigkeit von meiner Mutter. Es gelang mir erst nicht, die Rose kam stets zurück, aber letztendlich schaffte ich es doch. Dann hatte ich Platz für andere Dinge. Ich mußte die Sonne visualisieren, und die Wärme füllte alle leeren Stellen in meinem Körper. Später ging ich zu einer Frau, die aus Tarotkarten las. Sie sprach den ganzen Abend über meinen Mann. Sie kam zu folgender Schlußfolgerung: Die Kommunikation zwischen meinem Mann und mir war sehr flach. Und ich war diejenige, die eine Brücke schlagen konnte. Ich habe es ihm erzählt. Das war schon der erste Baustein für diese Brücke. Das hat viel ins Rollen gebracht. Es war für ihn auch ein Schock: daß er so wenig sagte. Das war der Durchbruch, dann begann die Beziehung langsam tiefer zu werden. Von da ab bin ich auch nicht mehr fremdgegangen. Fremdgehen war bei mir eine Art Hilferuf, um zu zeigen: Ich weiß nicht mehr, was ich mit uns anfangen soll! Jetzt ist alles super. Ich hatte in der Grundschule schon eine genaue Vorstellung, wie es später werden sollte. Und genauso ist es jetzt. Sehr gut.«

Es läuft so viel Hübsches herum

Joost (39): »Da ist jetzt keine Rede von. Aus Erfahrung weiß ich, daß man ständig zwischen zwei Stühlen sitzt, wenn man in einer Beziehung, für die man sich entschieden hat, fremdgeht. Es ist keine Kunst, es zu tun. Es gibt einem ein viel besseres Gefühl, dem zu widerstehen. Natürlich ist die Versuchung ab und zu ziemlich groß. Es läuft so viel Hübsches herum. Ich muß sagen, daß ich in dieser Beziehung in der Vergangenheit geschludert habe, alle naselang tollte ich mit einer anderen Herrlichkeit im Bett herum. Diese Augenblicke an sich sind unwahrscheinlich schön, nur danach fühlt man sich eigentlich erbärmlich, wenn man wieder mit seinem Lebenspartner zusammen ist. Natürlich hatte das auch etwas damit zu tun, daß zwischen mir und meiner früheren Partnerin etwas gründlich fehlte. Fremdgehen ist kein Weg, um dafür eine Lösung zu finden.

Man setzt durch Fremdgehen seine Beziehung aufs Spiel. Mit einer Beziehung, mit der man gut zurechtkommt, muß man sehr schonend umgehen. Fremdgehen tut ihr jederzeit Unrecht. Das zeugt von keinem Respekt. Das ist ein ungeschriebenes Gesetz für mich.«

Aber ein Trio oder Partnertausch oder so, nein danke

Julia (27): »Er sagt schon mal: ›Ich wünschte mir, daß jetzt eine Spendensammlerin hier vor der Tür stände, hereinkäme und sich spontan ausziehen würde.‹ Das erscheint mir auch sehr aufregend. Aber ein Trio oder Partnertausch oder so, nein danke, das ist für mich so eine merkwürdige Vorstellung. Dazu habe ich absolut kein Bedürfnis. Zum Fremdgehen auch nicht, wirklich nicht.«

Kranker könnte man mich nicht kriegen

Kees (38): »Wenn ich das Wort fremdgehen nur schon höre, wird mir schlecht. Das ist für mich fehl am Platz. Ich tue es nicht, und ich möchte auch grundsätzlich nicht, daß meine Freundin mit einem anderen ins Bett geht. Ich würde davon krank werden, und meine Beziehung mit ihr sofort beenden. Daß ein anderer Mann mit seinen Pfoten an ihr herumfummelt… nein… kranker könnte man mich nicht kriegen. Sie gehört zu mir, ein anderer Mann darf sie zwar ansehen, und er darf auch meinetwegen die wildesten Fantasien über sie haben, aber er hat von ihr abzubleiben.«

Weil ich sie liebe

Louis (34): »Ich würde es ihr nicht antun. Ich fühle mich verantwortlich für ihr Glück, für unser Glück. Ich möchte einer eventuellen Verliebtheit in eine andere Frau nicht die Chance geben, weil ich sie liebe.«

Bleib mit den Pfoten von meinem Mann weg

Maria erzählt über die Beziehung, die ihr Mann mit einer Arbeitskollegin hatte. »Er sagt, daß er nicht mit ihr im Bett war, aber ich bin mir nicht so sicher. Ich war zu Hause, als ein Arbeitskollege von ihm anrief. Ich sagte zu ihm: ›Er ist noch nicht zu Hause.‹ ›Komisch‹, sagte der Kollege, ›dann braucht er aber lange, denn er ist hier schon eine ganze Zeit weg.‹ Da dachte ich sofort: Der ist bei Tineke. Er hatte so oft von ihr gesprochen, daß ich irgendwann mal fragte: ›Man könnte meinen, du hast was mit ihr.‹ Als er an dem Abend nach Hause kam, gab er es sofort zu. Es schien, daß er oft zu ihr nach Hause ging. Aber eine intime Beziehung hätten sie nicht, sie küßten sich nur.«

Glaubst du das wirklich?

»Nun, ich zweifel noch. Ich bin damals wütend zu ihr gegangen und habe sie angeschrien: ›Bleib mit den Pfoten von meinem Mann weg!‹ Sie sagte: ›Ich kann nichts dafür, daß ich Gefühle für ihn habe.‹ Ich habe damals meinen Senf dazugegeben.«

Ein paar Monate später war ein Fest in der Firma. Maria: »Er fragte mich, ob er mit Tineke tanzen darf. Mit mir wollte er nicht tanzen, mit ihr wohl. Ich habe nein gesagt. Er fragte mich noch zweimal, zum Schluß tanzte er doch mit ihr. Ich bin dann zur Garderobe gegangen, und da habe ich eine höllische Szene veranstaltet, wo jeder dabei war. Letztendlich sind wir zu dritt nach Hause gegangen und haben geredet, nur das wurde nichts. Wir haben eine Beziehungstherapie gemacht, aber das wurde auch nichts. Man hat uns dann zu einem Institut für ambulante Psychiatrie geschickt. Aber da wollte er absolut nicht mit hin, er sagte: ›Das ist nur was für Verrückte.‹ Stell dir vor. Wir wollen uns nicht scheiden lassen. Ich möchte nur gerne, daß er mal für eine Weile hier weggeht, denn es wäre bestimmt gut, wenn er mal eine Zeit für sich selbst sorgen muß. Ich habe es ihm schon vorgeschlagen, gebe ihm sogar Anzeigen aus der Zeitung, von Zimmern, die zu mieten sind, aber er reagiert nicht darauf.«

Und die Beziehung ist vorbei?

»Die ist vorbei. Sagt er. Aber sie arbeitet noch da, und er kommt noch immer spät nach Hause. Das nagt unheimlich an mir.«

Ich bin nicht geschaffen für ausschweifenden Sex

Yvo (24): »Naja, in meiner Beziehung kann man das kein Fremdgehen nennen, denn sie jubelte dem ja sogar zu. Ich habe zweimal mit einer anderen Frau das Bett geteilt, und das war herrlich. Aber dennoch war es nicht das, was ich wollte, weil ich sie so gerne nur für mich allein gehabt hätte. Wenn ich irgendwann nochmal eine neue Beziehung anfange, werde ich von vorneherein Absprachen darüber machen. Ich bin für ausschweifenden Sex nicht geschaffen. Wohl aber für lieben, intimen Sex zu zweit. Darin ist kein Platz für jemanden anderes.«

Fremdgehen tut unserer Beziehung gut

»Für uns ist Fremdgehen nicht etwas, was nicht sein darf«, sagt Christien (41). Sie hat eine Beziehung mit einem anderen Mann, und auch ihr Mann hat ab und zu eine andere. »Nur eines ist klar: Wir lieben sicher. Es würde mir nie passieren, daß ich mit einem anderen ohne Kondom Sex habe. Das sage ich auch zu meinem Mann: Immer nur mit Kondom, außerhalb. Darauf muß ich mich verlassen können, sonst müßte ich sogar von meinem eigenen Mann verlangen, daß er ein Kondom benutzt.

Fremdgehen tut unserer Beziehung gut, das weiß ich sicher. Ich bin nunmal nicht jemand von der Sorte: Ich liebe dich, und ich bleibe dir immer treu. Ich liebe meinen Mann und er mich auch, aber wir sind beide nicht die Typen, die in einer Ehe eingeschlossen sein möchten, in der nichts erlaubt ist. Wir lieben es auch zu experimentieren. Wir haben schon ein paar Mal Partnertausch gemacht, und mein Mann und ich haben einmal mit einem anderen Mann geschlafen. Er sagt immer: ›Ich stelle es mir spannend vor, dich mal mit einem anderen Mann bumsen zu sehen.‹ Darauf sagte ich: ›Dann arrangiere mal was für mich.‹ Ich dachte bei mir, das gibt sowieso nie etwas. Irgendwann abends stand ein Freund von ihm vor der Tür. Ich dachte: Was will der denn jetzt hier. Es zeigte sich später, daß sie es abgesprochen hatten. Ich war nur kurz in der Küche, und als ich zurückkam, saßen sie alle beide nackt auf der Couch. Grinsend. Okay, dachte ich. Mal sehen, ob du das echt so toll findest. Ich ging also sofort auf seinen Freund zu und begann, seinen Pimmel zu streicheln. Ich guckte zur Seite und sah, daß mein Mann das sehr erregend fand. Ich selbst aber auch, es wurde also ein unheimlich intensiver Akt, in dem ich Mittelpunkt war. Sie machten nichts mit sich zusammen oder so, sondern nur mit mir und ich mit ihnen. Es war das einzige Mal in meinem Leben, daß ich mit zwei Männern direkt hintereinander gebumst habe. Danach ist es nie mehr vorgekommen. Ich hätte durchaus nochmal Lust dazu. Ansonsten haben wir ein paarmal mit Freunden Partnertausch gemacht. Ich mit ihm im Schlafzimmer und er mit ihr im Wohnzimmer. Zum Schluß riefen wir immer: ›Seid ihr schon fertig?‹ Dann konnten wir wieder reinkommen. Es war unheimlich schön und entspannt. Auch das würde ich gerne nochmal tun, aber diese Freunde sind auseinander, und mir fällt nicht so schnell ein anderes Paar ein, mit denen es funken würde. Wir haben mal eine Anzeige in die Zeitung gesetzt, in der wir ein gleichgesinntes Paar suchten, aber daraufbekamen wir solche schmuddeligen Reaktionen. Schmierige Fotos und so. Dann muß ich es nicht haben.«

Sie saß mit ihm im Auto und blies ihm einen

Bernhard (39): »Es ist so was mit dem, was man Fremdgehen nennt. Wir haben seit Beginn unserer Ehe Absprachen darüber getroffen. Sie schläft manchmal mit anderen und ich auch.

Wir sehen uns jedenfalls nicht als des anderen Besitz. Dennoch hatte ich große Schwierigkeiten damit, vielleicht auch weil unsere eigene sexuelle Beziehung ziemlich dürftig war. Man kann zwar fantastische Prinzipien haben, aber dein Gefühl ist doch anders. Ganz kurz nach unserer Hochzeit verliebte sie sich schon in einen anderen. In einen Freund von ihr. Er war im Begriff umzuziehen, und zum Abschied hat sie ihm im Auto einen geblasen. Das erzählte sie mir am nächsten Tag ganz ehrlich, aber ich war wütend. Ich wäre am liebsten sofort zu dem Typen hingegangen, um ihm eben mal die Meinung zu sagen, aber ich habe es nicht getan. Es gab Streit, wir haben geredet und so weiter. Dann erst begriff ich, daß sie mich nicht reingelegt hatte, sondern daß sie echt verliebt in ihn war. Nur kurze Zeit später verliebte ich mich selbst in eine andere. In eine Kollegin. Es kam danach noch öfter vor. Das galt besonders für die Periode, in der wir kaum Sex zusammen hatten.«

Es ist schade, daß ich nicht mehr Männer gehabt habe

Simone (30): »Manchmal denke ich, ich würde gerne mal fremdgehen. Diese Spannung mal haben. Auf der einen Seite verstößt das gegen meine Prinzipien, denn ich habe Treue versprochen, und ich liebe meinen Mann viel zu sehr. Ich könnte es ihm auch nicht antun. Man macht so viel kaputt damit. Ich bin treu, das habe ich nunmal versprochen. Auf der anderen Seite, wir haben uns kennengelernt, da war ich siebzehn. Er war mein erster Mann, und er ist auch mein einziger geblieben. Er hat mehrere Freundinnen gehabt. Ich denke manchmal bei mir selbst: Schade, daß ich nicht mehr Männer gehabt habe, ich habe jetzt keine Vergleiche. Ich würde eigentlich unheimlich gerne wissen, wie es mit anderen Männern ist.

Deshalb fantasiere ich manchmal darüber.«

Ich habe genug Erfahrung

Judith (24) faßt sich kurz, als es über das Fremdgehen geht: »Ich habe absolut kein Bedürfnis danach. Ich habe mehrere Freunde gehabt, bevor ich meinen Mann kennenlernte, ich habe also Erfahrung genug.«

Ich muß nicht daran denken

Mariette (34): »Ich bin unheimlich monogam. Ich muß auch nicht daran denken, mit einem anderen Mann zu schlafen. Da befindet sich bei mir eine Art Sicherung. Was ich bei meinem Mann herrlich finde, finde ich bei einem anderen ekelig. Dann fühle ich einen Widerwillen. Ich bin tatsächlich schon neugierig, aber es müßte Gott weiß was passieren, will die Neugierde stärker sein als der Widerwille. Ich muß nicht daran denken. Ich meine, du sitzt hier und siehst gut aus, aber ich muß nicht daran denken.«

Was den Sex anging, zogen wir beide immer am gleichen Strang

Jouke (70): »Das ist mir in starkem Maße auch passiert. Irgendwann lief unsere Ehe nicht mehr so gut, und ab dem Moment ist man offener für Kontakte zu anderen Frauen. Ich traf damals eine Frau, bei der der Funke sofort übersprang, und ich verliebte mich nicht nur in sie, sondern ich war durch alle möglichen Umstände, auch auf andere Art sehr mit ihr verbunden. Das hat alles zusammen fast fünfzehn Jahre gedauert.«

Während deiner Ehe?

»Ja. In vielen Punkten hatte ich in ihr die Frau meines Lebens gefunden... was die Zärtlichkeit, den Sex, die Aufmerksamkeit für bestimmte Dinge betraf.«

Was war so besonders an dieser Beziehung?

»Manchmal trifft man jemanden, bei dem man das Gefühl hat, als wenn man selbst der Topf ist und der andere der Deckel, der darauf paßt. Das war mit ihr ganz klar der Fall. Was den Sex anging, zogen wir beide immer am gleichen Strang, ich habe das Gefühl, daß ich darin fast alles ausgekundschaftet habe, was es zu erkunden gab. Wir konnten auch unheimlich gut darüber sprechen. Nur, auf anderen Gebieten lief es weniger gut, und letztendlich, als wir beide frei waren, haben wir uns doch getrennt.«

Wie lief das dann mit deiner Frau und deinen Kindern?

»Ich habe immer versucht, meinen Kindern ein richtiger Vater zu sein, und was meine Frau und mich betrifft, wir haben ein paarmal versucht, neu anzufangen, wir haben uns bis zuletzt auch immer zueinander hingezogen gefühlt, nur nicht mehr als Mann und Frau. Für sie war es natürlich sehr schwer. Wie übrigens für alle Beteiligten.«

War die Frau, mit der du eine Beziehung hattest, jünger als deine eigene Frau?

»Ja, sogar einige Jahre. Ich war nicht mehr so blutjung, als ich heiratete, und meine Frau war einige Jahre älter als ich. Das Alter spielt nicht so sehr eine Rolle, wohl aber, daß ein Mann zu einem anderen Zeitpunkt die ›Blüte seines Lebens‹ erreicht als eine Frau. Ich hatte das Gefühl, daß die Blütezeit meiner Frau mehr oder weniger vorbei war, während ich noch voll drin stand. Das spielt natürlich alles eine Rolle, und gerade in dieser Periode besteht die Gefahr, auseinander zu wachsen. Und dann kommen immer mehr Dinge dazu, Irritationen, Meinungsverschieden über die Erziehung der Kinder, um nur einiges aufzuzählen.«

Ich finde, das geht auch nicht

Isabel (21): »Ich bin während eine früheren Beziehung einmal fremdgegangen. Hinterher zeigte sich, daß er auch mit Gott und der Welt losgezogen ist. Während meiner letzten beiden Beziehungen bin ich nicht fremdgegangen. Ich hatte kein Bedürfnis danach. Ich finde, das geht auch nicht.

Freundschaft kann sehr weit gehen, aber nicht bis zu Sex.«

Wie weit kann man dann gehen?

»Freundschaft bedeutet, daß man sich alles sagen kann, schmusen ist auch erlaubt, aber Sex nicht.«

Erzählt man es nicht, dann fühlt man sich eine Woche lang entsetzlich schäbig

Bob (25): »Wenn sie fremdgehen würde, wäre ich sicherlich sauer und eifersüchtig. Aber ich kenne das Gefühl natürlich.

Ich bin nicht so, daß ich mich wahnsinnig skandalös benehmen darf und von ihr erwarte, daß sie eine Heilige ist. Aber es gibt natürlich keinen Hund, der es bei sich selber schlimmer findet als bei anderen. Und wenn der andere fremdgeht, wird die Schwelle für dich auch gleich viel niedriger.«

Bist du während deiner Beziehung mit ihr schon mal fremdgegangen?

»Nein.«

Ich nehme an, du würdest es ihr sagen, wenn es vorkommen würde. Um sie oder um dich selbst zu entlasten?

»Für mich selbst, so wie man alles für sich selbst tut, deshalb fängt man ja auch eine Beziehung an. Ich habe keine Lust, die Dinge schöner vorzutäuschen, als sie sind. Sieh mal, auf der einen Seite ist es so: Erzählt man es nicht, dann fühlt man sich eine Woche entsetzlich schäbig, und danach geht es wieder vorbei. Aber die Angst bleibt, daß sie es irgendwann von anderen hört. Also doch wieder Angst um den eigenen Hals.«

Es wäre fatal für unsere Beziehung

Irene (28): »Fremdgehen wäre eine Katastrophe für unsere Beziehung. Wenn wir zusammen alt werden, dann werden wir nie einen anderen haben. Es wäre fatal für unsere Beziehung.«

Bist du nie neugierig?

»Natürlich. Ich denke schon mal: Wie würde es mit dem oder dem sein? Er darf ruhig auch andere Frauen ansehen, wenn es beim Ansehen bleibt.«

Bist du auch nie in einen anderen verliebt gewesen?

»Nein, ich mag zwar einen anderen Mann, aber das ist keine Verliebtheit. Man kann andere Männer und übrigens auch Frauen mögen, ohne daß Verliebtheit oder Sex dazukommt.»

Partnertausch, sie hat heimlich mal darüber nachgedacht.

»Nur früher oder später würde doch jemand eifersüchtig werden. Es kann meiner Meinung nach nicht gut gehen.«

Für mich war es etwas rein Körperliches

Harm: (30): »Ich bin tatsächlich einmal fremdgegangen. Ich habe das damals sofort erzählt, und ich habe mich unheimlich über den Eindruck erschrocken, den das auf sie machte. Für mich war es etwas rein Körperliches, und damit war es erledigt. Sie war entsetzlich betroffen und hatte ihr Vertrauen in mich verloren. Für sie ging das ganz klar viel weiter.«

Würdest du es jetzt noch einmal tun?

»Nein, ich will ihr ganz einfach diesen Kummer nicht mehr bereiten. Für mich selbst würde ich es vielleicht schon wollen, aber das bringt zuviel in Bewegung.«

Ich habe auch noch nie jemanden getroffen

Thera (26): »Wir haben überhaupt kein Bedürfnis, fremdzugehen. Aber wir sind auch erst fünf Jahre zusammen, vielleicht kommt es noch. Ich denke auch nie: Wie würde es wohl mit dem oder dem sein? Mir geht es gut so. Ich habe auch noch nie jemanden getroffen, von dem ich dachte: Mensch, wie würde es mit dem sein?«

Ich habe da so meine Bedenken

Martin (24): »Ich hoffe, daß es uns nie überkommt. Wenn man sich liebt, dann geht man nicht mit einem anderen ins Bett.

Dafür ist dann einfach kein Platz. Ich habe es mit ihr genau richtig getroffen, mir käme gar nicht die Idee, mit einem anderen Weib herumzusudeln. Warum sollte ich? Ich bin der Mann meiner Frau und nicht der Kerl einer anderen. Darauf kann sie sich verlassen. Ein bißchen Vertrauen sollte man sich schon schenken, denke ich mal. Ich höre aber von Freunden, daß sie schon mal einen Seitensprung machen, so wie sie das nennen. Ich habe so meine Bedenken. Sie sind wohl nicht glücklich mir ihrer eigenen Freundin. Aber ich finde, dann sollten sie das besser mit ihr besprechen, statt ihrem Schwanz hinterherzulaufen. Das ist doch keine Kunst.«

Ich bin nun einmal verrückt nach dieser Frau

Arnold (41): »Ich kann es nicht fremdgehen nennen, was meine Freundin tut, denn sie ist durch und durch ehrlich. Aber ich weiß auch, wenn sie wieder ein paar Wochen nicht erscheint, weil sie einen neuen Freund hat, daß sie dann nicht nur mit dem Jungen zusammen puzzelt. Ich selbst brauche keine andere, solange sie in meinem Leben eine Rolle spielt. Ich bin nun einmal verrückt nach dieser Frau. Ich sage dann auch immer zu ihr: ›Geh ruhig. Wenn es mit ihm nicht klappt, dann komm' nur zurück.‹ Ja, eine ganz besondereBeziehung.«

Während des Verkehrs davon träumen, es mit mehreren Männern gleichzeitig zu machen

Mieke (31): »Ich habe noch nie mit einem anderen Mann geschlafen. Ich denke manchmal: Wie würde es mit dem oder dem sein? Aber ich habe dann doch kein Bedürfnis, das in die Tat umzusetzen. Ich träume wohl schon mal davon, mit mehreren Männern gleichzeitig zu schlafen. Wir leihen uns auch schon mal einen Sexfilm aus, und dann sieht man zum Beispiel Gruppensex oder eine Frau mit zwei Männern. Ich würde es wirklich nicht wollen, aber die Fantasie finde ich prima. Nach einem Sexfilm schlafen wir wohl immer zusammen. Das liebe ich, und dann während des Verkehrs davon träumen, es mit mehreren Männern gleichzeitig zu machen.«

Wie hält man den Trott vor der Tür?

Trott. In Beziehungen ein gefürchtetes Wort. Wenn man gerade zusammen ist, ist natürlich noch alles in Butter. Man kennt sich noch nicht so genau, der Sex ist so, wie man ihn immer haben wollte, kurz und gut: Es gibt noch viel zu entdecken.

Oft sind beide berufstätig, und es ist hektisch, hektisch und nochmal hektisch. Meistens kommen nach ein paar Jahren, wenn sie angefangen hat, weniger zu arbeiten, oder ganz aufgehört hat, Kinder, und dann ist wieder alles unheimlich neu und spannend.

Aber die Kinder werden größer. Vater arbeitet sich auf die Spitze seiner Karriere und schon ein bißchen auf seine Midlife-Krise zu. Und Mutter guckt sich um und fragt sich: Was mache ich eigentlich hier?

Sie nannten es früher den *Seven-year-itch*, das Kribbeln oder sagen wir nur das irritierende Jucken, das nach sieben Jahren in einer Beziehung entsteht. Diese sieben Jahre muß man heutzutage ganz sicher nicht mehr so wörtlich nehmen. In manchen Beziehungen dauert es fünf, in anderen neun Jahre, aber in fast allen Beziehungen kommt irgendwann der Zeitpunkt, in dem Ausbrüche drohen. Es sind vor allem die Frauen, die anfangen, sich über den Trott zu beklagen. Sie sind diejenigen, die (meistens) zu Hause sitzen und meinen, die Decke fällt ihnen auf den Kopf. Sie haben zuviel Zeit zum Nachdenken. Und sie stellen auf einmal fest, daß ihr Leben ganz anders aussieht, als sie es sich damals erträumt hatten.

Trotz aller Emanzipation träumen noch immer unheimlich viele Frauen von einem Liebhaber zu Pferd, der ihren Kinder und ein sehr glückliches Leben schenken wird. Der Traum hält lange Zeit in den schönsten Farben an, bis die Kinder schon etwas älter sind und nicht mehr so viel Fürsorge brauchen. Manche Frauen versuchen dann wieder, in ihren Beruf einzusteigen. Anderen gelingt das nicht, oder sie haben keine Lust zu arbeiten.

Welchen Nutzen habe ich eigentlich noch? Fragen sie sich dann. Sie versuchen schon, mit ihrem Partner darüber zu sprechen, nur, der ist ja mit seiner Karriere beschäftigt und rät ihr, mal Sport zu treiben oder sich schöne Wäsche zu kaufen. Das ist natürlich alles ein bißchen verallgemeinert, aber im Großen und Ganzen spielen sich diese Sachen in vielen Beziehungen ab.

Die eine Frau läßt den Kopf hängen, aber die andere läßt sich das nicht bieten und ist offen für Erneuerungen. Es kann sein, daß es ihr gelingt, ihren Partner zu überzeugen, daß sich etwas ändern muß. Es kann auch sein, daß sie mehr die Freiheit sucht, auch mal alleine ausgeht, und so weiter.

Von den Frauen, die sich in einen anderen verliebt hatten, gaben die meisten zu erkennen, daß es aufgrund des Trotts in ihrer Beziehung soweit gekommen war, daß sie mit ihrem Mann nicht reden konnten und daher offen waren für etwas Neues.

Trott, viele Menschen haben Angst davor, viele Menschen haben Probleme damit. Nicht nur, wenn die Kinder größer werden; der Trott scheint in vielerlei Momenten plötzlich da zu sein.

Wie hält man denn jetzt den Trott vor der Tür? Ziemlich

viele Menschen sind sehr darauf bedacht, daß kein Trott entsteht, und unternehmen unmittelbar etwas, um die Gefahr abzuwenden. Wie eine der interviewten Frauen sagt: »Würden wir jeden Abend nebeneinander vor dem Fernseher sitzen, dann wären wir schon längst nicht mehr zusammen, glaube ich.«

Wir sind nicht solche Schaumschläger

Thijs (39): »Wir lesen beide unheimlich gerne, wir sitzen also Abende zusammen, jeder mit seiner Nase in seinem Buch.

Man könnte dann eine Nadel fallen hören. Als wir letztens Gäste hatten, nahmen wir uns abends aus Gewohnheit unsere Bücher aus dem Schrank und meinten zu unseren Gästen, sie könnten sich doch auch ein Buch aussuchen. Das haben diese Leute höflicherweise auch getan, nur hinterher erzählten sie uns, daß sie den Abend fürchterlich langweilig gefunden haben, und daß es ihnen abscheulich erschien, so langweilig zu leben. Nur wir empfinden das überhaupt nicht so. Aber daß ein anderer das so empfindet, kann ich mir schon vorstellen. Wir sind nicht solche Schaumschläger, aber wir haben es unheimlich schön zusammen. Das kann man absolut nicht als Trott bezeichnen.«

Dann gehe ich machmal ein Wochenende weg

Esther (27) muß kurz nachdenken:. Wie hält man den Trott vor der Tür? »Ich lasse ihm absolute Freiheit. Ich bin nicht der Typ, der dasitzt und nörgelt. Merke ich, daß es nicht so gut geht, dann gehe ich manchmal ein Wochenende weg. Ich finde auch nicht, daß man alles zusammen tun muß. Nein. Ich habe auch meine eigenen Freunde. Ich gehe oft alleine aus.

Ich halte nicht viel von spießigen Zuständen. Echt nicht.«

Dann wären wir schnell auseinander, glaube ich

»Man hält sich leicht den Trott vom Leibe, wenn man etwas hat, worauf man zusammen hinleben kann«, sagt Julia (27).

»Wir ziehen in Kürze um, und das ist unheimlich wichtig für uns, da reden wir viel drüber. Wir können nicht so schnell in Trott verfallen, dazu haben wir ein zu unregelmäßiges Leben. Würden wir jeden Abend nebeneinander vor dem Fernseher sitzen, dann wären wir schnell auseinander, glaube ich. Nein wirklich, bei uns gibt es keinen Trott. Es ist auch wichtig, daß wir beide unsere eigenen Beschäftigungen haben. Je mehr man zusammen macht, desto größer ist die Gefahr, in einen gewissen Trott zu verfallen.«

Ab und zu ein Blümchen, ein kleines Geschenk

Kees (38): »Ich kann mir nicht vorstellen, daß sich in meiner Beziehung irgendwann Alltagstrott einschleicht. Denn Trott hat meiner Ansicht nach mit Desinteresse zu tun.

So in der Art: Wir haben uns doch schon, also was sollen wir uns noch bemühen? Das ist total falsch. Ich bin total verrückt auf meine Freundin, und ich zeige immer Interesse für sie. Das fühlt sie, und so verhält sie sich auch. Das gilt umgekehrt genauso. Ab und zu ein Blümchen, ein kleines Geschenk, ein Restaurantbesuch, einen Abend ins Kino, ein Wochenende zum Segeln und ansonsten viel miteinander schlafen. Und sich weiterhin gegenseitig immer schön wunderbar finden. Das ist das Rezept gegen Trott.«

Vor Trott brauche ich keine Angst zu haben

Yolande (27): »Zu Hause herumsitzen ist oft langweilig. Es macht viel aus, daß ich angefangen habe zu studieren und ehrenamtlich tätig bin. Ab und zu arbeite ich freiberuflich als Sekretärin, um immer mit den neuesten Textverarbeitungsprogrammen auf dem laufenden zu sein, denn wenn meine Tochter größer ist, gehe ich wieder arbeiten.

Aber eigentlich habe ich momentan viel mehr zu tun als damals, als ich noch arbeitete, also vor Trott brauche ich keine Angst zu haben.«

Keine feste Beziehung

Teun (40): »Gerade wegen der Gefahr von Trott entscheide ich mich gegen eine feste Beziehung. Das ist eine Gefahr, die ständig auf der Lauer liegt und vor der man sich kaum schützen kann.«

Kommt in den besten Beziehungen vor

Martin (24): »Was verstehst du unter Trott? Man darf natürlich nicht jegliches Interesse füreinander verlieren, denn dann ist der Ofen aus. Aber eine stille Periode, in der man sich nicht so viel zu sagen hat, kommt in den besten Beziehungen vor. Man kann nicht für immer und ewig gleich fesselnd für jemanden sein. Wenn so eine Periode zu lange dauert, muß man einfach etwas dagegen tun. Nun, ich muß gestehen, daß ich keine Erfahrung damit habe, weil es einfach noch nicht vorgekommen ist.«

Das werden wir dann sehen

»Wir kommen dem Trott zuvor, indem wir jeder unsere eigenen Dinge tun und uns in gewissem Maße Freiheiten lassen«, sagt Merel (35). »Und mit drei Kindern hat der Trott auch wenig Chancen. Wenn sie älter werden, das werden wir dann sehen. Dann kann man wieder mehr zusammen machen, und das ist dann auch wieder schön.«

Mit Trott keine Probleme

Reinier (44): »Von Trott kann keine Rede sein. Ich mache nämlich alles hektisch; ich rauche hektisch, ich trinke hektisch, ich arbeite hektisch, kurz und gut ich lebe hektisch. Sie macht ihre eigenen Dinge. Sie hat ihre eigene Arbeit, ihre eigenen Hobbys und ihre eigenen Ausflüge. Wir könnten wahrscheinlich etwas mehr aufeinander eingestellt sein, aber mit Trott haben wir in unserer Beziehung keine Probleme.«

Schon lange nicht mehr im Wald gewesen

Andrea (32): »Wir haben mit Trott nie Probleme. Nie. Es macht viel aus, daß wir so viele Interessen haben. Museumsbesuche, ausgehen, Kabarett, in den Wald. Das eine machen wir zusammen, das andere getrennt. Es gibt zwar Zeiten, wo es weniger wird, dann signalisiere ich das aber und wir tun was daran. Zum Beispiel sage ich: ›Weißt du was, wir sind schon lange nicht mehr im Wald gewesen…‹.«

Ein idiotisch anstrengendes Leben

Sandra (43): »Wir haben überhaupt keine Zeit, in Trott zu verfallen. Wir haben ein idiotisch anstrengendes Leben, und wir machen, was wir wollen, also Trott? Nein.«

Dann schwebe ich den Rest des Tages

Kees (38): »Wir haben keine Schwierigkeiten damit. Trott kann sich bei uns nicht einschleichen, weil wir gar keine Zeit dafür haben. Wir sind viel zu beschäftigt. Aber ich kenne auch solche Paare, die bei Gott nicht wissen, was sie sich jetzt wieder erzählen sollen, oder was sie mal wieder zusammen unternehmen könnten. In Wahrheit sind diese Menschen schrecklich einsam miteinander, weil der Trott zugeschlagen hat. Meiner Meinung nach ist es überhaupt schwer, den Trott draußen zu halten. Es hat alles mit Interesse und Respekt für-

und voreinander zu tun. Wenn man dieses Interesse und diesen Respekt verliert, dann sackt auch das Sexleben auf den Nullpunkt. Meine Freundin und ich rufen uns täglich ein- oder zweimal an, um uns alles mögliche zu erzählen. Auf der Arbeit, obwohl wir uns doch jeden Tag auch zu Hause sehen. Das finden wir einfach schön. Ich weiß nicht, ob diese Anrufe nun den Trott von uns fernhalten, aber es ist auf alle Fälle schön. Es bedeutet doch, daß man sich gegenseitig so wichtig findet, daß man den anderen als ersten von irgendwelchen Neuigkeiten informieren will. Auch wenn diese Neuigkeiten nicht so wichtig sind... Sieh mal, wenn meine Freundin einen geilen Anfall hat und mich anruft, um mir zu erzählen, daß sie unheimliche Lust hat, mit mir zu schlafen, dann schwebe ich den Rest den Tages über meinem Stuhl. Echt schön, diese Art von Anrufen, vor allem, weil meistens einige Kollegen um mich herum sind, so daß ich nur ›ich auch‹ oder ›ja wirklich‹ sagen kann. Und das weiß dieses Stinktier am anderen Ende natürlich verdammt gut... Man muß sich immer wieder überraschen, davon bin ich überzeugt. Eine gute Beziehung hat man nicht nur einfach so, da muß man andauernd was für tun. Ab und zu schön essen gehen, ein Wochenende wegfahren, egal wohin, und ab und zu einfach die Klingel ausstellen und den Anrufbeantworter an. Und weißt du, was auch sehr wichtig ist? Komplimente zu geben. Das wird von den meisten Menschen ziemlich unterschätzt. Ja, ich bombadiere meine Freundin regelmäßig mit Komplimenten und sie mich umgekehrt auch.«

Einkaufen oder auf einen Kaffee jemanden besuchen

Thera (26): »Wenn der Trott droht, mache ich einfach etwas anderes. Wenn ich denke: Gott verdammt, schon wieder waschen, dann stopfe ich die Wäsche in die Waschmaschine und gehe weg, einkaufen oder auf einen Kaffee jemanden besuchen. Mutter zu sein und nicht außer Haus arbeiten hat als Vorteil, daß man seine Zeit einteilen kann. Das konnte ich nicht, als ich noch arbeitete, also war ich damals viel mehr im Trott.«

Man darf nicht anfangen, sich mit seinem Partner zu langweilen

Arnold (41): »Naja, in meinem Fall ist es ja ein Kinderspiel, dem Trott aus dem Weg zu gehen. Ich würde gerne, ehrlich gesagt, ein bißchen Trott haben. Nicht, weil ich es langweilig mag, sondern wegen der Sicherheit. Obwohl, Spaß beiseite, Trott ist natürlich nie gut. Wenn man eine Beziehung hat, die einem viel bedeutet, muß man wissen, wie man sie ein bißchen nett und spannend halten kann. Man darf nicht anfangen, sich mit dem Partner zu langweilen, denn dann ist die Sache sowieso schon gelaufen. Man muß weiter immer das Beste füreinander tun. Nun ja, weil ich eigentlich keine feste Beziehung habe, kenne ich diesen Alltagstrott auch nicht. Außerdem ist meine Freundin so ein Typ, bei der das Wort Trott einfach nicht im Wörterbuch vorkommt.«

Als sie kaum Initiative zeigte

Louis (34): »Ich denke, der Trott ist einer der gefährlichsten Feinde einer guten Beziehung. Und dennoch entkommt man ihm manchmal nicht. Ich habe selbst schon mal das Schlimmste befürchtet. Vor allem, als wir gerade umgezogen waren und sie eigentlich wenig unternahm und kaum Initiative zeigte.

In dieser Zeit habe ich schon gedacht: War's das jetzt? Glücklicherweise änderte sich das, als sie anfing zu studieren. Es ist Quatsch, wenn ich sage, daß ihr Studium unsere Beziehung gerettet hat, denn unsere Beziehung ist nie schlecht gewesen. Im Gegenteil; es war nur so, daß etwas passieren mußte, um die wunderbare Spannung ein bißchen zurückzubringen.«

Ich habe echt mal wieder Lust auf eine Ausschweifung

Christien (41): »Ich habe so ein spannendes Leben, daß ich nicht so schnell Probleme mit dem Trott habe. Ein einziges Mal. Als ich mit meinem Mann schon dreimal auf genau die gleiche Weise geschlafen hatte, da dachte ich: Also jetzt aber mal wieder etwas anderes. Ich halte auch nicht viel davon, zu festen Zeiten zu essen. Ich kann Regeln nicht ausstehen, also gibt es bei uns so gut wie keine. Sexuell habe ich ziemlich schnell Angst vor dem Trott. Deshalb habe ich auch wieder mal Lust auf eine Ausschweifung, auf ein Trio oder Partnertausch oder was in der Art. Das habe ich vor allem im Frühjahr, ich glaube, dann werde ich besonders wild.«

Mache einfach zwischendurch mal was Überraschendes

Yvo (24): »Paare, die nicht wissen, wie sie sich den Trott vom Leibe halten, müßten mal bei Patty in die Lehre gehen.

Zumindest würde ich so denken. Dann wird ihnen das schon ausgetrieben. Nein, das wäre echt zuviel des Guten. Das gönnt man eigentlich auch niemandem. Nur, was sie zuviel hat, davon könnte ein anderer gut etwas gebrauchen. Wenn man mich fragt, wie man den Trott von sich fernhält, würde ich sagen: Mache einfach ab und zu mal etwas Überraschendes. Ein bißchen einfach, die Antwort, aber ich weiß so schnell nichts anderes.«

Wieder die Wäsche, wieder das Bad

Francien (36): »Bei uns ist überhaupt keine Sprache von Trott. Wir brauchen uns echt nicht anzustrengen, um den Trott zu verhindern. Nur ganz selten denke ich: Schon wieder das gleiche. Wenn ich montags wach werde: Wieder die Wäsche, wieder das Bad. Aber nach so einem Arbeitstag ist man wieder zusammen, und das ist dann herrlich. Ansonsten gibt es genug Dinge, die es interessant halten. Wir reden über die Arbeit, über die Kinder. Es gibt durchaus noch diese gewisse Spontaneität in unserer Beziehung.

Für mich ist Sex immer ein wichtiger Gradmesser

Joost (39): »Wenn der Trott droht, in einer Beziehung zuzuschlagen, ist eigentlich schon was falsch. Das muß man allerdings versuchen zu verhindern. Nur, man darf auch nicht allzu bewußt damit beschäftigt sein, weil man sonst zu verkrampft wird. In jeder Beziehung gibt es Höhen und Tiefen, das ist normal. Man kann auch nicht immer und ewig auf einem Höhepunkt verkehren, denn dann würde es noch nicht mal auffallen, daß man sich auf dem Höhepunkt befindet. Man darf nur nicht zu tief fallen. Für mich ist Sex immer ein wichtiger Gradmesser. Es kann durchaus mal eine Periode geben, in der man kaum oder nicht zusammen schläft. Das kann an allen möglichen Umständen liegen. Eine Periode, in der jeden Abend um sieben Uhr das Fernsehen eingeschaltet wird und anbleibt, bis es Zeit ist, ins Bett zu gehen. Dann wird nicht geredet und nicht gebumst und eigentlich überhaupt nichts getan. Man muß nur aufpassen, daß so etwas keine Gewohnheit wird, denn dann ist es fatal. Ein paar Tage ist kein Unglück, nur wenn es zu lange dauert, ist es schwierig, da wieder herauszukommen. Wir haben auch schon mal solche Tage, aber wir passen beide verdammt gut auf und merken beide ganz gut, wann der Zeitpunkt gekommen ist, daß wir damit aufhören. Wie? Das hängt davon ab. Das kann zum Beispiel sein, daß man mitten im Fernsehprogramm dem anderen den Vorschlag macht, mal kurz mit ihm unter die Dusche zu gehen. Das kann sehr überraschend und erfrischend sein.«

Daß wir nichts ohne die Kinder tun

Rita (29) bringt ihre Kinder an zwei Morgen in der Woche in eine Kinderkrippe, und dann geht sie zu ihrer Freundin oder so. »So habe ich Zeit für mich selbst. In unserer Beziehung gibt es keinen Trott. Wir machen sehr viel zusammen. Ich würde gerne öfter mal essen gehen, aber die Kinder sind noch zu klein.«

Dann laß sie doch mit einem Babysitter zu Hause?

»Ich möchte auch gerne mal so weg, aber mein Mann will immer die Kinder mitnehmen. Das ist bei uns vielleicht schon ein bißchen Trott, daß wir nichts ohne die Kinder tun.«

Vielleicht suche ich mir einfach einen Freund

Linda (39): »Ich kann nichts mehr tun. Ich habe den schlimmsten Trott, den es gibt. Ein Mann, der nicht mehr zu erreichen ist. Kein Sexleben mehr. Keine Kinder. Nichts, was dem Leben ein bißchen Flair geben kann. Ich muß jetzt selbst etwas daran tun. Vielleicht lasse ich mich doch scheiden.

Vielleicht suche ich mir einfach einen Freund. Ich habe Verlangen nach etwas Neuem. Ich möchte mich gerne wieder als Frau fühlen. Jeder möchte schön und nett gefunden werden, einmal im Rampenlicht stehen. Ich auch, genauso gut. Also, was soll ich tun? Zu den Chippendales gehen? Um Gottes willen. Aber ich möchte schon etwas. Ich weiß nur noch nicht, was.«

Eine gewisse Gewohnheit

Daan (43): »Ich glaube, daß es mit deiner Persönlichkeit zu tun hat, ob Trott sich in deine Beziehung einschleicht oder nicht. Bei mir wird es erst gar nicht so weit kommen. Sobald ich merke, daß der Trott seine Chance bekommt, ist die Beziehung eigentlich schon vorbei. Man darf den Trott auch nicht mit Gewohnheit innerhalb einer Beziehung verwechseln, denn das ist etwas ganz anderes. Sobald man sich ganz aneinander gewöhnt hat, tritt eine gewisse Gewohnheit ein. Eine bestimmte Rollen- und Aufgabenverteilung, sagen wir mal. Das ist nicht schlimm, das ist sogar angenehm. Nur, Trott ist etwas anderes. Das ist Langeweile, und Langeweile ist des Teufels Kopfkissen.«

Ich sorge zu Hause für Atmosphäre, für leckeres Essen

Maria (37), mit ihrer schlechten Ehe, versucht zu Hause so viel Gemütlichkeit wie möglich zu schaffen, um zu verhindern, daß der Trott zuschlägt.

»Das muß so sein, auch für die Kinder. Ich gehe auch schon mal gemütlich mit den Kindern ins Einkaufszentrum, dann kaufen wir etwas Leckeres, was wir dann zu Hause beim Kaffee essen. Ich sorge zu Hause für Atmosphäre, für leckeres Essen und so weiter. Das tue ich auch für ihn; ich kaufe jede Menge von dem, was er gerne ißt. Die Liebe des Mannes geht durch den Magen, denke ich dann. Das kann man auch an ihm sehen.«

Was tut er?

»Ha. Er kauft mir nie Blumen. Das findet er dumm; er befürchtet, die Menschen würden dann denken, daß er Streit gehabt hat und etwas gutmachen muß. Kleine Geschenke bekomme ich auch nie von ihm. Und wenn ich Geburtstag habe, dann muß er sogar an dem besagten Tag noch das Geschenk kaufen. Also, sehr aufmerksam ist er nicht.«

Zu zweit einsamer als ein Einsiedler

Manuel (21): »Trott kann sich bei uns überhaupt nicht einstellen, weil wir uns dafür viel zu wenig sehen. Wenn wir uns sehen, sind wir ganz erfüllt voneinander. Ich weiß nicht, wie es wäre, wenn wir zusammen wohnen würden, aber ich würde wohl alles dafür tun, damit es so schön wie möglich bleibt. Ich kenne wohl solche Paare, die eine sogenannte feste Beziehung haben, aber die zu zweit einsamer als ein Einsiedler sind. Dann denke ich manchmal bei mir: Ist es das jetzt? Hat man dafür eine Beziehung, um nicht zu wissen, was man sich nun alles erzählen soll, oder was man miteinander anfangen soll? Dafür kann ich mich aber herzlich bedanken.«

Und dann sackt man wieder ab

Olle (29): »Tja, ich muß ehrlich zugeben, daß der Trott ab und zu schon seinen Kopf reinsteckt, so sehr ich auch versuche, aufzupassen. Aber meiner Meinung nach kommt das von selbst. Wenn man sich schon so lange kennt, ja, dann wird alles nun mal ein bißchen zur Gewohnheit. Echt so ein bißchen ein Häuschen-Bäumchen-Tierchen-Schlendrian, würde ich sagen. Sehr langweilig eigentlich und sehr ruhig. Glücklicherweise wechseln sich solche Perioden ab mit sehr spannenden. Denn sonst könnte man doch trübsinnig werden. Früher nahm ich mir immer vor, groß und mitreißend zu leben, naja, das hält ein Mensch auch höchstens drei oder vier Tage durch, dann sackt man wieder ab. Ich zumindest.«

Ich sage wohl schon mal: »Dieser verdammte Haushalt«

»Der Trott bleibt hier von selbst draußen«, sagt Gerdina (32). »Wir haben unsere eigenen Beschäftigungen, viele eigene Freunde und Bekannte, wir sind oft weg. Ich sage wohl schon mal: ›Dieser verdammte Haushalt!‹ Dann nehme ich den nächsten Bus in die Stadt oder rufe meinen Mann an: ›Gehen wir gleich irgendwo essen?‹ Oder wir fahren einfach so mal ein Wochenende weg, das macht es schön. Letztens kam er nach Hause: Hatte er für mich einen Termin bei der Kosmetikerin gemacht und sich sogar freigenommen! Manchmal empfange ich ihn in supersexy Wäsche, wenn er von der Arbeit nach Hause kommt. Das sind alles Sachen, die es spannend halten.«

Wir finden es schön, jeden Tag um halb sechs zu essen

Peter (27): »Es gibt bestimmt reichlich Leute, die meinen, daß wir uns im Trott befinden. Mir persönlich macht es nichts aus, wie sie es nennen. Wir sind beide ziemlich ruhige Typen. Manchmal stört es mich schon, wenn Außenstehende so negativ darüber denken. Als ob es nur gut ist, wenn man wie eine Art Wirbelsturm durchs Leben saust. Das machen wir nicht, denn das mögen wir nicht. Ich möchte meine Ruhe haben und sie auch. Wir finden es zum Beispiel schön, jeden Tag um halb sechs zu essen, und wir finden es nicht schön, wenn wir das mal verschieben müssen, denn dann kommt die feste Einteilung des Tages durcheinander. Wenn ein anderer das langweilig findet oder das als Trott bezeichnet, muß er das selbst wissen.«

Freundschaft mit einem anderen als dem Partner

Aus Verliebtheit wird Liebe und Kameradschaft, so geht das in Beziehungen, wenn es gut geht. Wer jahrelang alles teilt, hätte gerne nochmal so einen Anfall von Verliebtheit im Hinblick auf den Partner, aber die Schmetterlinge im Bauch sind auch ruhiger geworden. Liebe und Kameradschaft, das sind die Stichworte.

Das Thema »Verliebt in einen anderen« hatten wir schon, aber »Befreundet mit einem anderen« noch nicht.

Wir haben gemerkt, daß das Bedürfnis nach einer echten, tiefen Freundschaft außerhalb der Beziehung vor allem bei Frauen besteht. Männer haben solche Freundschaften kaum. Sie haben zwar oft Freunde, aber mit denen besprechen sie ihre tiefsten Seelenregungen nicht. Männer sind doch nicht so gesprächig, wenn es um Gefühle geht: Auch bei ihrem Partner nicht. Männer trinken mit ihren Freunden ein Bierchen oder machen gemeinsam Sport. Es gibt wohl Männer, aber nur ganz wenige, die eine oder mehrere Freundinnen haben. Und dann nicht für den Sex oder so, nein, solche Männer sagen, daß sie viel besser mit Frauen als mit Männern sprechen können. Würden sie einen Mann kennen, mit dem sie so gut reden könnten, dann würden sie das auch tun, aber wie schon gesagt: Redselige Männer sind selten, und die Ausnahmen, die wohl ein Bedürfnis danach haben, sind auf Frauen angewiesen.

Für Frauen kann die Freundschaft viel tiefer gehen als für den durchschnittlichen Mann. Viele Frauen finden, daß sie zu Hause nicht alles besprechen können. Nicht nur deshalb, weil ihr Mann nicht so ein großer Redner ist, sondern auch, weil man einige Dinge besser mit einer Frau besprechen kann.

Ein paar Aussagen: »Er zeigt oft zu wenig Reaktion.« Er begreift einfach nicht alles.« »Männer schieben oft so leichtfertig Dinge von sich weg.«

Die meisten Frauen mit einer tiefen Freundschaft sind mit einer Frau befreundet. Nur manchmal handelt es sich um einen Mann, so einen raren Mann also, der wohl Lust hat, über etwas tiefergehende Sachen zu sprechen.

»Neben meiner Beziehung habe ich andere einfach nötig. Ich denke, um ein vollständiger Mensch zu sein«, sagte eine der Frauen in diesem Kapitel. Das kommt auch noch dazu: Ein Teil des Selbst findet in einer Beziehung Befriedigung, aber eben nicht alles. Für manche Menschen ist das ein Grund, ein Verhältnis anzufangen. Für andere, nach echter Freundschaft auf die Suche zu gehen.

Er zeigt zu wenig Reaktion

José (32) kann sehr gut mit ihrem Mann reden. Das schon.

»Aber manchmal kann er mir bei meinem Kummer nicht richtig weiterhelfen. Er zeigt oft zu wenig Reaktion. Dafür habe ich dann meine Freundinnen.«

Dinge, wofür sich mein Mann doch nicht interessiert

Julia (27): »Ich habe eine einzige, wirklich sehr gute Freundin. Ich erzähle ihr andere Dinge als meinem Mann. Wenn ich zum Beispiel Probleme mit meiner Schwiegermutter habe, dann kann sie mir besser weiterhelfen als er. Aber es sind keine echt intimen Sachen, die ich ihr erzähle. Wohl

Dinge, wofür sich mein Mann doch nicht interessiert. Für mich ist eine gute Freundin sehr wichtig. Ich brauche sie.«

Umgekehrt habe ich kein Vertrauen

Daan (43): »Für mich ist es immer sehr wichtig, daß ich mit meinen Ex-Freundinnen auf gutem Fuß stehe. Das muß eine neue Freundin begreifen. Ich habe immerhin mein Leben mit diesen Frauen geteilt, und das tut man nicht mit jedem. Ich meine, sie sind etwas Besonderes für mich, und ich möchte die Freundschaft mit ihnen aufrechterhalten. Im allgemeinen gehe ich lieber mit Frauen um als mit Männern. Auch wenn ich eine Beziehung habe. Umgekehrt habe ich kein Vertrauen. Ich möchte nicht, daß meine Freundin mit männlichen Freunden Kontakt hat. Ich weiß, daß es nicht richtig ist, aber so bin ich nun mal. Auf ihr Leben übe ich ständig Kontrolle aus, nur auf mein Leben dürfte sie das eigentlich nicht tun.«

Weil ich mich für das schäme, was hier los ist

Linda (39): »Mit meinem Mann kann ich kein Wort wechseln, und seit er an der Flasche hängt, habe ich auch keine Freundinnen mehr. Ich habe eigentlich nur noch meine Mutter, bei der ich mich ausheulen kann. Nur, das mache ich auch kaum, weil ich mich für das schäme, was hier los ist. Alleine auszugehen, traue ich mich nicht, weil ich Angst habe, daß zu Hause was Schreckliches passiert.«

Du bist einsam.

Nach kurzer Stille: »Ja, das kannst du wohl sagen.«

Ich erzähle ihr nicht alles

Maria (37): »Ich habe in den letzten Jahren viel meiner jüngsten Schwester zu verdanken. Wir verstehen uns sehr gut.

Aber ich erzähle ihr nicht alles, denn es bleibt doch Familie, und ich will nicht, daß sie einen Haß auf meinen Mann kriegen. Aber wenn mir irgendetwas quer sitzt, dann kann sie mir immer weiterhelfen, und das bedeutet mir sehr viel.«

Stammtischgerede, du kennst das ja

Olle (29): »Tja, sag' mal, wenn das ein Problem wäre, dann wäre es doch schon ernst um uns gestellt. Dennoch, wenn ich jetzt darüber nachdenke, sind die meisten unserer Freunde gemeinsame Freunde. Paare, eigentlich wenig Junggesellen.

Sie verkehrt viel mit ihrer Schwester, ein richtiger Schatz von einem Mädchen, aber ich habe nicht so viel mit ihr zu tun. Ich habe wohl einige Kneipenfreunde, aber das sind auch Nicoles Freunde. Soweit man von Freunden sprechen kann. Das ist mehr so ein bißchen dicke Freundschaft am Tresen. Stammtischgerede, du kennst das ja. Keine wirklichen Freunde, mit denen man Pferde stehlen kann. Ich finde es ausgezeichnet, wenn sie mal einen Abend alleine in die Kneipe geht. Meistens gehe ich aber mit, weil ich sonst das Gefühl habe, etwas zu verpassen. Frag mich nicht, was ich versäume, denn da kann ich dir keine Antwort drauf geben. Wenn ich abends noch mal in die Kneipe will und sie hat keine Lust dazu, dann geht sie einfach ins Bett. Das könnte ich nicht, ich bleibe dann wach. Nicht, weil ich mir Sorgen mache, sondern weil ich unruhig bin und eigentlich genau wissen will, was alles passiert ist.«

Was ich einmalig finde, sind wechselseitige Essen

Adèle (35): »Jetzt, wo ich eine neue Beziehung habe, setze ich viele Freundschaften ohne Probleme fort. Nur meine Beziehung mit Lucas war für meinen neuen Freund ein Problem.

Es geht inzwischen gut zwischen ihm und Lucas, auch wenn es zerbrechlich ist. Ich bin stolz darauf, daß es gut geht.

Ich brauche einfach andere neben meiner Beziehung. Ich denke, um mich als vollständigen Menschen zu fühlen. Und es gibt Dinge, die ich mit meinem Freund nicht habe, wohl aber mit anderen. Ich rede und diskutiere gerne. Und was ich einmalig finde, sind wechselseitige Essen. Ich habe einige wirklich gute Freunde, die mir sehr viel bedeuten. Menschen, die die Kinder und mich nach der Scheidung aufgefangen haben. Man muß sich gegenseitig mit bestimmten Dingen helfen. Ich konnte immer mit meinen Freunden rechnen. Ich habe nie ein nein gehört. Ich kenne meine Freunde schon sehr lange, wir kenne unsere Höhen und Tiefen. Aber manchmal ist es meinem Freund zuviel, er will seine Ruhe haben. Ich finde das schrecklich schade. Es gelingt mir nicht, ihn in mein Leben mit meinen Freunden zu integrieren. Andersherum wohl, ich bin schon in sein Leben integriert.«

Wir reden auch über Sex

Andrea (32): »Ich habe ein paar Freundinnen, aber eine ganz spezielle, Lenie. Sie ist echt meine Busenfreundin. Wir sprechen uns jeden Tag, auch wenn es nur eine Minute am Telefon ist. Wir reden über alles. Im Augenblick sind ihr Vater und meine Mutter ernsthaft krank. Wir helfen uns viel damit, daß wir darüber zusammen sprechen können. Alles, wofür man sonst eine Gesprächsgruppe bräuchte, dafür haben wir uns. Sich gegenseitig zuhören, das ist sehr wichtig. Sie ist übrigens genau das Gegenteil von mir, das ist ja das Verrückte. Es gibt nichts, worüber wir nicht sprechen können, Lenie und ich. Wir reden auch über Sex. Aber es ist nicht so, daß es da Dinge gibt, die ich zwar mit ihr, aber nicht mit meinem Mann bespreche. Er versteht mich genauso gut. Er hat vor ein paar Jahren einen Kursus in Psychologie besucht, und das war unheimlich gut. Er hat zum Beispiel gelernt, daß es für ein Problem oft mehrere Lösungen gibt, und daß in jedem

Menschen etwas Gutes steckt. Durch den Kursus hat er mehr psychische Stabilität bekommen, die er vorher überhaupt nicht besaß. Weißt du, man hat doch immer irgendwelche inneren Geheimnisse voreinander, vor deinem Mann, vor deiner besten Freundin. Das muß auch sein. Aber fang an aufzuzählen, und ich traue mich, das mit ihr zu besprechen. Ich habe auch noch weitere Freundinnen, wieder für andere Dinge.«

Nicht weil ich eifersüchtig bin oder so

Yvo (24): »Man kann das auch übertreiben. Freundschaften neben deiner Beziehung sind natürlich prima. Nur, wenn es soweit geht, daß kaum noch Zeit übrigbleibt, um sich mit seiner Beziehung zu beschäftigen, ist das doch mehr eine Art Flucht. Jedenfalls sehe ich es so. Sie hat Horden von Freunden, mit denen sie viel zusammen ist. Das ging mir ein bißchen zu weit. Nicht weil ich eifersüchtig bin oder so, sondern weil ich kaum zum Zuge kam. Ich habe auch ein paar Freunde, die sehr wichtig für mich sind, aber an erster Stelle kam immer sie. Vielleicht ist das jetzt im nachhinein schade, weil es keinen Sinn gehabt hat. Ich erwarte von einer Beziehung doch etwas Exklusives.«

Ich erlebte es viel intensiver als er

Yolande (27): »Mit meiner Nachbarin verstand ich mich sehr gut, als ich schwanger war. Wenn man schwanger ist, redet man ja nur noch darüber. Ich konnte mit meinem Mann auch gut darüber sprechen, bis zu einem gewissen Punkt. Ich erlebte es logischerweise viel intensiver als er. Wenn er zur Arbeit ging, konnte er es vergessen, aber ich trug es ja Tag und Nacht bei mir. Er wollte auch mal über was anderes sprechen, und das konnte ich mir auch gut vorstellen. Glücklicherweise wurde die Nachbarin einen Monat nach mir schwanger. Es war ihr zweites und mein erstes, also konnten wir unsere Geschichten untereinander austauschen. Sie ist eine gute Freundin geblieben. Wir wollen uns auch wieder mal schön über unsere Männer auslassen.«

Also gehe ich mit einer Freundin in die Sauna

Reinier (44): »Ich denke, es ist absolut notwendig, daß beide neben der Beziehung noch eigene Freunde haben. Ja wirklich, Männer wie auch Frauen. Das ist wichtig, weil man sonst viel zu viel bei seinem festen Partner finden will, was derjenige wiederum überhaupt nicht erfüllen kann.

Kein Mensch ist nämlich vollkommen und hat alle Eigenschaften, wonach der Partner vielleicht Bedürfnis hat. So wie ich mit meinen Kumpels ausgehen kann, würde ich das mit Maria nie tun können. Sie geht auch nicht gerne in die Sauna, also gehe ich da mit einer Freundin hin, die das genauso schön findet. Maria hat auch ihre Freunde, mit denen ich nicht so viel anfangen kann. Sie hat sicher ihren Nutzen davon, mit diesen Menschen zu verkehren. Nun, dann ist es doch okay?«

Wenn er nur zuhört

Linda (37): »Ich hatte wohl gute Freundinnen, aber ich brauche sie nicht unbedingt. Mein Mann kann gut zuhören, wir überlegen vieles gemeinsam. Er muß nicht immer mit mir einer Meinung sein, wenn er nur zuhört. Dann bin ich es los. Ich habe also nicht so sehr das Verlangen danach, nochmal mit jemand anderem darüber zu sprechen.«

Jeden Montagabend mit einem Freund Schach spielen

Joost (39): »Wir hatten natürlich einen sehr ausgedehnten Freundes- und Bekanntenkreis, bevor wir uns kennenlernten.

Das bringt die Geschichte einfach mit sich. Bei einigen ihrer Freunde begreife ich nicht, was sie an denen findet, aber es gibt auch solche, die inzwischen unsere gemeinsamen Freunde geworden sind. Umgekehrt gilt das auch für einige meiner Freunde und Freundinnen für sie. Ich spiele schon jahrelang jeden Montagabend mit einem Freund Schach, das ist zur festen Gewohnheit geworden. Ich würde es schrecklich vermissen, wenn dieser wöchentliche Kontakt zu meinem Freund, aus welchen Gründen auch immer, aufhören würde. Auf die eine oder andere Weise ist das wichtig für mich. Ich kenne den Freund schon seit meiner Jugend und gebe die Freundschaft nie auf. Sie hat auch Freundschaften, die schon jahrelang bestehen, und die für sie sehr wichtig sind. Und das ist auch gut so. Ich muß wohl dazu sagen, daß die Zeit, die wir mit unseren eigenen Freunden verbringen, weniger geworden ist, seit wir zusammen sind. Das kommt auch dadurch, daß wir gerne für uns sind, wenn wir nach unseren anstrengenden Tätigkeiten endlich Zeit dafür haben.«

Männer schieben Dinge so leichtfertig von sich weg

Simone (30) kann bei ihrem Mann viel loswerden, findet es aber wichtig, auch mit Freundinnen zu sprechen. »Über die Kinder und über Erziehung spreche ich lieber mit ihnen als mit ihm. Er weiß überhaupt nicht, wie schwer es ist, Mutter zu sein, und er wird es auch nie begreifen. Ich denke manchmal, ich müßte einfach mal eine Woche irgendwo hinfahren und ihm alles überlassen. Dann wird er schon merken, wie schwer das ist. Dieses Verständnis findet man bei Freundinnen viel eher. Männer schieben Dinge oft so leichtfertig von sich weg. Ich habe einfach ganz andere Gefühle als er. Er hat sich vor kurzem sterilisieren lassen. Für ihn war das überhaupt keine Problem, aber ich war an dem Tag todkrank. Jetzt denke ich manchmal, daß ich doch noch gerne ein Kind dazu haben würde, aber das geht nicht. Gut, ich war mit der Sterilisation einverstanden, aber der Hausarzt oder der Internist hätten ihn aufhalten müssen. Die mußten doch sehen, daß der Jüngste gerade geboren war. Jetzt habe ich keine Wahl mehr. Ich bekomme keine Kinder mehr, und darüber kann ich nicht mit ihm reden. Meine Freundinnen heulen wenigstens mit mir mit, glücklicherweise.«

Aber was macht so ein Kerl?

Martin (24): »Ich mag gar nicht daran denken, daß ich meine Freunde aufgeben müßte, nur weil ich bald heirate. Nein, meine Kumpels bleiben meine Kumpels. Dagegen hat sie auch nichts. Sie hat auch ihre Freundinnen. Es wird wahrscheinlich so sein, daß man weniger Zeit für seine Freunde hat, aber das bedeutet nicht, daß man diese Freundschaften ganz aufgeben muß. Ich würde übrigens gar keine Chance dazu bekommen. Ich weiß genau, daß die Jungs mich holen kommen, wenn sie mich lange nicht sehen würden. Wenn sie einen Freund hätte, mit dem sie gerne zusammen wäre? Tja, ich weiß nicht, ich glaube, das hätte ich nicht so gerne. Zwischen Männern und Frauen gibt es doch immer etwas Unbegreifbares. Nein, ich hätte keine Angst, daß sie mit ihm ins Bett gehen würde. Sie nicht, aber was macht so ein Kerl? Nein, Freundinnen von mir aus, aber einen Freund… ich weiß nicht. Lieber nicht.«

Sie ist mir völlig zugetan

Louis (34): »Für mich war es echt eine große Erleichterung, als sie endlich mit Studienkollegen Freundschaften schloß und auch wirklich anfing, mit ihnen etwas zu unternehmen. Am Anfang unserer Beziehung tat sie das nicht, weil sie der Meinung war, daß sie mir völlig zugetan sein mußte. Das findet sie jetzt auch noch, aber sie weiß jetzt auch, daß ihre Freundschaft mit anderen unserer Beziehung nicht schadet. Im Gegenteil, so wie es jetzt läuft, ist es nicht mehr so erstickend. Daß ich mit Freunden ausgehe, findet sie ganz normal. Darüber würde sie sich auch nie beklagen.«

Ich bin erst mit mehreren Männern komplett

Christien (41): »Ich habe eigentlich zwei Männer, also wenn ich bei meinem Mann etwas nicht loswerden kann, gehe ich eben zu meinem Freund. Sie sind zwei verschiedene Typen, die sich gegenseitig ergänzen. Nur mit meinem Mann fühle ich mich nicht vollständig, ich bin jemand, der erst mit mehreren Männern zufrieden ist.«

Sind zwei genug?

»Ha, kaum. Nein ehrlich, zwei sollten schon genug sein. Und so ein großer Redner bin ich auch nicht, ich muß mich selbst nicht entladen oder so.«

Wir haben eigentlich kaum wirklich gute Freunde

Thijs (39): »Wir sind sehr stark aufeinander fixiert und haben eigentlich kaum gute Freunde. Ich habe einen Jugendfreund, den sehe ich ein- oder zweimal im Jahr. Nein, ich gehe nie mit ihm in die Kneipe, denn ich halte nichts davon.

Er kommt dann zu mir, oder ich gehe zu ihm, und dann reden wir bis tief in die Nacht. Über alles und noch was. Wir nehmen sozusagen unser ganzes Leben durch. Sie hat wohl einige Kontakte zu den Müttern der Freundinnen unserer Tochter. Aber weiter als morgens mal zum Kaffeetrinken geht das nicht.«

Also, was will man noch mehr?

Sandra (43): »Der Kontakt zu meinen Freunden ist seit meiner Scheidung ein bißchen zusammengebrochen. Ich sehe sie nicht mehr so oft. Eine spezielle Freundin hatte ich nie. Ich habe im Augenblick genug mit meinem Partner. Er versteht mich, also, was will ich noch mehr? Aber ich möchte in einiger Zeit meinen Bekanntenkreis wieder etwas vergrößern, ich möchte mal wieder neue Gesichter kennenlernen.«

Weil sie dir Stoff zum Nachdenken geben
Isabel (21): »Ich habe neben meinem Freund zwei Menschen, die sehr wichtig für mich sind: einen Freund und eine Freundin. Die zwei sind so wichtig, weil sie einem Stoff zum Nachdenken geben, weil es gemütlich miteinander ist, weil man andere Menschen braucht, um schöne Dinge zu tun. Aber ich kann auch bei meinem Freund alles loswerden, das schon.«

Einfach eine Frage von Vertrauen
Manuel (21): »Freunde und Freundinnen sind furchtbar wichtig, und das sollte man nicht für eine Beziehung aufgeben. Warum sollte man auch? Wenn ich unsicher sein würde, wenn meine Freundin mit einem anderen Jungen verkehrt, dann ist das meine Unsicherheit. Da kann sie nichts dran machen. Umgekehrt auch. Ich sehe nicht ein, warum ich nicht mit einem anderen Mädchen ausgehen kann, also mache ich das einfach.

Wenn man dem anderen vertraut, dann können beide verkehren, mit wem sie wollen. Ich würde sagen, das ist einfach eine Frage von Vertrauen und Selbstvertrauen.«

Er kann nicht wirklich mitleiden
Gerdina (32) hat eine einzige sehr gute Freundin. »Ich habe keine Geheimnisse vor meinem Mann, ich bespreche alles mit ihm, aber er versteht nicht alles. Dafür habe ich meine Freundin. Wenn ich meine Tage habe, verwöhnt er mich, bringt mir ein Aspirin, das ist alles sehr lieb, aber er kann nicht echt mitleiden, weil er doch nicht weiß, wie es ist. Sie wohl.

Unter uns Frauen reden wir auch viel mehr über Sex als mit unseren Männern, tiefer, subtiler. Wir berichten uns auch über Stellungen, ja wir geben sie uns sogar manchmal telefonisch durch. Nur wenn ich mit meinem Mann Streit habe, darüber rede ich mit niemandem, auch nicht mit ihr. Das ist etwas zwischen ihm und mir.«

Ein realistisches Bild über Beziehungen und Sex

Jetzt, wo wir dieses Buch fertiggestellt haben, haben wir echt noch nicht das Gefühl, fertig zu sein. Denn es ist natürlich nicht komplett. Über Beziehungen und Sex kann man so unendlich viel reden und schreiben, daß man nie zum Ende kommt. Es würde nie gelingen, alles, was in einer Beziehung stattfindet, in einem einzigen Buch zu bündeln. Wir haben sehr viele Menschen mit sehr vielen Meinungen und Erfahrungen interviewt. Bloß, es fehlt noch alles mögliche. Wir haben zum Beispiel keine impotenten Männer, keine bewußt unverheirateten Mütter, keine Pedofilen, keine lesbischen Frauen, keine Vergewaltiger und keine Fetischisten interviewt.

Ist das schlimm? Wir finden eigentlich nicht. Wir haben lediglich die Menschen interviewt, die sich auf unseren Aufruf gemeldet haben. Und impotente Männer, unverheiratete Mütter und so weiter, waren nicht dabei. Wir hätten ja auf die Suche nach ihnen gehen können – aber dann hätten wir das Gefühl gehabt, nach einer Entschuldigung zu suchen.

Wurden alle Fragen wirklich so ehrlich beantwortet, wie wir erhofften? Von der Ehrlichkeit der Frauen sind wir überzeugt, und der Mehrheit der Männer glauben wir auch. Nur bei ein paar Männern hatte die Interviewerin das Gefühl, daß sie manche Dinge doch etwas dick aufgetragen haben. Sie hat die Antworten in einen derartigen Kontext gesetzt, daß auch der Leser schon bald mißtrauisch werden wird.

Beziehungen und Sex: Wir finden, dieses Buch gibt auf alle Fälle ein realistisches Bild darüber. Und darum ging es. Wir denken inzwischen stark darüber nach, noch ein weiteres Buch zu machen. Zur Zeit suchen wir noch nach Vorschlägen und neuen Interviewpartnern.

Dr. Daniel Arooz / Dr. Robert T. Bleck
Sex und Partnerschaft
Mehr Lust an der Lust
304 Seiten

Hypnose oder auch Selbsthypnose haben nichts mit dunklen Mächten zu tun – jeder, der Tagträume hat, ist auch in der Lage, sich selbst Gedanken und Bilder zu suggieren, die zum Beispiel sexuelle Störungen heilen können. Das Buch zeigt anhand von vielen Beispielen und Übungen, wie mit ihrer Hilfe Verhaltensweisen und negative, blockierende Gedanken verändert werden können und damit die sexuelle Erfüllung erlebbar wird.

Christiane Olivier
F wie Frau
248 Seiten

Im Wechselgespräch mit einer Gynäkologin unterhält sich die Psychoanalytikerin Olivier über alles, was weibliche Sexualität betrifft, über Kindheit, Reife und die Wechseljahre. Diese offene Form ermöglicht ein spannendes, lebhaftes Buch, das keine Frau ausläßt.

Peter Roorda
Verliebt in einen anderen
144 Seiten

In »Verliebt in einen anderen« kommen Frauen zu Wort, die in einen anderen als den eigenen Partner verliebt waren oder es noch sind. Ihre Reaktionen, die Konsequenzen, die sie daraus zogen oder ziehen mußten, und ihre Lebenssicht finden sich in Interviews, die vom Herausgeber mit Fragen und einleitenden Worten begleitet werden.

Matin Massow
Perspektiven für eine Partnerschaft
320 Seiten

Das Buch wird für eine ganzheitliche, menschenwürdige Gleichberechtigung, die die Grenzen kleinlicher, gefährlicher Geschlechterideologien sprengt. Es warnt vor feministischen Radikalismus und zeigt Männern und Frauen neue Wege aus dem sinnlosen Krieg der Geschlechter.

Anne Mair/David Jessel
Brainsex
268 Seiten

Gibt es einen Unterschied zwischen Mann und Frau? Anne Mair und David Jessel weisen in diesem Buch nach, daß über den sozialen, geschlechtlichen und historischen Unterschied hinaus die Gehirne von Männern und Frauen unterschiedlich sind. Mit dieser sensationellen These öffnen die Autoren durch wissenschaftlich exakt beweisbare Tatsachen den Weg zu einem neuen Rollenverständnis.

Connell Cowan · Melvyn Kinder
Was Männer wollen
336 Seiten

Was erhoffen sich Männer wirklich von Frauen? Was stößt sie ab, was zieht sie an? Die erfahrenen Psychotherapeuten und erfolgreichen Autoren Cowan und Kinder warten mit überraschenden Erkenntnissen auf, durch die Frauen und Männer besser verstehen lernen.

Susan Jeffers

. . . aber lieb sind sie doch

304 Seiten

Das heute noch von Teilen der Frauenbewegung propagierte Männerfeindbild ist überholt. Dieses Buch ist eine Orientierungshilfe, Männer nicht von vornherein als Fremde, sondern als liebende Mitmenschen zu sehen.

Lori Heymann-Gordon

Liebesknoten

Wie man die alltäglichen Frustrationen vermeidet

Partnerschaftskrisen entstehen oft deshalb, weil die Partner von irrigen Voraussetzungen ausgehen. Solche Annahmen sind »Liebesknoten«, von Mike Flint humorvoll illustriert, zu deren Auflösung die Autorin praktische Hilfe anbietet. Ein Buch, das die Entwirrung von Partnerschaftsproblemen einmal anders angeht.

Harville Hendrix

Soviel Liebe, wie du brauchst

320 Seiten

Liebe allein reicht nicht aus für eine harmonische Beziehung – dies ist eine alte Weisheit. Für Paare, die einen sensiblen Umgang miteinander erlernen wollen, hat der Autor ein Hilfprogramm entwickelt.